AF545502

WO DIE OBERE DONAU AM SCHÖNSTEN IST

WOLFGANG VEESER

WO DIE OBERE DONAU AM SCHÖNSTEN IST

WOLFGANG VEESER

FASZINIERENDE ENTDECKUNGSREISE
DURCH DEN NATURPARK OBERE DONAU

GMEINER

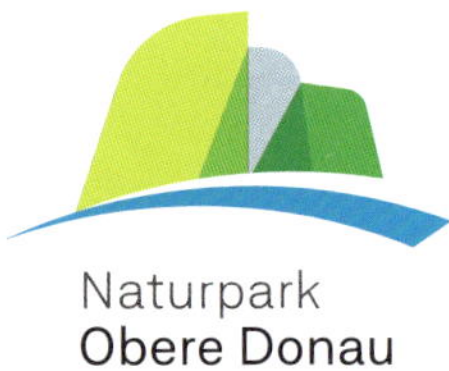

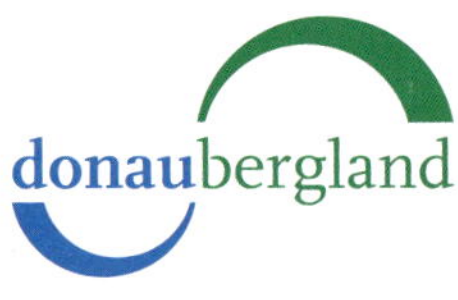

Mit freundlicher Unterstützung der Donaubergland Marketing und Tourismus GmbH und des Naturparks Obere Donau e.V.

Besuchen Sie uns im Internet:
www.gmeiner-verlag.de

Im Ehnried 5, 88605 Meßkirch
Telefon 07575/2095-0
info@gmeiner-verlag.de

1. Auflage 2022

Lektorat/Redaktion: Anja Sandmann
Layout/Herstellung, Umschlaggestaltung: Laura Müller
unter Verwendung von Fotos: © Wolfgang Veeser

Druck: Westermann Druck Zwickau GmbH
Printed in Germany
ISBN 978-3-8392-2937-8

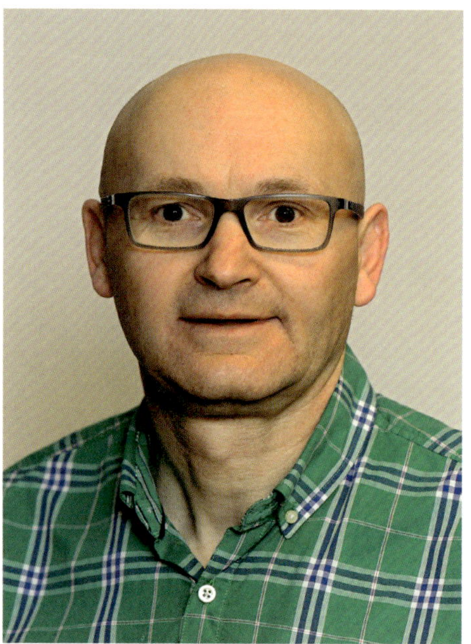

Der passionierte Naturfotograf Wolfgang Veeser lebt im baden-württembergischen Krauchenwies-Göggingen und hat sich zum Ziel gesetzt, den Blick der Menschen auf die Schönheit der Natur, die vor der eigenen Haustür liegt, zu lenken.

Sein Wissen rund um das Fotografieren vermittelt er in Workshops und Fotokursen.

In den letzten Jahren hat er einige internationale Auszeichnungen bei den großen Naturfotowettbewerben gewonnen, zuletzt 2020 den 2. Platz in der Kategorie »Säugetiere« beim »Europäischen Naturfotograf des Jahres«. Daneben in mehreren Kategorien des Wettbewerbs »Glanzlichter« sowie bei der »Gesellschaft Deutscher Naturfotografen«. Seine Bilder werden von Agenturen vertrieben und sind in Büchern und Magazinen, u.a. in Bildbänden von National Geographic, veröffentlicht.

INHALT

ABENTEUER FOTOGRAFIE ODER VON DER SCHÖNHEIT EINER ATEMBERAUBENDEN LANDSCHAFT

Der Naturpark Obere Donau ist meine Heimat. Zugegeben, mit Wohnort in Göggingen wohne und lebe ich nicht gerade im Zentrum des Naturparks, sondern am südlichen »Zipfel« davon. Ein ungeschriebenes Gesetz unter Naturfotografen lautet, dass man viele gute Aufnahmen nur dort macht, wo man sehr viel Zeit verbringt. Die Heimat ist ein solcher Ort. Und so wurde der Naturpark Obere Donau zu meiner fotografischen Heimat.

Nachdem ich über viele Jahre zahlreiche Stunden mit der Fotoausrüstung im Pfrunger-Burgweiler Ried verbracht habe und das Fotoprojekt »Pfrunger-Burgweiler Ried« mit einem Bildband und einem Multimediavortrag im Jahr 2015 abgeschlossen war, wollte ich mich fotografisch einer neuen Herausforderung stellen. Ich wohne und lebe am Rande des Donautales mit seinen Felsen und Wäldern und natürlich mit seinem Fluss, der Donau. Im Donautal und seinen Ausläufern in Richtung Osten und Westen und den Hochflächen nördlich davon war ich zum Fotografieren in der Vergangenheit bereits häufig. Außerhalb der »Kernzone« des Naturparks dagegen noch nicht. Mir erschien es daher reizvoll und spannend, mich intensiver mit dem Gebiet auseinanderzusetzen und den gesamten Naturpark zu meinem nächsten fotografischen Projekt zu machen.

Die ersten Fragen, die sich mir stellten waren: Wie groß ist das Gebiet? Wohin führen die längsten Fahrten? Kann ich die Entfernungen und zusätzlichen Gehstrecken deutlich vor Sonnenaufgang von zu Hause aus erreichen, ohne dass ich um zwei oder drei Uhr morgens aufstehen müsste (vier Uhr ist im Sommer früh genug)? Das Gebiet des Naturparks Obere Donau ist groß, aber mein Vorhaben schien mir umsetzbar.

Viele fotogene Felsen, Wiesen und Pflanzen im Naturpark waren mir aus der Vergangenheit bekannt. Ihre Vielzahl allerdings noch nicht. Eine gute Recherche ist gleichfalls in der Naturfotografie von Vorteil. So machte ich mich daran, mich über dieses besondere Gebiet zu informieren: Literatur, Karten, Internet, erfahrene Menschen aus dem Gebiet befragen, all diese Quellen halfen mir für meine Vorbereitung. Die Ergebnisse flossen in eine Excel-Tabelle, in der ich die Informationen über Motive, die geeignete Jahreszeit zum Fotografieren, am besten mit dem bestmöglichen Licht dazu, also morgens oder abends oder eventuell auch bei diffusem Licht, sammelte. Die Liste hat sich im Laufe der Zeit stetig vergrößert. Manch ein Motiv wurde aus der Tabelle gelöscht, weil es sich in der Praxis als einfach nicht »fotogen« genug erwies.

Über all der Planung stand das Ziel, keine Dokumentation über den Naturpark Obere Donau zu erstellen. Vielmehr sollten meine Aufnahmen die Region porträtieren. So wie ein gutes Porträt von einem Menschen, sollte mein fotografisches Schaffen, ausgedrückt in Bildern, den für den Naturpark typischen Charakter zeigen.

Als ich dann zum Fotografieren im Naturpark unterwegs war, stellte ich schnell fest, dass dort im Vergleich zum Pfrunger-Burgweiler Ried viele Wege zwischen PKW-Stellplatz und gewünschtem Shooting-Platz von der Distanz her recht weit waren. Erleichtert hätte mir die Arbeit, wenn ich manch einen Forstweg hätte befahren können. Meine Wanderungen mit 20 Kilogramm Fotogepäck wären dann das eine oder andere Mal nicht so beschwerlich gewesen, zumal oft noch in dunkler Nacht. Andere Motive dagegen konnte ich praktisch fast vom Parkplatz aus fotografieren.

Die für mich größte Veränderung beim Fotografieren des Parks im Unterschied zum Pfrunger-Burgweiler Ried aber war, dass der Naturpark eine Kulturlandschaft ist, das Moor hingegen ist eher eine Naturlandschaft, das heißt, nicht so stark vom Menschen geprägt. Die von Menschenhand geschaffene Infrastruktur ist im Naturpark deutlich stärker spürbar, was nicht verwunderlich ist, da dieses Gebiet um ein Vielfaches größer ist als das Moor. Es gibt Straßen, Bahnlinien, Stromtrassen, Häuser, intensiv bewirtschaftete Wiesen und Wälder und vieles mehr. Hinzu kommt der vielleicht subjektive Eindruck, dass es im Moor ruhiger ist. Im Naturpark hört man oft schon frühmorgens oder noch spätabends die typischen Zivilisationsgeräusche wie PKW- Lärm, das Rattern der Züge oder einfach nur das Gebell von Hunden ... So ist es nicht verwunderlich, dass meine Lieblingsplätze im Naturpark diejenigen sind, die etwas abseits der menschlichen Zivilisation liegen, zum Beispiel der Donauabschnitt zwischen Beuron und Fridingen, an dem keine Straße und Bahnlinie verläuft, oder das Irndorfer Hardt, das abgeschieden liegt. Gleichwohl bietet der Naturpark zu jeder Jahreszeit ein großartiges Motivspektrum.

Auch wenn ich in den zurückliegenden Jahren einige Erfolge bei Naturfotowettbewerben mit Tierbildern erzielen konnte, bin ich doch eher der Landschafts- oder, wie meine Fotokollegen sagen, der Blümchenfotograf. Das liegt nicht daran, dass ich nicht gerne Tiere fotografiere, sondern ist eher der Tatsache geschuldet, dass ich nicht gerne im Tarnzelt sitze und vergebens auf das gewünschte Tier warte, während draußen vor dem Zelt die schönste Lichtstimmung herrscht, um Landschaften oder Pflanzen aufzunehmen. Aller Herausforderungen zum Trotz sollte der Bildband die für den Naturpark typischen Tiere enthalten. Eindrucksvolle Tierbilder aus diesem großen Gebiet aufzunehmen, ist zweifelsfrei eine besondere Herausforderung.

Der Luchs ist seit einigen Jahren in den Wäldern des Naturparks wieder heimisch. Auch ohne ein Gespräch mit dem Luchsbeauftragten Armin Hafner war mit meinem bescheidenen biologischen Wissen und jahrelanger Erfahrung als Naturfotograf klar, ein Luchsbild in freier Wildbahn, zumal ein schönes, ist nicht umsetzbar. Für eine solche Aufnahme musste ich, wie für praktisch alle Naturfoto- und Filmprojekte, eine geeignete Gehegezone aufsuchen, um diesen heimlichen Jäger in fotogener Umgebung ansprechend ins richtige Licht setzen zu können. Gegenüber Zoos bieten Gegenzonen den

Tieren mehr Platz und eine naturnahe Umgebung, und dem Naturfotografen mehr Spielraum zur Bildgestaltung.

Eine weitere Herausforderung sollten der Alpenbock, der Schwarze Apollo, der Uhu und die Gämse werden. Der Uhu ist zwar die größte Eulenart, aber leicht zu finden ist er deshalb nicht. Hören kann man ihn in der Dämmerung zwar gut, aber sehen … Mit Hilfe von Wildtierfachberater Armin Hafner konnte ich den Uhu jedoch im Fels sitzend aufnehmen. Der Alpenbock wiederum, ein blauer Käfer mit schwarzen Punkten am ganzen Körper, ist lediglich im Hochsommer aktiv, und dann auch nur an den sonnigen und warmen Tagen und zu Zeiten, an denen der Naturfotograf sein Mittagsschläfchen hält, weil er morgens früh raus musste und abends wieder spät ins Bett kommt. Der schwarze Apollo andererseits, ein Rarität unter den Schmetterlingen, ist nur während einer kurzen Phase und an ganz wenigen Standorte im Naturpark anzutreffen. Für Gämsen gibt es zwar typische Gebiete, in denen sie sich aufhalten, aber Geduld und viele Anläufe benötigt es dann doch.

Seit Jahren trieb mich der Gedanke um, einmal vernünftige Fotos von einem Fuchs aufzunehmen. Am besten ist dies üblicherweise zur Zeit der Jungenaufzucht möglich. Dann nämlich besteht für die Fähe (Mutter) die Notwendigkeit, oft auch bei Tag zu jagen, um den Wurf satt zu bekommen. Im Jahr 2021 habe ich mich intensiver mit dem Thema beschäftigt. Schon früh im Jahr habe ich einen Bau gesucht, der möglichst viele Kriterien erfüllt: Nicht weit von zu Hause weg. Nicht inmitten eines dunklen Waldes gelegen, der Bildqualität wegen (Fotobegeisterte wissen, was ich meine). Möglichst mit vielen verschiedenen Hintergründen versehen. Und andere mehr. Anfänglich aus dem Tarnzelt, später unter dem Tarnüberwurf, gelangen mir Bilder von Fuchswelpen vor ihrem Bau. Ein Welpe hat sich von Beginn an besonders mutig gezeigt. Er war länger draußen und entfernte sich weiter vom Bau weg. Dieser junge Bursche näherte sich mir immer ein Stück mehr. Mit der Zeit erkannte er, dass von mir keine Gefahr ausging, und so traf ich ihn immer wieder an seinem »Spielplatz« an. Er gewährte mir kleine Einblicke in sein Leben. Neben vielen Eindrücken hatte ich auch die Gelegenheit zu tollen Fotos. Balancieren auf Baumstämmen gehörte wohl zu seinen Lieblingsbeschäftigungen. Er roch immer wieder an Blumen und schnüffelte an allem, was es zu entdecken gab. Beeindruckt war ich immer wieder von seiner sprichwörtlichen Schläue, die den Füchsen nachgesagt wird.

Als Kulturlandschaft weist der Naturpark neben zahlreichen Tieren zudem eine Vielzahl an historischen Orten auf. Viele Burgen und Schlössen thronen hoch oben auf Felsen und sind nicht nur in natura, sondern in gleicher Weise auf Landschaftsaufnahmen ein Blickfang. So war mir bald klar, dass Gebäude ein Teil meines Bildportfolios werden sollten. Da mich neben der Natur vor allem historische Gebäude immer schon faszinieren, bedurfte es keiner besonderen Motivation, die Bauwerke als Motive ins möglichst richtige Licht zu setzen.

Bei meiner Auswahl der Fotomotive und letztlich bei der für diesen Bildband passenden Bilderauswahl handelt es sich um eine subjektive Selektion. Vor Ort mussten mich die Objekte und die Landschaft in ihren Bann ziehen oder einen Reiz ausüben, der mich dazu anhielt, sie in ihrer ganzen Schönheit darstellen zu wollen. Unter den Bildern in diesem Band sind zweifelsohne Motive dabei, die mich emotional berühren, etwa wenn die Sonnen im Gegenlicht den Nebel durchbricht und ihn im Talgrund orange färbt, oder Situationen mit Tieren wie den Gämsen, die nicht gleich flüchteten, sondern mich, den Fotografen, zwischen Neugier und Furcht beäugten, eventuell auch am Platz blieben und weiteräsen, während ich sie fotografierte.

Während meiner Aufnahmen habe ich immer versucht, die Objekte nicht in der gewohnten, sondern in einer anderen Perspektive und einem anderen Licht zu zeigen. Immer ging es mir darum, eine charakteristische Stimmung auf dem Chip festzuhalten.

Vielfach werden Sie im Bildband neben den bekannten Motiven Fotografien von weniger bekannten oder fast unberührten Landstrichen im Naturpark finden. Mancher Kenner des Naturparks Obere Donau hätte sicher noch andere tolle Ecken zu empfehlen.

Als Fotoreferent komme ich mit meinen Fotoworkshops in viele populäre Gebiete in Zentraleuropa. Der Naturpark Obere Donau mit seiner rauen Schönheit braucht den Vergleich jedoch nicht zu scheuen und ist unbedingt ein Besuch wert. Wenn Sie das vorgestellte Gebiet noch nicht kennen, helfen Ihnen hoffentlich meine Ortsangaben bei den Bildern und die zum jeweiligen Kapital ergänzten Wanderempfehlungen weiter. Über einen QR-Code bei jeder Wanderstrecke können Sie sich die Wanderouten samt näheren Informationen und genauen Wegbeschreibungen bequem für unterwegs aufs Handy holen.

Ich wünsche Ihnen nun viele Freude beim Schwelgen in Bildern rund um die schönsten Orte und Momente im Naturpark Obere Donau und bei einem Besuch in meiner Heimat.

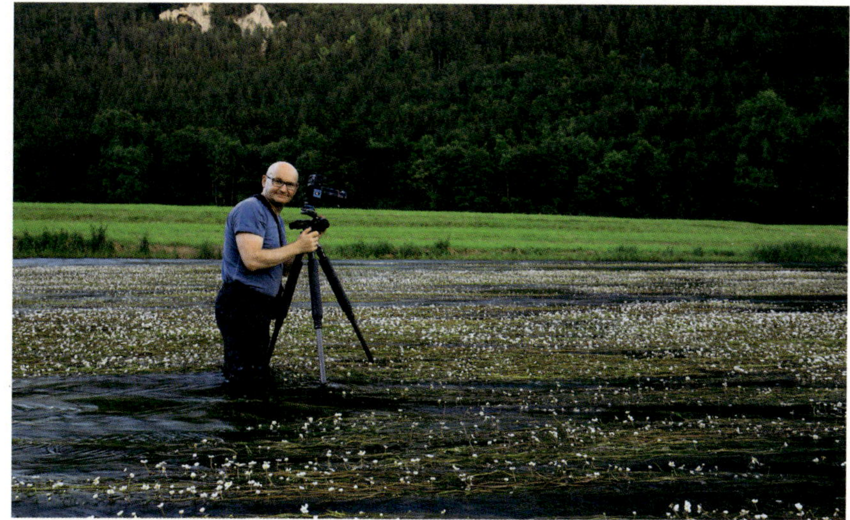

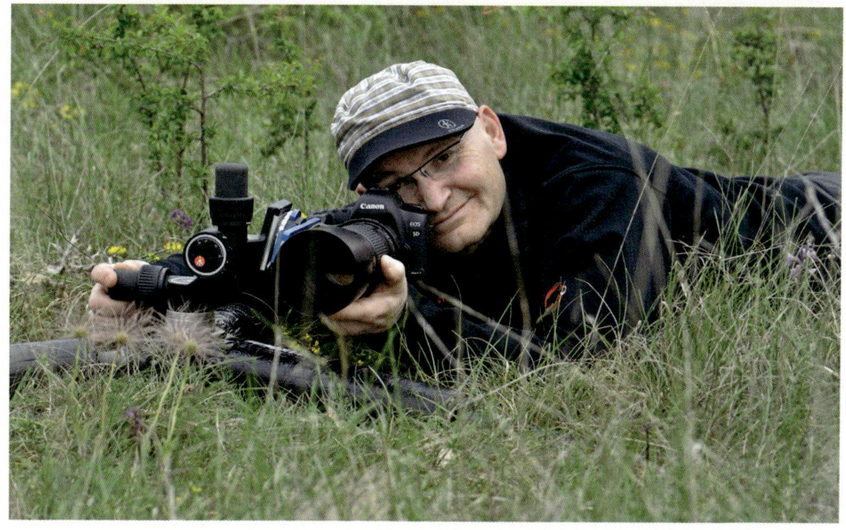

Wolfgang Veeser bei der Arbeit – wie die Fotos entstanden

FELSEN & HÖHLEN

Prägendes und beeindruckendes Element im Durchbruchstal der jungen Donau zwischen Tuttlingen und Sigmaringen sind die bis zu 120 Meter hohen Felsformationen. Sie besitzen nicht nur eine hohe Anziehungskraft für uns Menschen, sondern sind auch ein besonderer Lebensraum für Flora und Fauna.

Hier herrschen so extreme Lebensbedingungen, dass nur wenige Arten bestehen können. Der Lebensraum Fels ist einer der wenigen Orte, die natürlich frei von Bewaldung sind und zusätzlich vom Menschen nur gering beeinflusst werden. Um auf den Felsen überleben zu können, bedarf es einiger Anpassung. Im Gegensatz zu anderen Standorten findet sich am Felsen kaum Erde, die Halt für Wurzeln bietet, Wasser speichert und Nährstoffe bereitstellt. Im Sommer können die Temperaturen auf der Felsoberfläche auf bis zu 70 Grad Celsius steigen und an eisigen Frosttagen im Winter bietet der karge Fels kaum Schutz. Deswegen findet man hier viele besonders angepasste Spezialisten, die nur im Bereich von Felsen vorkommen und daher selten und oft auch gefährdet sind.

Im Donautal ist die Felsvegetation durch ein hohes Vorkommen an sogenannten Reliktarten gekennzeichnet. Es handelt es sich um Pflanzenarten, die ein isoliertes Vorkommen abseits ihres eigentlichen Verbreitungsgebiets besitzen. »Relikt« deswegen, da diese Arten Überbleibsel aus vergangenen Klimaepochen sind. Als Beispiel seien die Busch-Nelke, Enziangewächse und die Trollblume genannt.

Zwar ist die Felsvegetation perfekt an ihren Lebensraum angepasst, viele der Pflanzen sind aber sehr trittempfindlich. Deshalb zählen Felsen zu den geschützten Biotopen, weshalb die Felsköpfe nur an ausgewiesenen Aussichtspunkten betreten werden dürfen. Zudem ist geregelt, an welchen Felsen geklettert werden darf. Die besondere Pflanzenvielfalt der Felsen kann man im Irndorfer Felsengarten mit circa hundert Pflanzenarten entdecken, ohne die sensiblen Bereiche betreten zu müssen. Der Felsengarten befindet sich in direkter Nähe des Eichfelsens – dem Aussichtspunkt im Donautal schlechthin.

Auf den Felsköpfen und den Geröllhalden fühlen sich außerdem viele Reptilien und Insektenarten wohl. Die Felsen dienen zahlreichen Vögeln als Brutplatz. Besonderheiten im Donautal sind Uhu, Wanderfalke, Kolkrabe und Dohle. Die größten Tiere, die man am Fels entdecken kann, sind die Gämsen.

Faszinierend sind die Felsen nicht nur als Lebensraum, sondern ebenso in ihrer Entstehung. Die Kalkfelsen im Naturpark stammen aus der Jurazeit, wo sich vor 140 Millionen Jahren ein flaches Meer befand, in dem sich das Leben tummelte. Im Laufe der Zeit verlandete das Jurameer. Übrig blieben verschiedene Sedimente und die großen Kalkbänke aus den Überresten der Schwämme, welche im Plattenkalk bei Nusplingen noch heute gefunden werden können. Die Sedimente wurden durch Druck verfestigt zu sogenannten Massenkalken, einer sehr harten Gesteinsform.

Über Millionen Jahre hinweg änderte sich die Landschaft weiter. Die Schwäbische Alb begann sich herauszuheben und vor etwa acht Millionen Jahren trat dann die Urdonau in Erscheinung, die zu dieser Zeit ein deutlich größerer Fluss war, als dies heute der Fall ist. Sie schaffte es, sich tief in das Juragestein einzuschneiden und schuf so die Gestalt des heutigen Donautals.

Im Laufe der Zeit entstanden im Kalkgestein durch Verkarstung eine Vielzahl von Höhlen. Sie sind ebenfalls ein besonderer Lebensraum. In trockenen Halbhöhlen, sogenannten Balmen, und an Höhleneingängen kommen seltene Pflanzenarten vor. Die Höhlen dienen vielen Tieren als Unterschlupf, sind insbesondere für Fledermäuse von großer Bedeutung, weshalb sie in der Zeit von 1. Oktober bis 31. März nicht betreten werden dürfen.

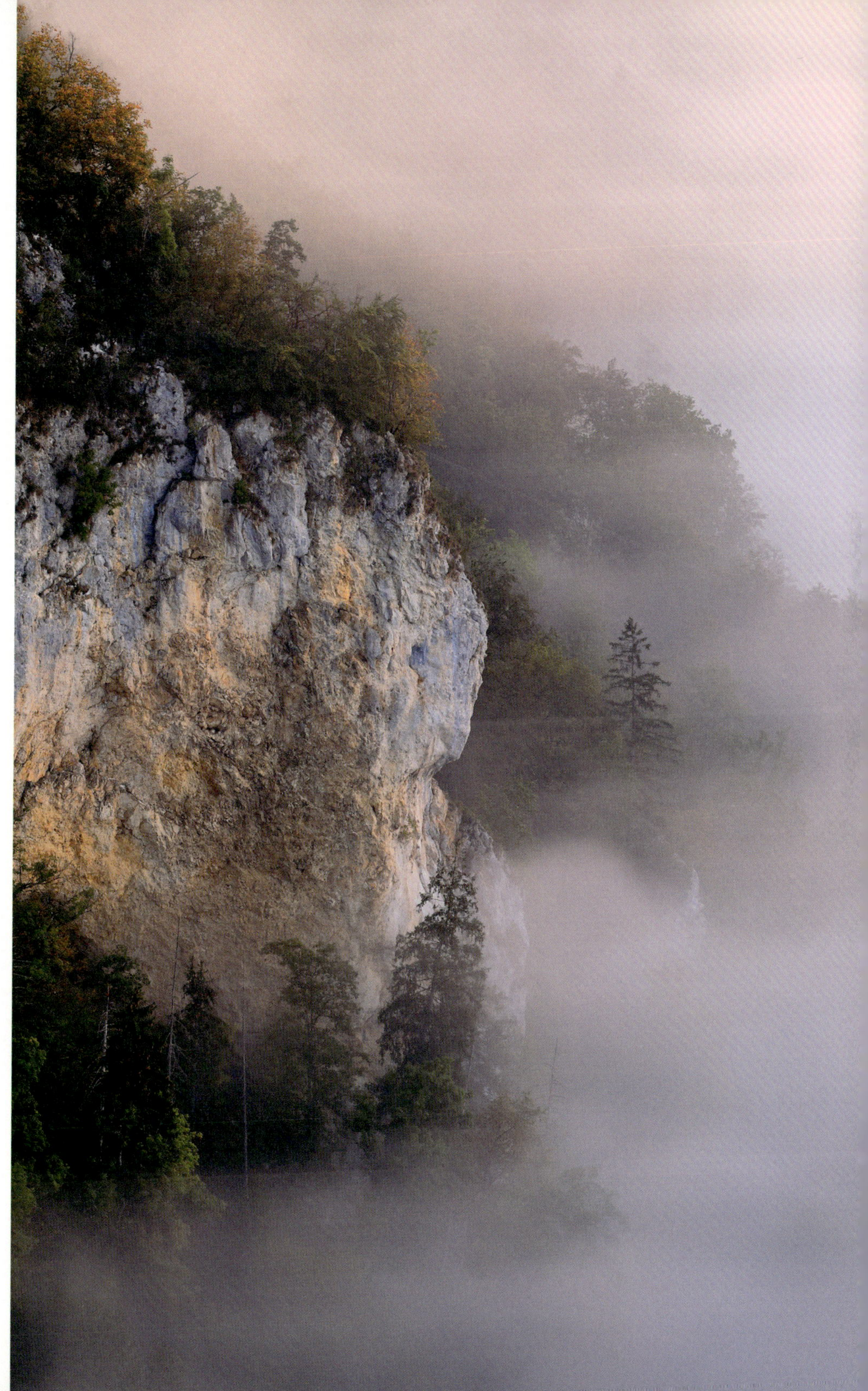

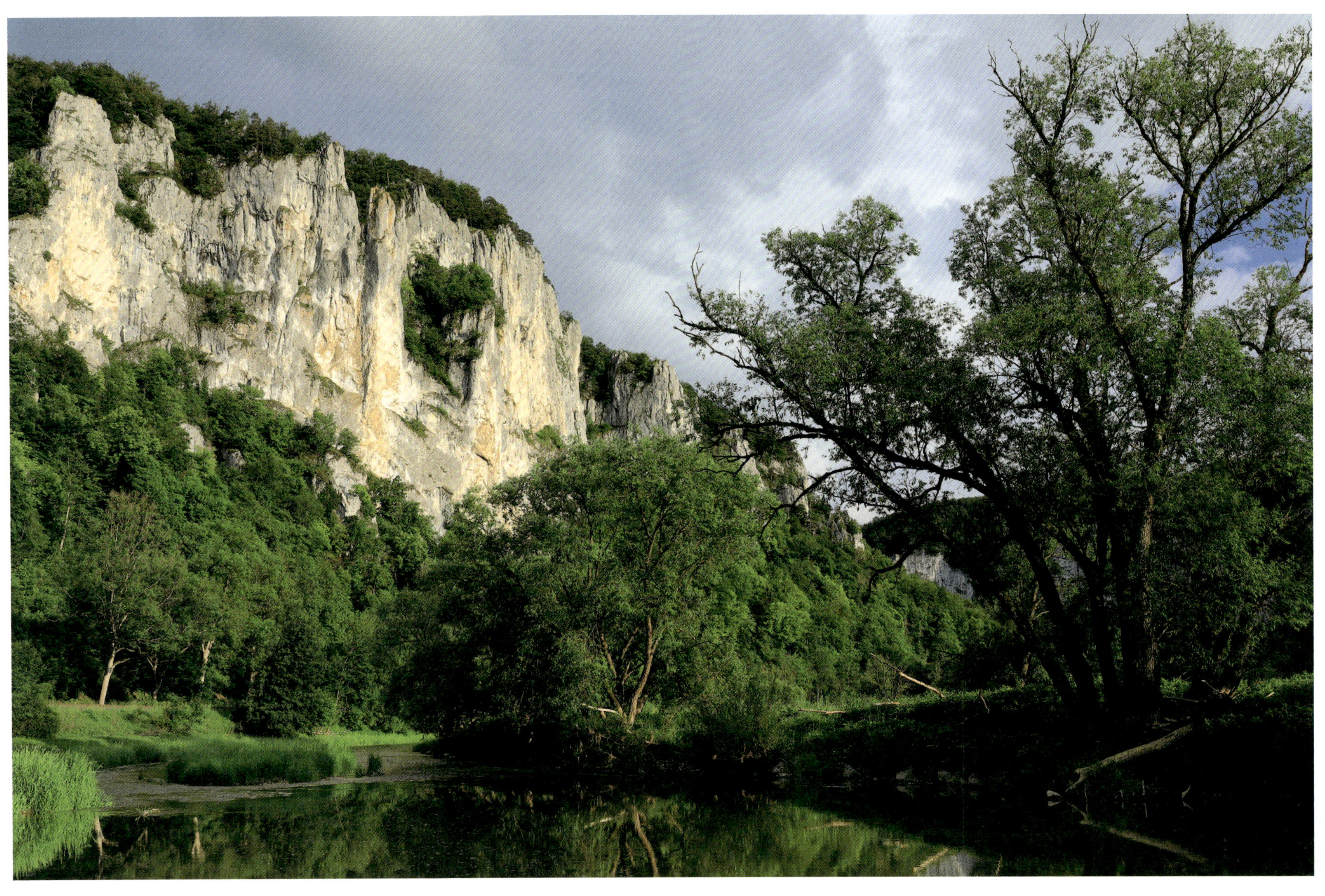

Blick von Neidingen auf den Schaufelsen

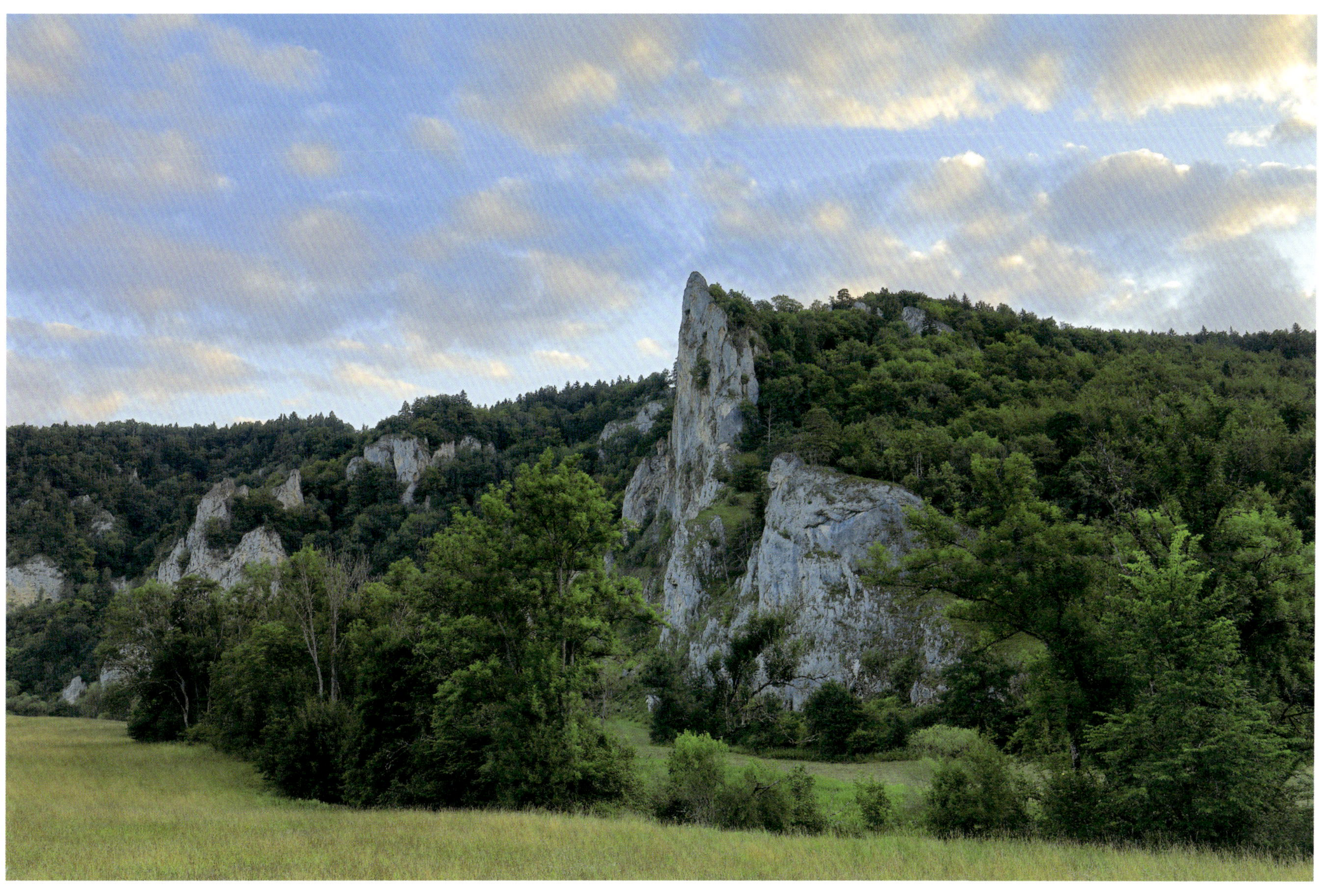

Stiegelesfelsen, Fridingen

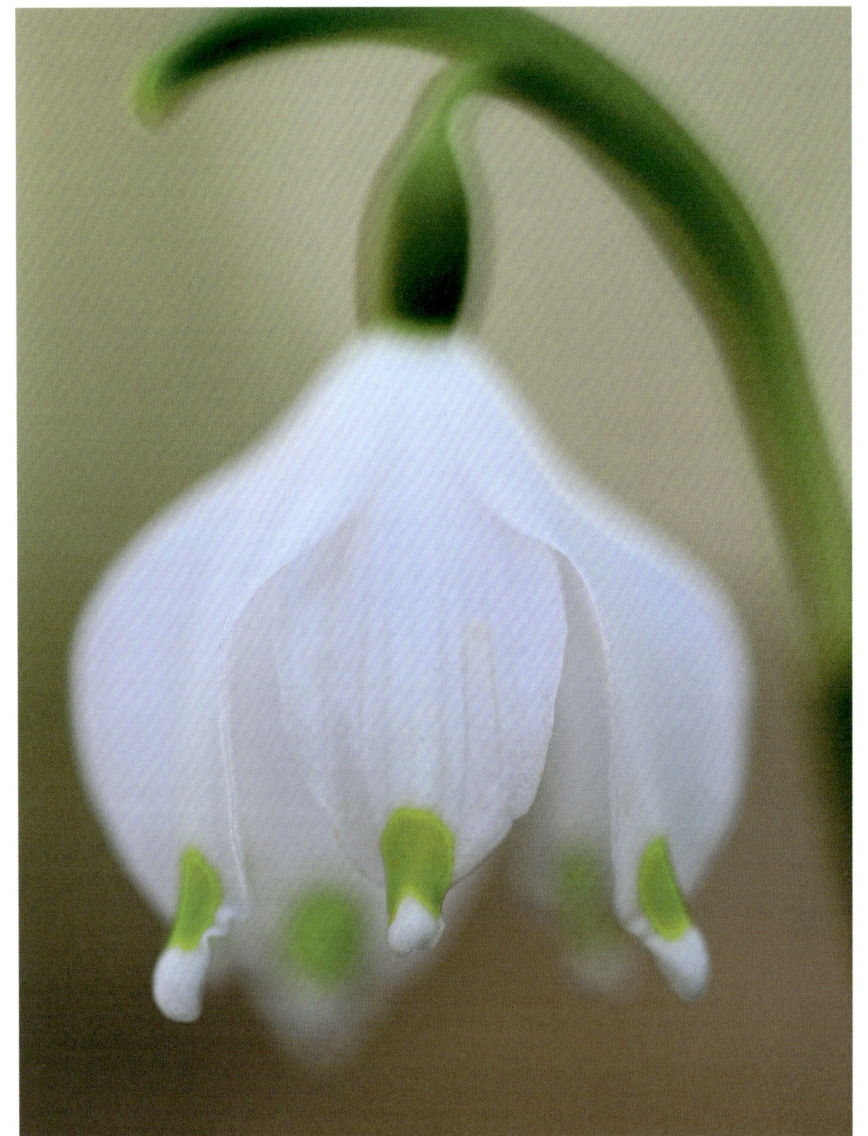

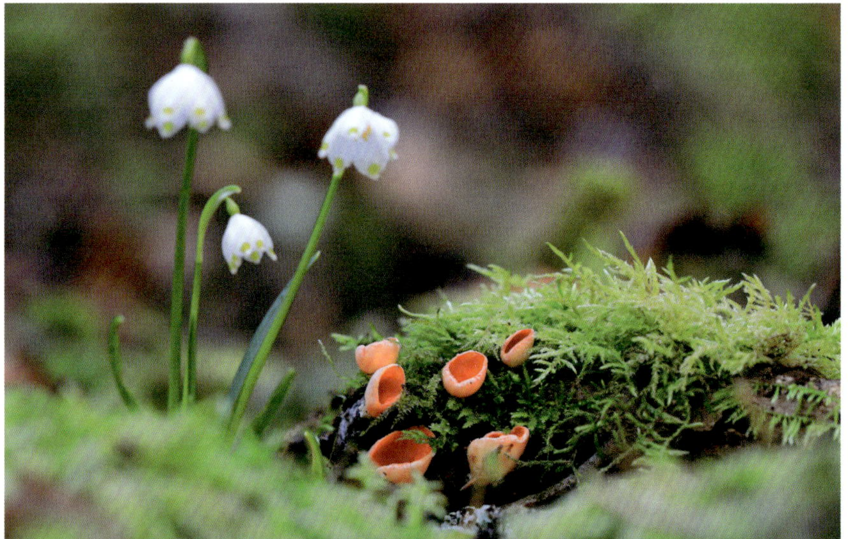

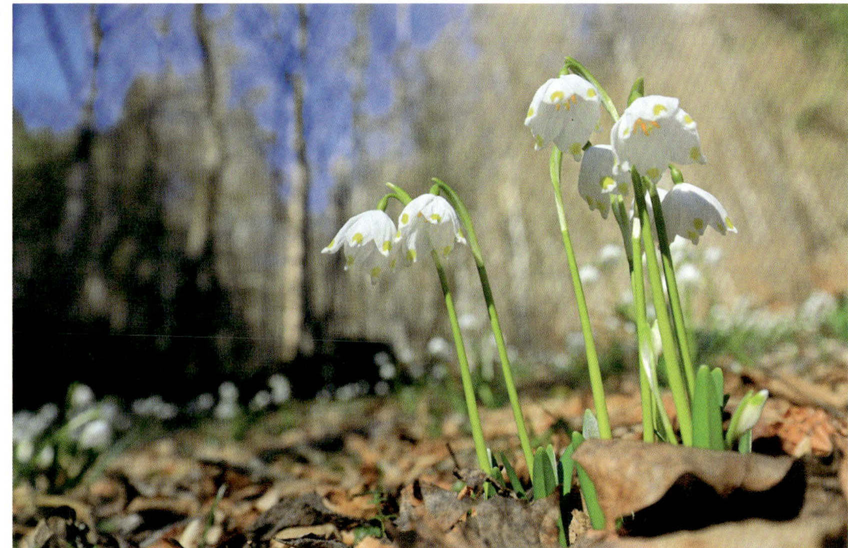

Märzenbecher 1, 3
Märzenbecher und Jura-Kelchbecherling 2

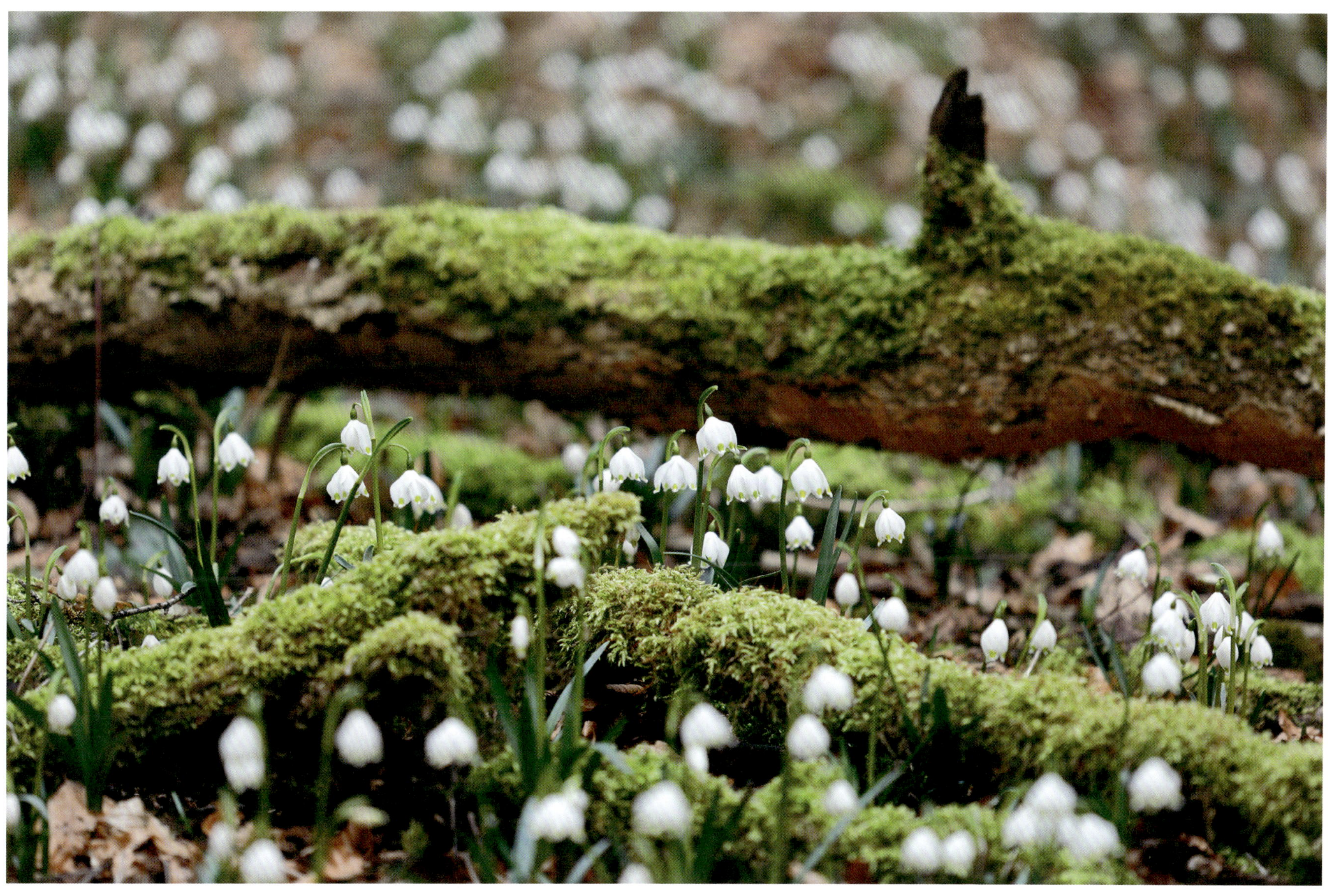

Märzenbecher

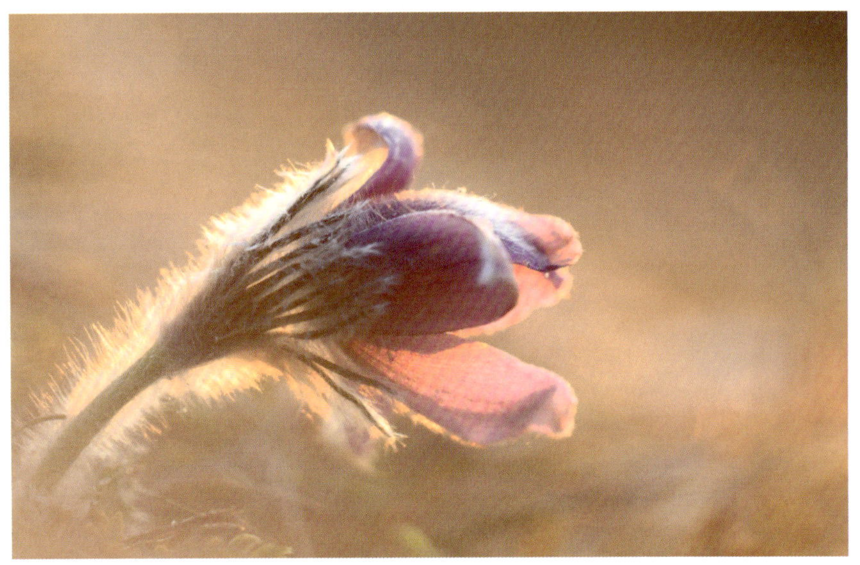

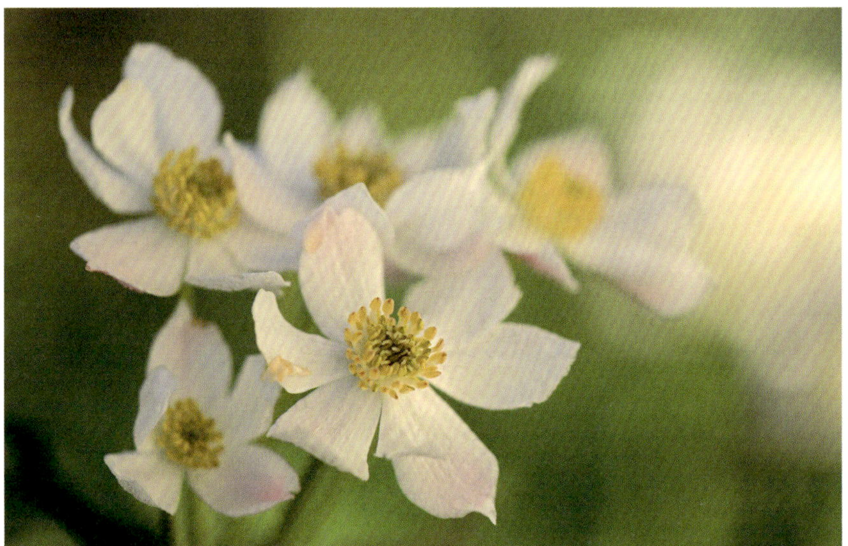

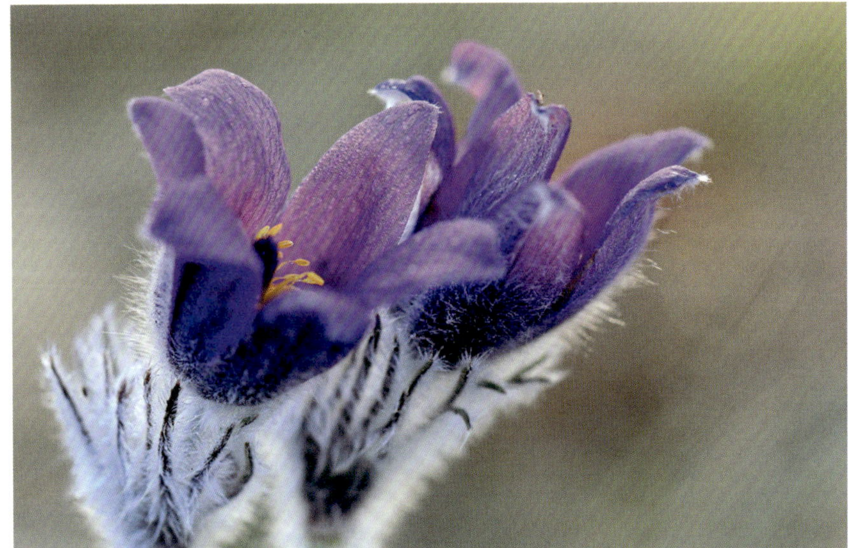

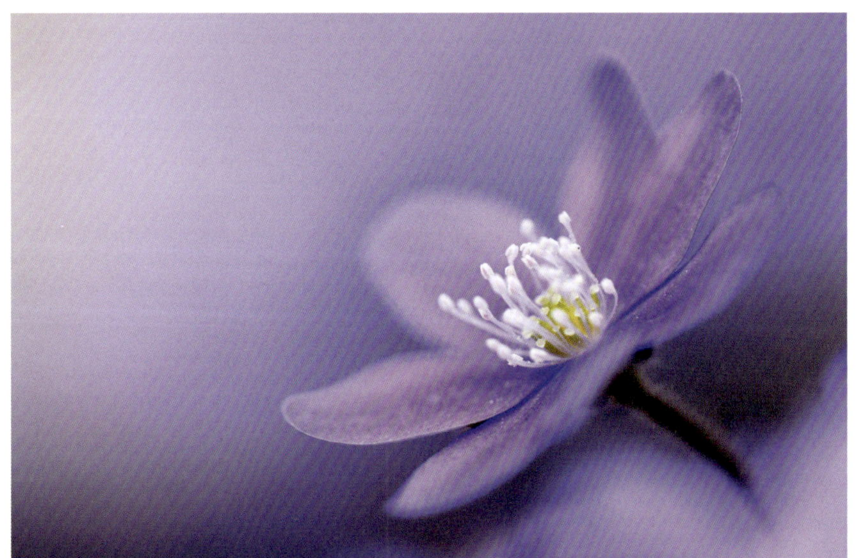

Küchenschelle 1, 3
Narzissen-Windröschen 2
Leberblümchen 4

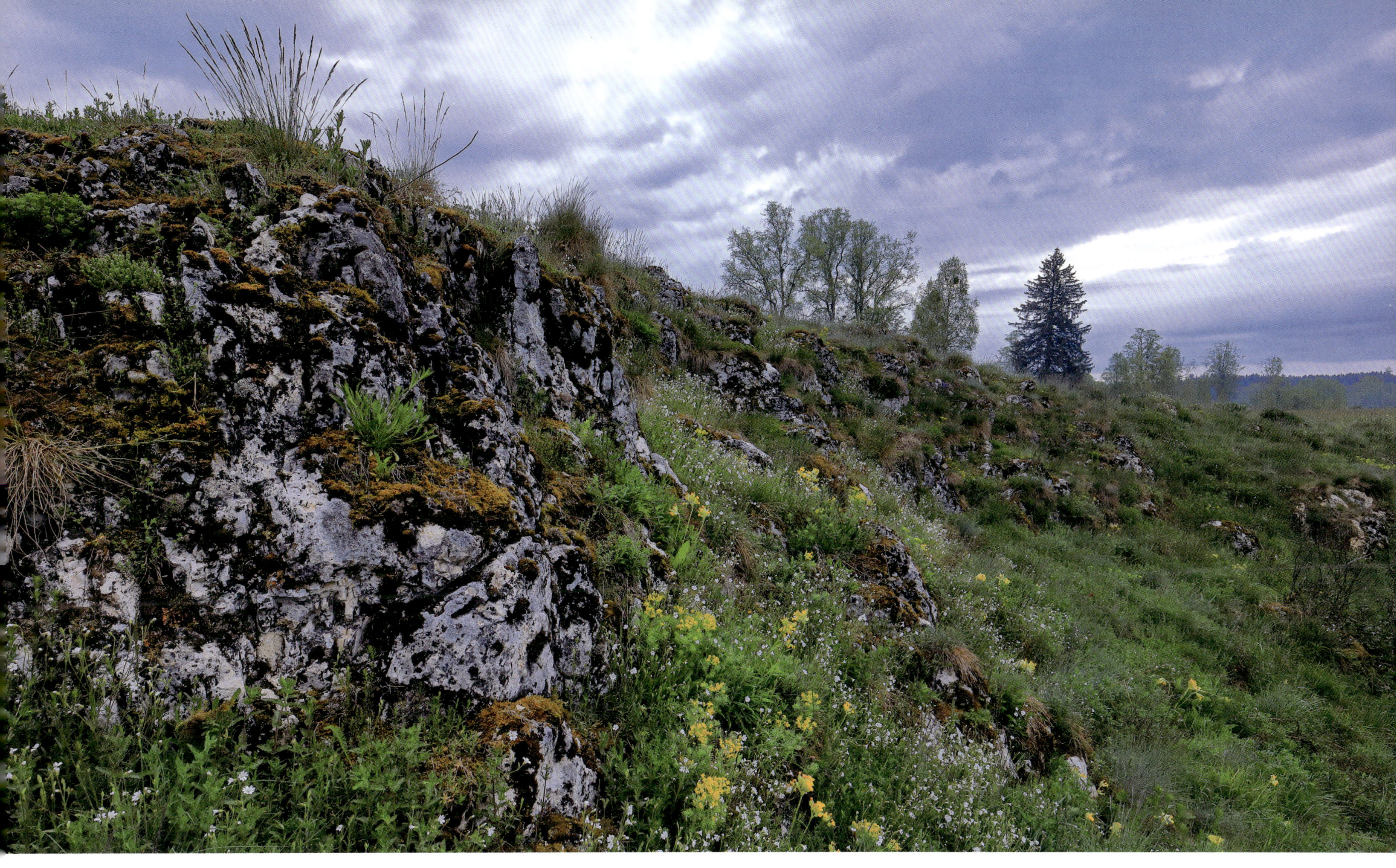

Doline im Inrdorfer Hardt

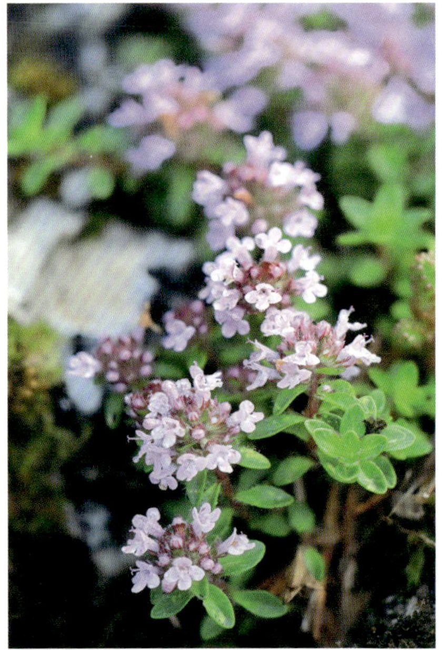
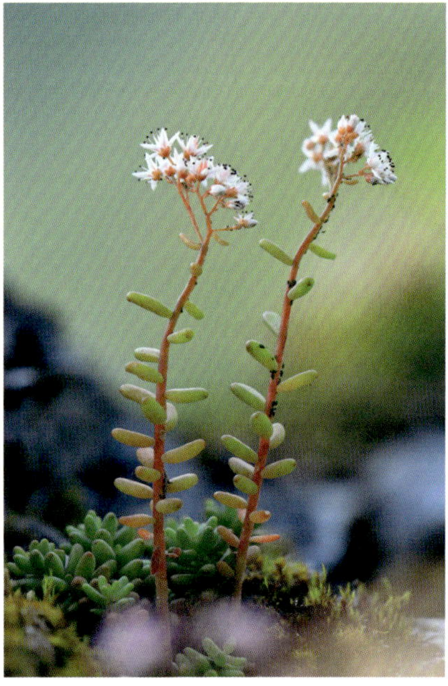
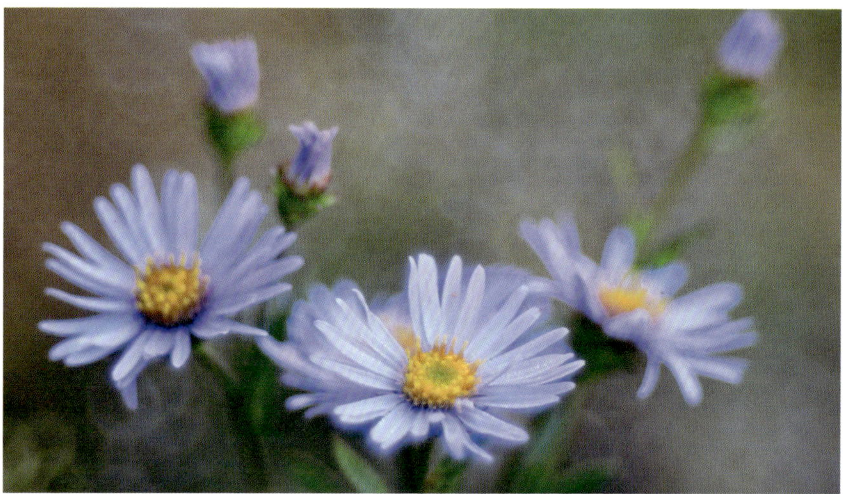
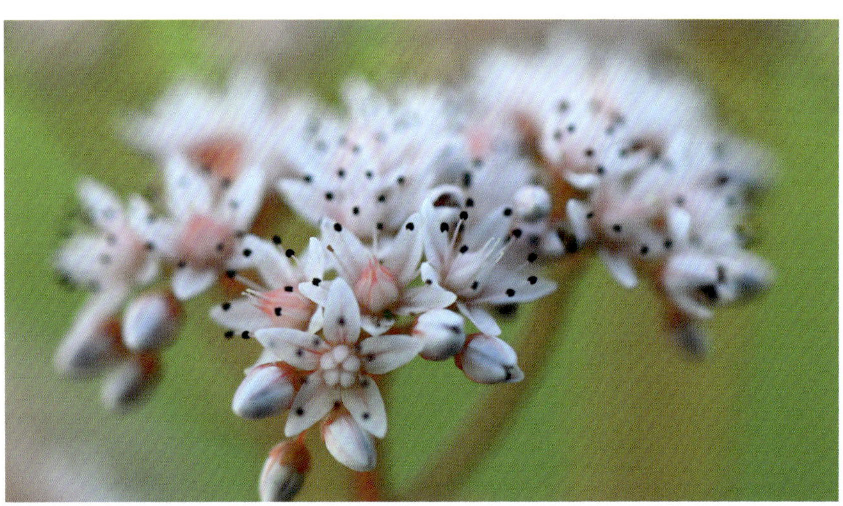
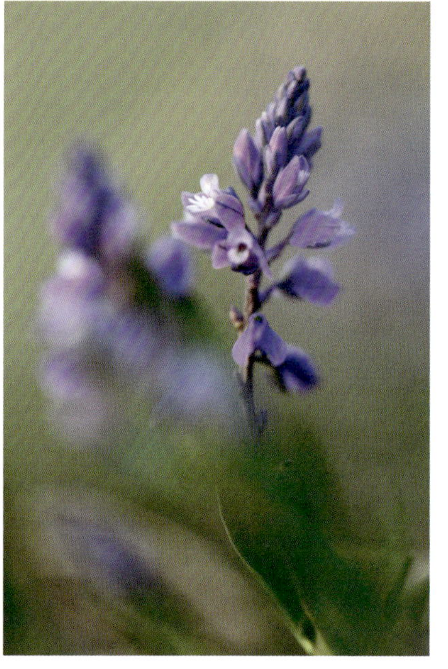
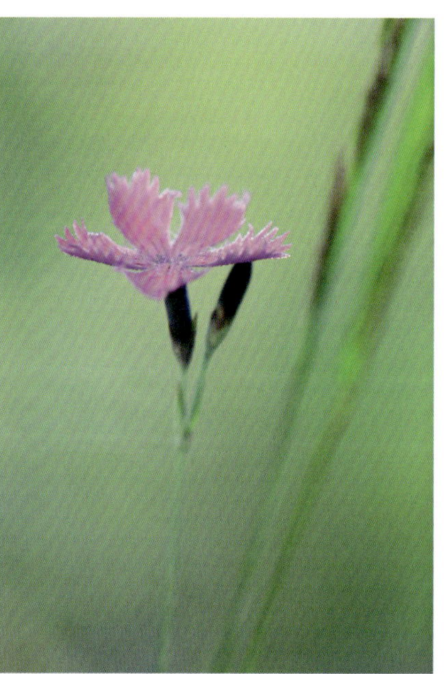

Gemeiner Thymian 1
Weiße Fetthenne 2, 4
Kalk-Aster 3
Bitteres Kreuzblümchen 5
Pfingst-Nelke 6

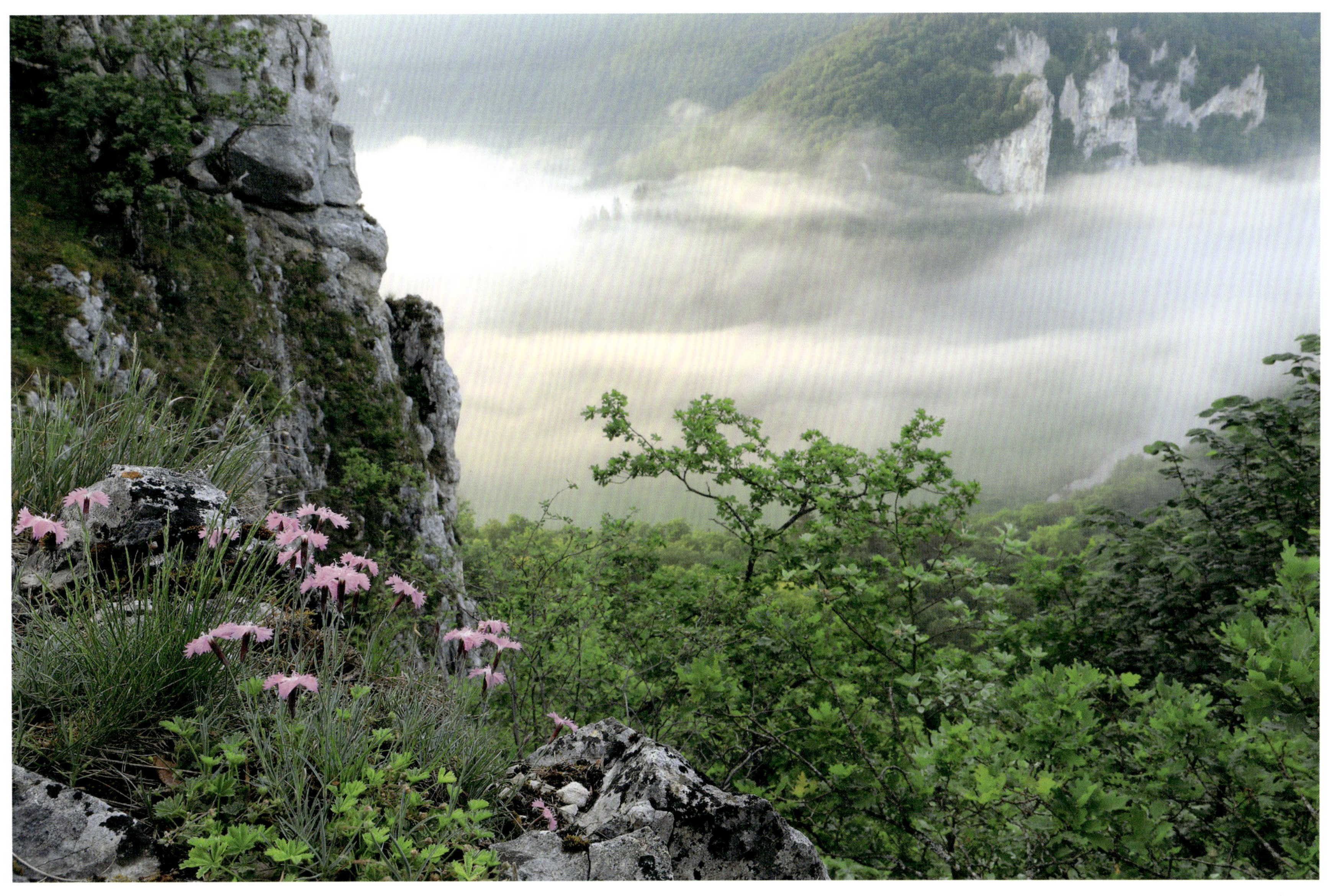

Pfingst-Nelken am Rauhen Stein

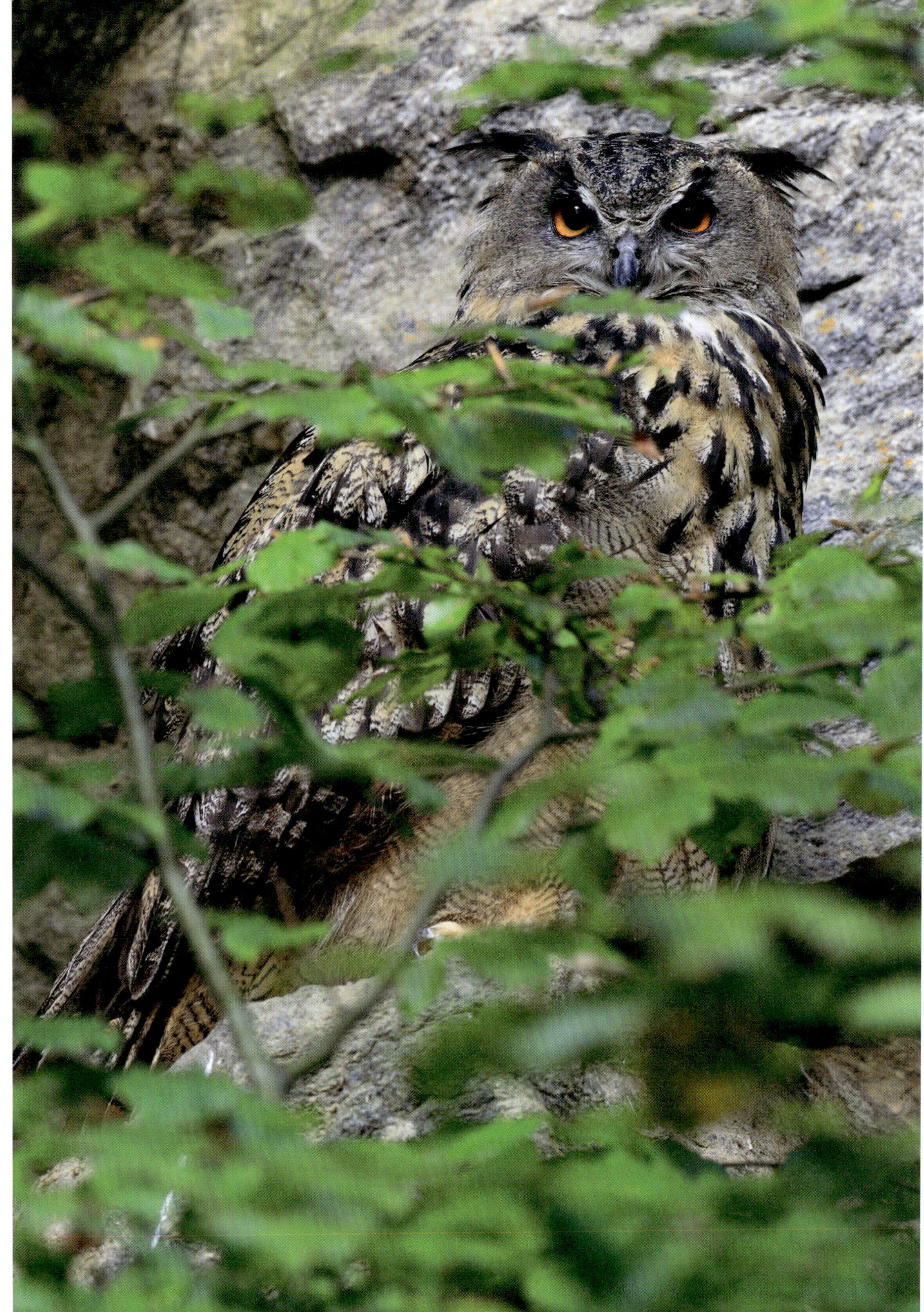

Uhu

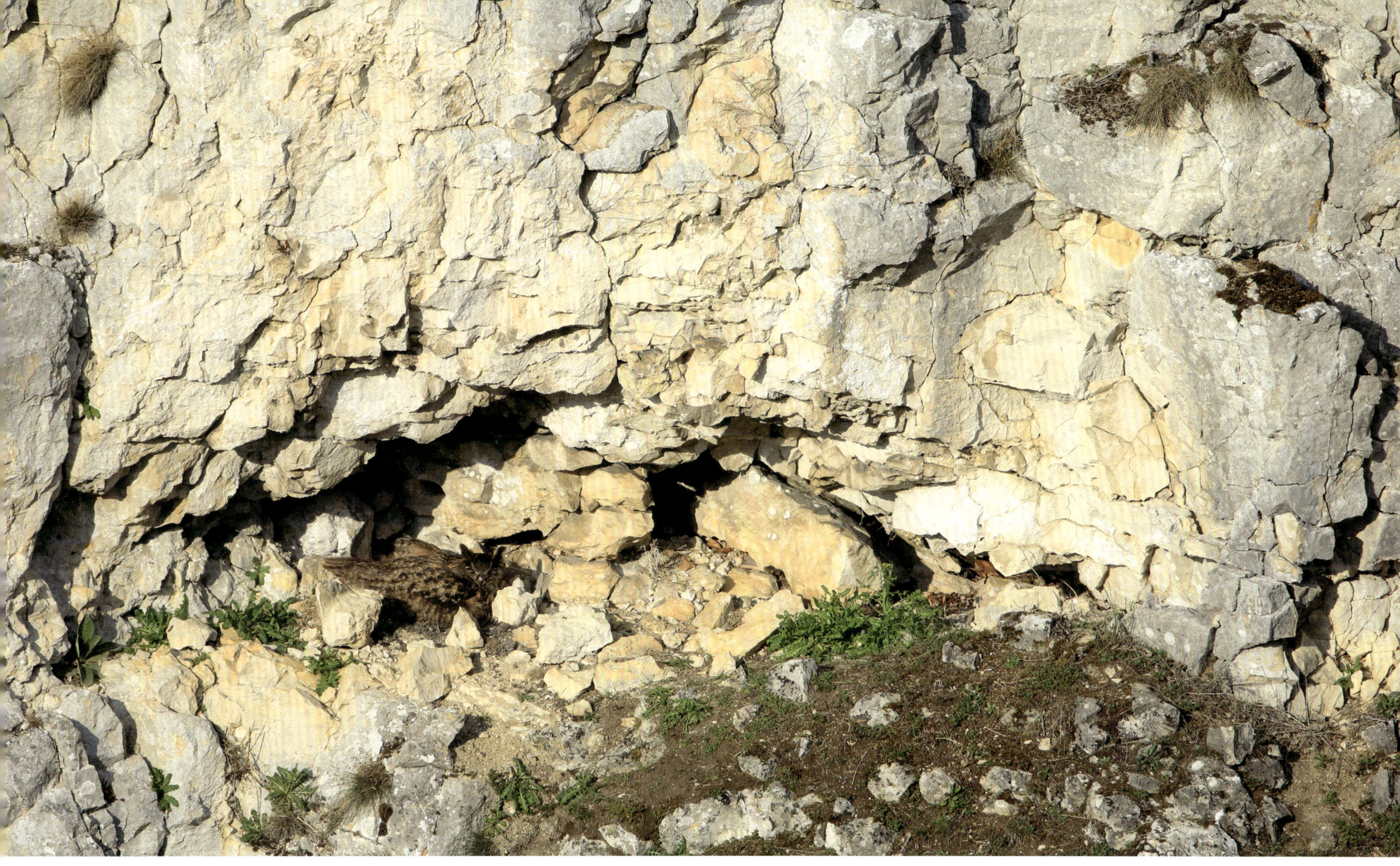

Uhu, im Felsen sitzend

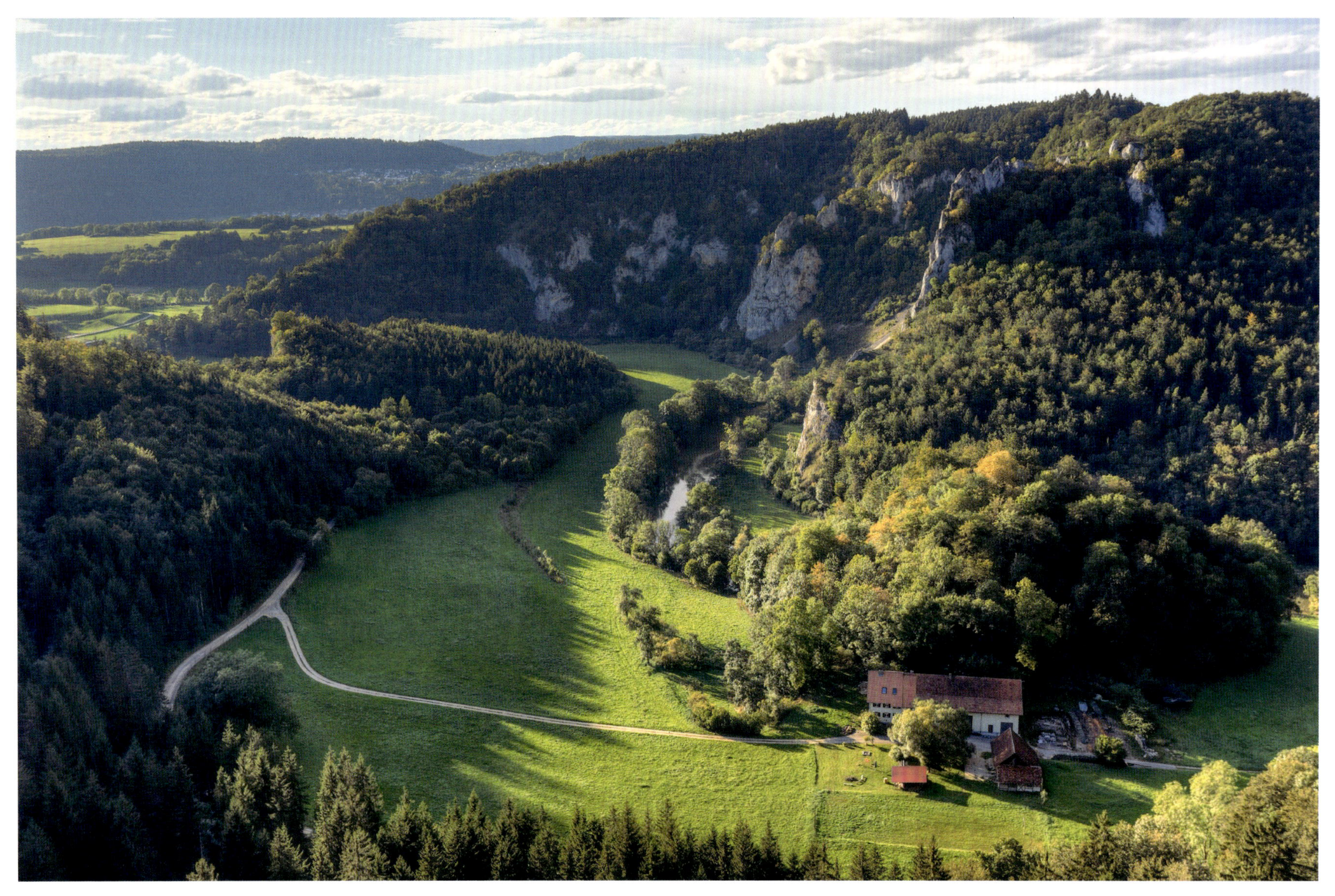

Blick vom Kaiserstand auf den Stiegelesfelsen

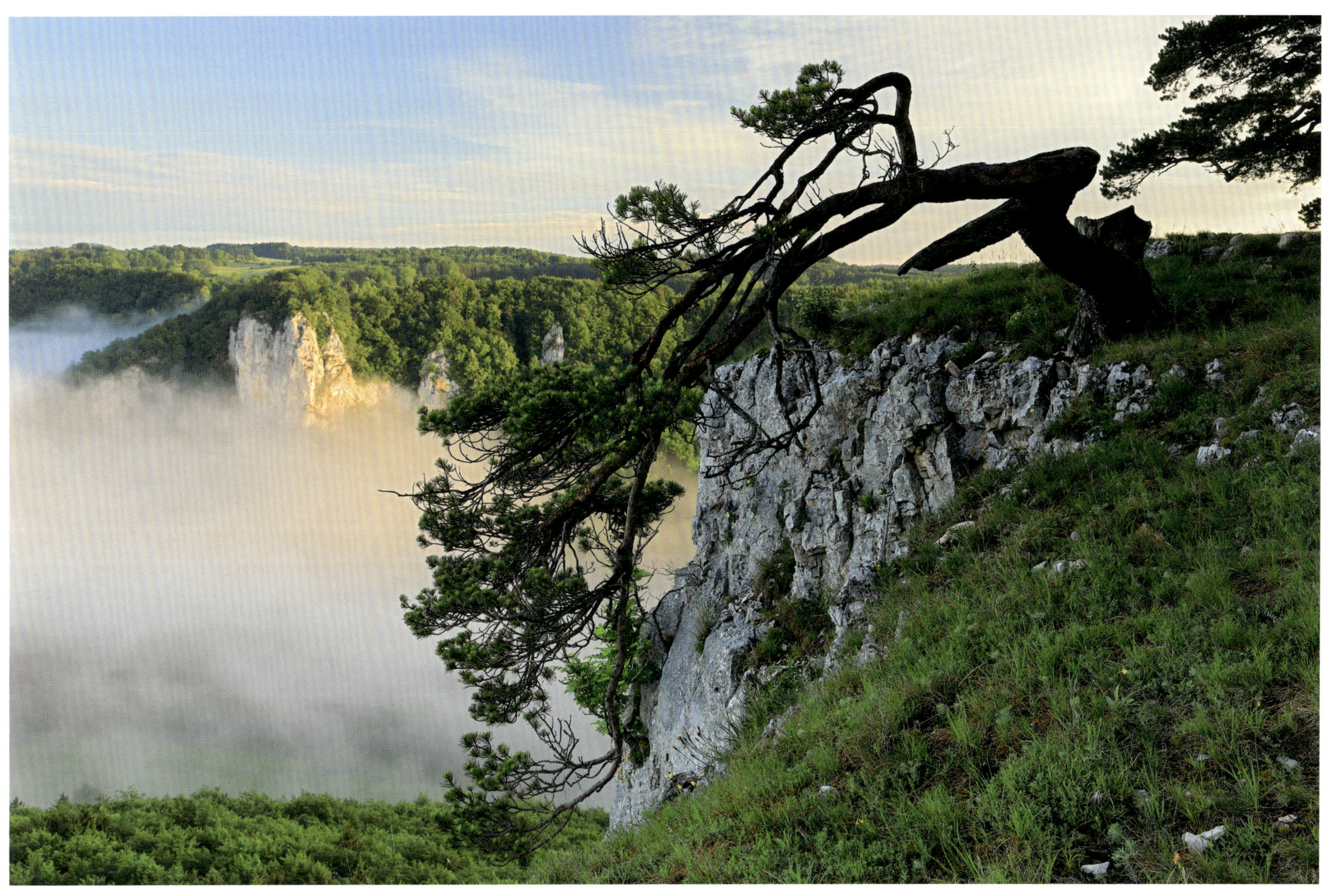

Kiefer auf Bandfelsen

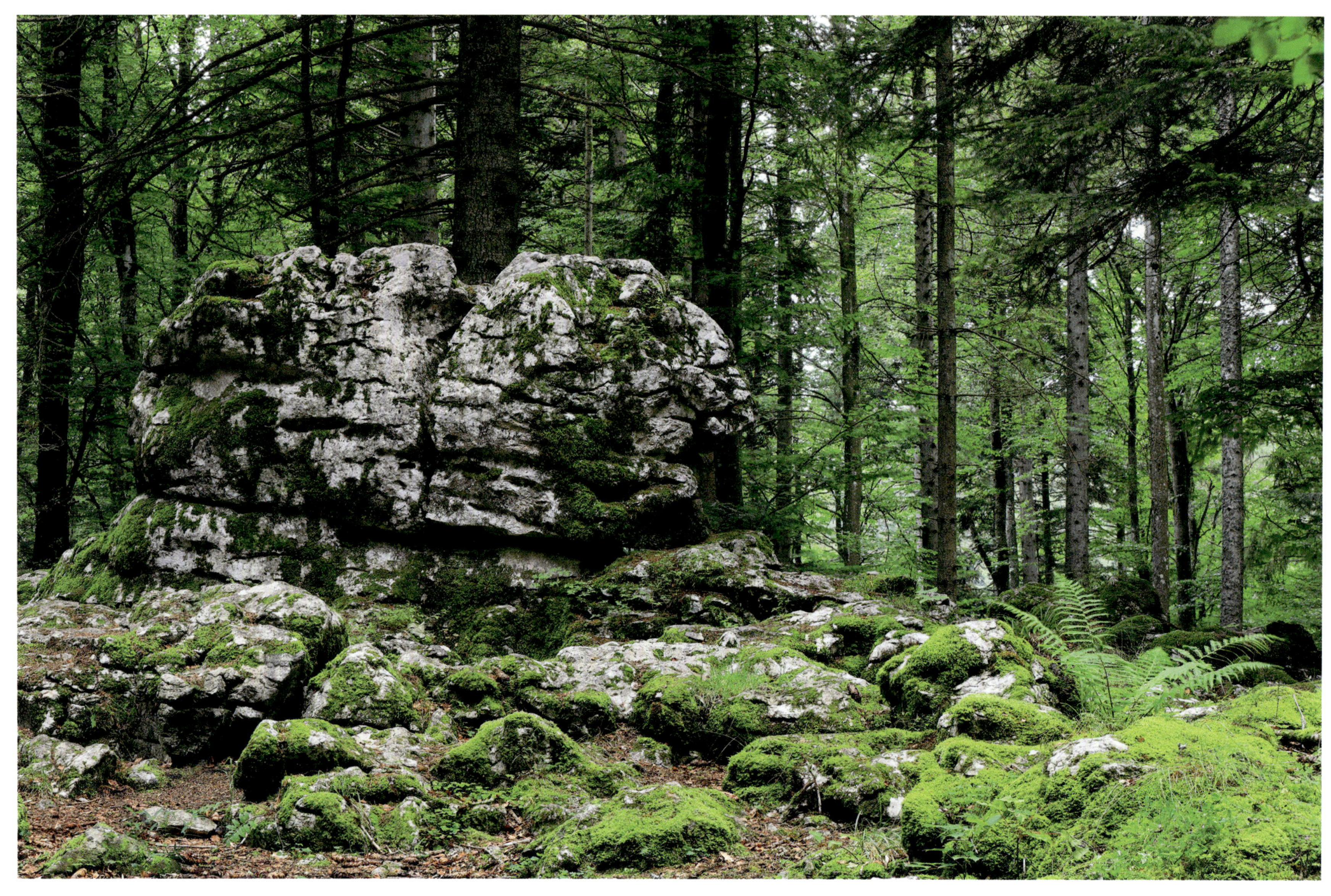

Götzenaltar, Böttingen

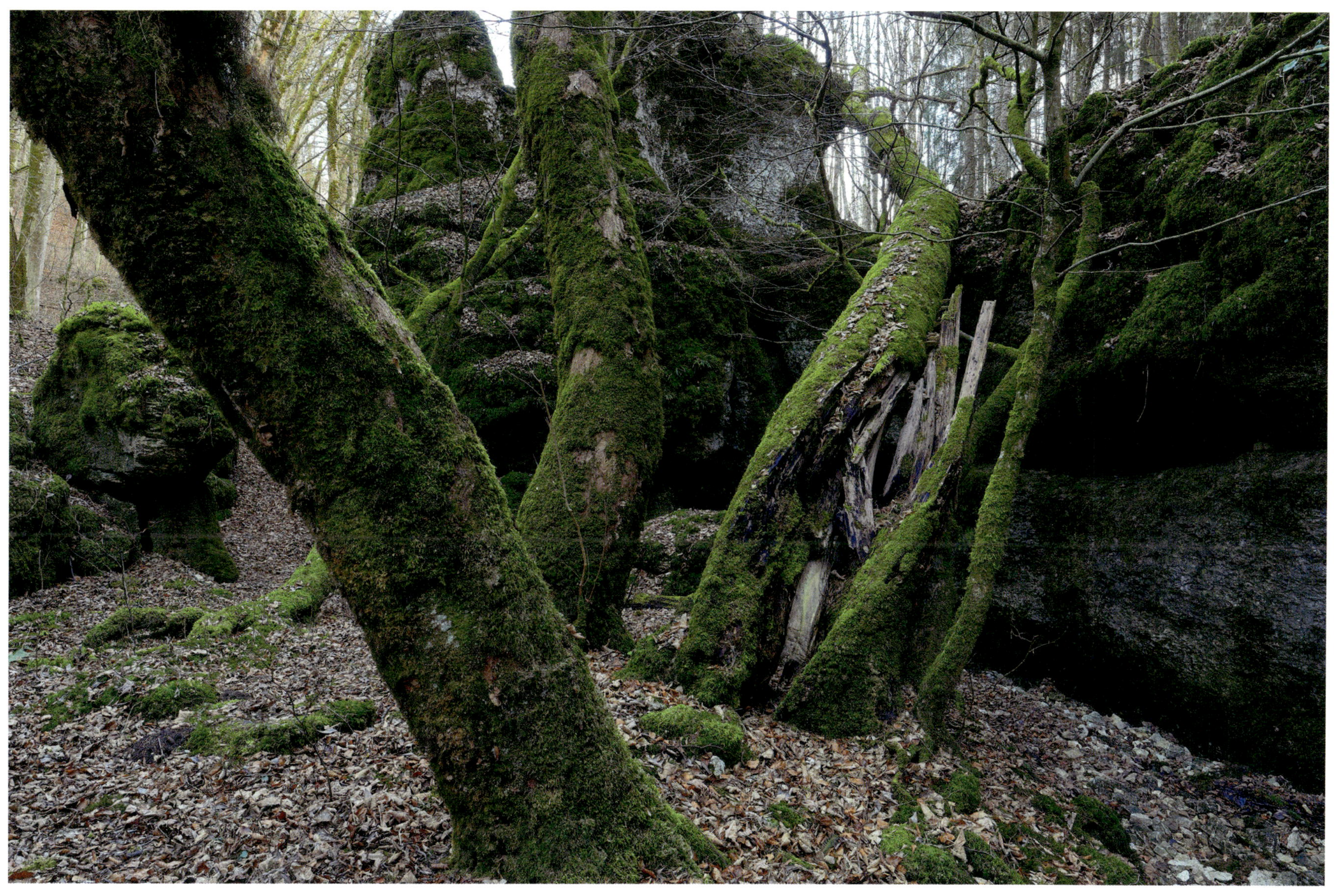

Felsentäle, Menningen

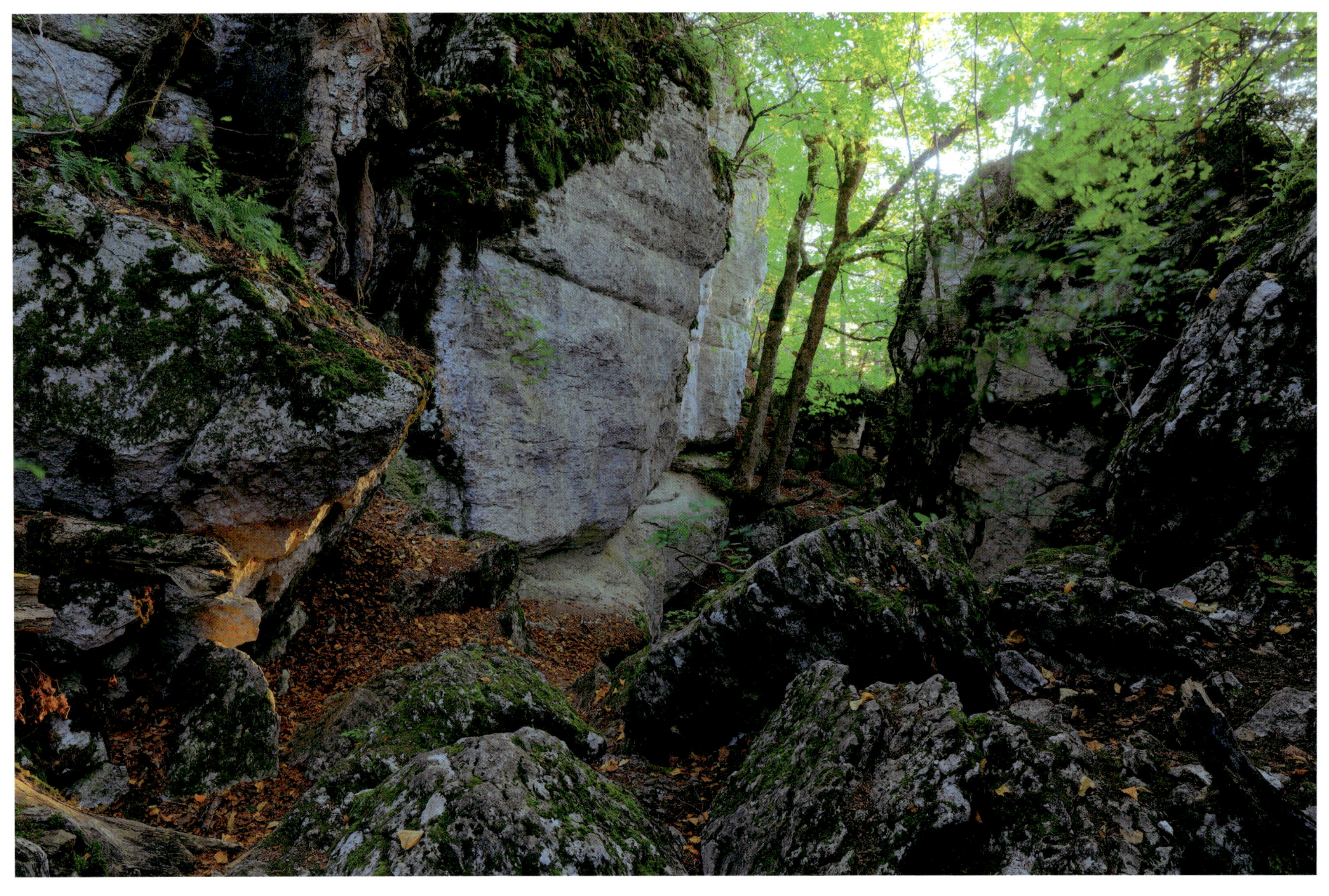

Schafberg-Lochenstein, Frommern

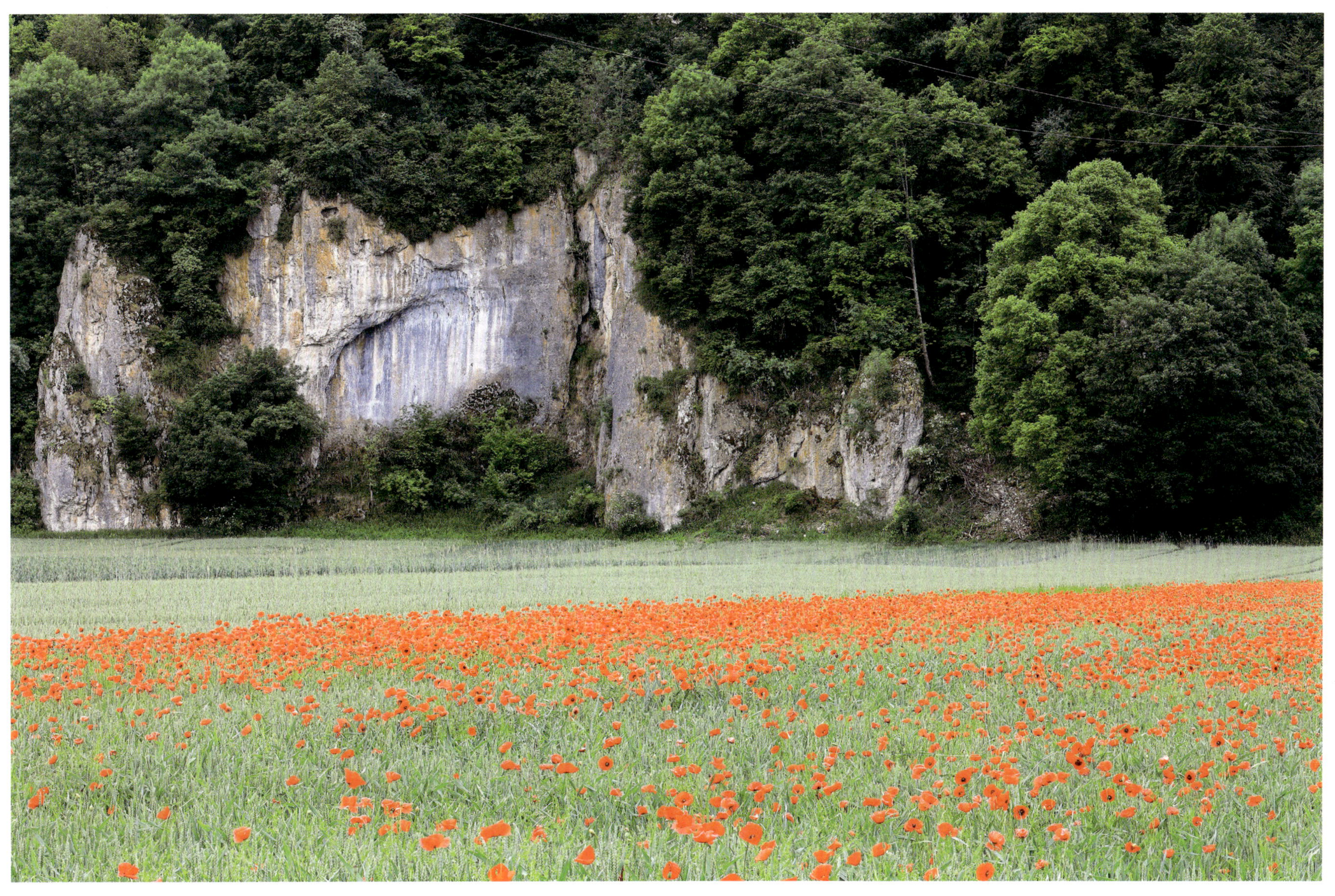

Mohnfeld vor Fels, Veringendorf

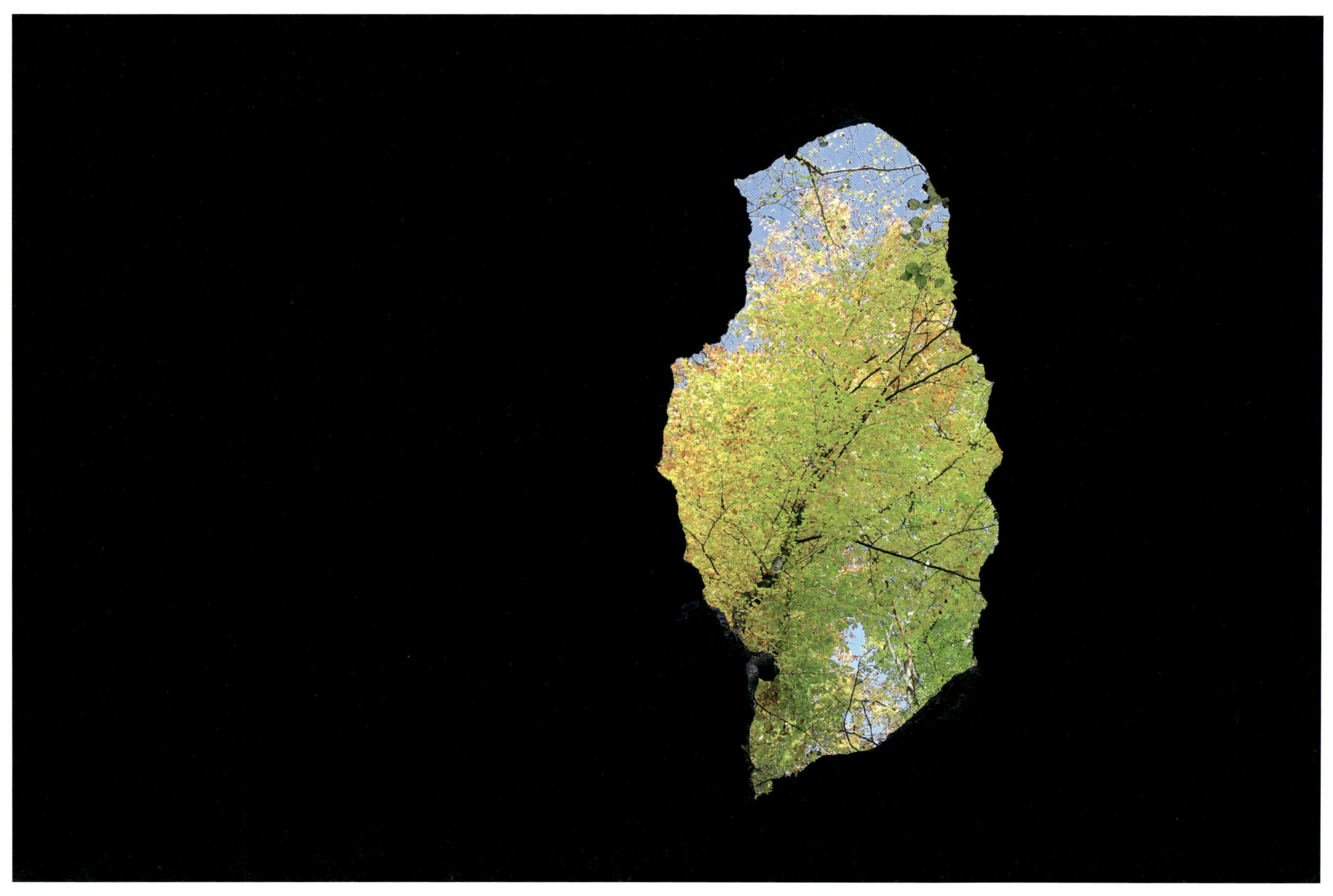

Bittelschießer Höhle, Sigmaringen / Bingen

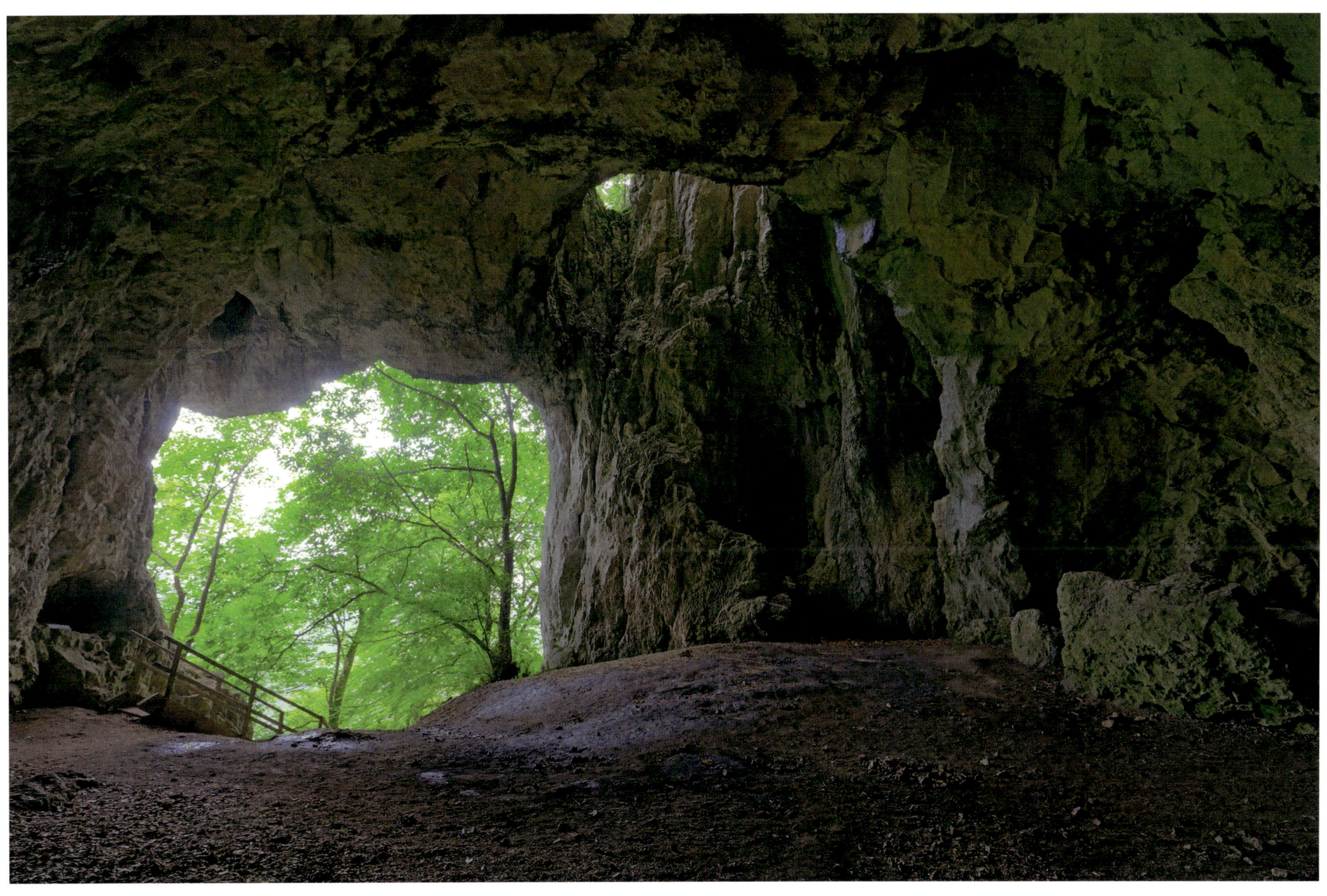

Petershöhle, Beuron

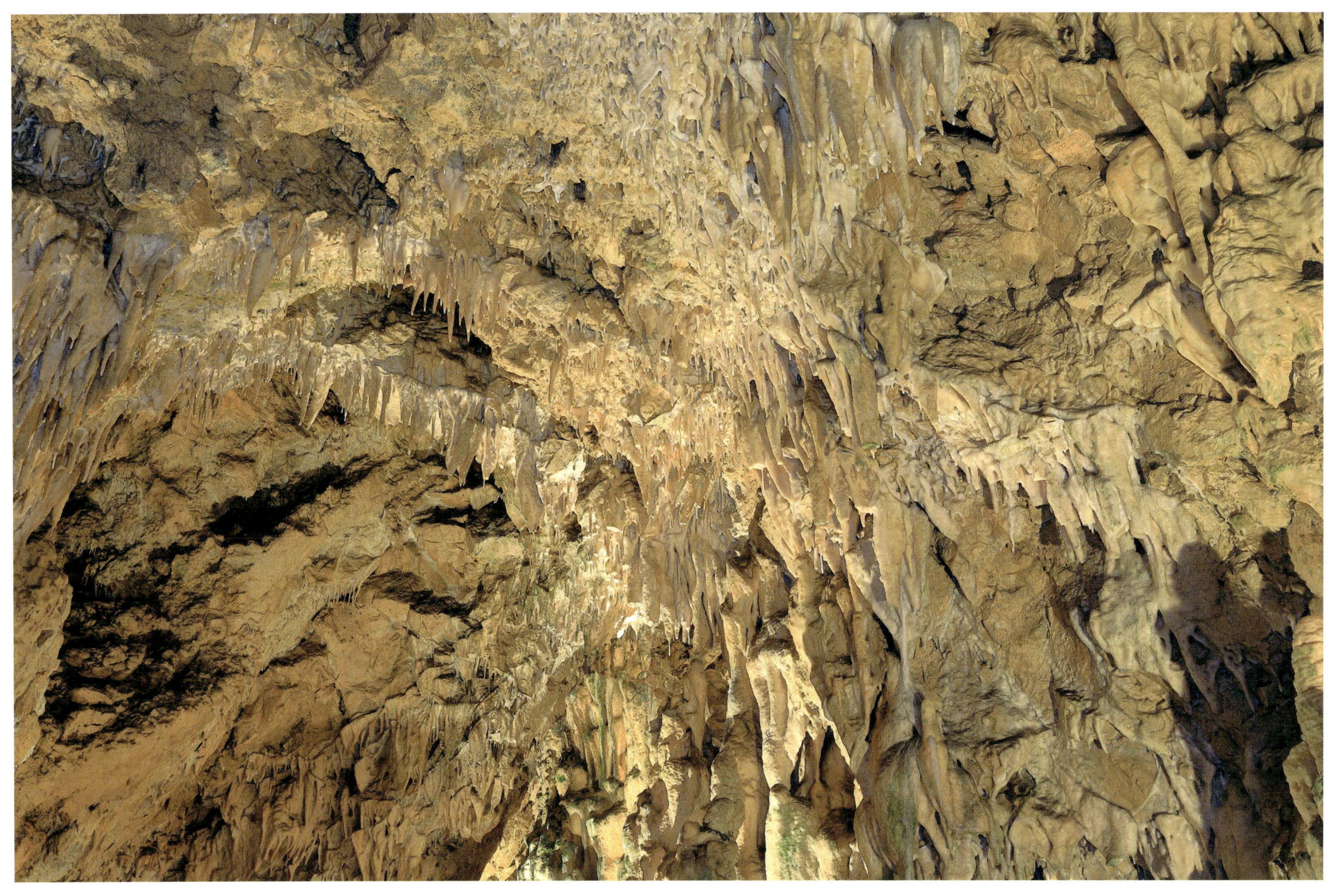

Kolbinger Höhle

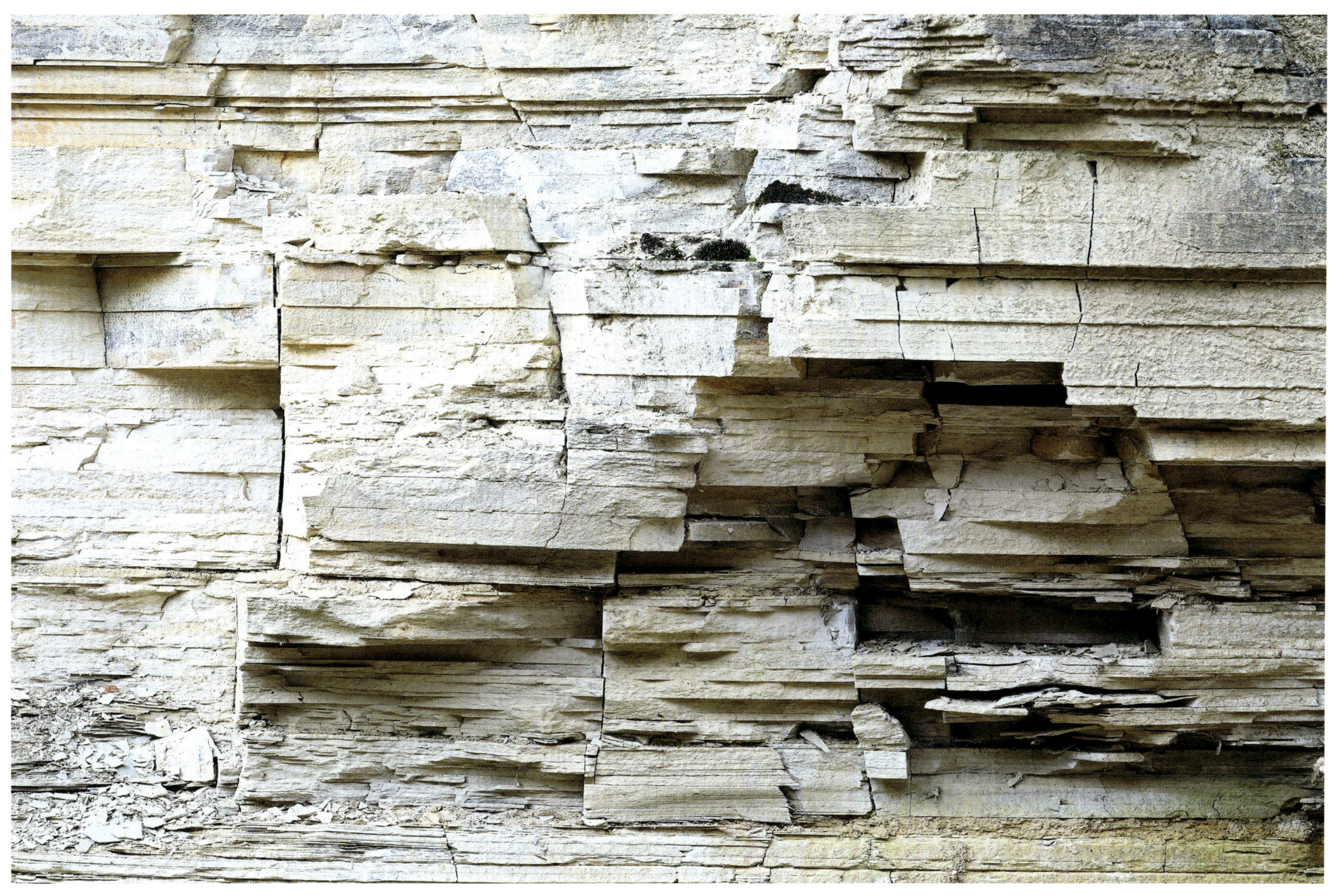

Nusplinger Plattenkalk

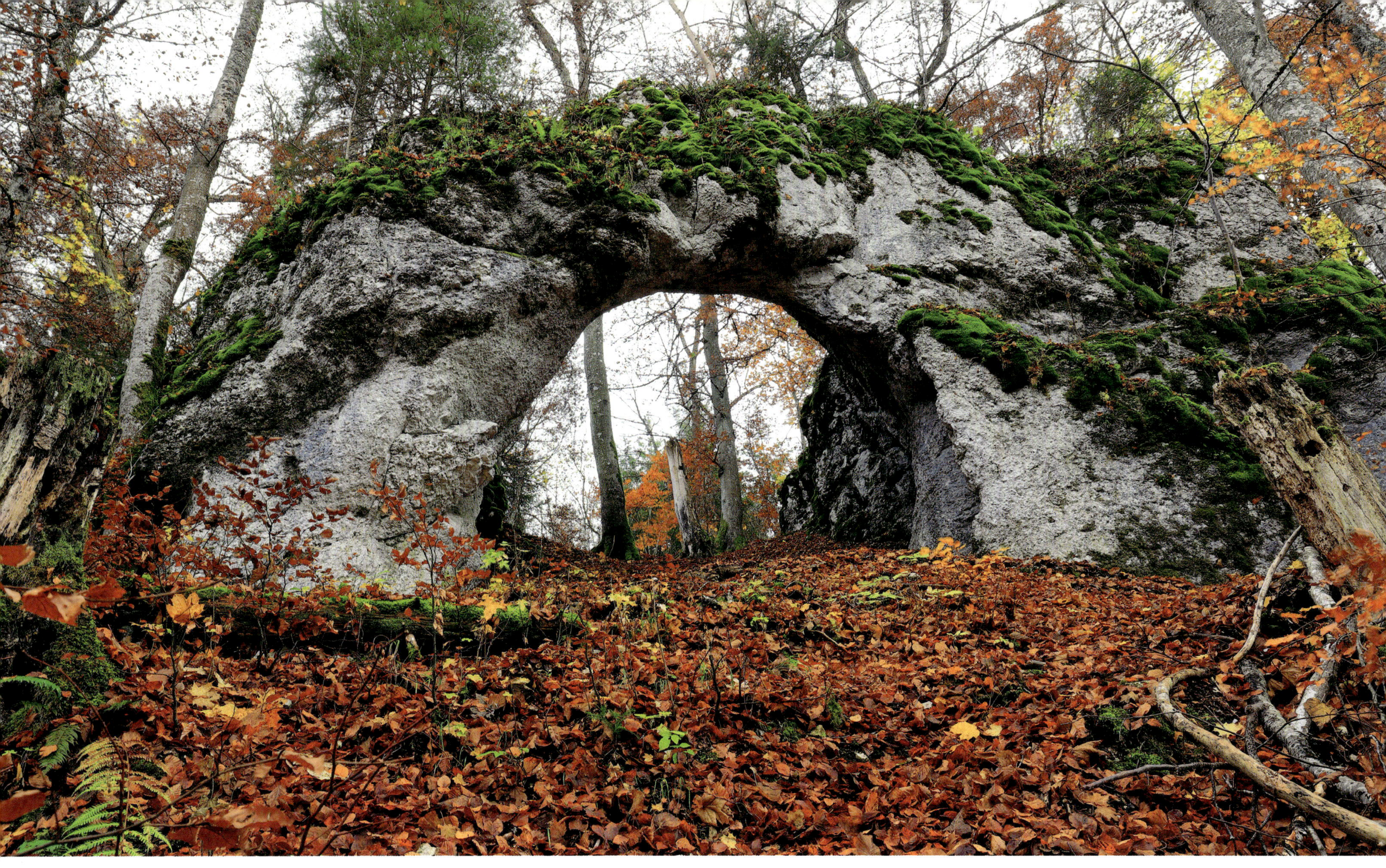

Heidentor, Egesheim

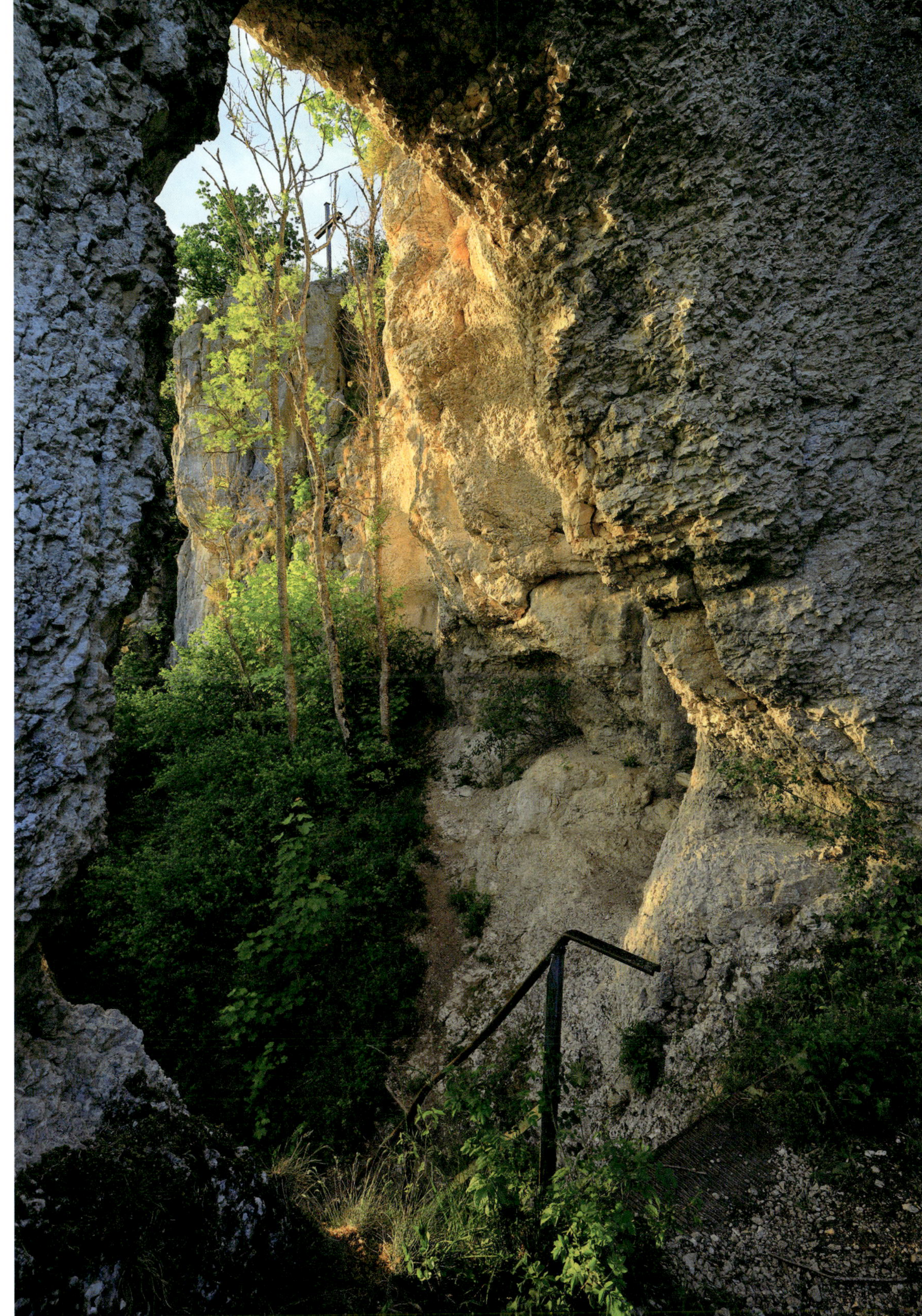

Teufelstorfelsen, Gammertingen

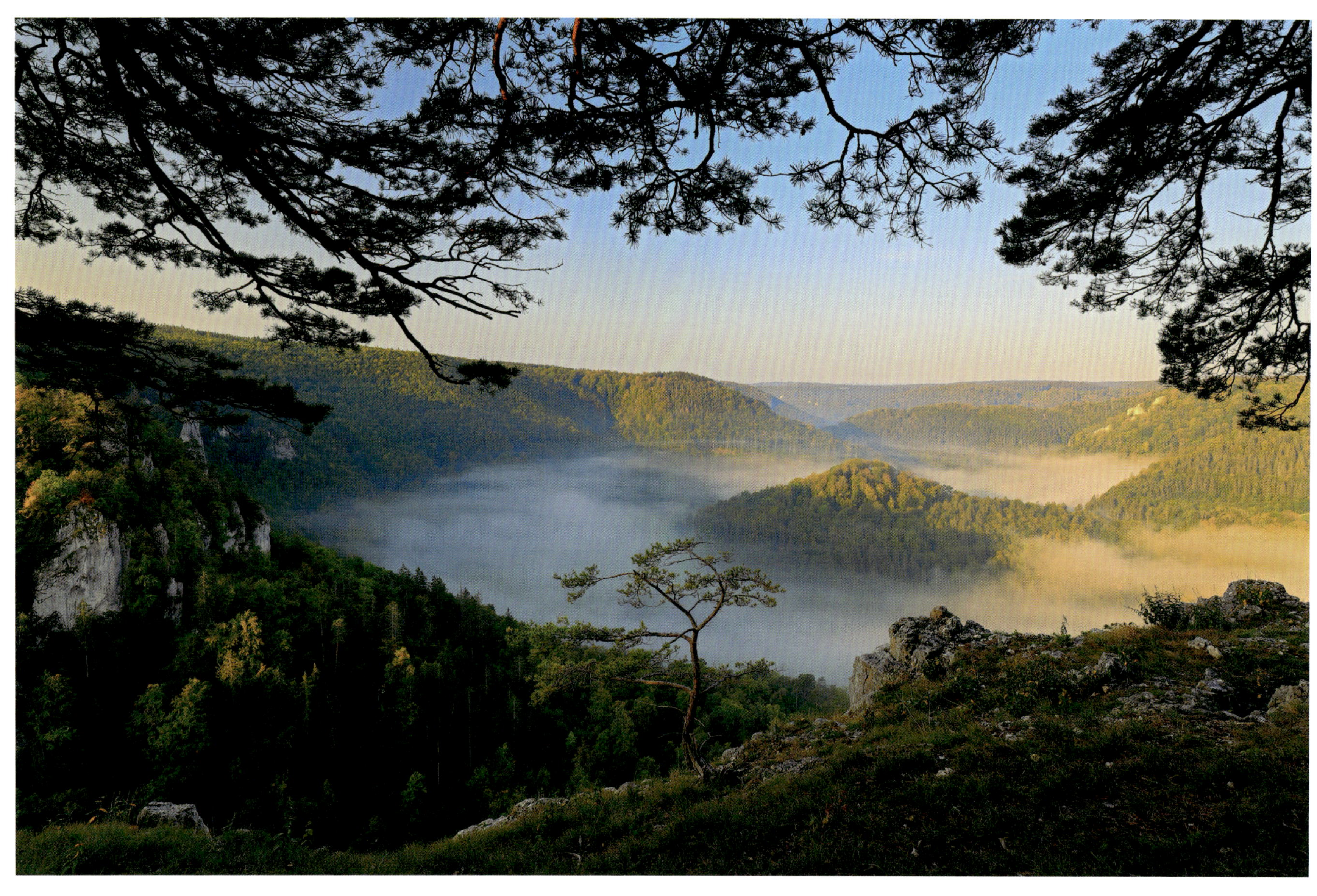

Blick vom Bandfelsen ins Donautal

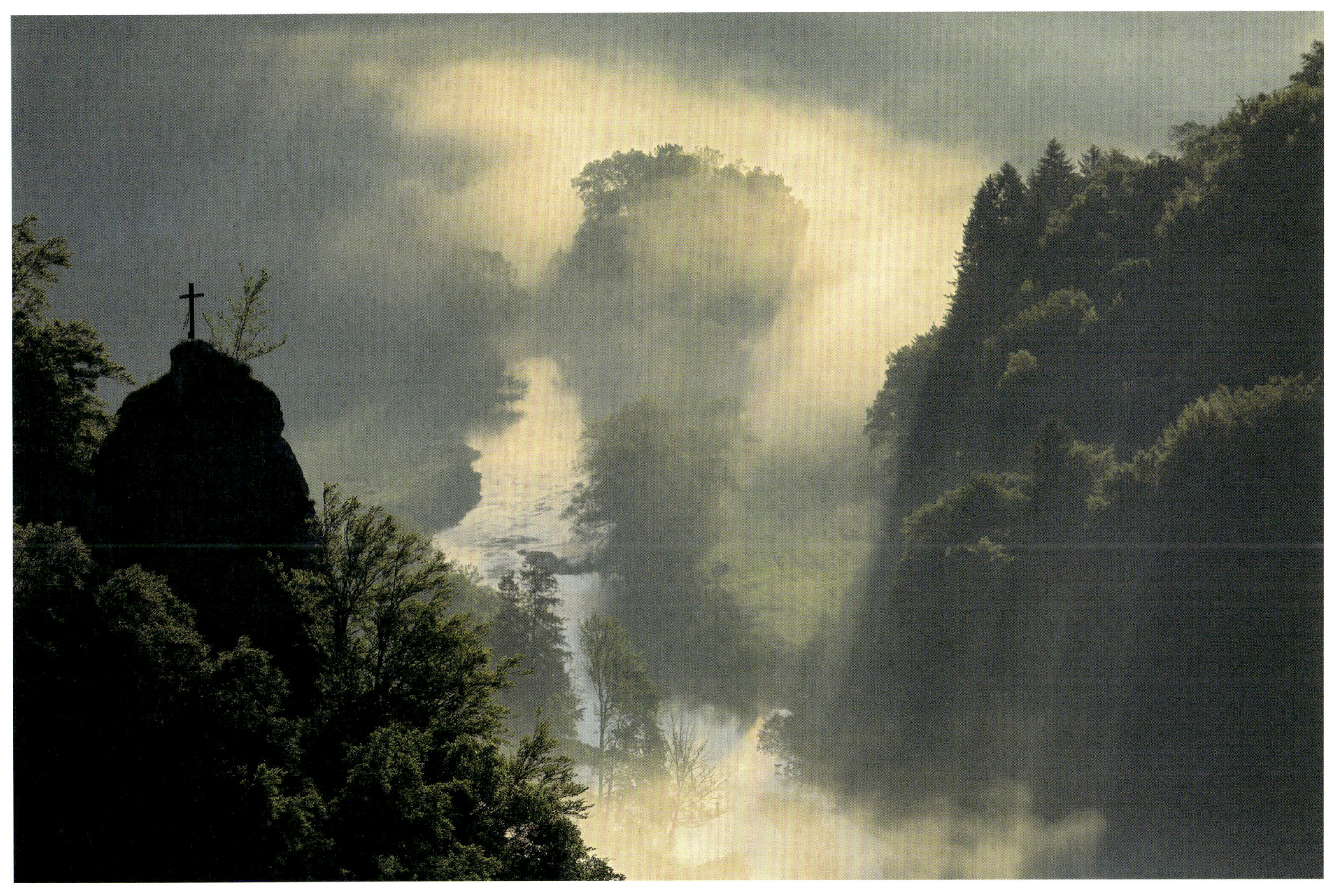

Blick vom Eichfelsen ins Donautal

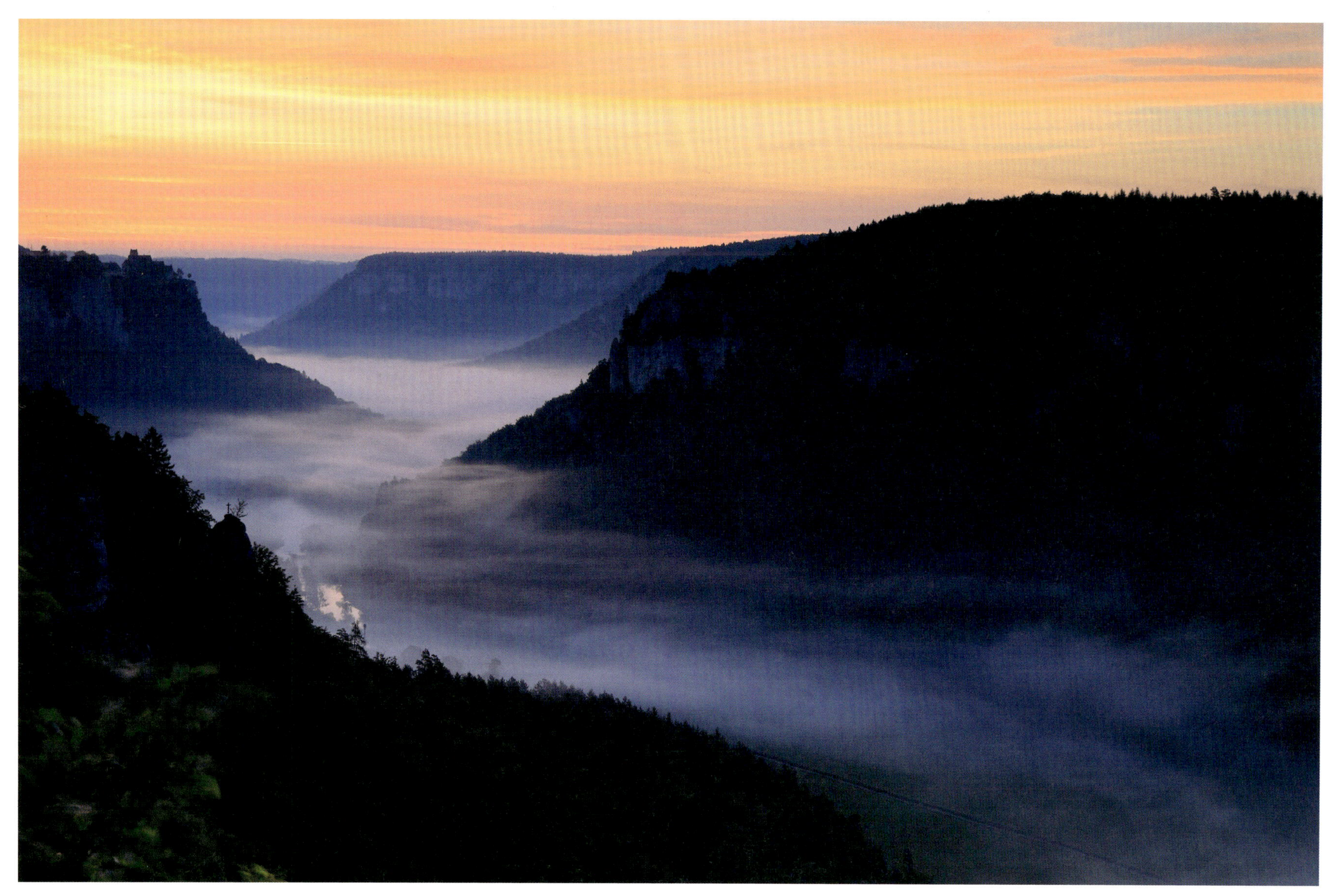

Blick vom Eichfelsen ins Donautal Richtung Osten

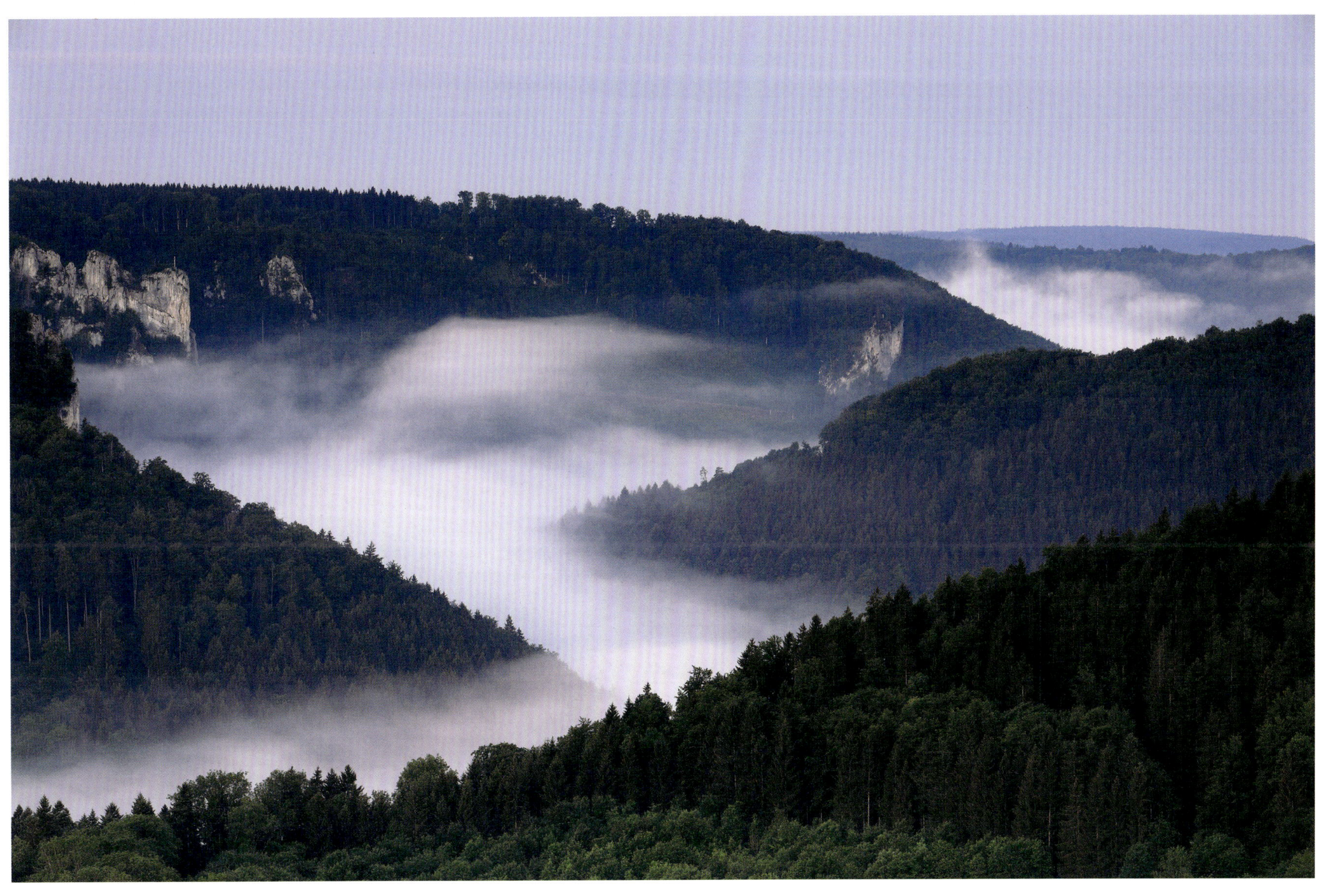

Blick vom Eichfelsen ins Donautal Richtung Westen

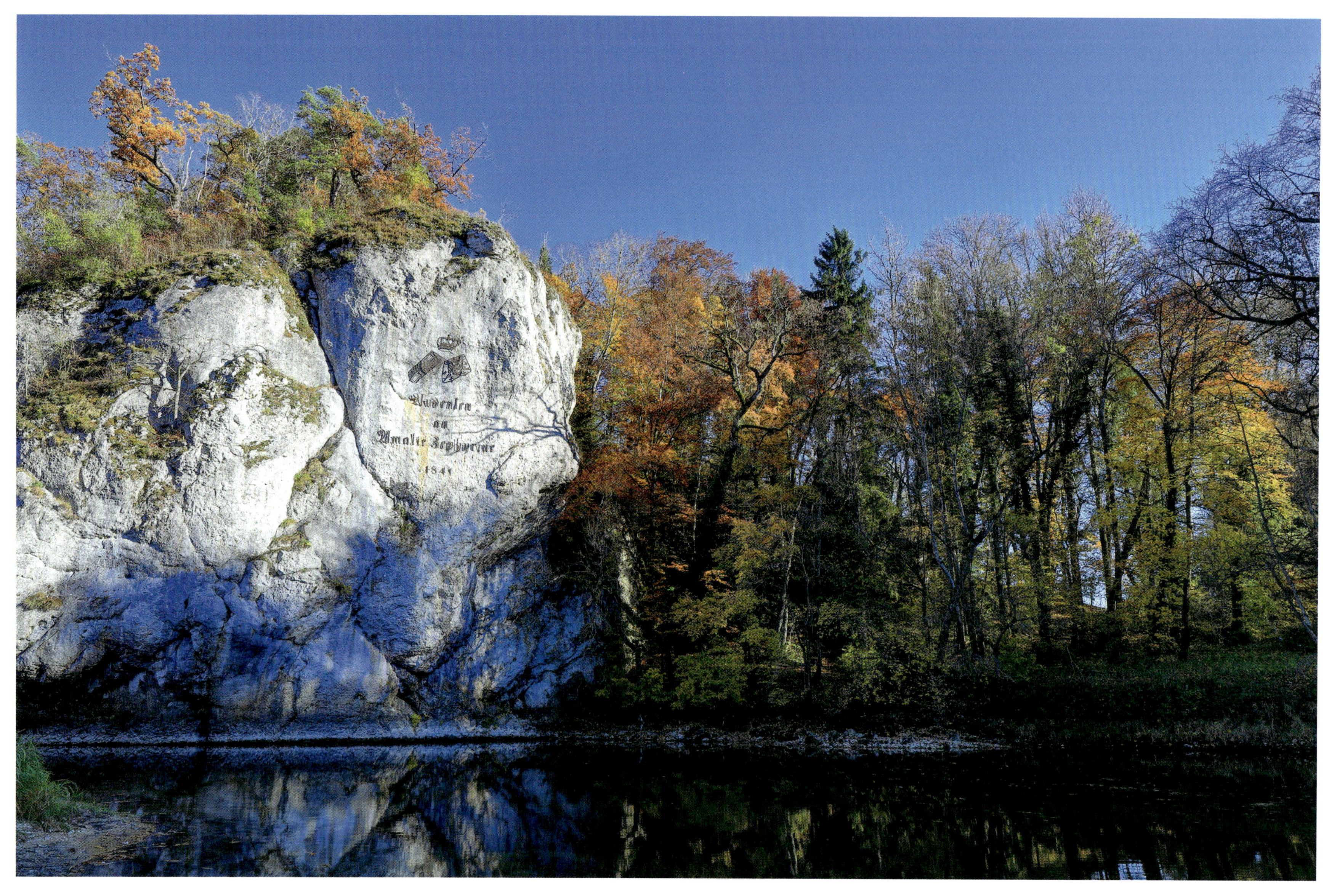

Amalienfelsen, Inzigkofen

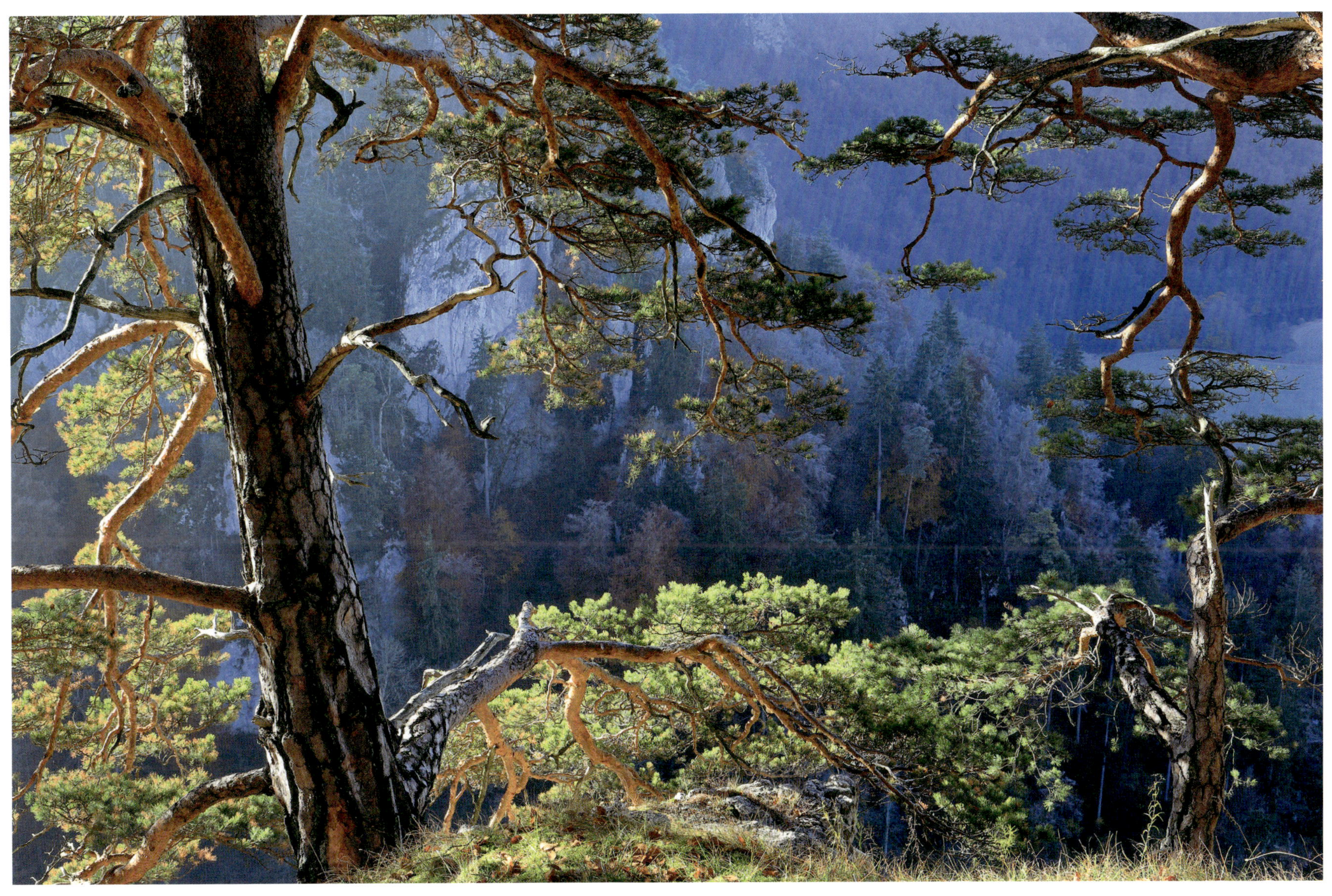

Kiefern auf dem Bandfelsen

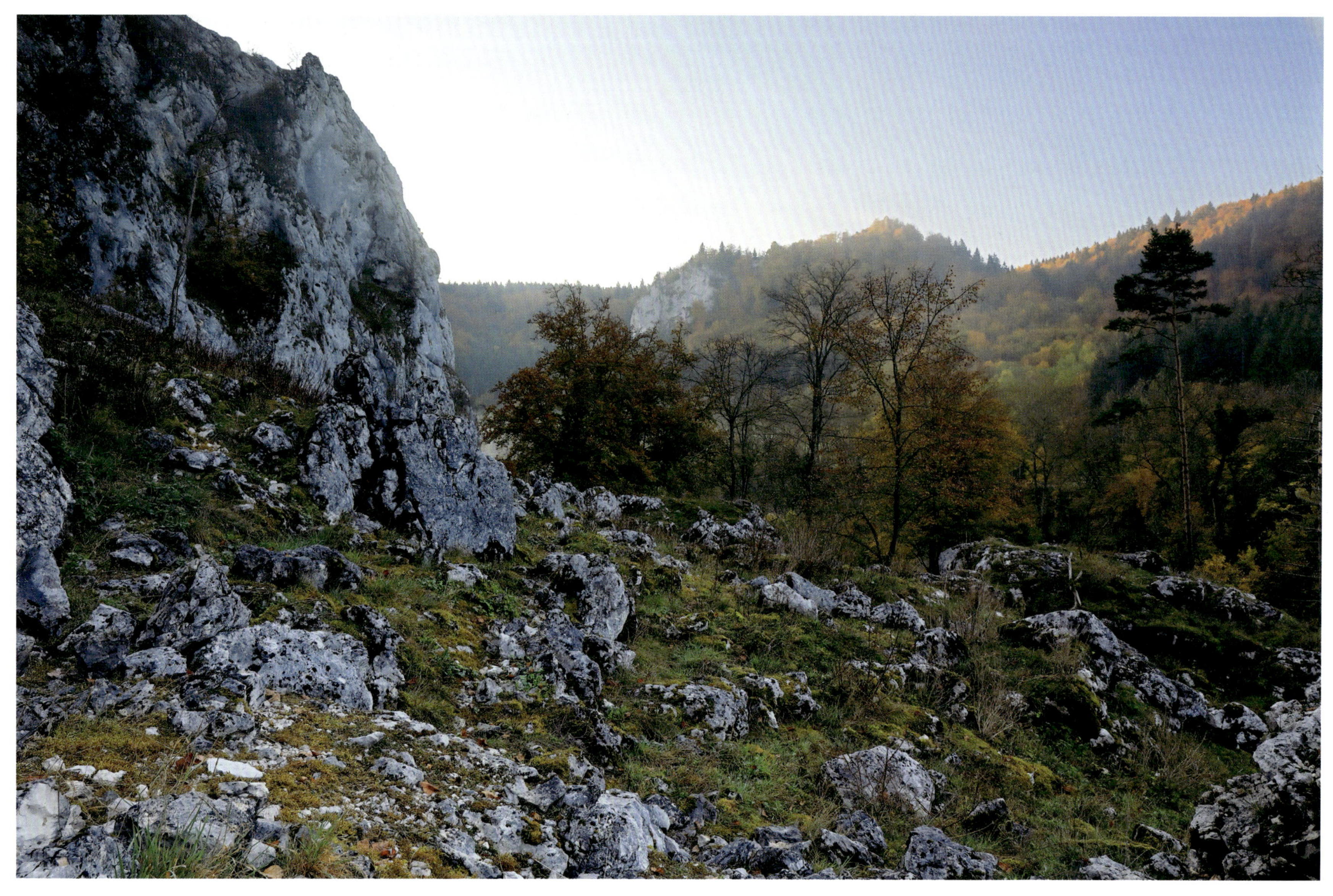

Unterhalb des Stiegelesfelsens, Fridingen

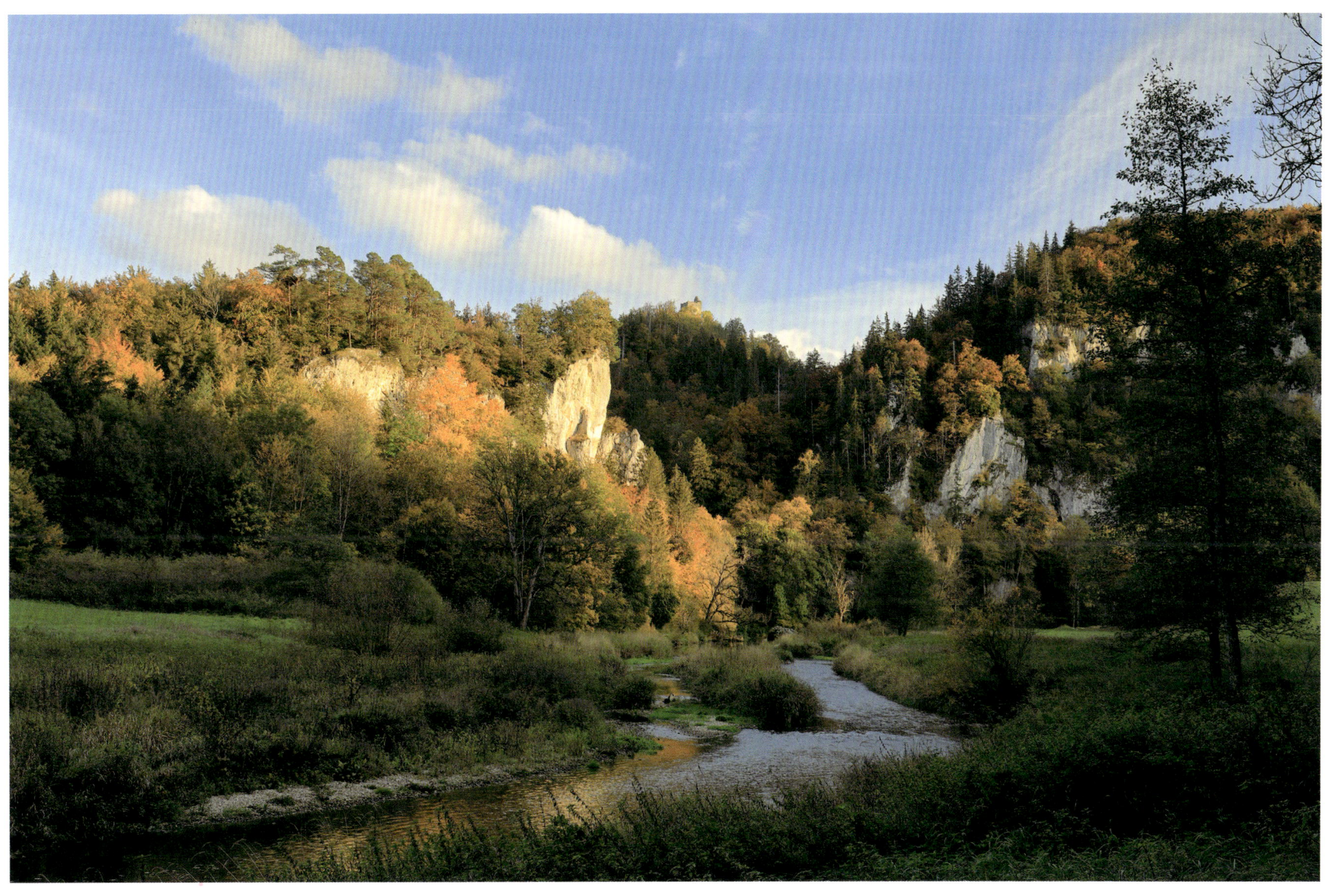

Felskuppe oberhalb der Donau mit der Ruine Kallenberg, Buchheim

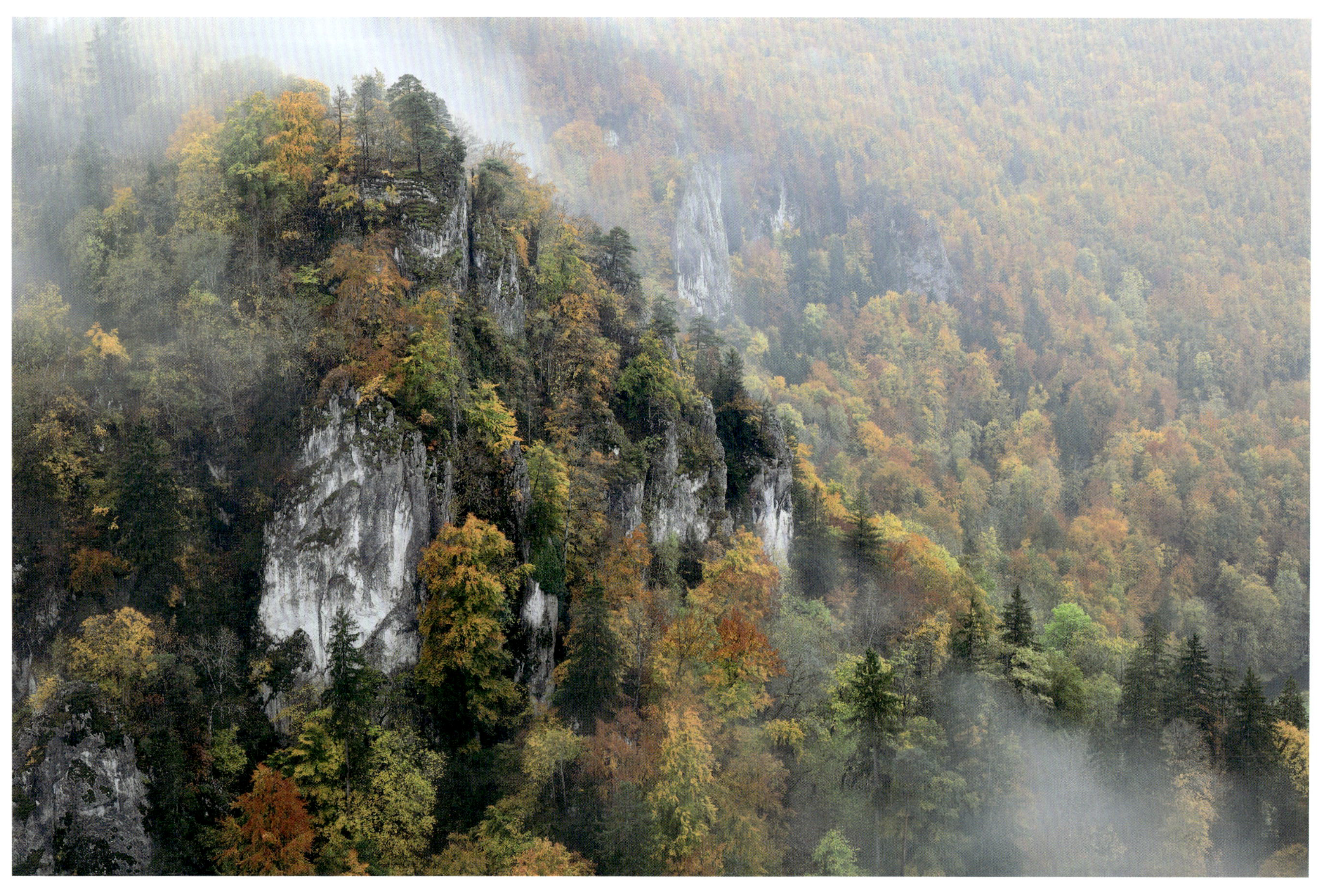

Blick vom Bandfelsen ins herbstliche Donautal

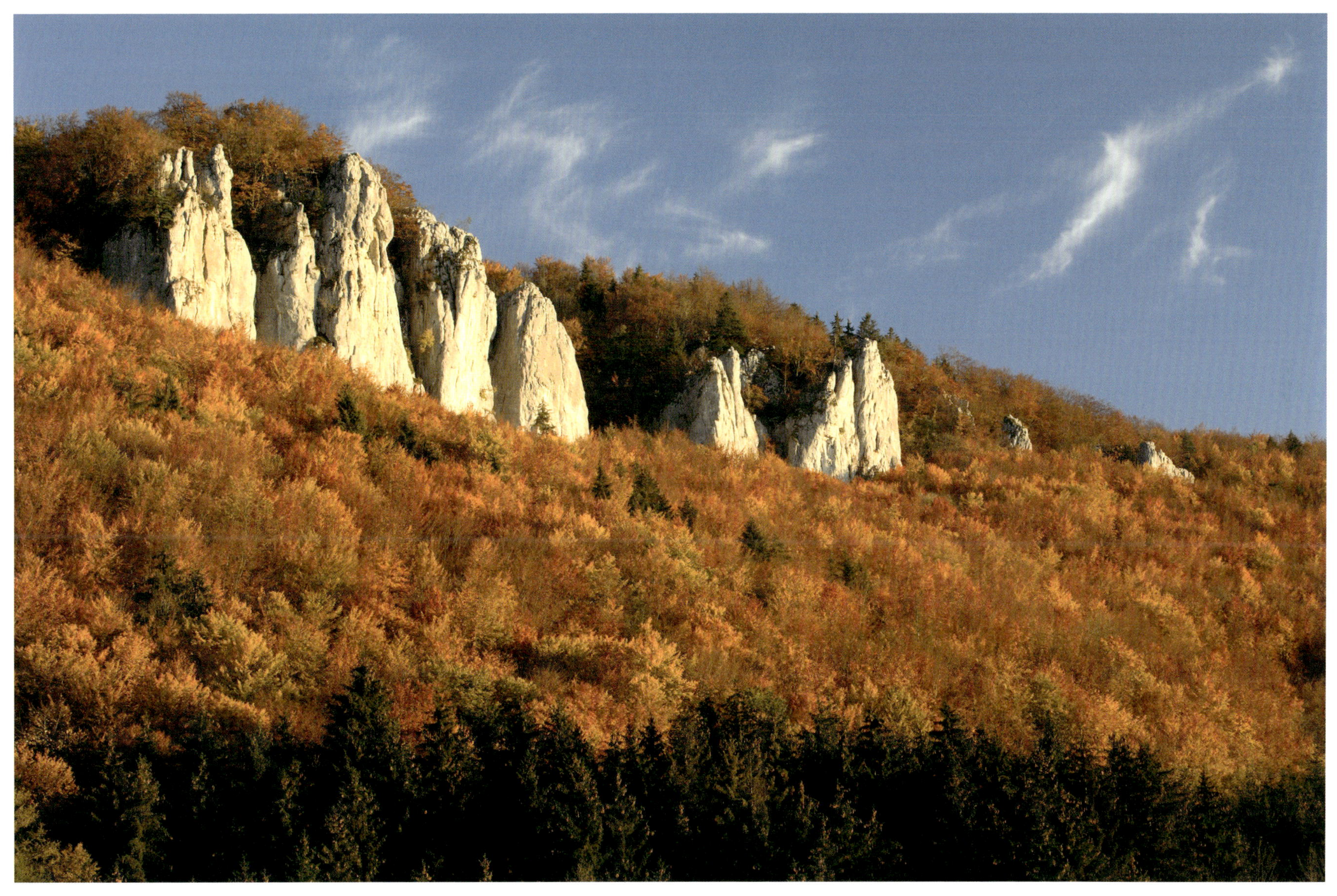

Felsen im Herbstwald, Hausen im Tal

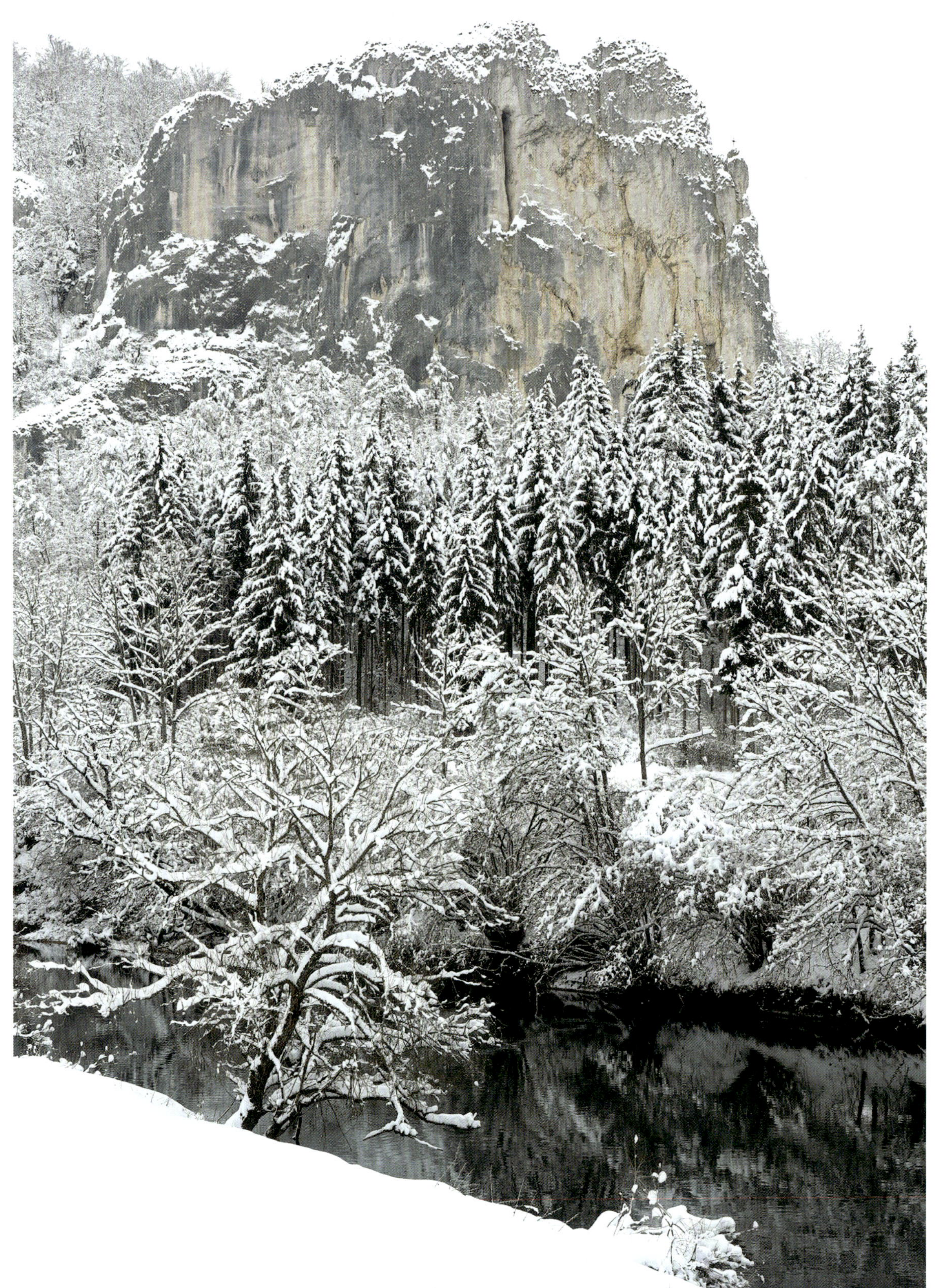

Rabenfelsen, Thiergarten

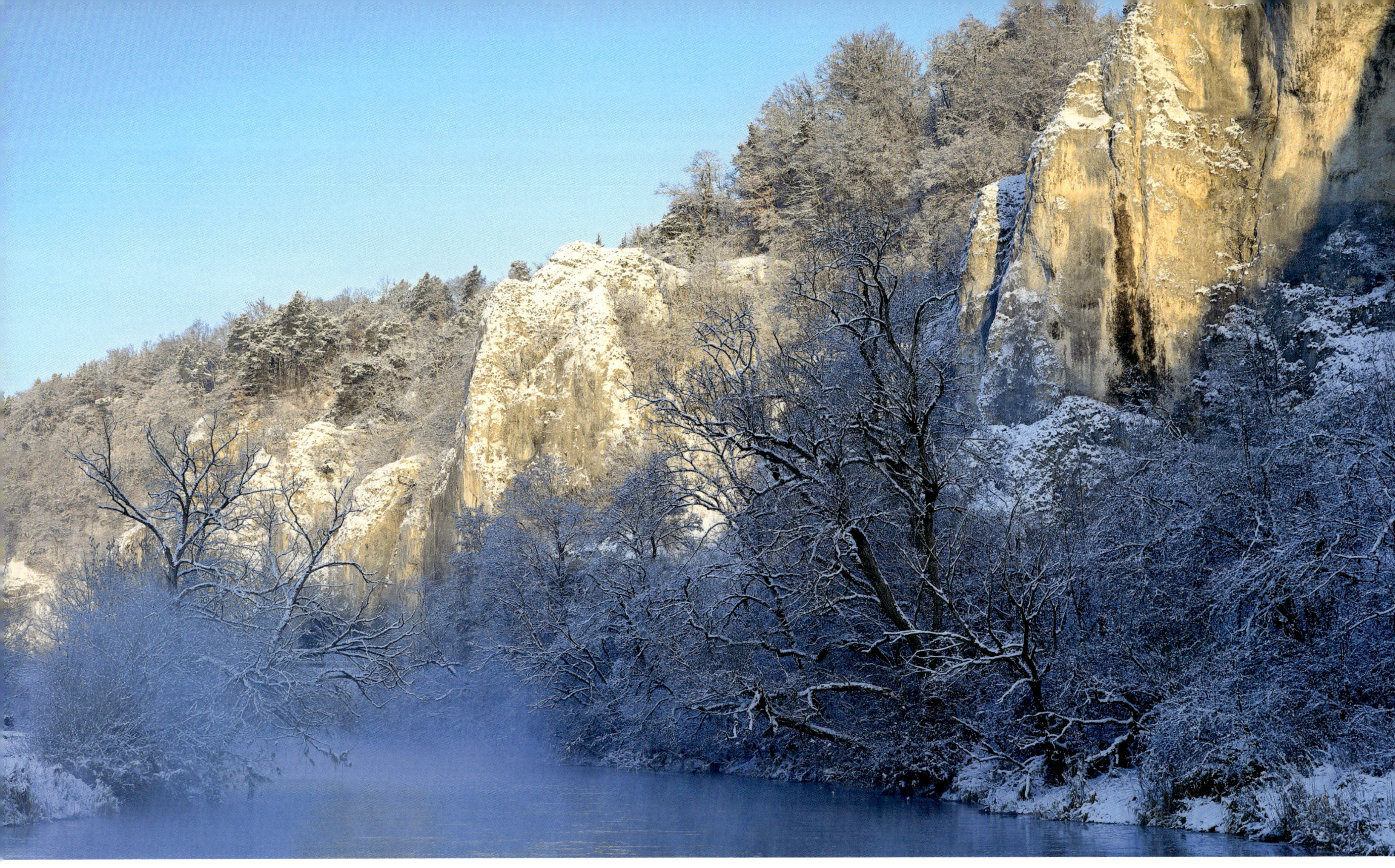

Kreuzfelsen, Gutenstein

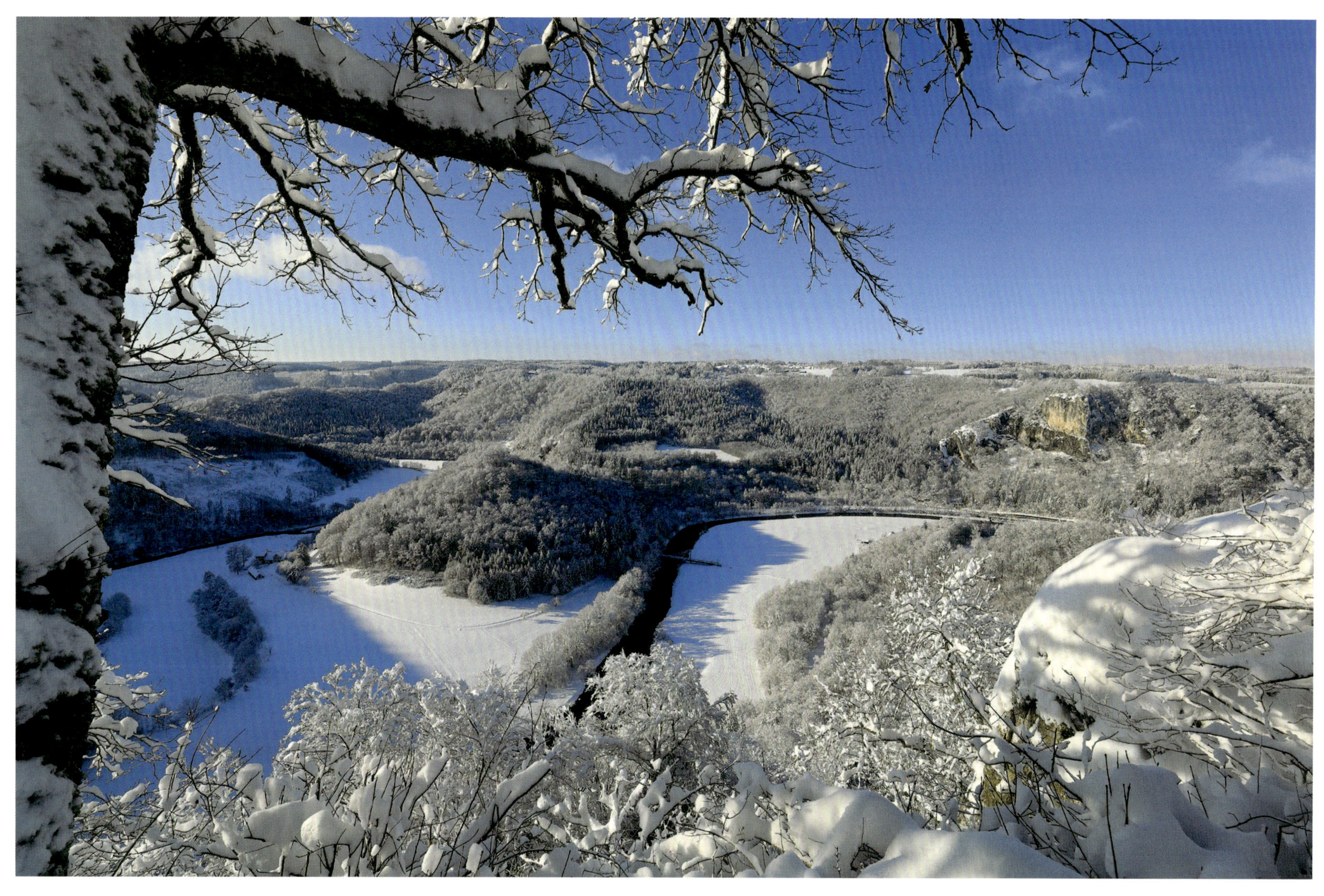

Blick von Burg Wildenstein ins verschneite Donautal

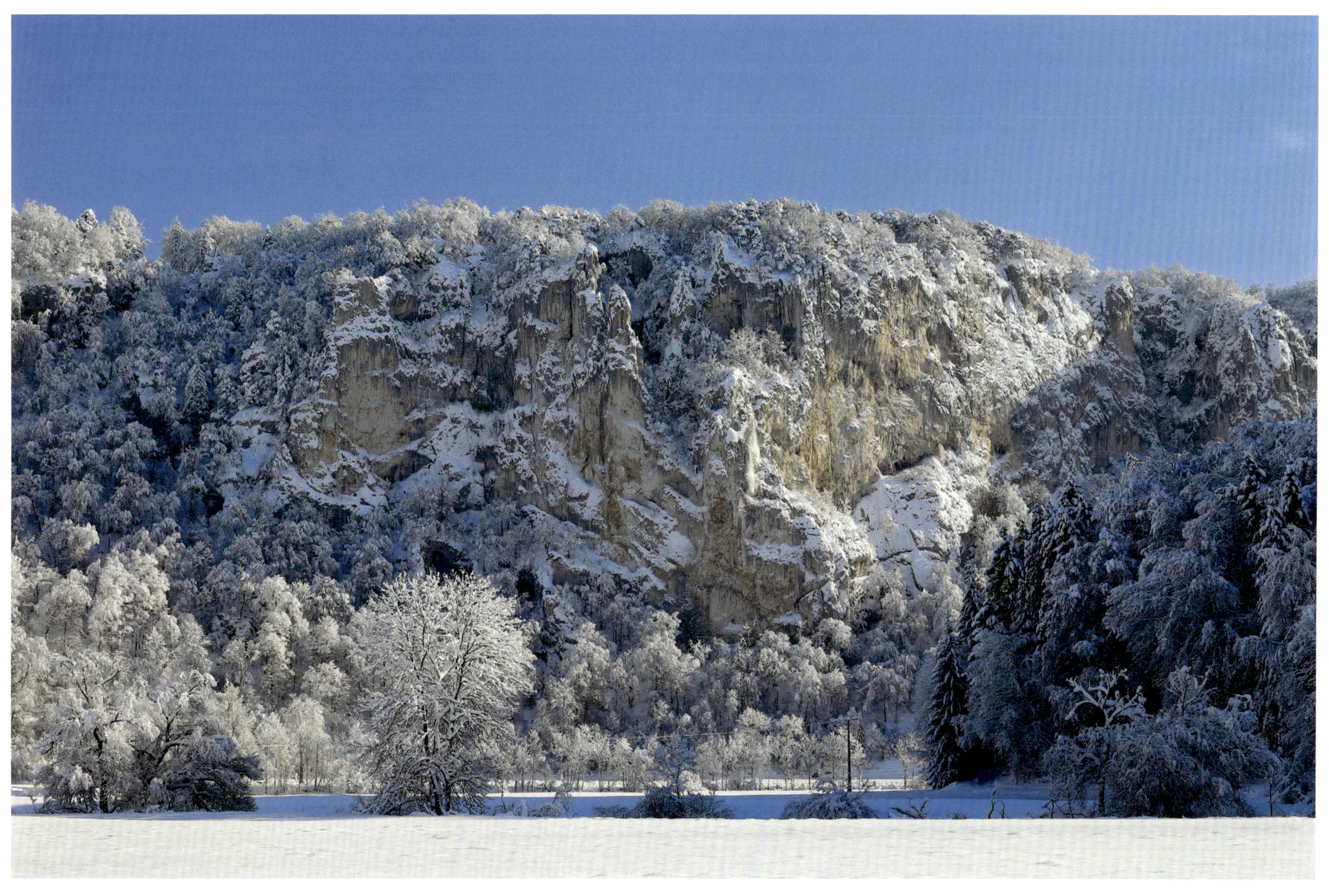

Blick von Neidingen auf schneebedeckten Schaufelsen

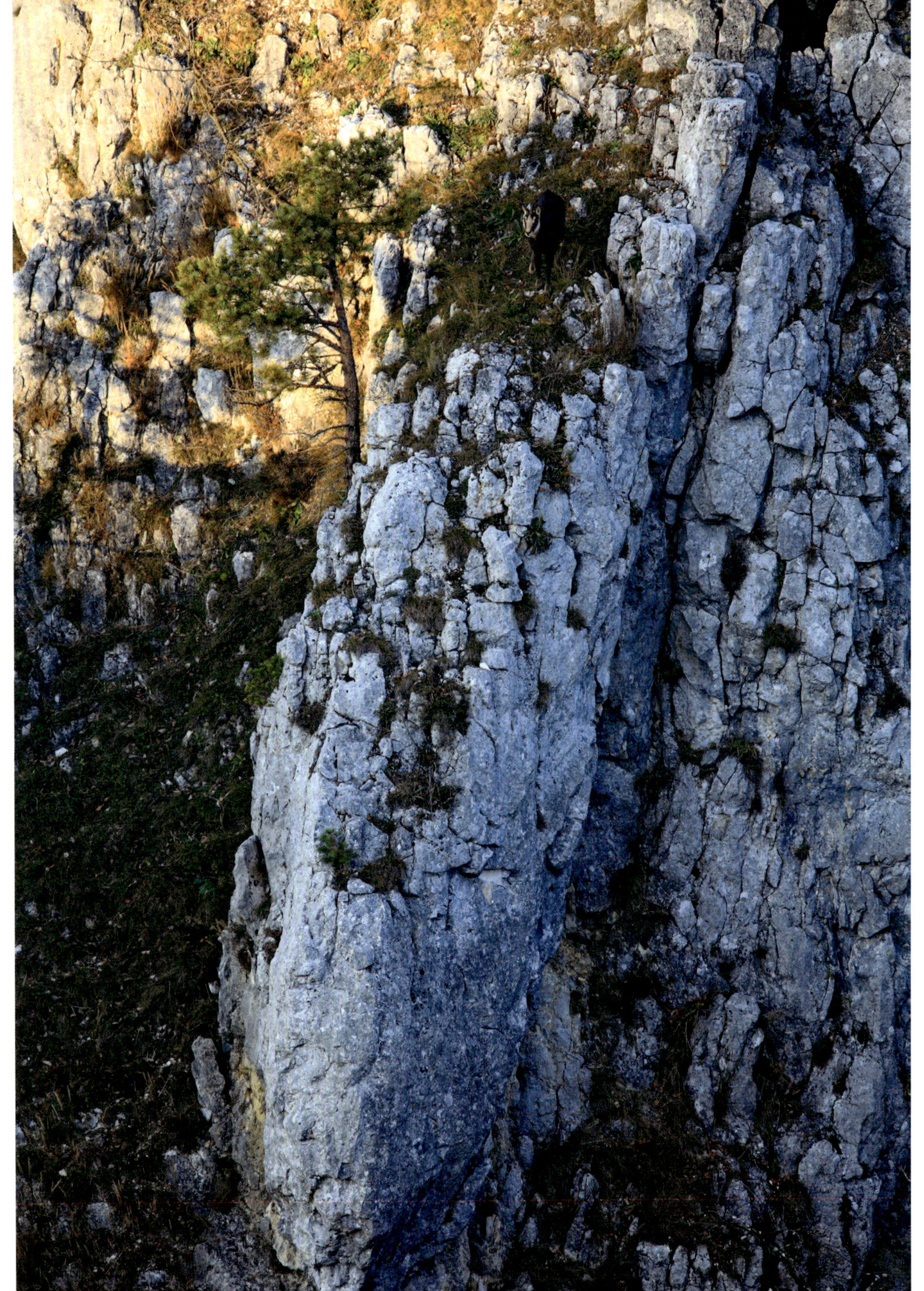

Gämse am Bandfelsen, Blick von Burg Wildenstein

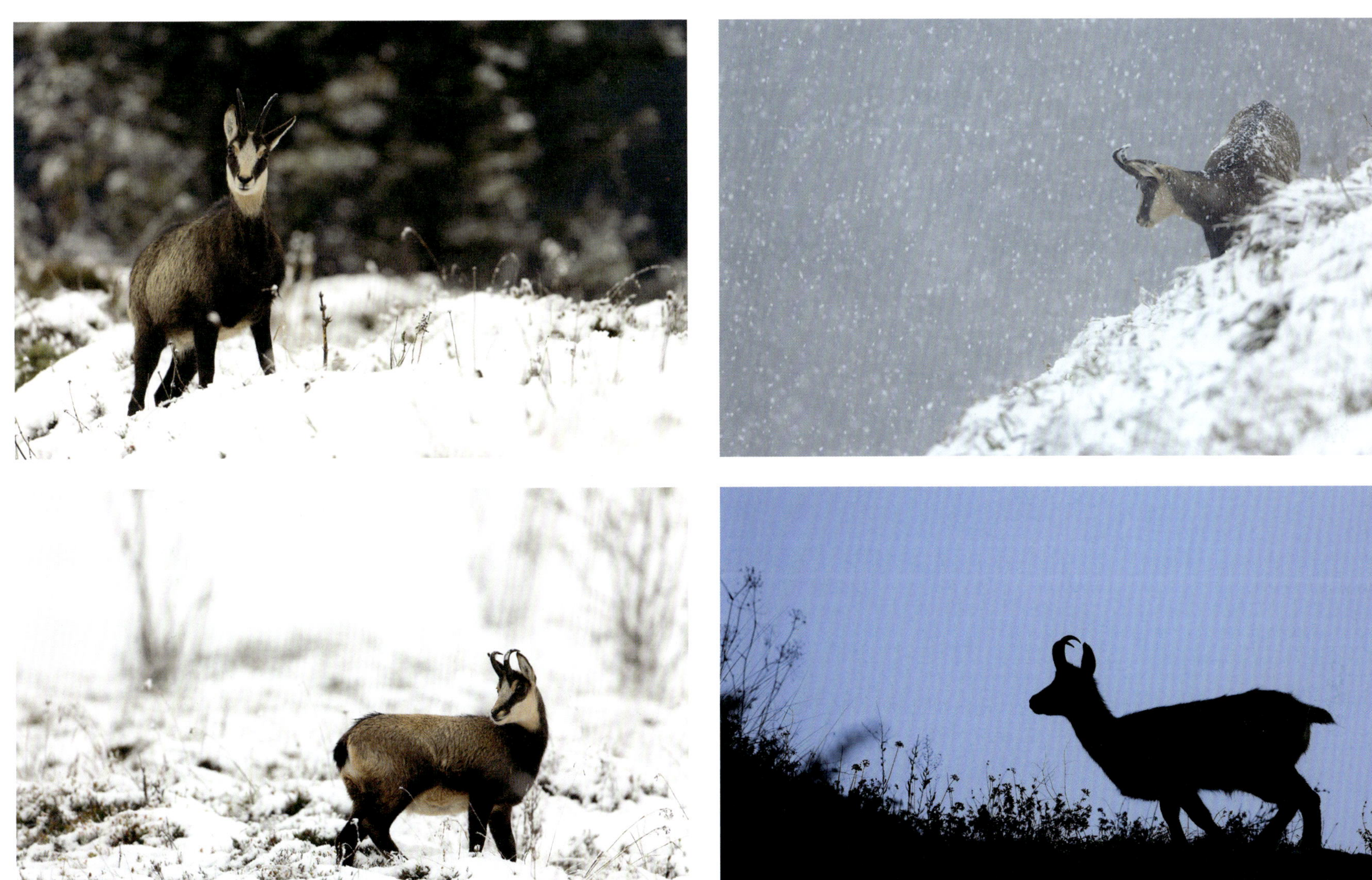

1–4 Gämse im Donautal

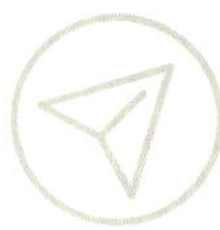

Schwierigkeit		schwer
Länge	↔	15,6 km
Dauer		ca. 5:07 h
Aufstieg		680 m
Abstieg		611 m
Höchster Punkt	↑	808 m. ü. M.
Niedrigster Punkt	↓	620 m. ü. M.

1 DONAUFELSEN-TOUR

ATEMBERAUBEND VIELFÄLTIGE NATUR IM AUF UND AB DER LANDSCHAFT

Die Donaufelsen-Tour ist eine ganz besondere Tour mit unvergesslichen Ausblicken von den leuchtenden Felsen oberhalb der Donau und dies im Wechselspiel mit Passagen entlang des Donauufers im Durchbruchstal zwischen Fridingen und Beuron.

Mal stehen Sie staunend auf einem der Dutzend Aussichtsfelsen und blicken auf die Donau im Tal oder auf die gegenüberliegenden Felsen. Mal wandern Sie entlang der Oberen Donau und blicken ehrfürchtig auf die majestätisch-mächtigen Felsen des »Schwäbischen Grand Canyons«. Auf diesem Weg werden Sie an vielen Stellen den Atem anhalten und immer wieder »Luft holen« müssen.

Vom Startpunkt am Knopfmacherfelsen (Aussicht nicht verpassen …) geht es bis zum Naturschutzgebiet Stiegelesfelsen, einem beeindruckenden Felsmassiv mit Aussicht ins Donautal. Anschließend geht die Tour weiter bis zur Mattheiser Kapelle, einer Einsiedlerkapelle, gefolgt vom Laibfelsen und einem Aussichtspunkt mit einem kleinen Kreuz. Auf Wiesenwegen führt der Pfad bis hinunter an die Donau, dann ein kurzes Stück über den Donauradweg und parallel zum Radweg Richtung Ziegelhütte. Durch das Wolfental geht es weiter über die Ruine Kallenberg und weiter mit mehreren Aussichtsmöglichkeiten bis zum Schloss Bronnen. Hier erfolgt ein steiler Abstieg an den Bronner Höhlen vorbei bis zur Jägerhaushöhle. Von der Höhle weiter abwärts bis zum Jägerhaus und dort die Donau auf den Trittsteinen überqueren bis Sie wieder beim Knopfmacherfelsen ankommen.

Weg zur Wanderung

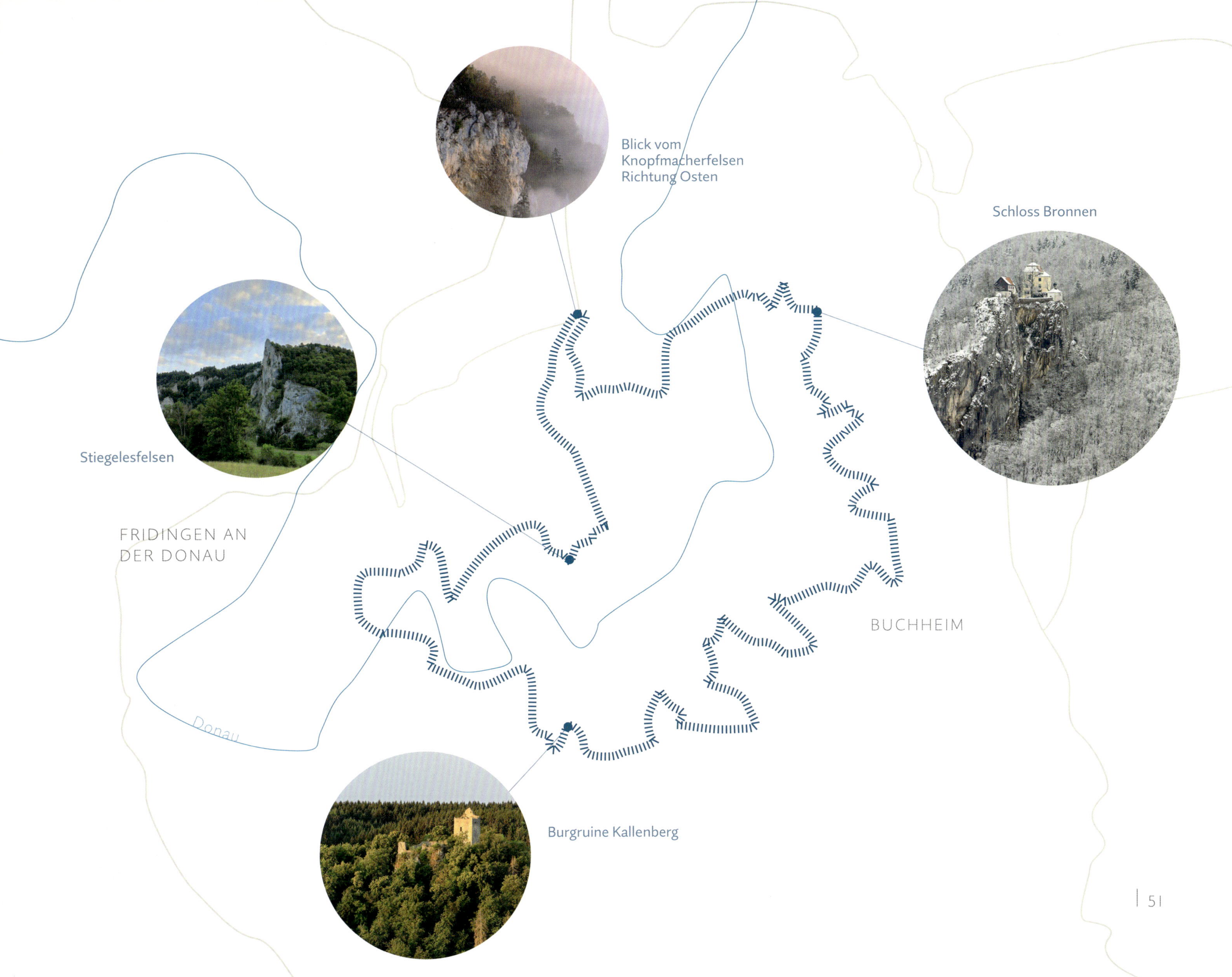

Blick vom
Knopfmacherfelsen
Richtung Osten
Schloss Bronnen
Stiegelesfelsen
FRIDINGEN AN
DER DONAU
BUCHHEIM
Donau
Burgruine Kallenberg

SCHLÖSSER, BURGEN & HISTORISCHE ORTE

Fast so präsent wie die Felsformationen sind im Naturpark die vielen Schlösser, Burgen und historischen Orte. Oft sind sie bereits von Weitem sichtbar. Manche müssen mühsam erwandert oder mit dem Mountain-Bike angefahren werden. Lohnenswert ist ihr Besuch in jedem Fall, auch dann, wenn man sich für deren Vergangenheit und ihre meist wechselvolle Geschichte nicht interessiert. Faszinierend ist allein schon ihre jeweilige Lage. Wie Adlerhorste stehen sie auf exponierten Stellen am Rande von Felsbändern oder direkt auf einem solitären Felsen und bieten spektakuläre Aus- und Weitblicke.

Das weit über die Landesgrenze Baden-Württembergs hinweg bekannte Hohenzollernschloss Sigmaringen ist dabei wohl das prächtigste Gebäude. Das über der Stadt und der Donau thronende Schloss steht den Gästen offen und kann ganzjährig besichtigt werden. Imposant sind nicht nur dessen Räumlichkeiten, sondern auch die mit rund 3.000 Exponaten große Waffensammlung.

Ebenso bekannt wie das Schloss Sigmaringen ist wohl das von Felsformationen umgebene Benediktinerkloster Beuron, das mit seinen rund 405.000 Bänden die größte deutsche Klosterbibliothek beheimatet. Das Kloster wird derzeit von einer Gemeinschaft aus rund 40 Mönchen unterschiedlichen Alters und Begabungen bewohnt und bewirtschaftet. Namenhaft ist ebenfalls die Beuroner Kunstschule für ihre Arbeiten unter anderem in den Bereichen Malerei, Bildhauerei, Goldschmiedekunst, Paramentenstickerei und Schreinerei. Neben verschiedenen christlichen Veranstaltungen können im Kloster Konzerte besucht und an Seminaren und Exerzitien teilgenommen werden.

Eine Sonderstellung bezüglich der Gebäude im Naturpark Obere Donau muss man wohl dem Keltenmuseum Heuneburg in Hundersingen bescheinigen. Die Heuneburg, beziehungsweise die Keltenstadt Pyrene, ist eine vor- und frühgeschichtliche Höhensiedlung am Ostrand des Naturparks auf einem Höhenrücken oberhalb der Donau nahe Hundersingen gelegen. Nachgebaut sind ein Teil der Wehranlage und einige keltische Häuser, darunter ein Herrenhaus, ein Wohnhaus, ein Speicher und ein Werkstattgebäude. In einer Ausstellung können die Fundstücke dieses ältesten namentlich erwähnten Ortes in Deutschland besichtigt werden. Die Heuneburg gilt außerdem als älteste Stadt nördlich der Alpen und ist eine der bedeutendsten prähistorischen Fundstätten Mitteleuropas. Die größten Schätze birgt die Heuneburg wohl nach wie vor unter der Erdoberfläche. Diese warten auf ihre Erforschung durch das Landesamt für Denkmalpflege. Erst im

Jahr 2020 wurde ein außergewöhnlich großes und aufwendig gestaltetes Holzkammergrab aus dem 6. Jahrhundert vor Christus freigelegt, das mittels Blockbergung gesichert wurde und weitere spannende Erkenntnisse verspricht. Das Keltenmuseum im Hundersingen und die Keltenstadt Heuneburg können ganzjährig besucht werden.

Eine touristische Attraktion stellt zweifelslos das Freileichtmuseum in Neuhaus ob Eck dar. Es lebt von seinen Gebäuden und den Geschichten, die sich in ihnen abgespielt haben. Zum Freilichtmuseum gehören 25 original historische Häuser. Sie wurden an ihrem ursprünglichen Standort abgebaut und im Museum exakt so wieder aufgerichtet, mit viel Liebe zum Detail, als ob sie noch bewohnt wären.

Meine persönlichen Favoriten liegen weniger präsent, eher versteckt in den Wäldern. Ruine Falkenstein oberhalb der Neumühle mit sagenhaftem Blick in das Durchbruchstal der Donau und die Kirchenruine Maria Hilf bei Mühlheim. Letztere ist ohne Höhenmeter vom Parkplatz Bergsteig bei Fridingen gut zu erwandern.

Nicht aufgezählt sind die vielen weiteren historischen Bauten in und um die zahlreichen Ortschaften im Naturpark, deren Besuch sich lohnt und bei denen jeder die Chance hat, seine eigenen Lieblingsobjekte zu finden.

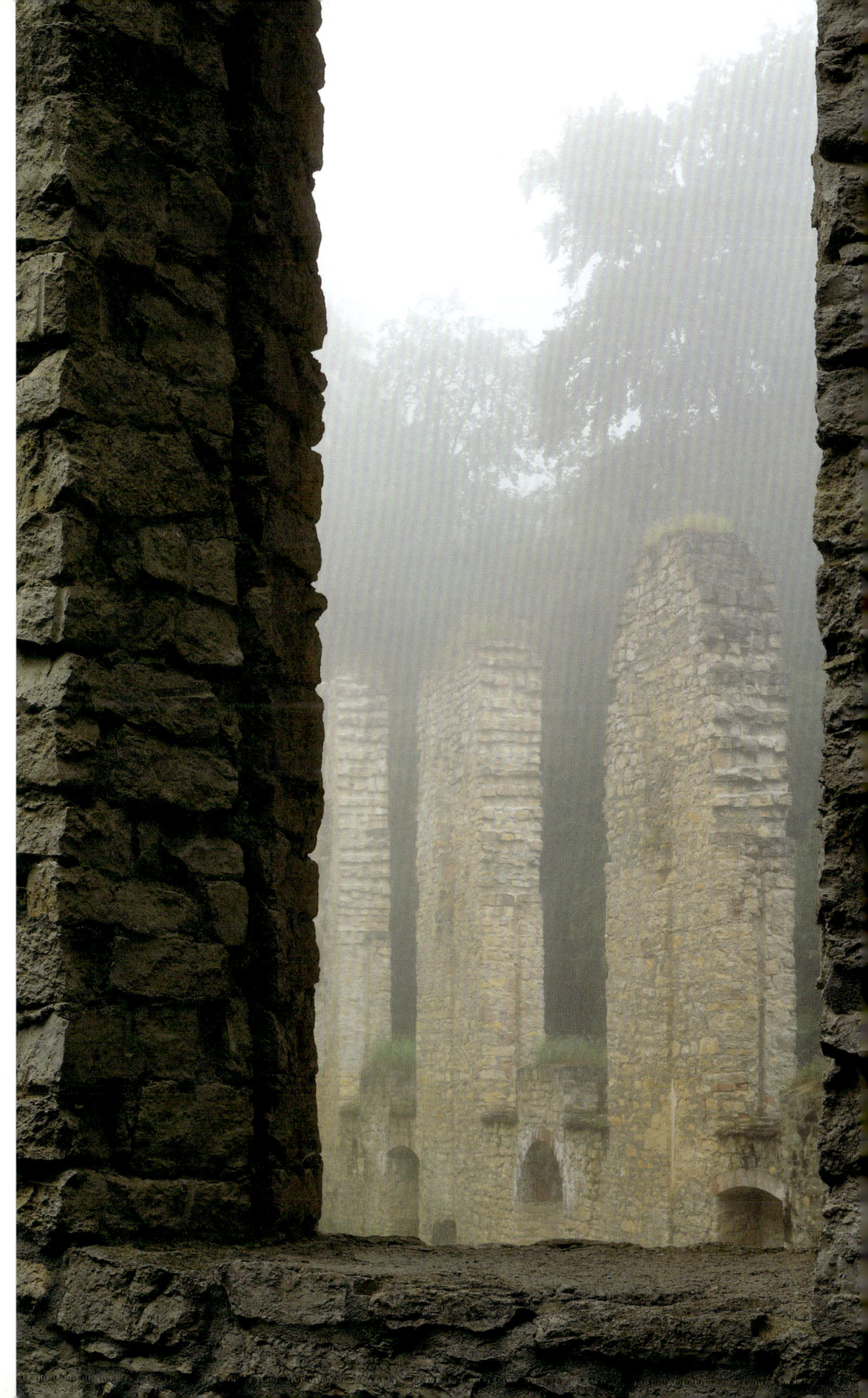

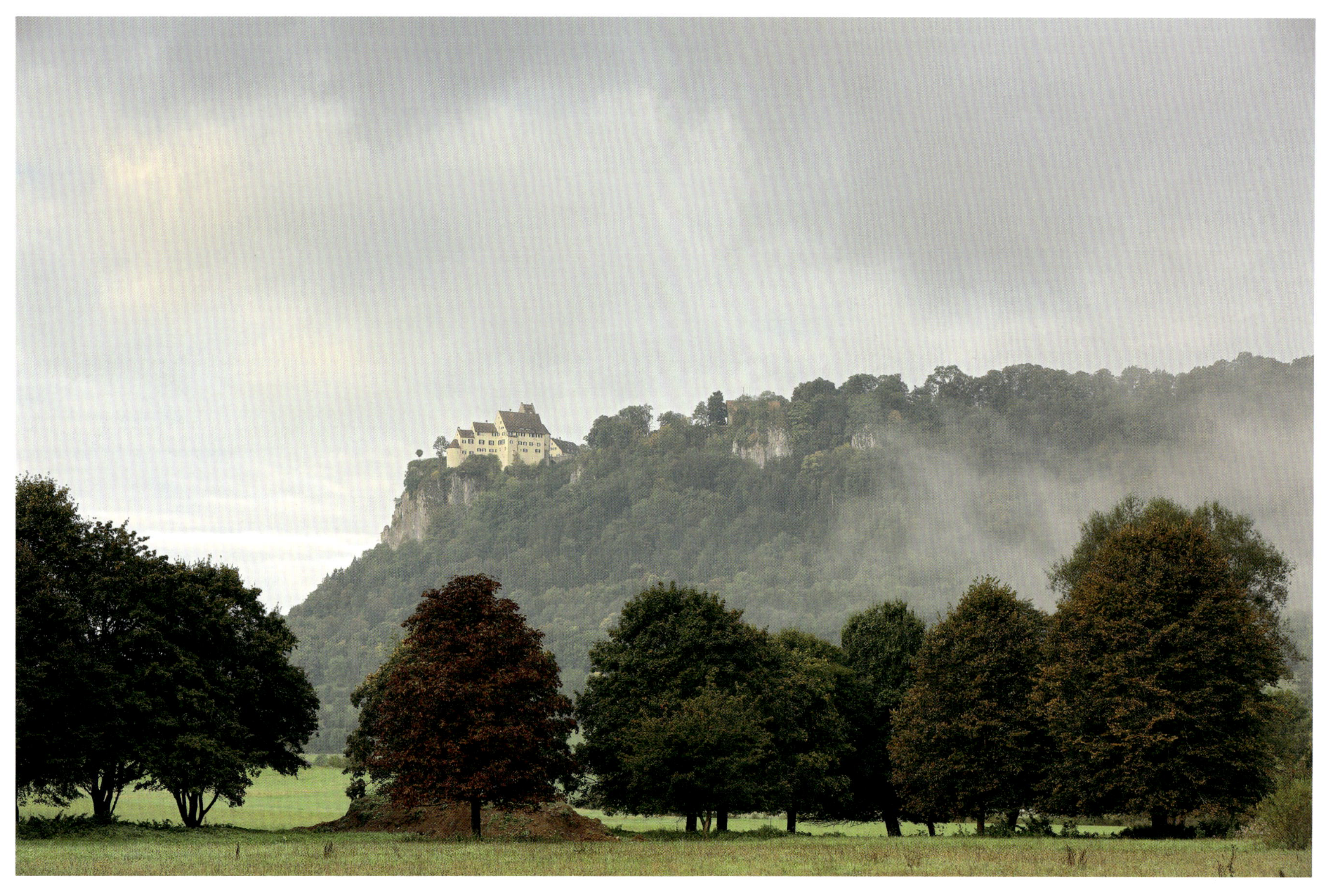

Blick von Hausen auf Schloss Werenwag

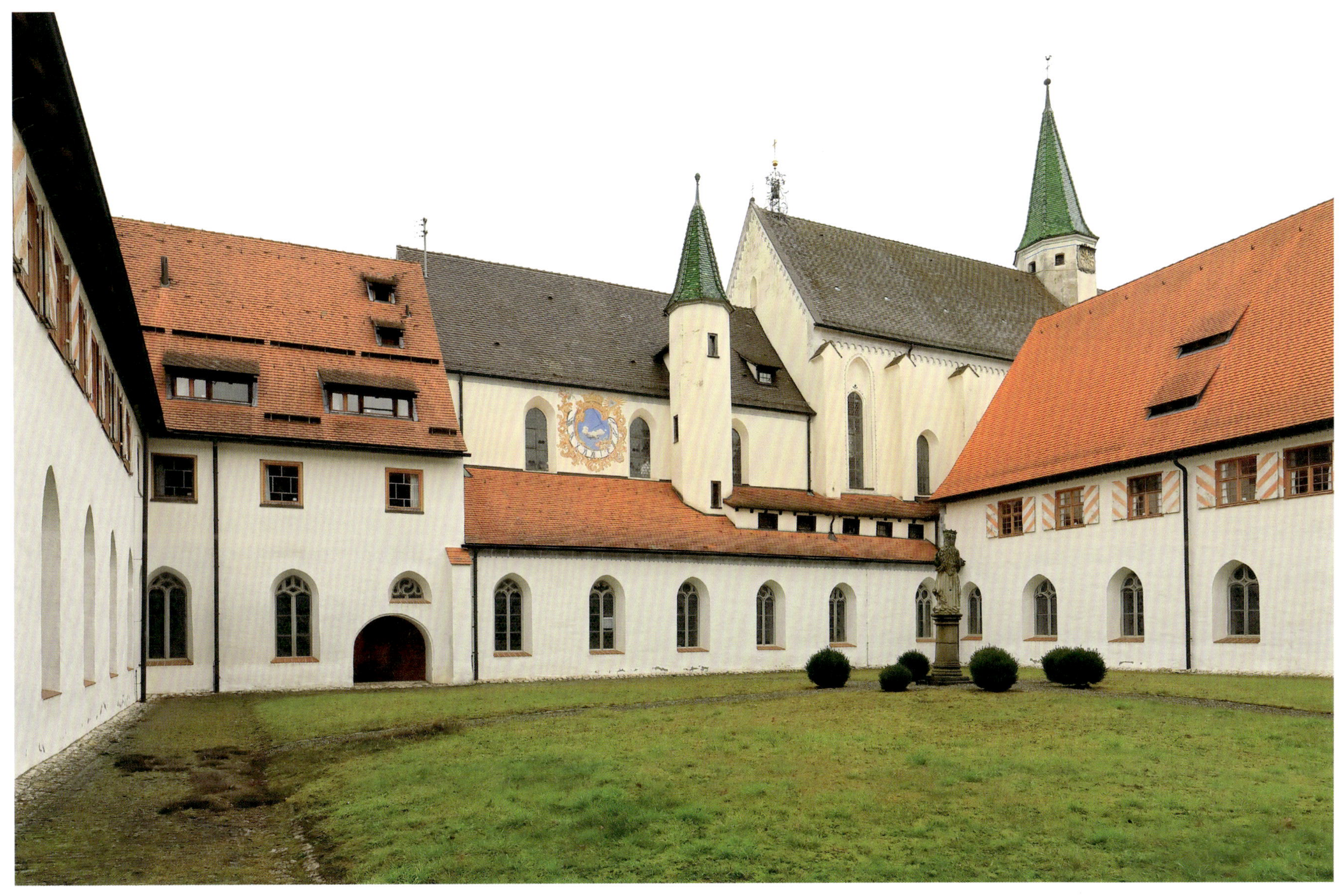

Kloster Heiligkreuztal, Altheim

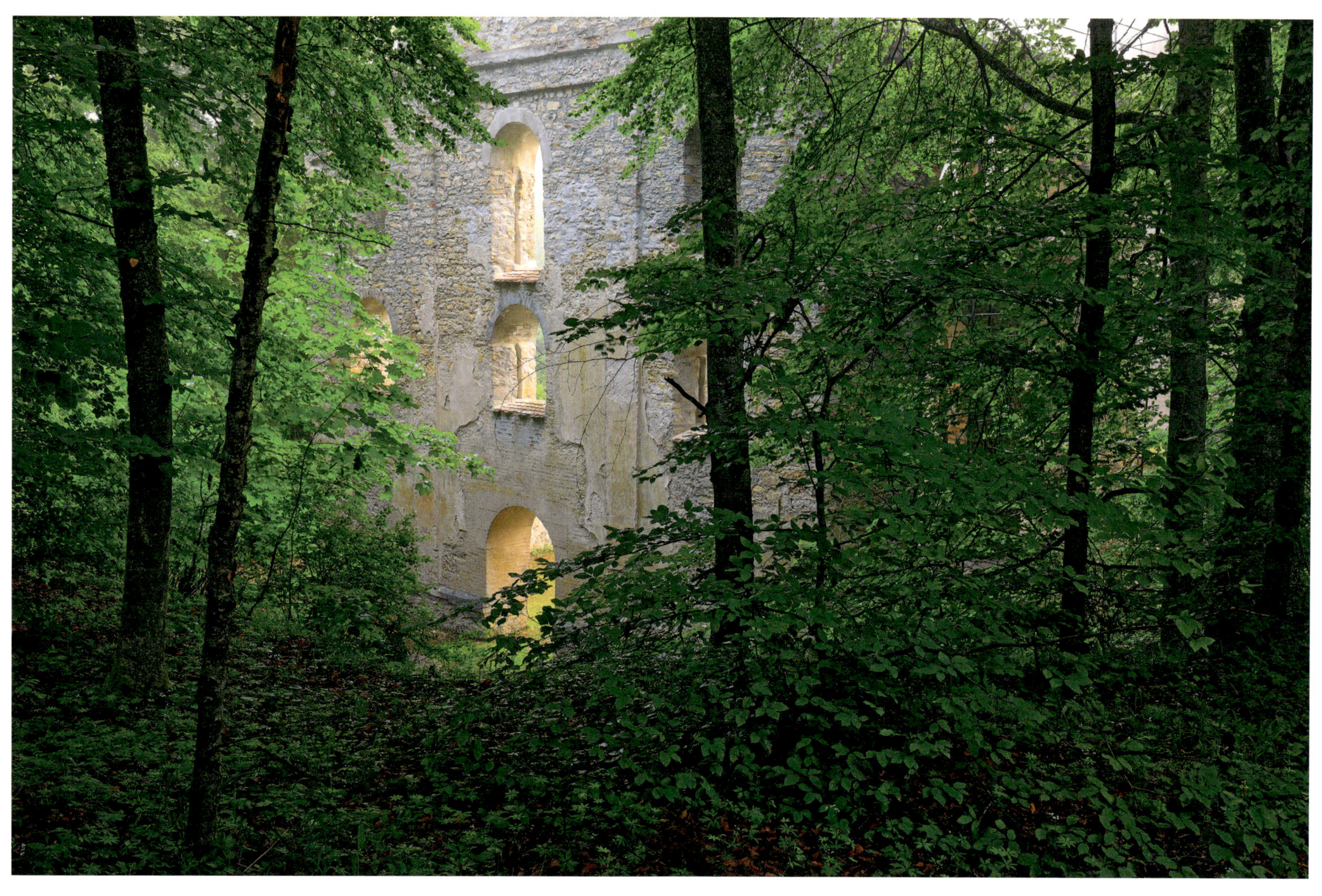

Kirchenruine Maria Hilf, Mühlheim

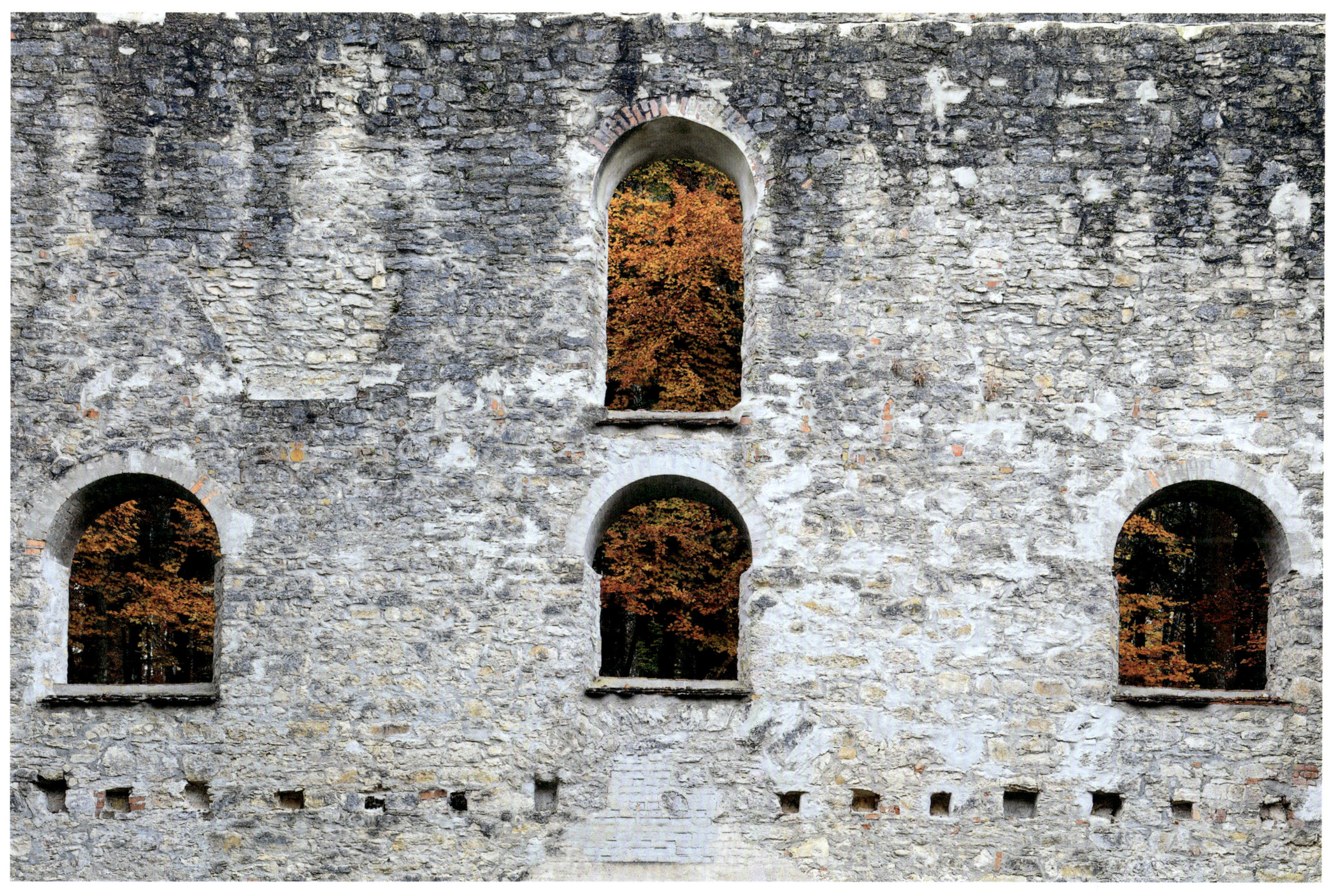

Kirchenruine Maria Hilf, Mühlheim

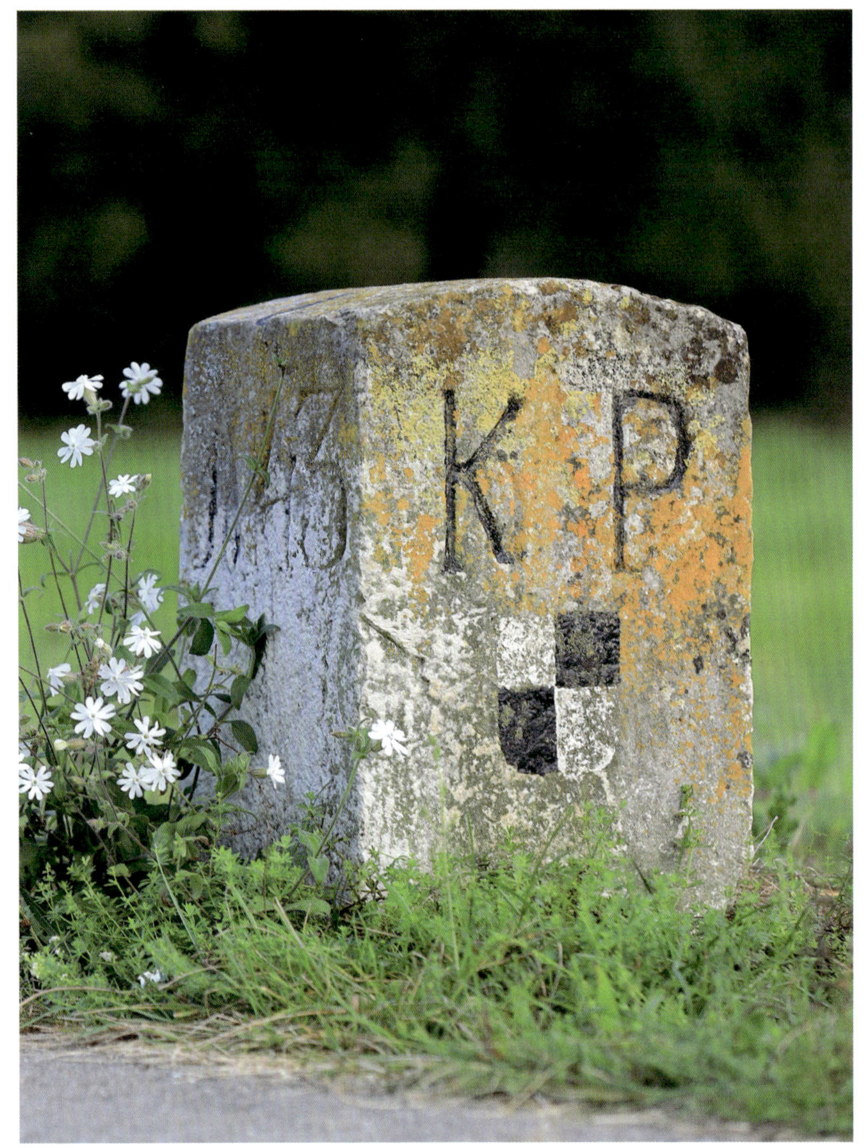

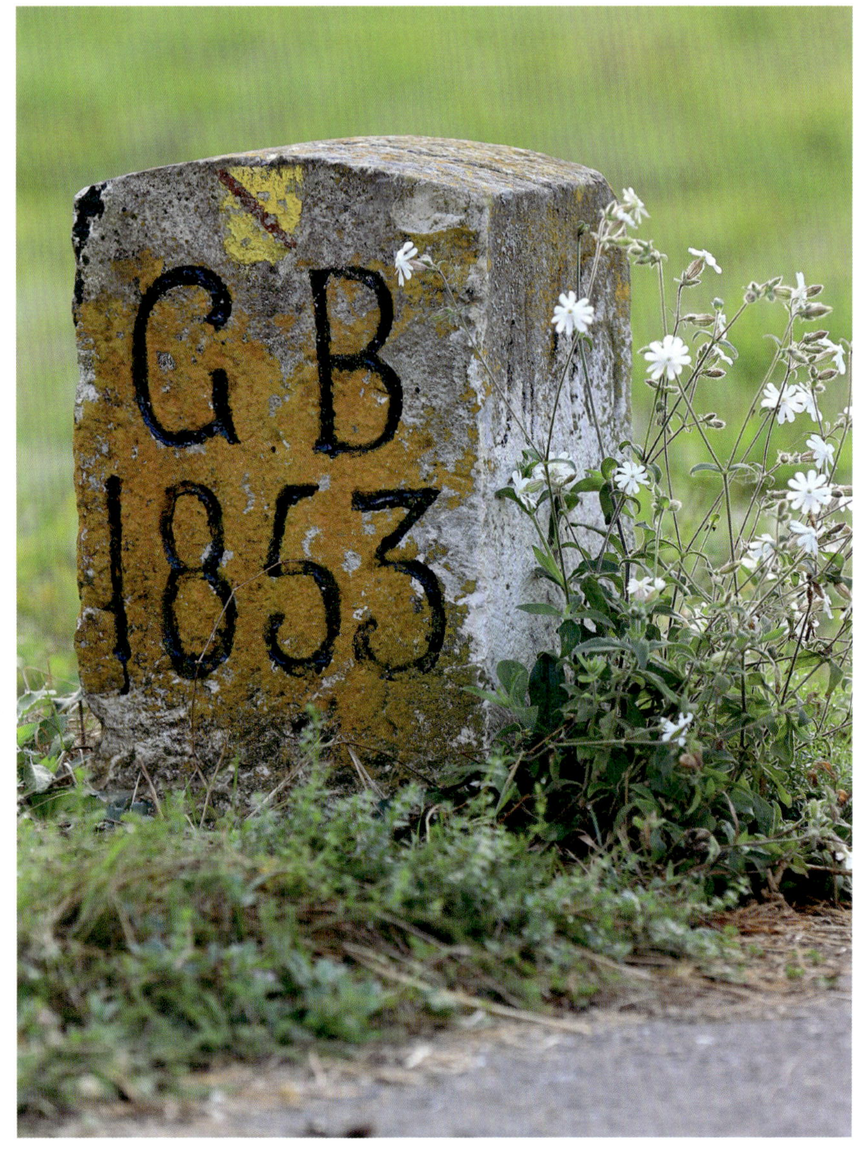

Grenzstein Königreich Preußen (KP), Hohenzollerische Lande (Wappen) 1
Grenzstein Großherzogtum Baden (GB) 2

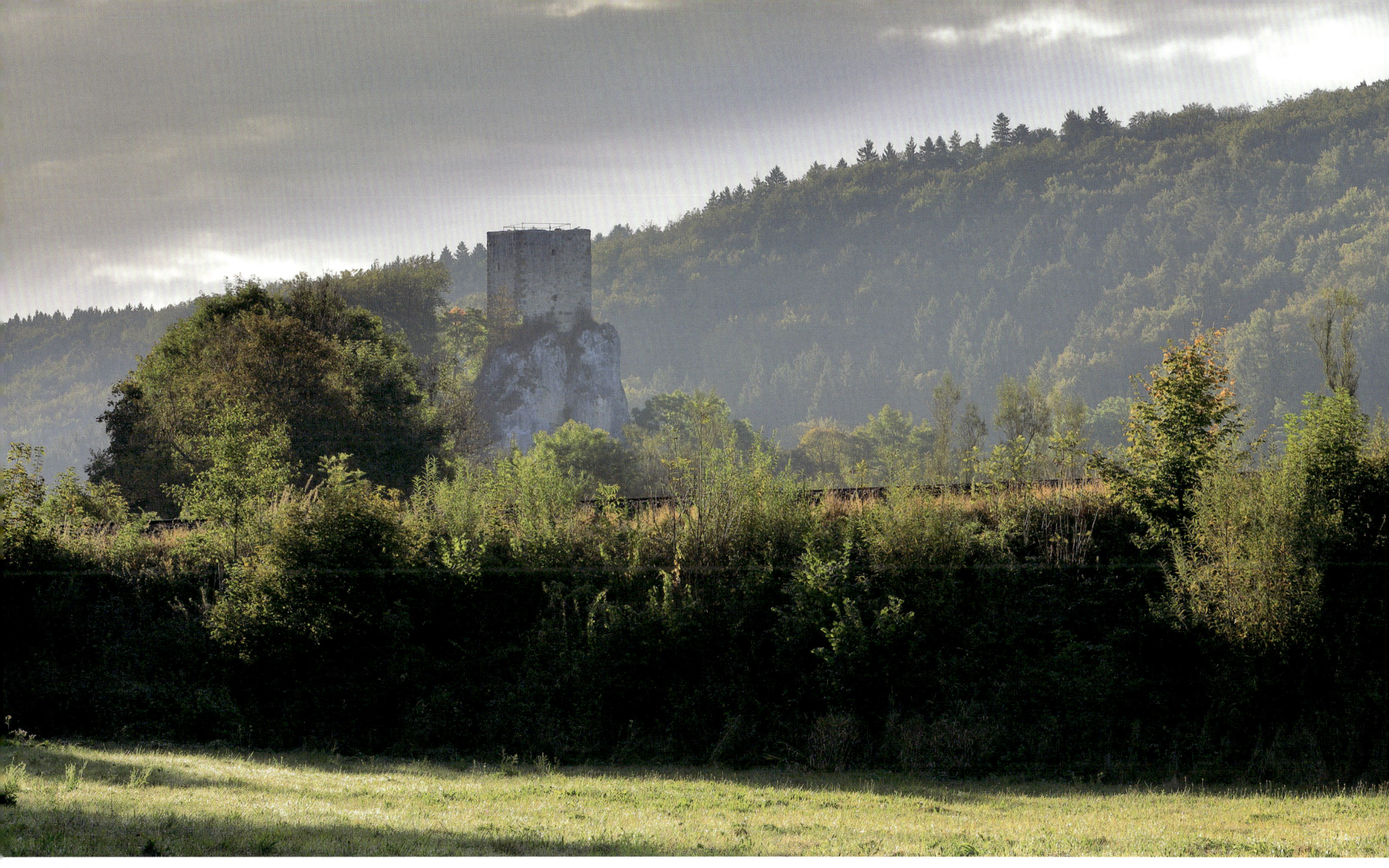

Ruine Dietfurt

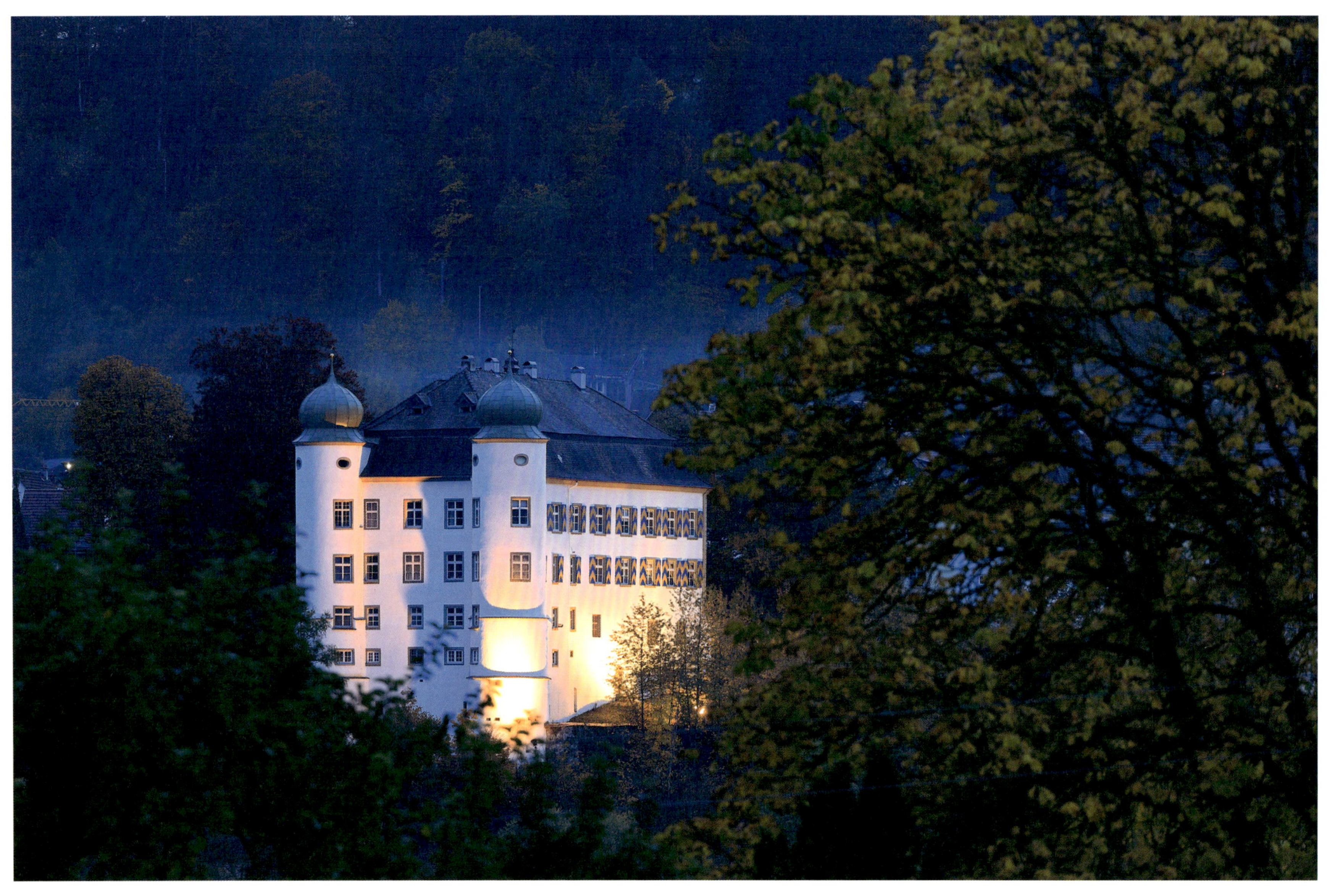

Schloss Mühlheim

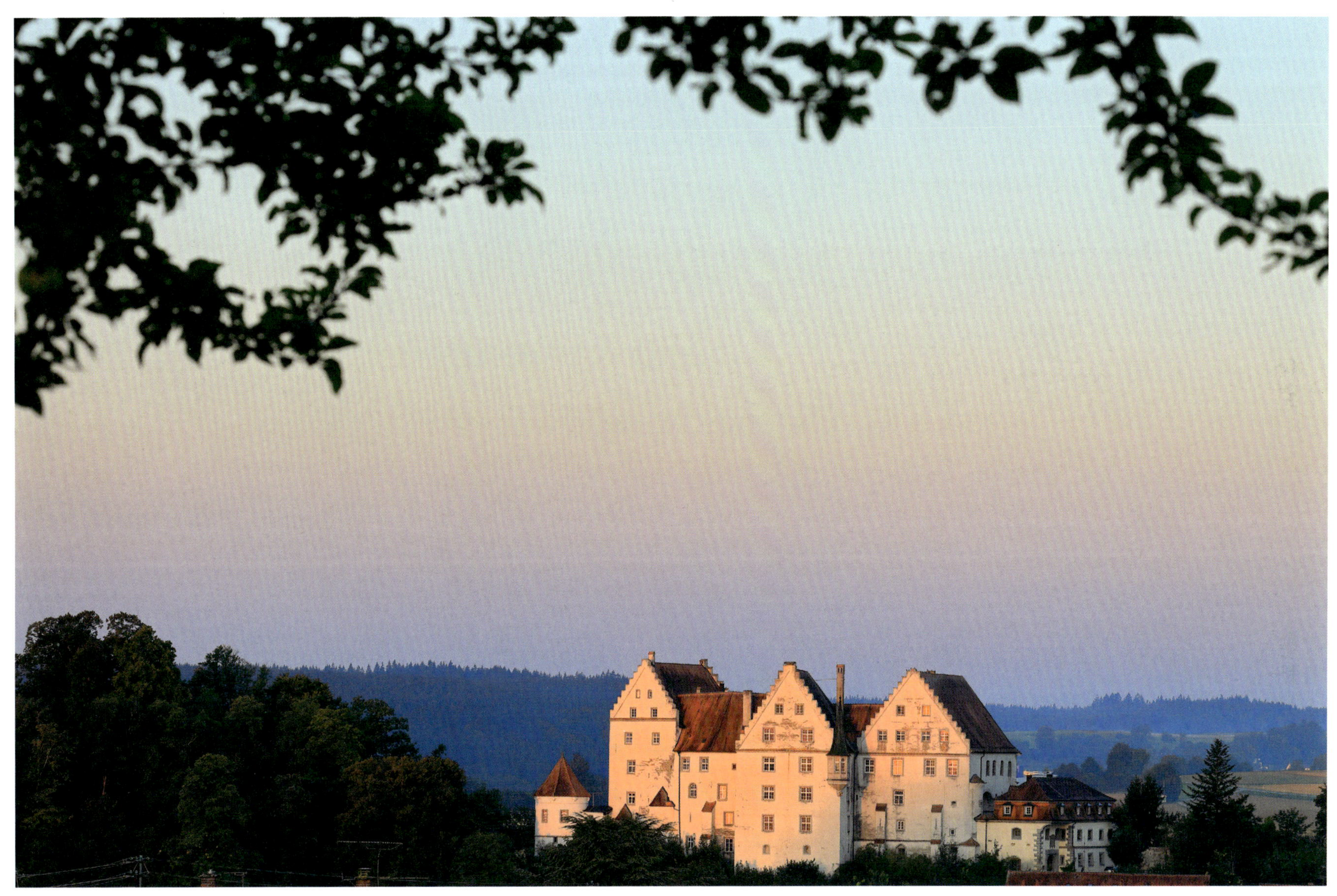

Schloss Scheer

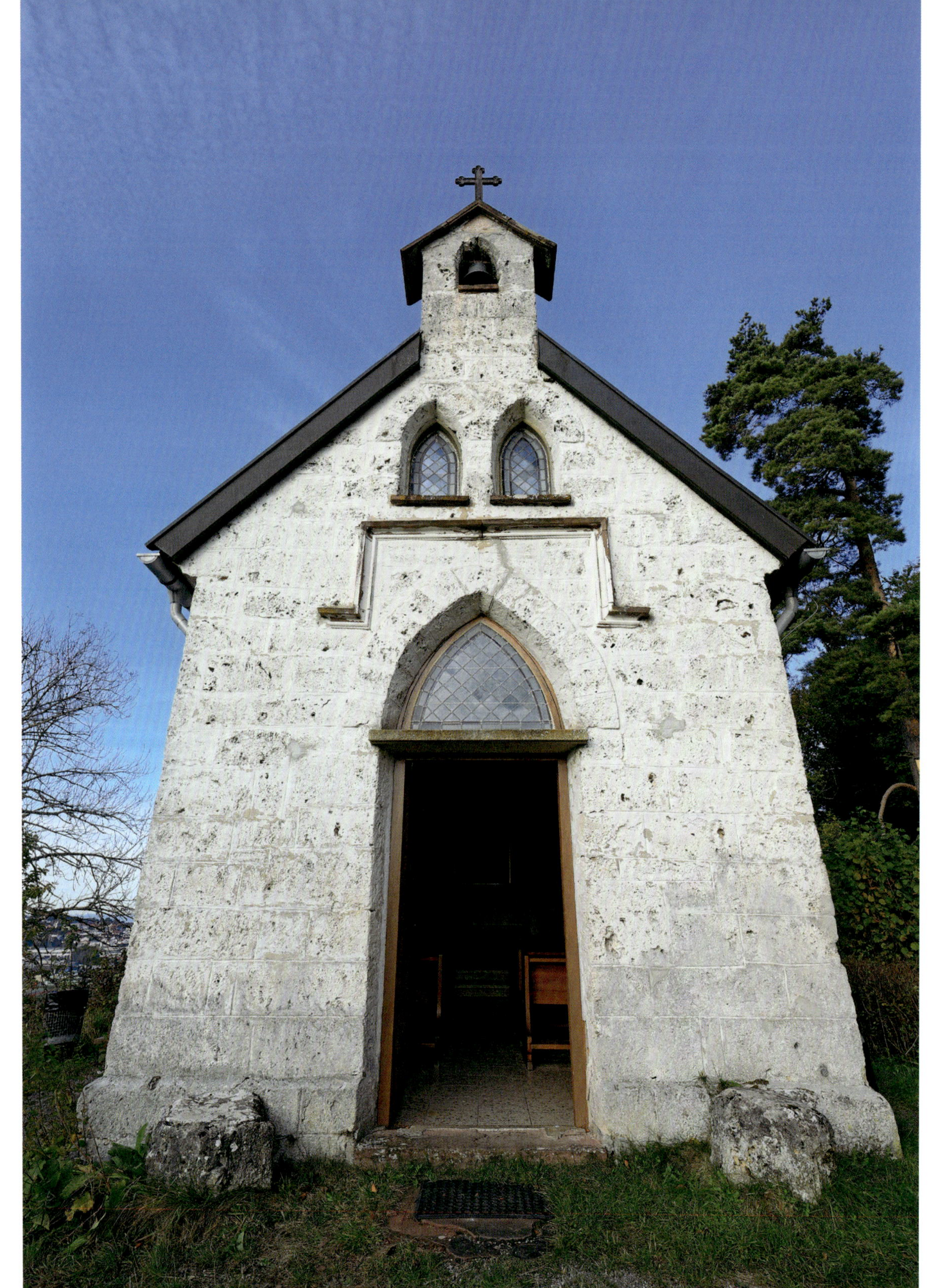

Kapelle zu den vierzehn Nothelfern, Wehingen

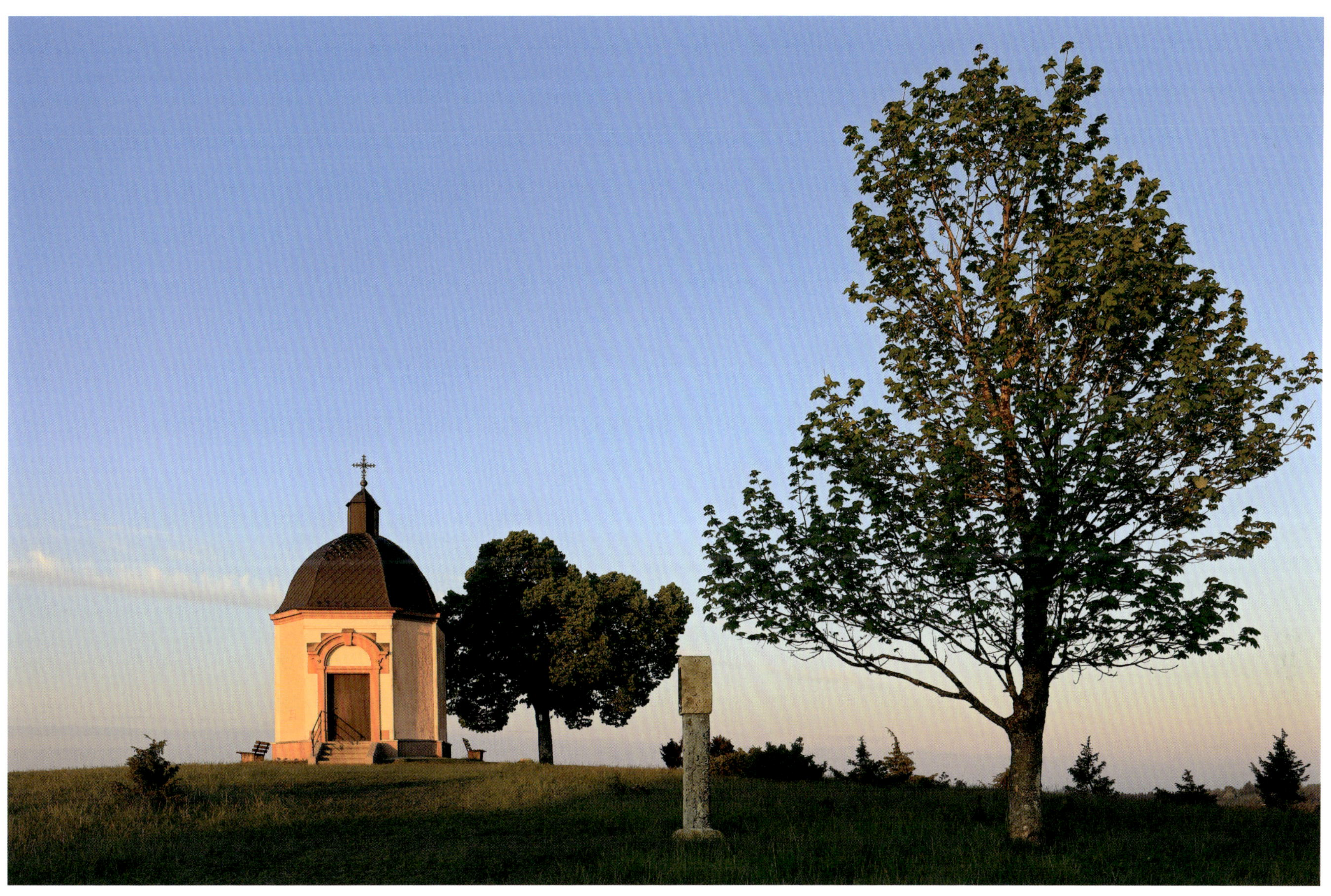

Josefskapelle auf dem Alten Berg, Böttingen

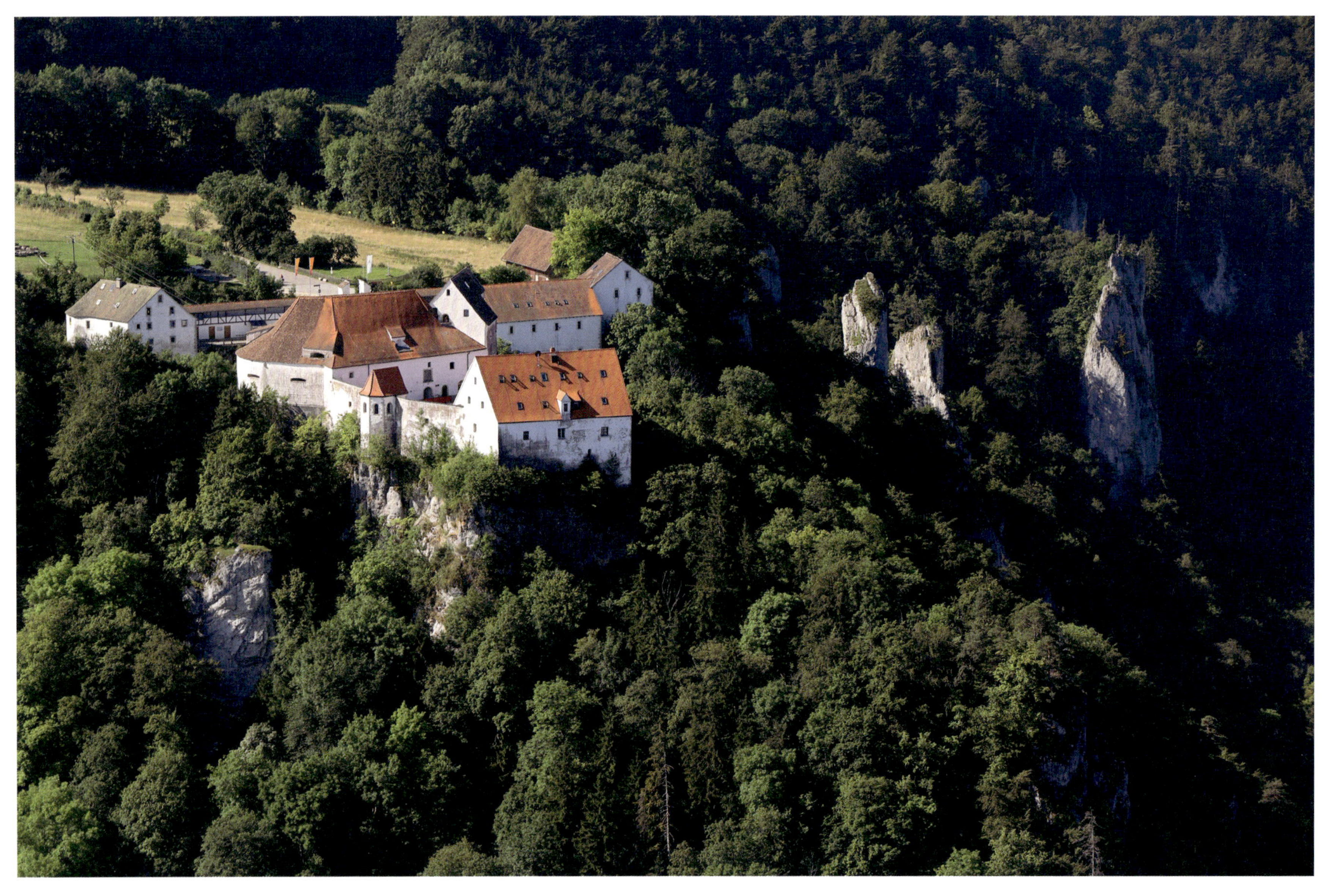

Burg Wildenstein, Leibertingen

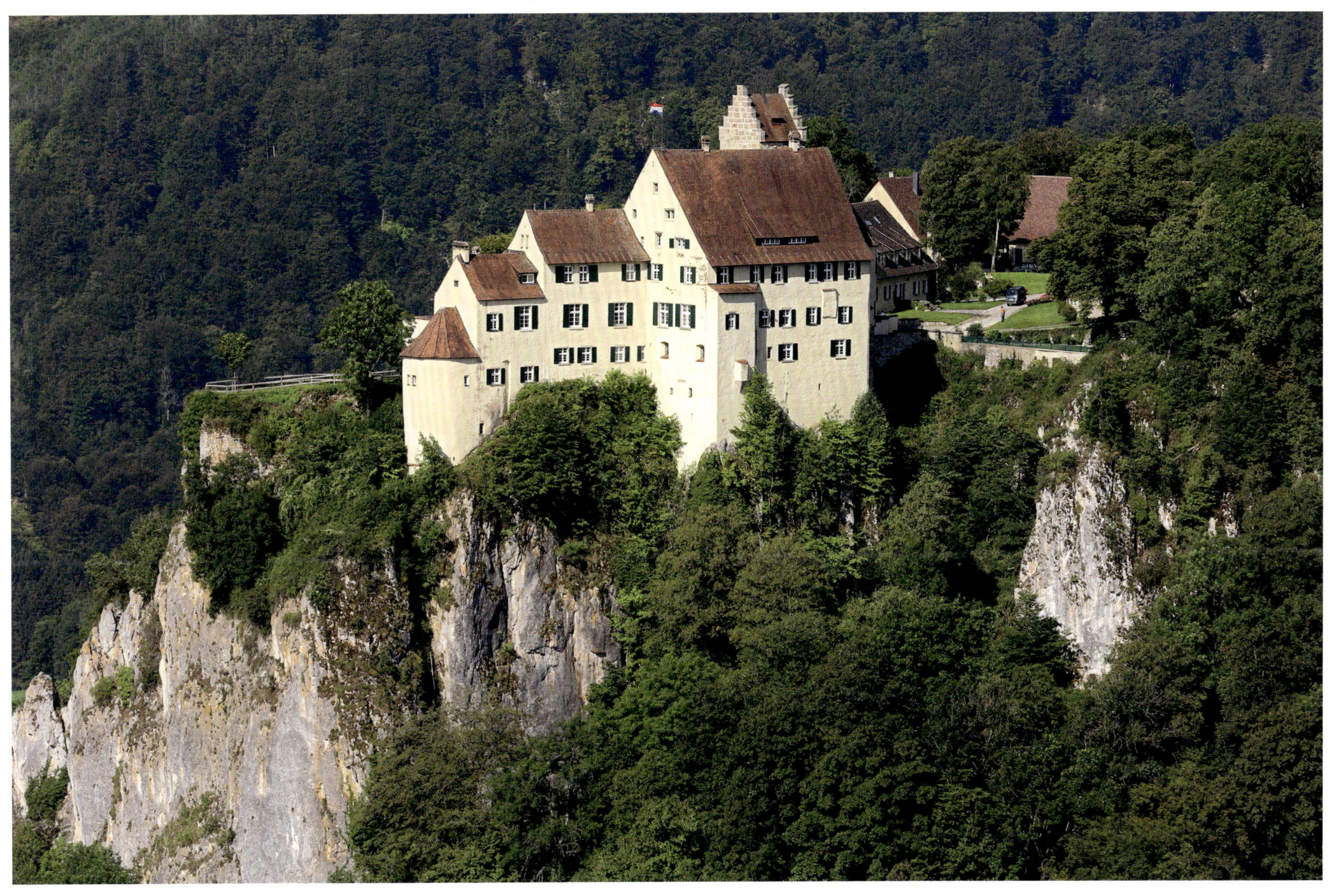

Schloss Werenwag, Schwenningen

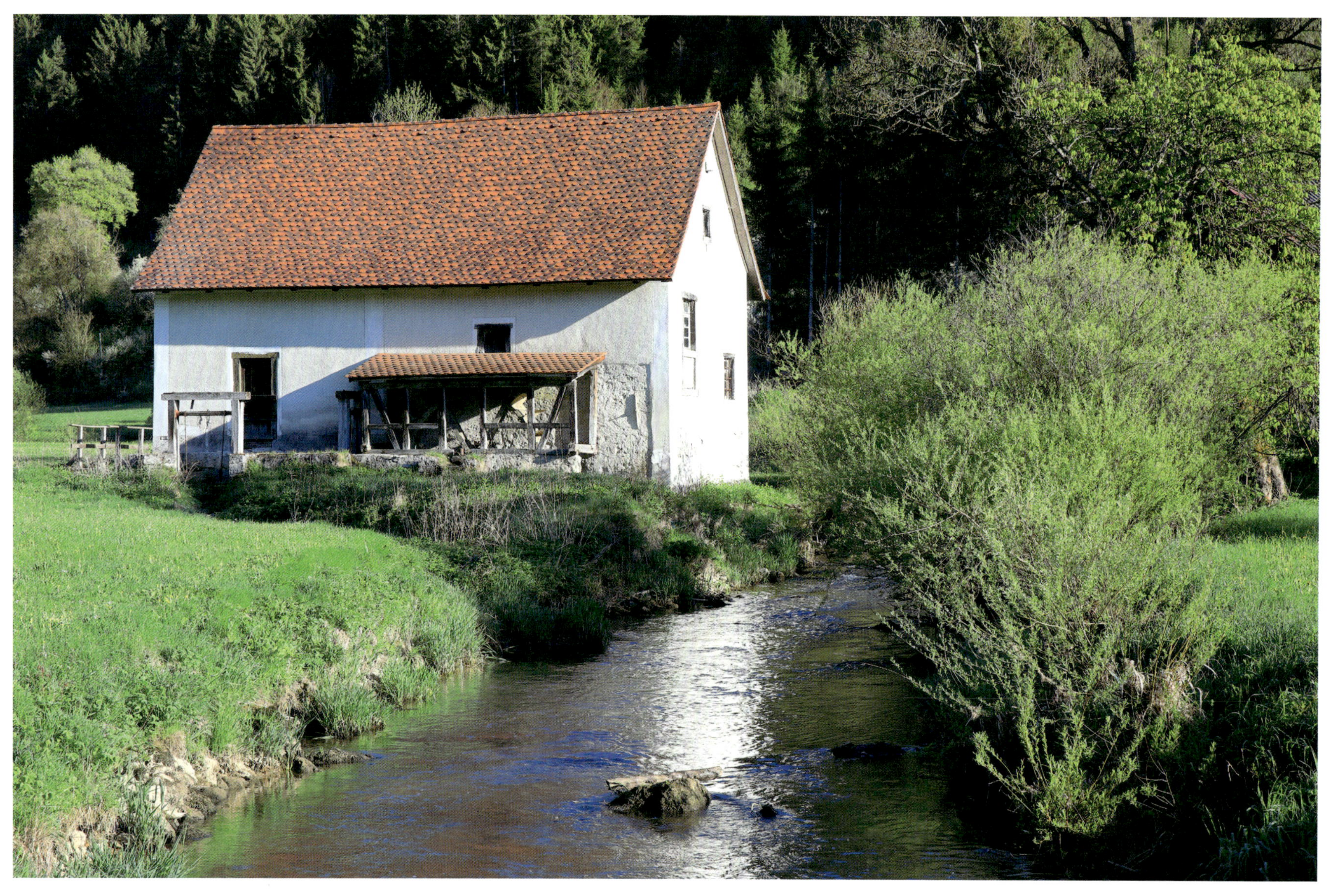

Alte Mühle an der Bära, Bäratal

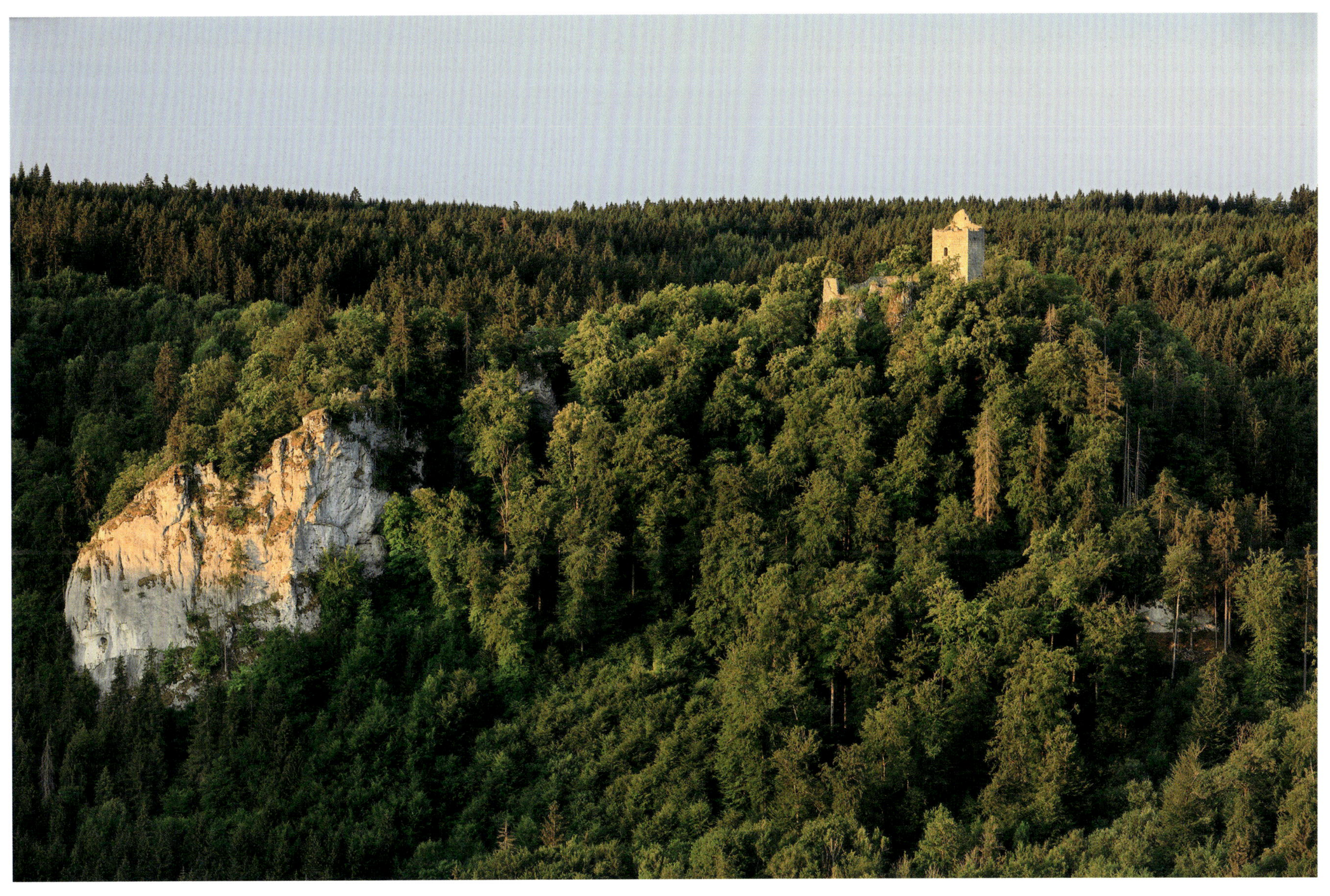

Burgruine Kallenberg, Buchheim

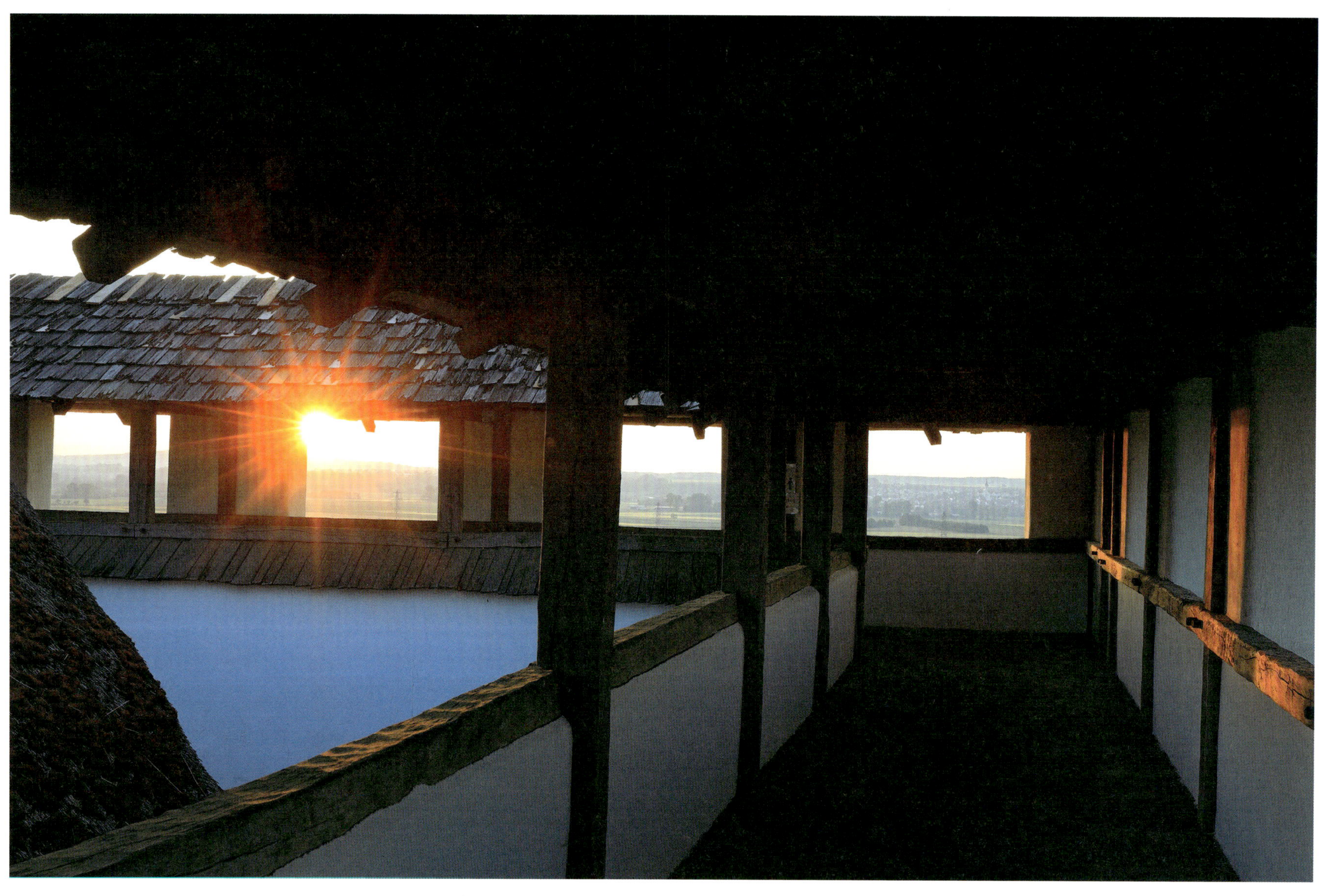

Wehrmauer im Freilichtmuseum Heuneburg, Hundersingen

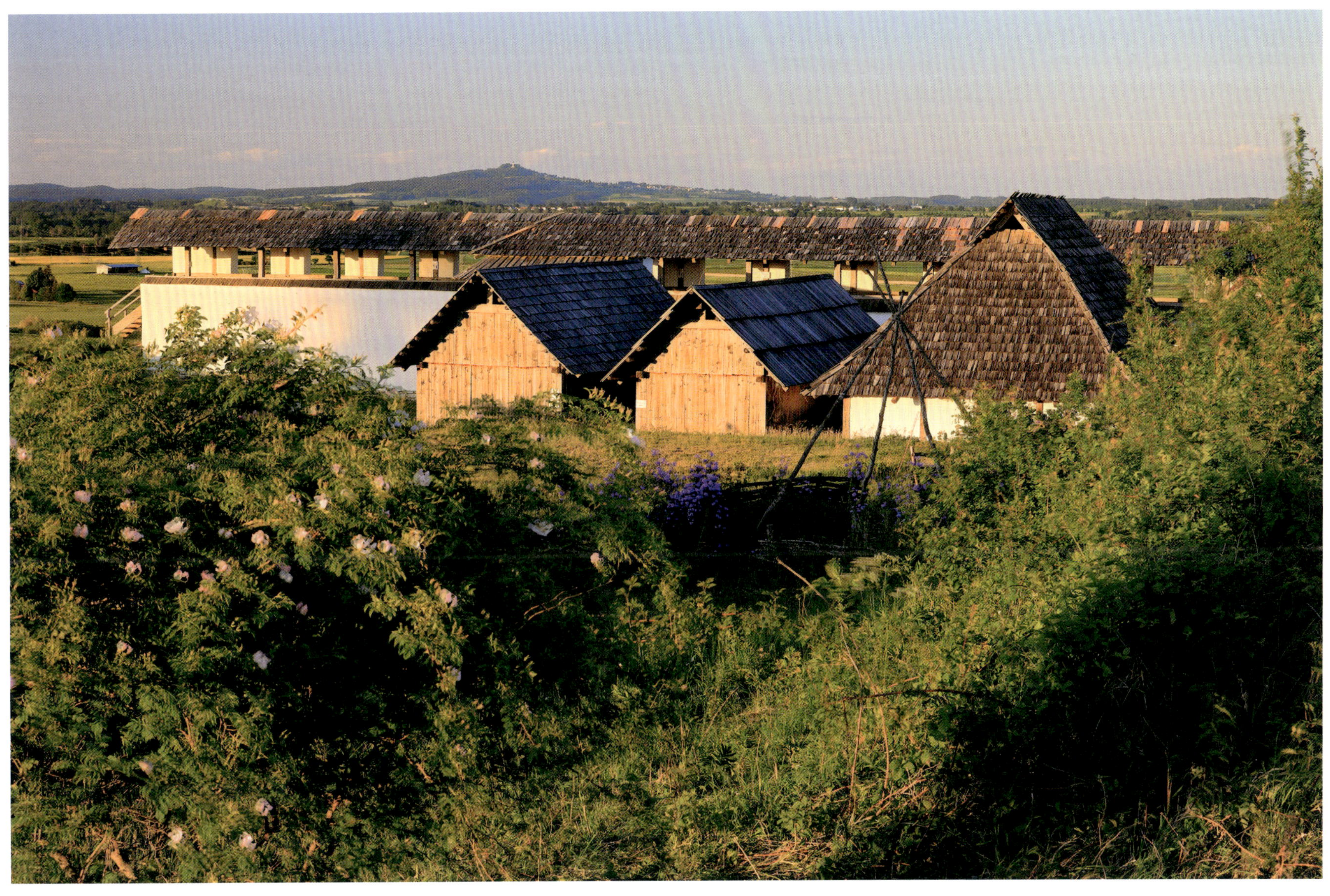

Freilichtmuseum Heuneburg, Hundersingen

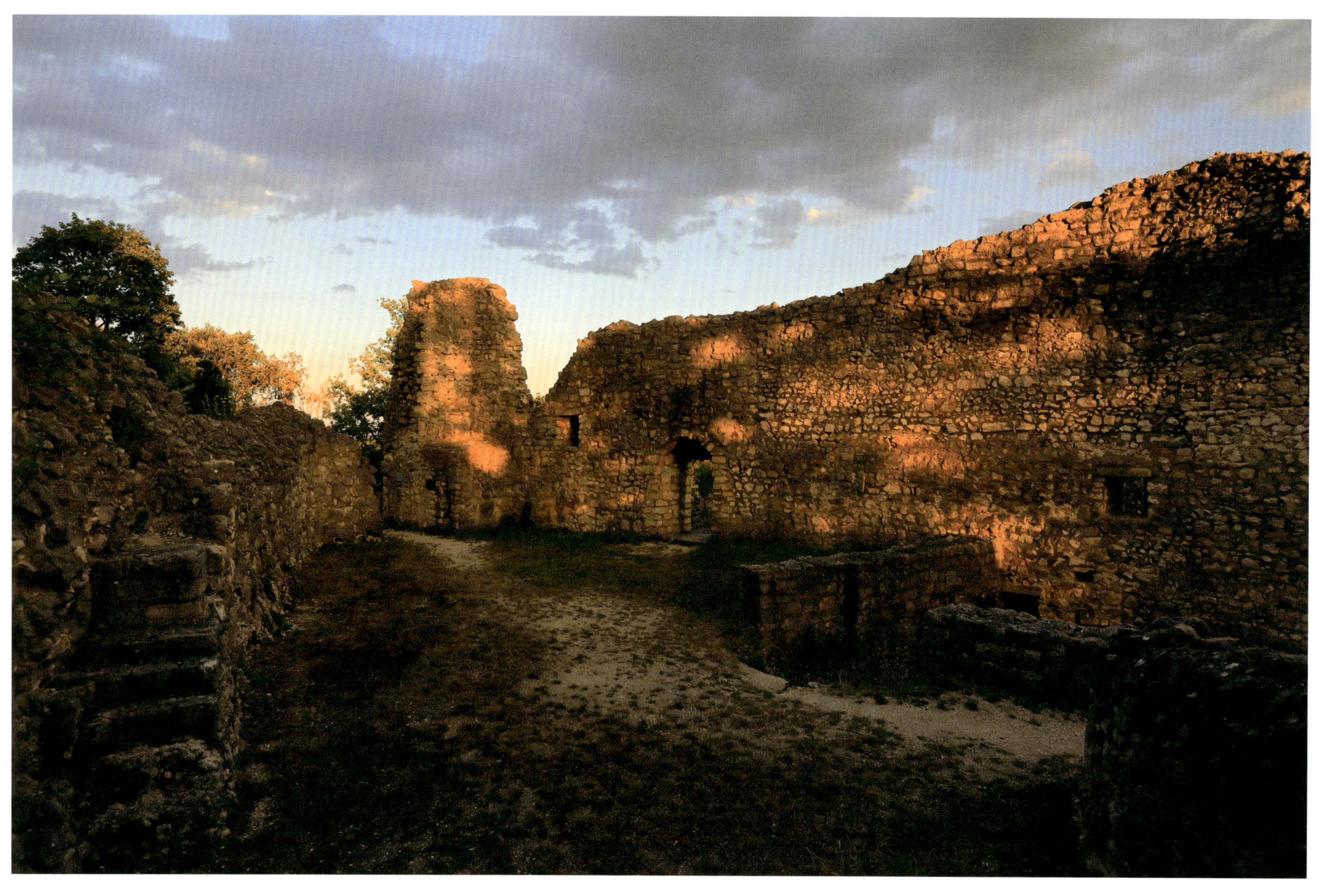

Ruine Falkenstein, Thiergarten

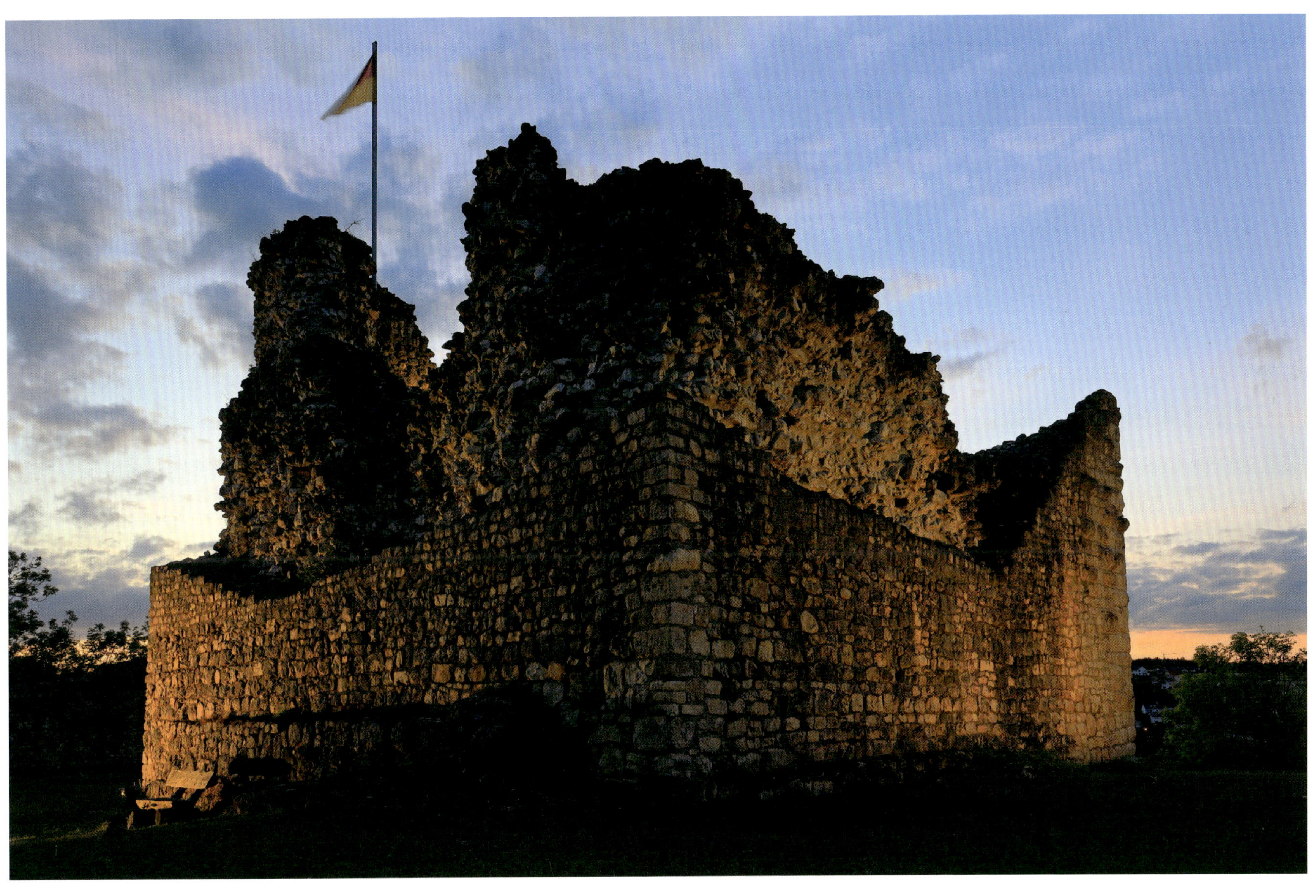

Burgruine Veringen, Veringenstadt

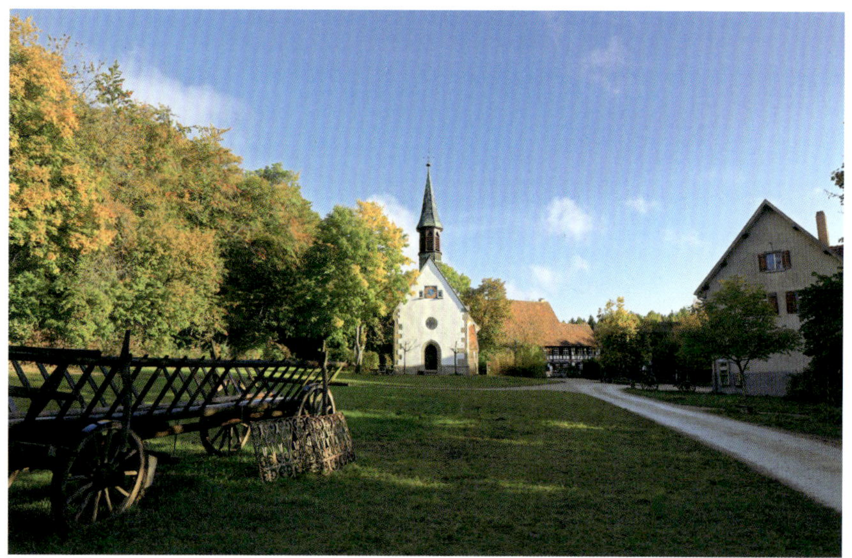

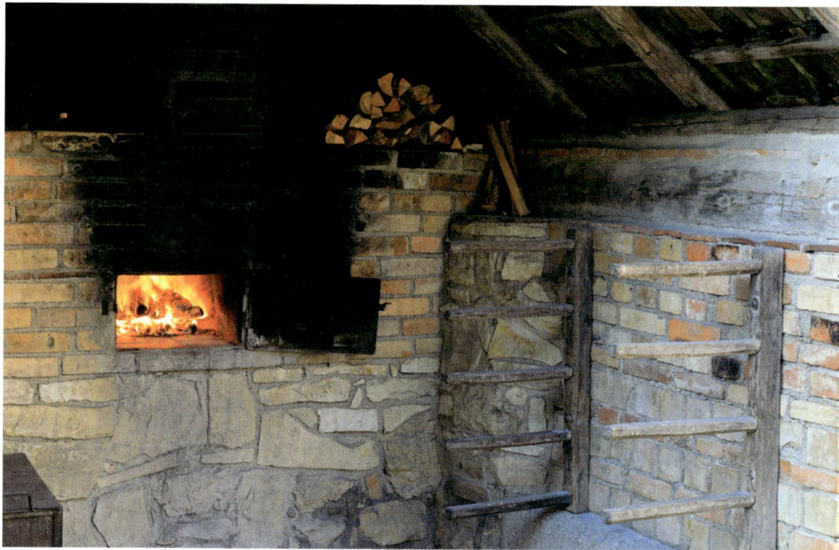

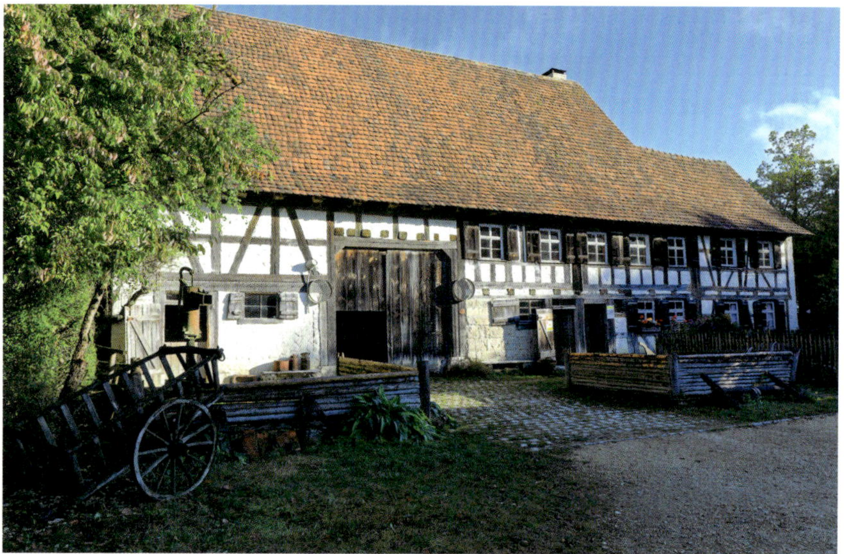

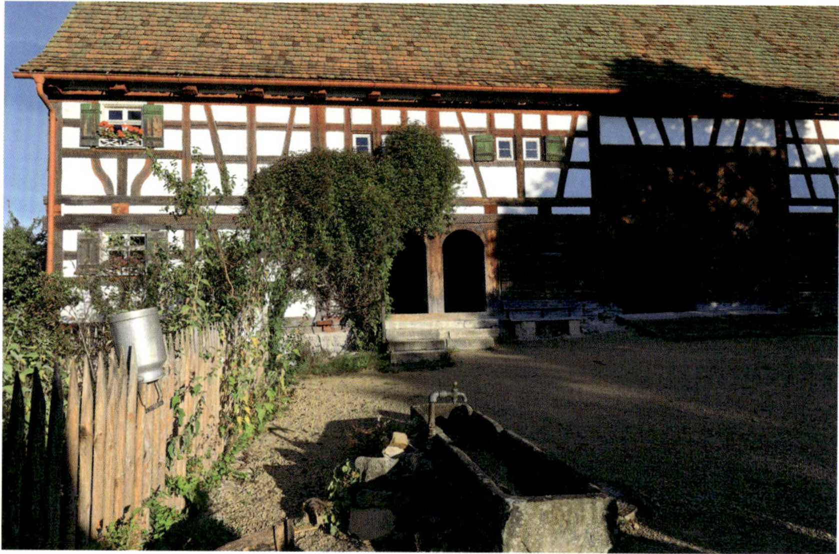

Freilichtmuseum Neuhausen ob Eck 1–4

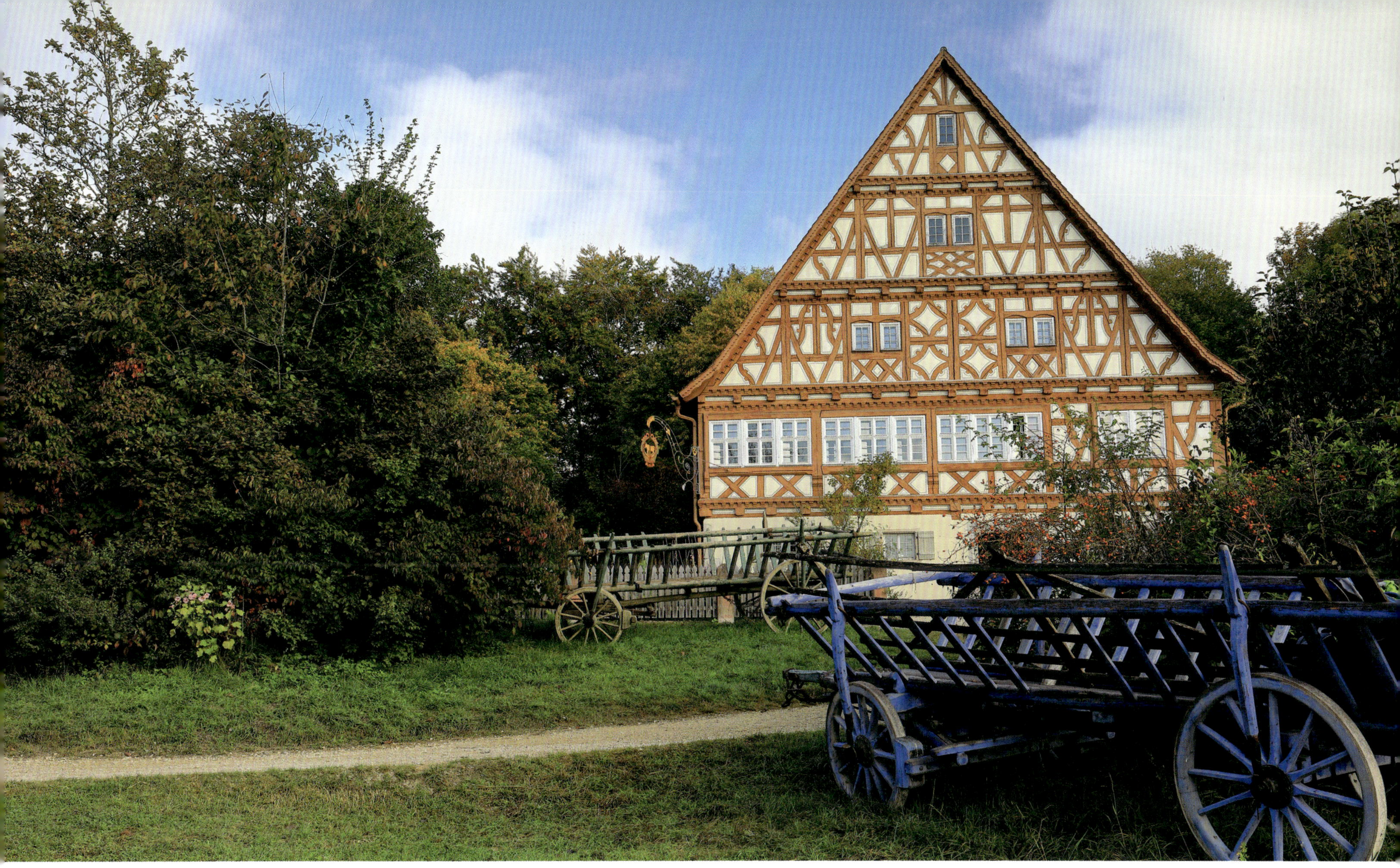

Gasthaus Ochsen im Freilichtmuseum Neuhausen ob Eck

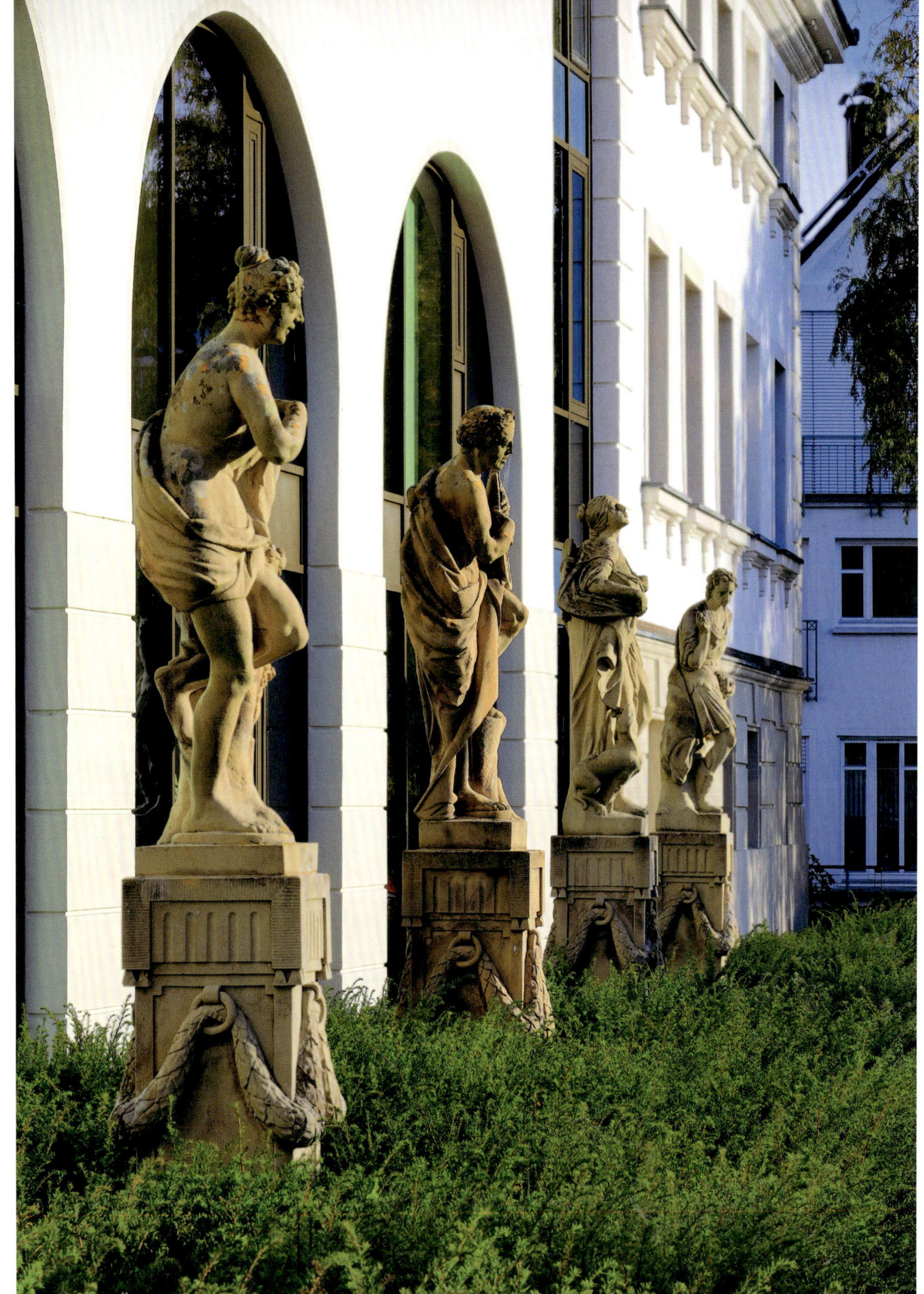

Am neuen Schloss Veringenstadt

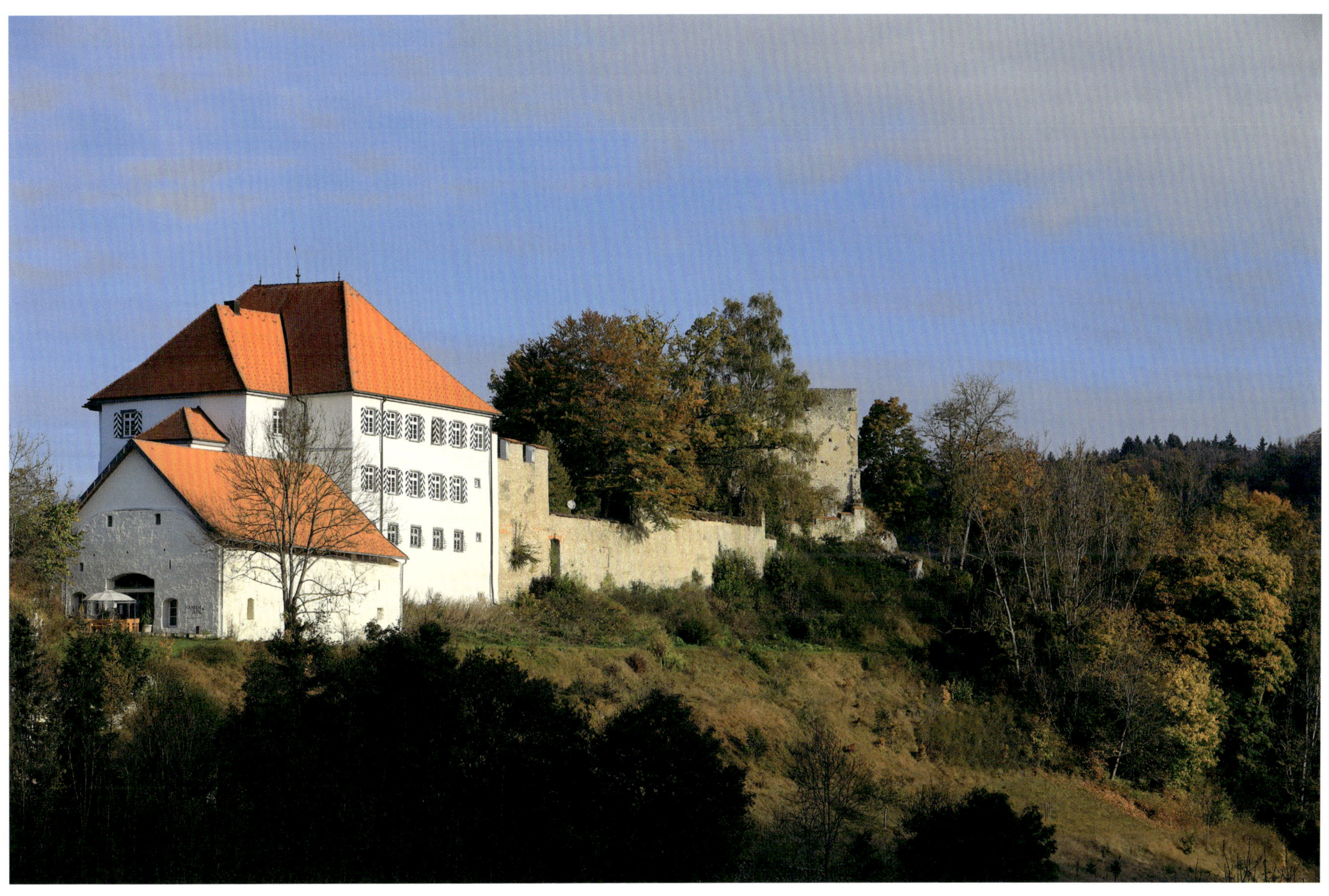

Schloss Hettingen

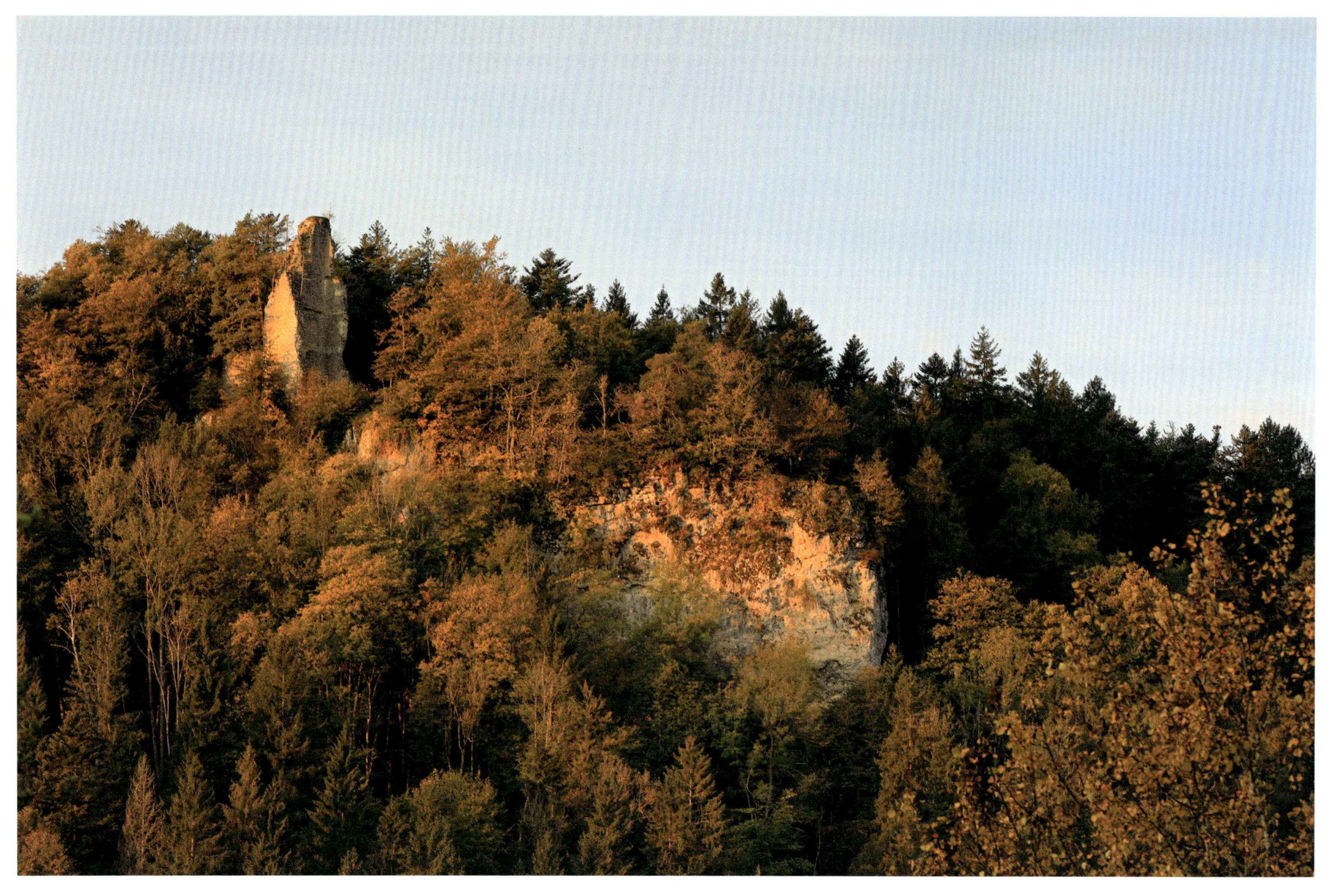

Burgruine Granegg, Egesheim

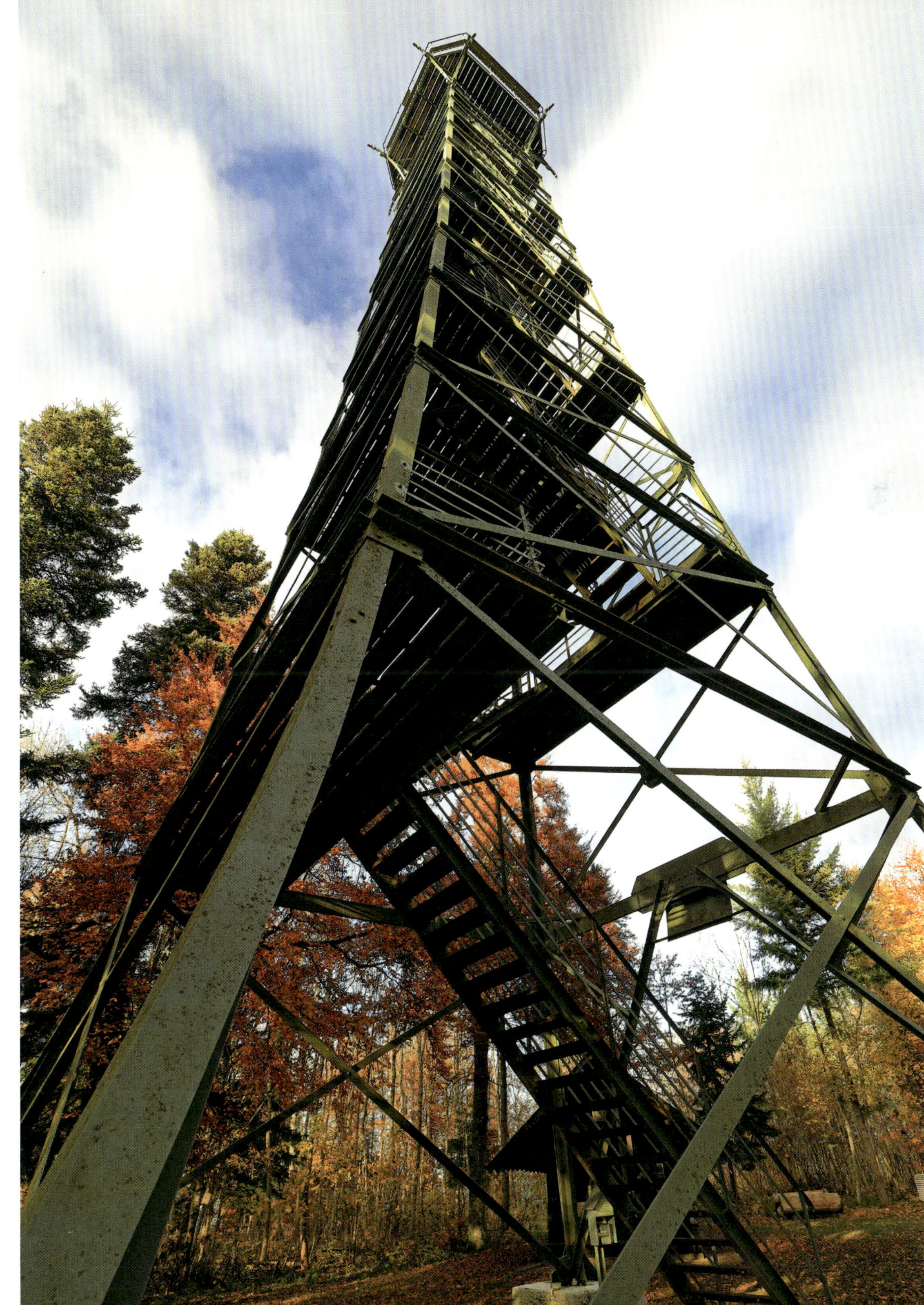

Lembergturm, Gosheim

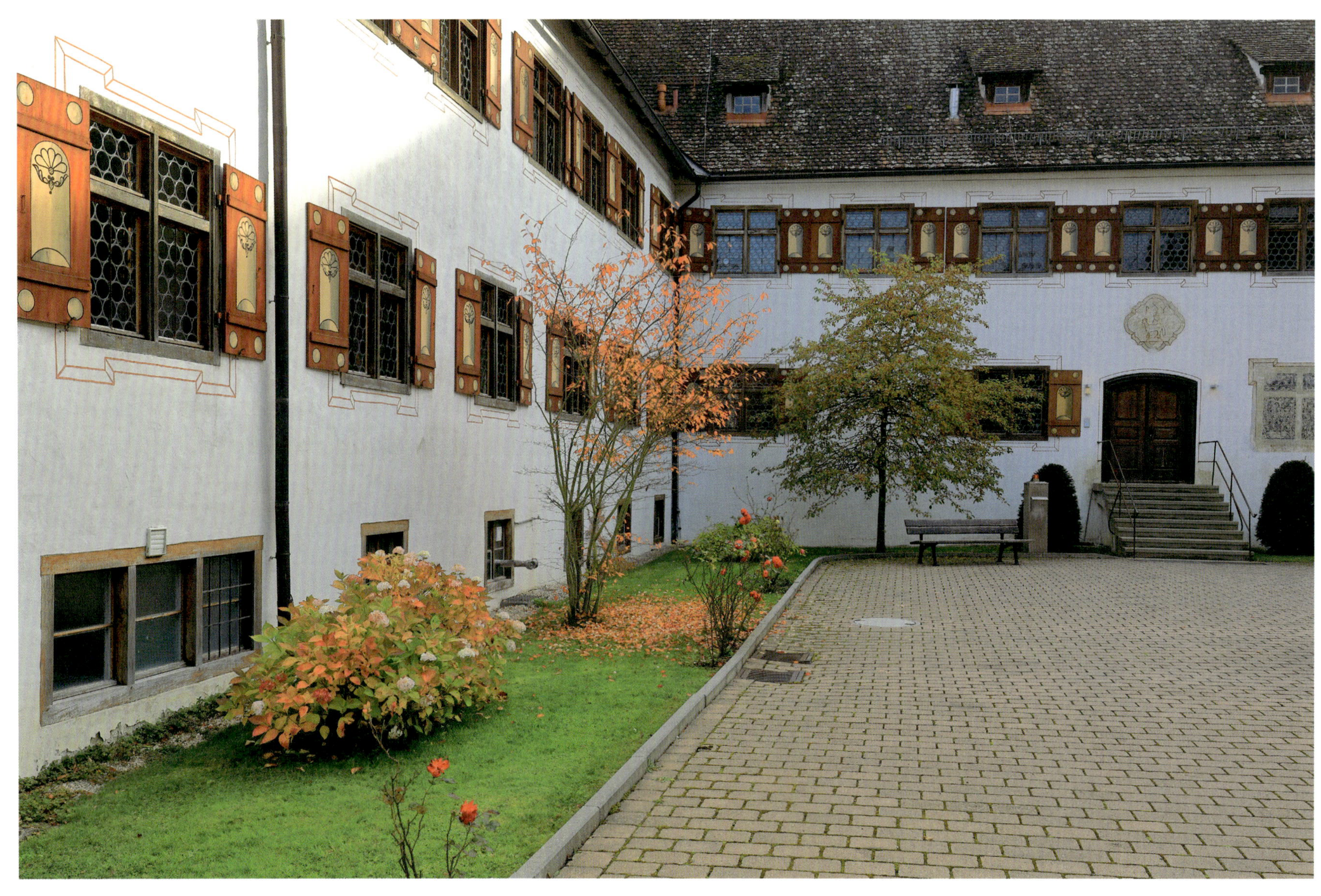

Ehemaliges Kloster Inzigkofen (heute Volkshochschule)

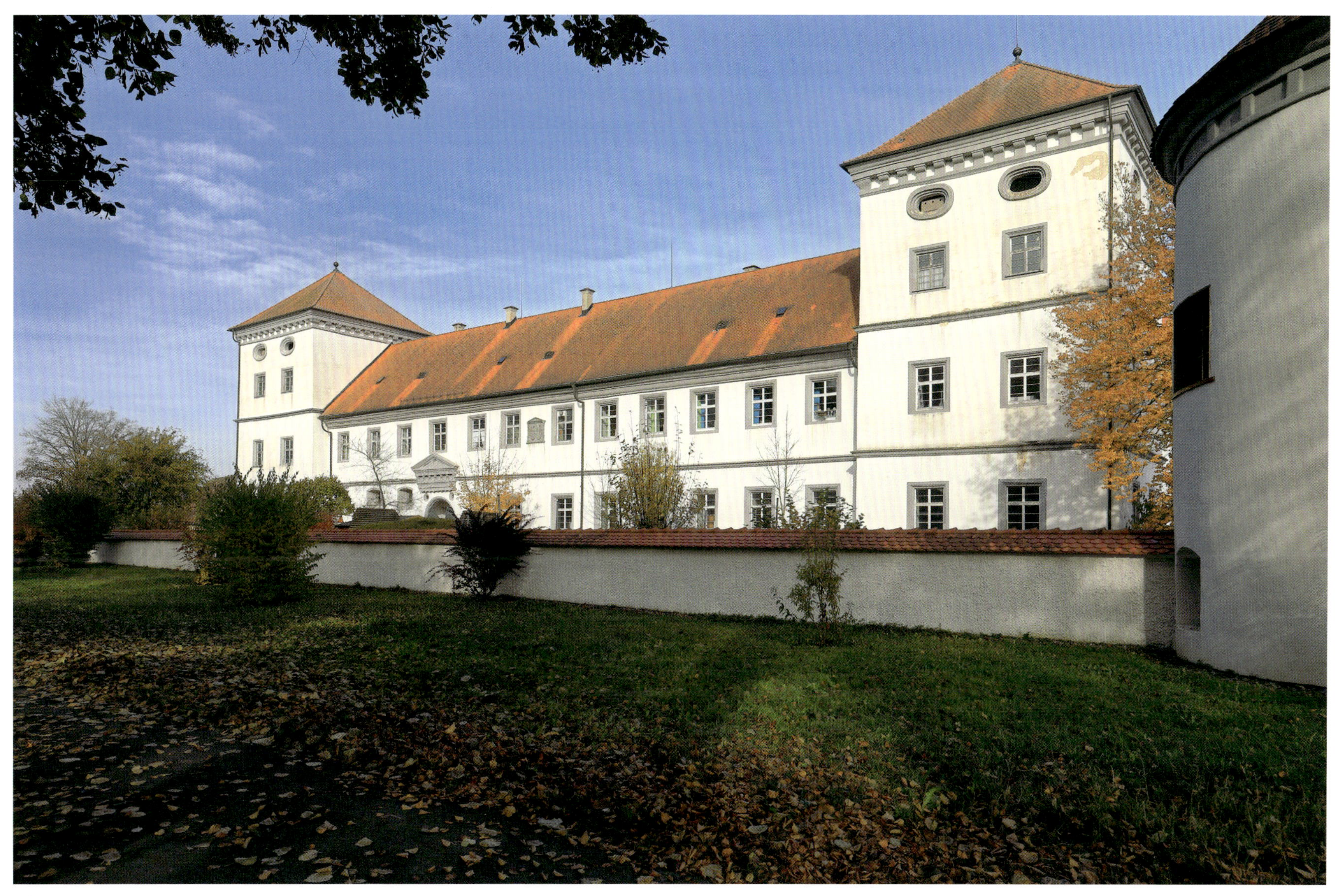

Schloss Meßkirch

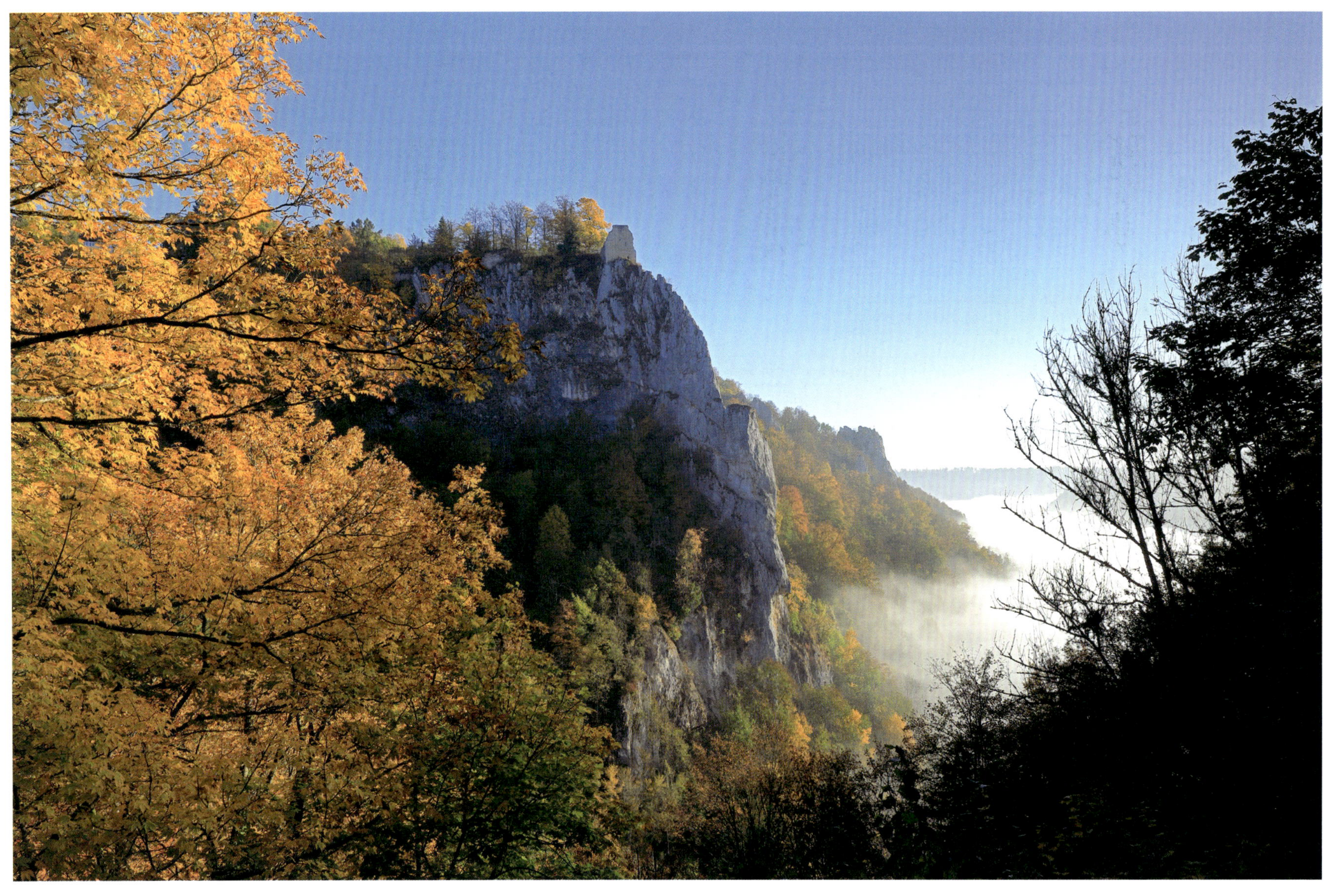

Ruine Schloss Hausen

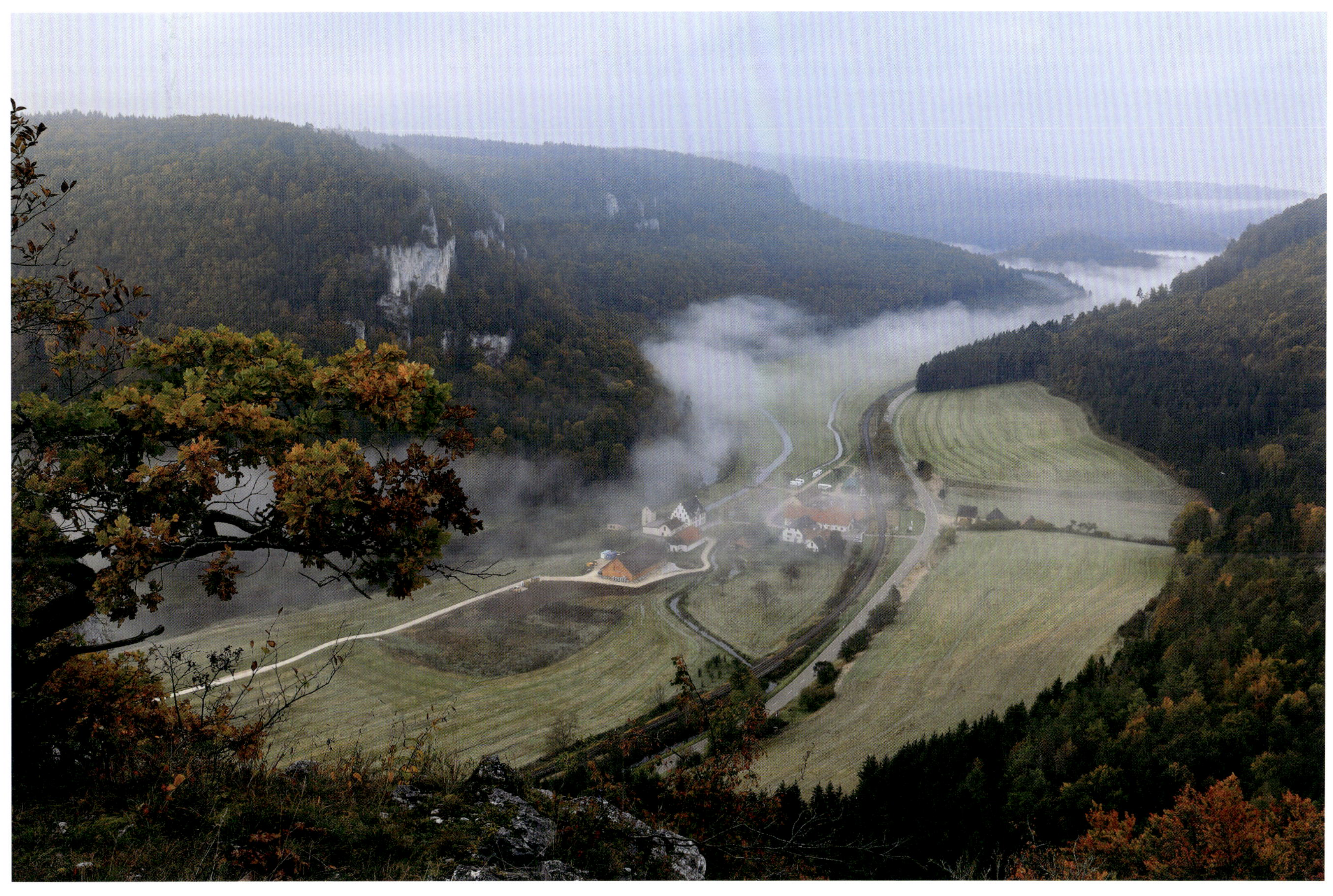

Wasserkraftwerk Talhof

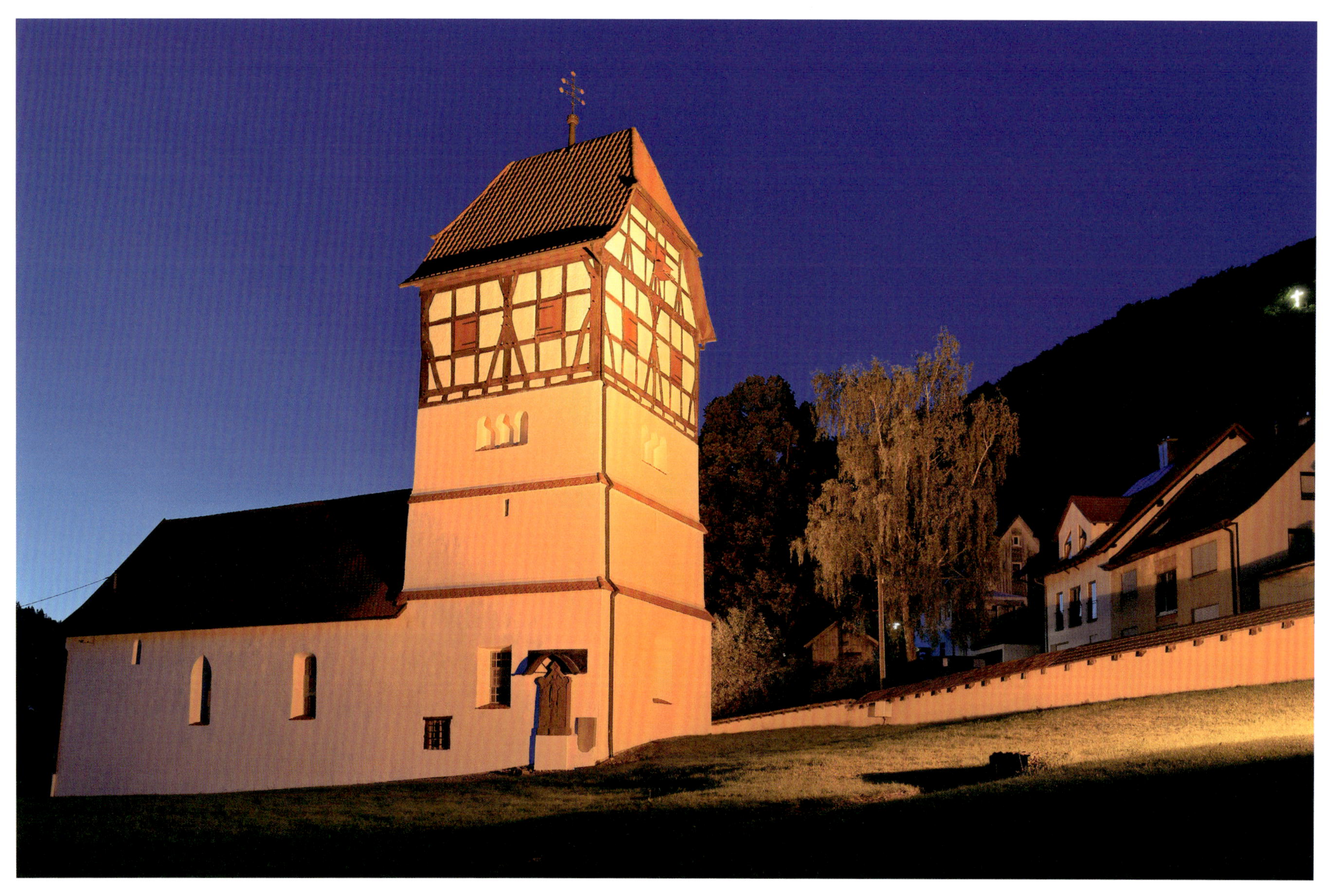

Alte Friedhofskirch St. Peter und Paul, Nusplingen

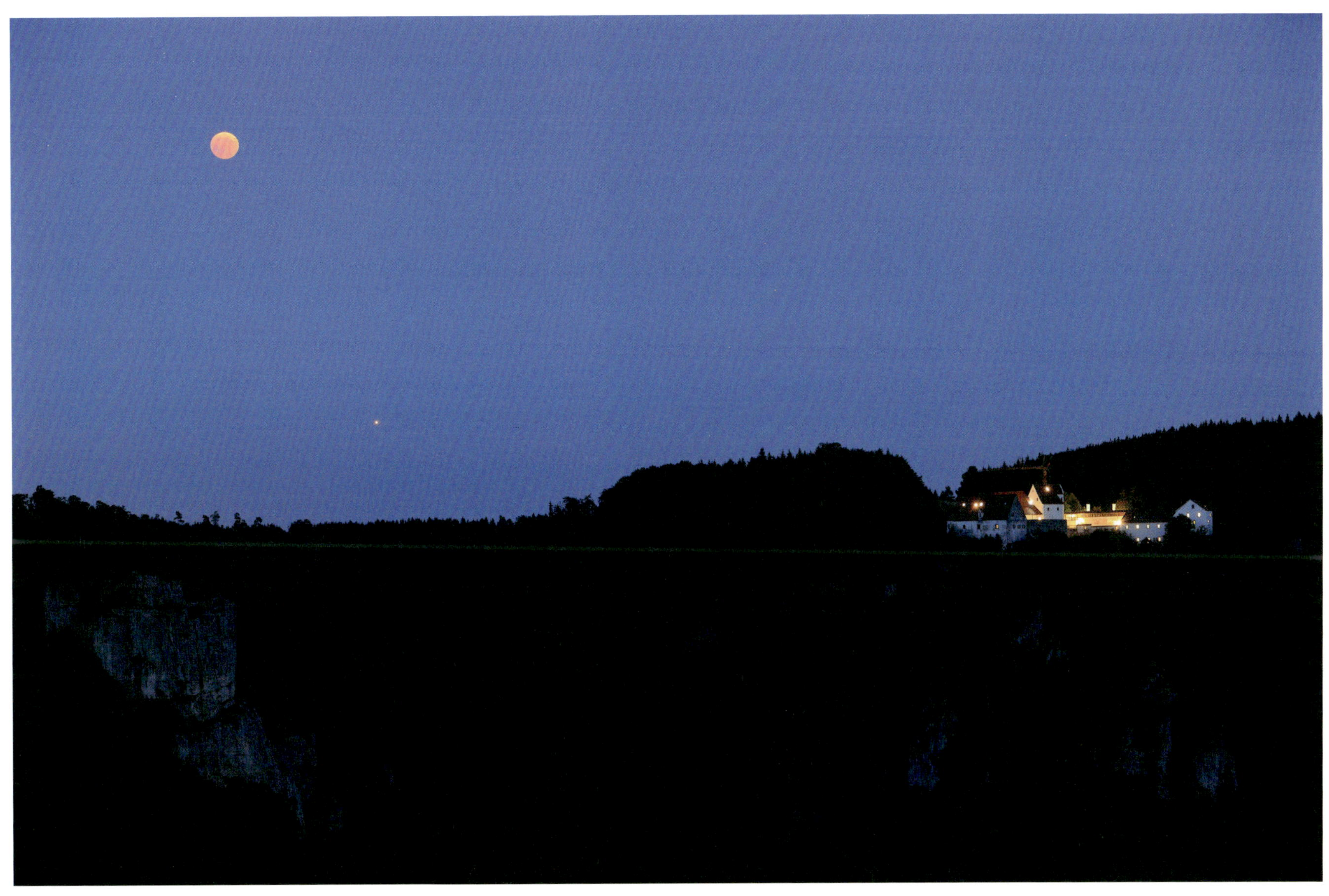

Burg Wildenstein, Leibertingen

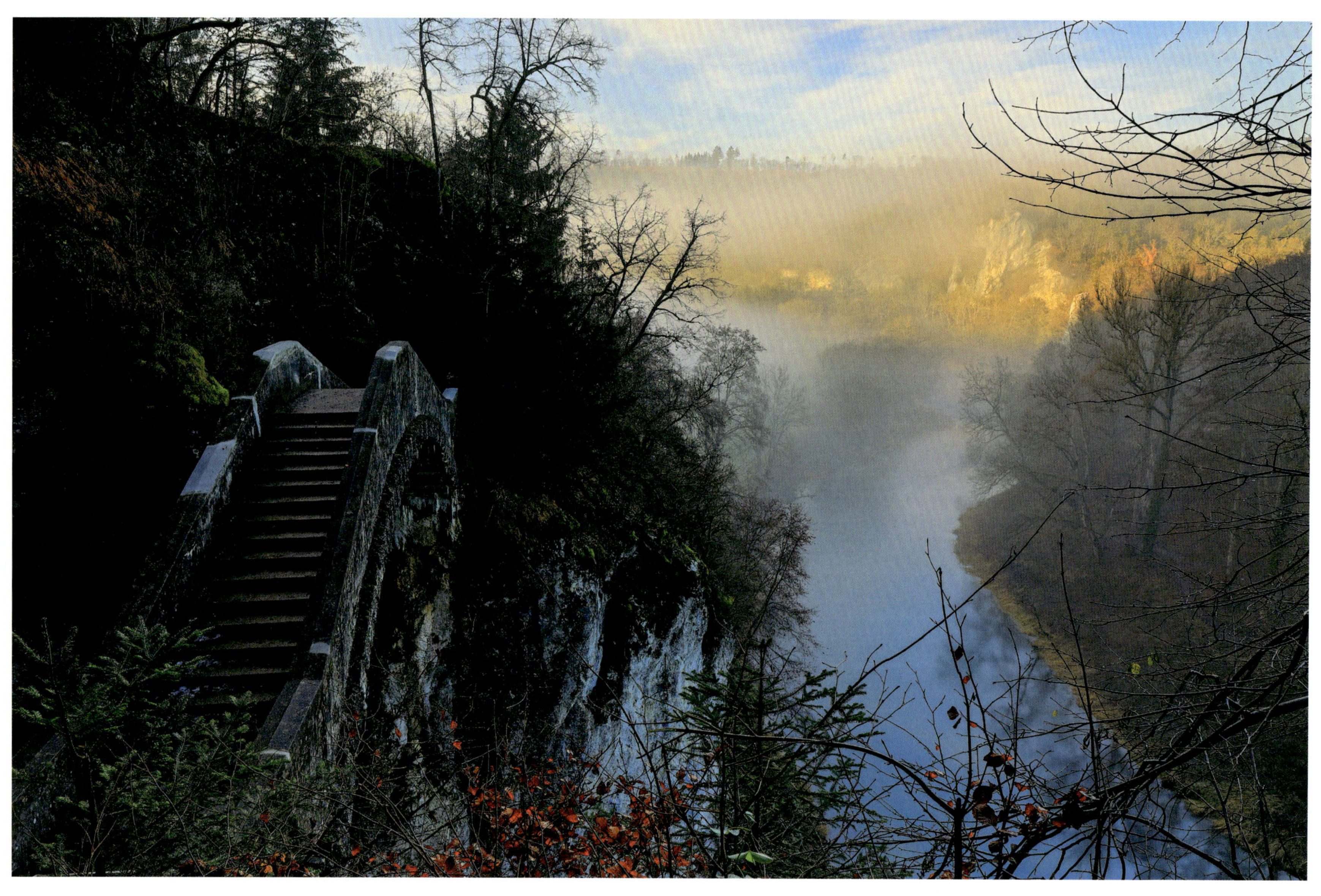

Teufelsbrücke, Inzigkofen

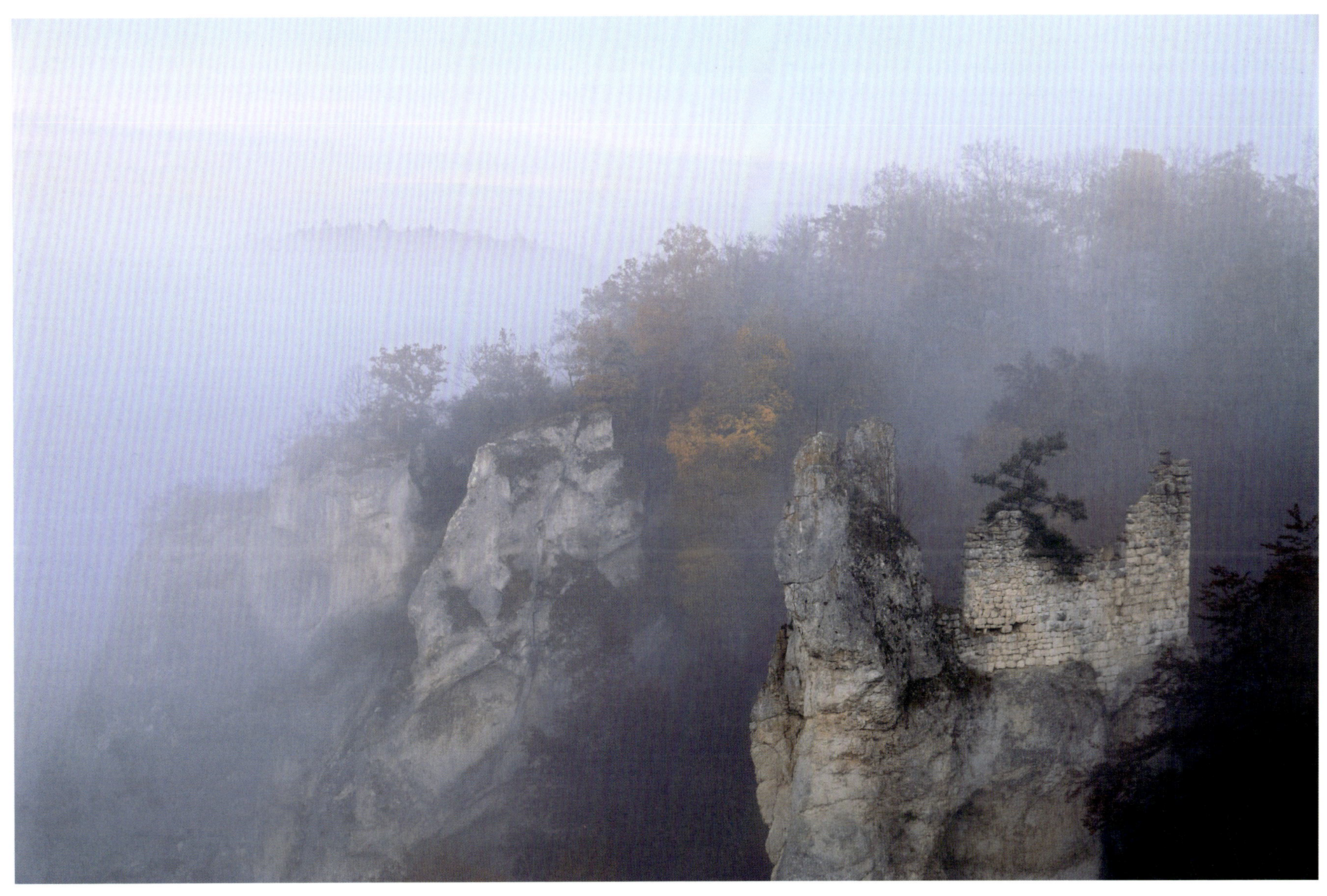

Gebrochen Gutenstein, Inzigkofen / Gutenstein

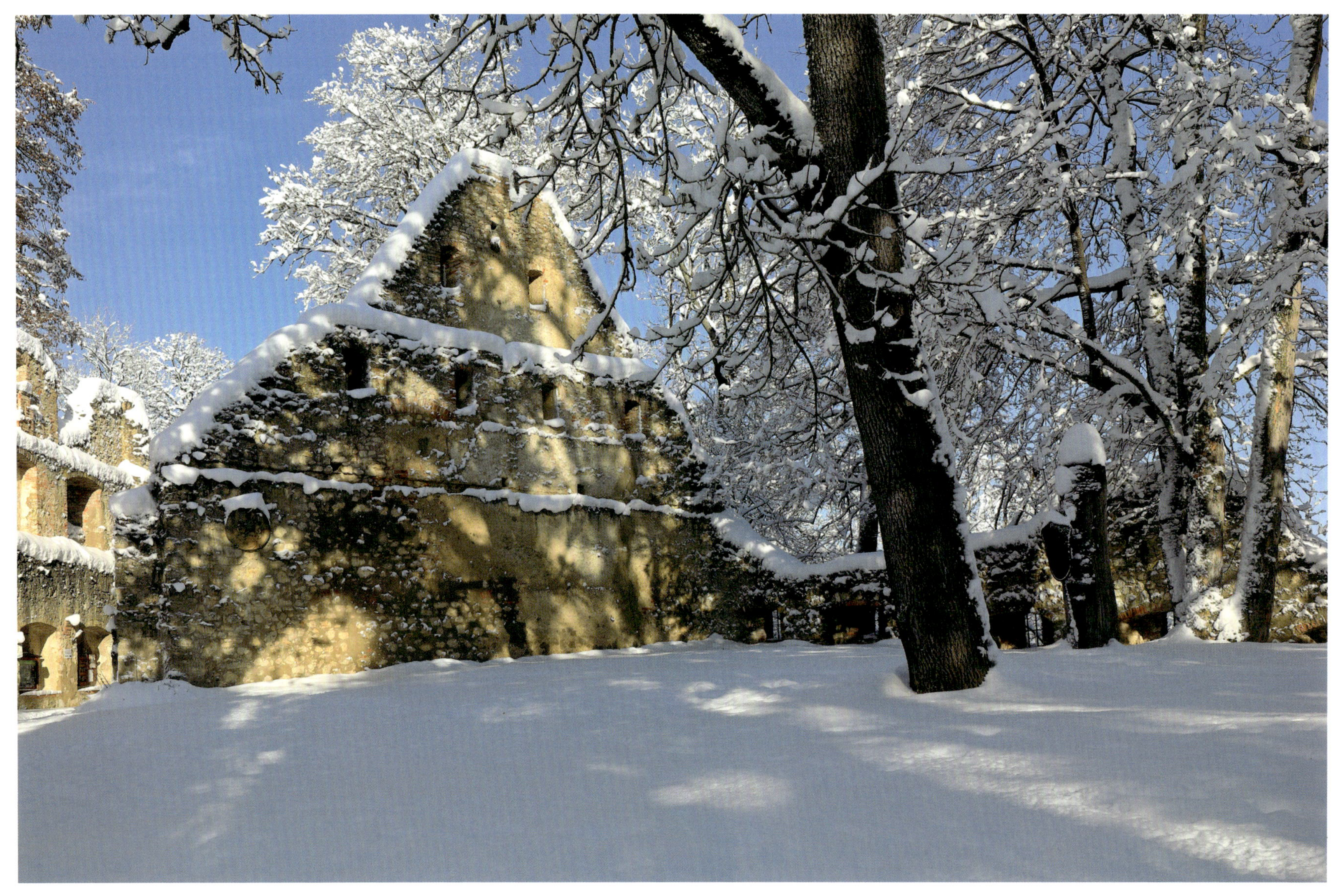

Ruine Hornstein, Bingen

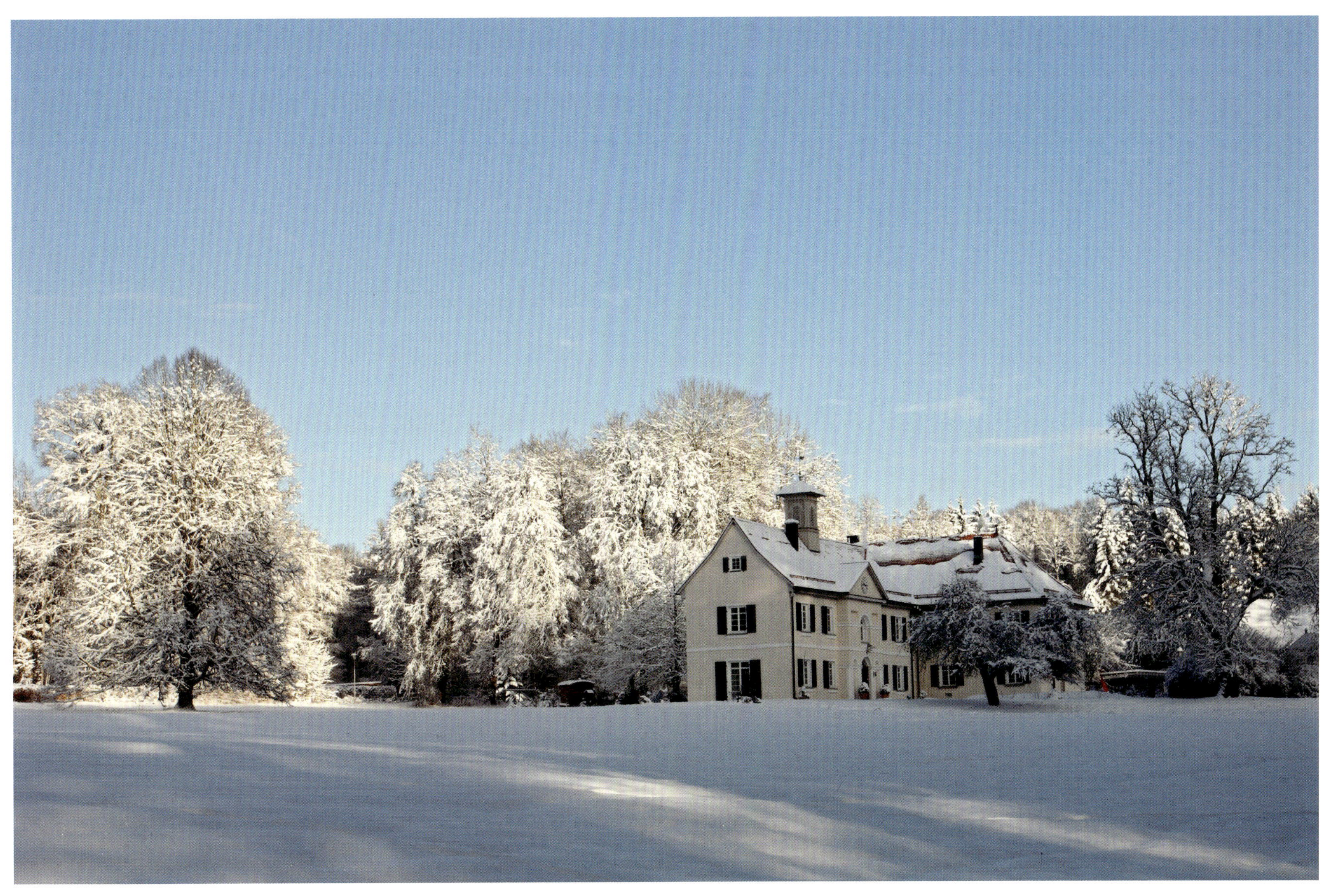

Wildpark Josefslust, Sigmaringen

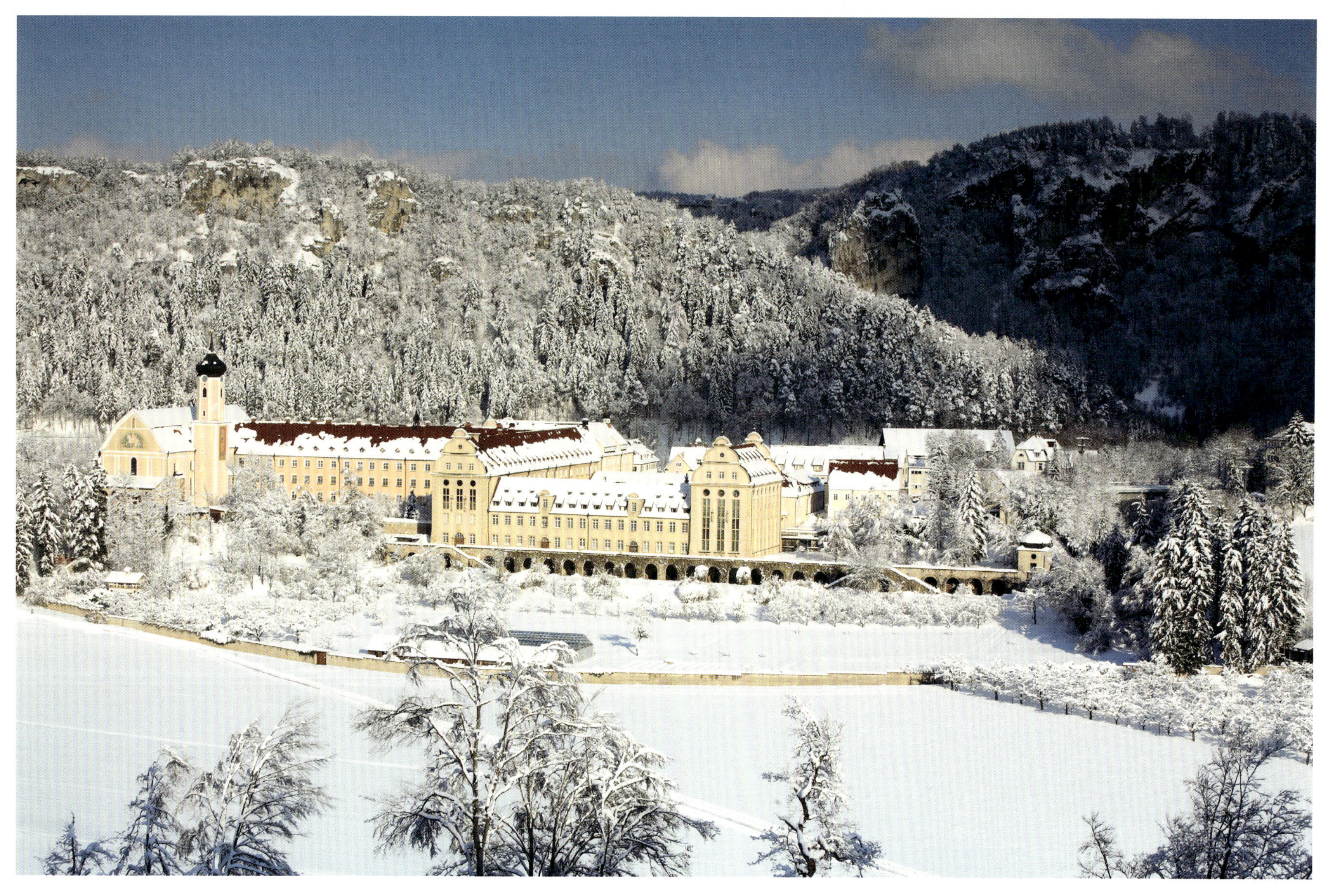

Benediktinererzabtei St. Martin, Beuron

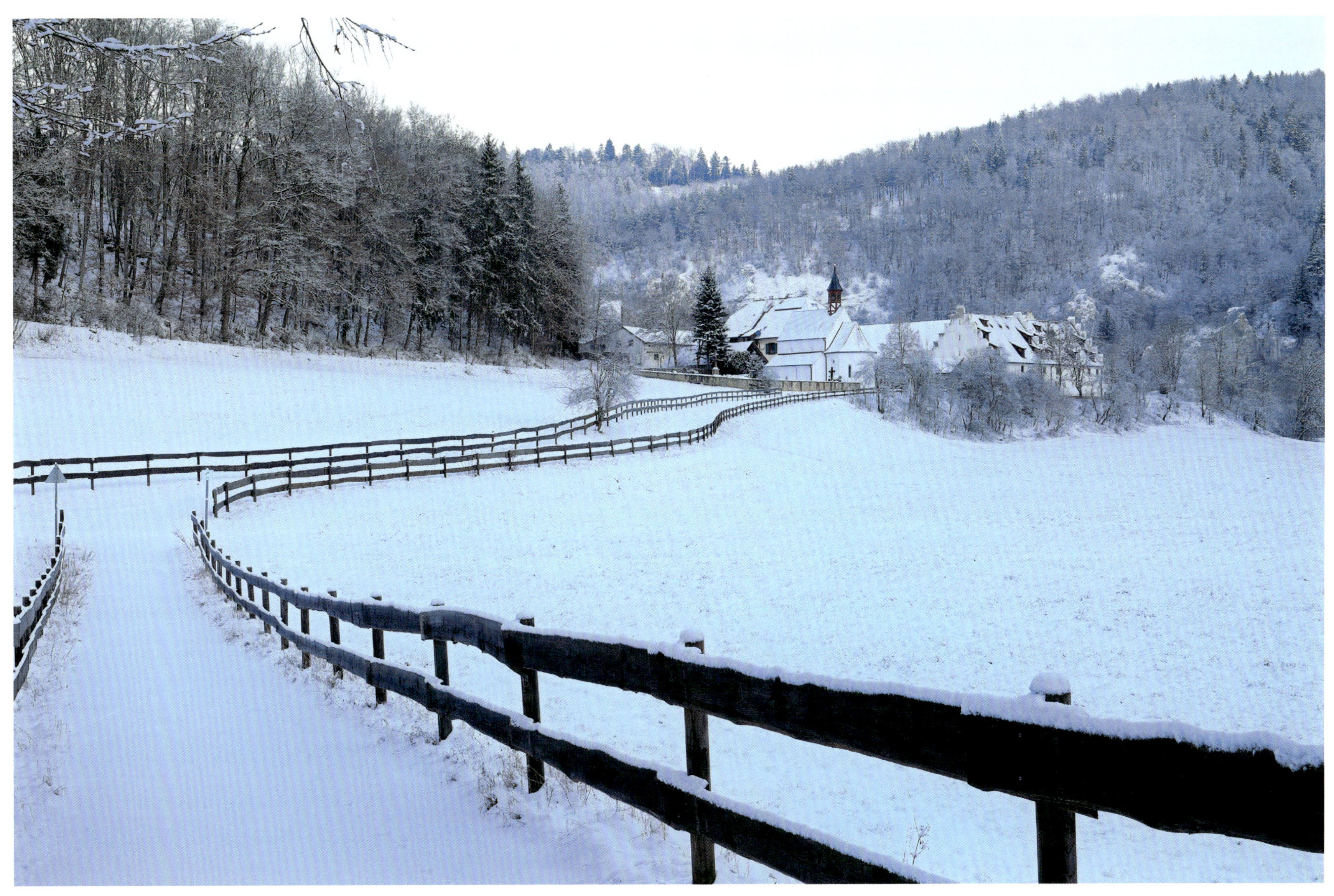

Käppeler Hof, Thiergarten

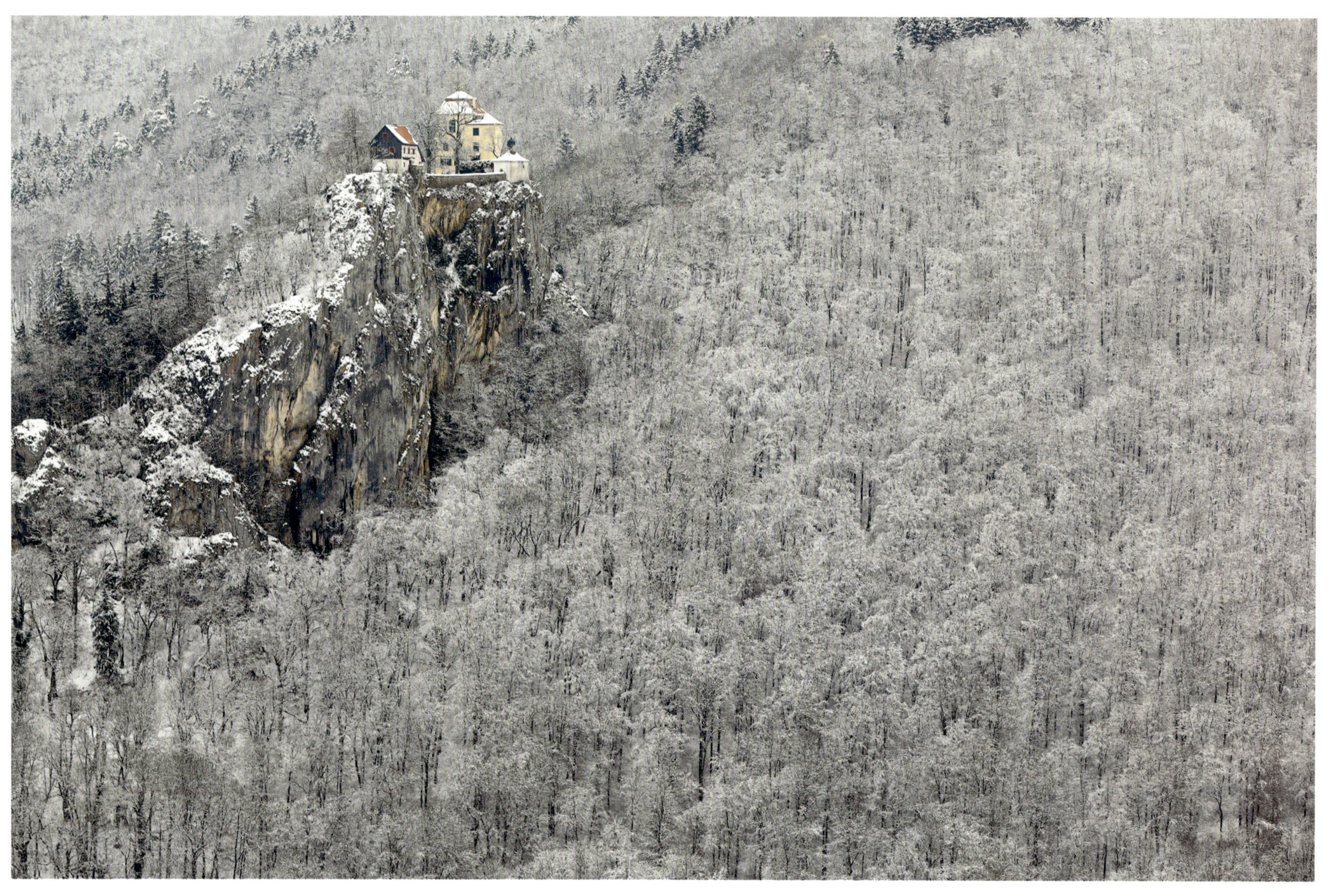

Schloss Bronnen, Buchheim

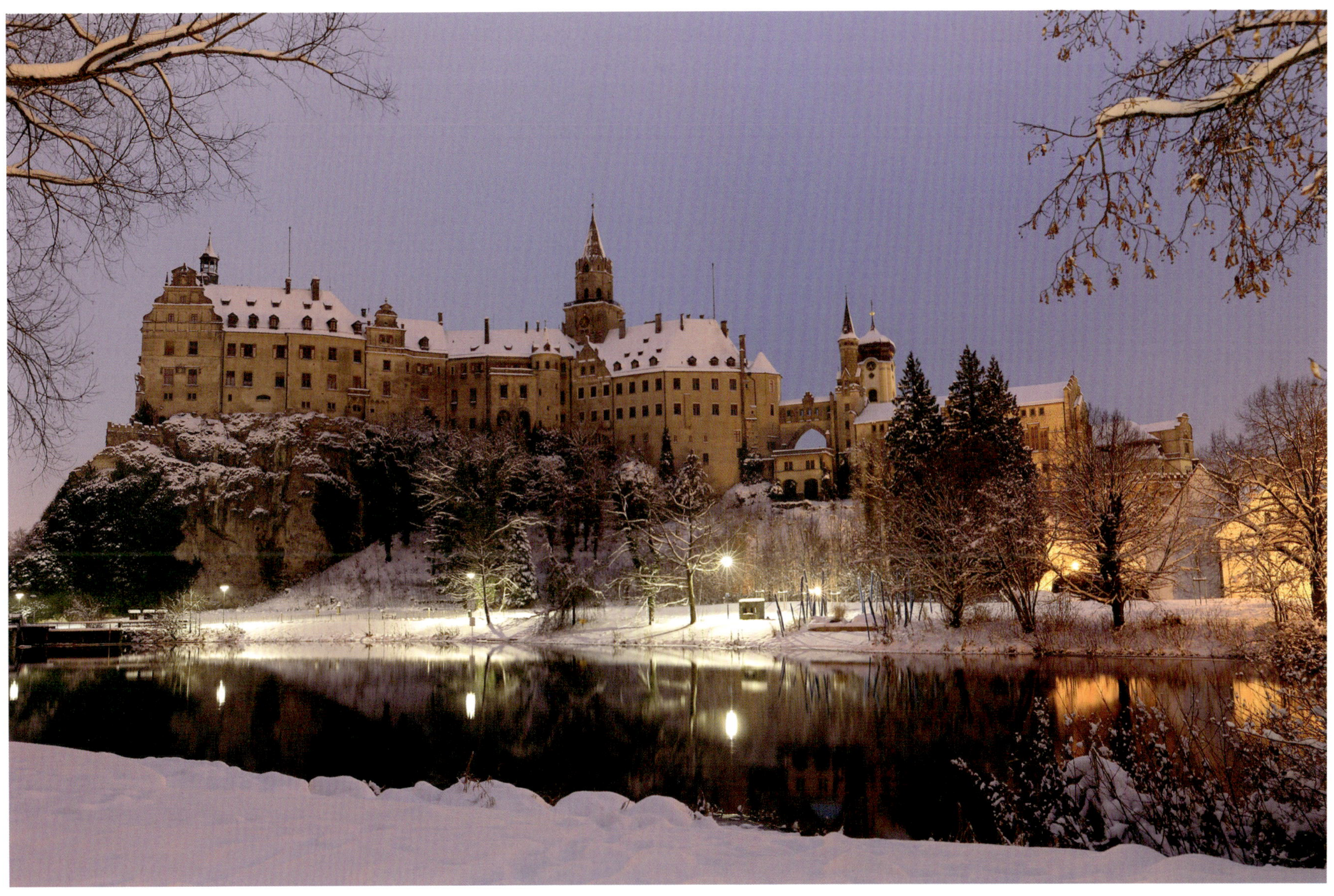

Hohenzollernschloss Sigmaringen

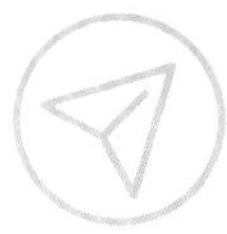

Schwierigkeit	∠	mittel
Länge	↔	14 km
Dauer	🕓	ca. 5:15 h
Aufstieg	↗	590 m
Abstieg	↘	590 m
Höchster Punkt	↑	819 m. ü. M.
Niedrigster Punkt	↓	600 m. ü. M.

2 EICHFELSEN-PANORAMA

SAGENHAFTE TOUR RUND UM DAS KLOSTER BEURON MIT PREMIUM-AUSSICHTEN AUF DIE DONAU

Die Rundtour mitten durch das Durchbruchstal der Oberen Donau begeistert mit ständig neuen Perspektiven auf das berühmte Kloster Beuron und die Donau.

Als ob Sie über dem Kloster Beuron schwebten und es umkreisten, das kulturelle und spirituelle Zentrum der Region, nun ja, vielleicht nicht ganz schwerelos angesichts des Anstiegs, doch die Aussichten entlohnen für alle Wandermühe. Der Rundwanderweg Eichfelsen-Panorama bietet herausragenden Kulturgenuss und das berühmteste Donautal-Panorama überhaupt. Dieser Augen-Blick wird sich einprägen. Auf verschlungenen Pfaden, einem alten Fuhrmannsweg und wundervollen Panoramawegen geht es durch das Herz des Naturparks Obere Donau. Dieser Weg hat alles, was die Menschen seit jeher in dieses einzigartige Tal gelockt hat. Zweimal wird die Donau überquert und zweimal geht es vom Tal hinauf zu den schönsten Aussichten im Donautal.

Der Weg verläuft vom Kloster Beuron mit einem Anstieg zum Spaltfesen und zum Rauhen Stein, von dort zum namengebenden Aussichtspunkt Eichfelsen, dann hinunter zur Donau. Auf der Radbrücke überquert man die Donau, bevor es auf der anderen Seite in steilen Serpentinen zur Burg Wildenstein geht. Danach führt der Weg auf die halbe Höhe hinunter, vorbei an der Petershöhle zurück nach Beuron.

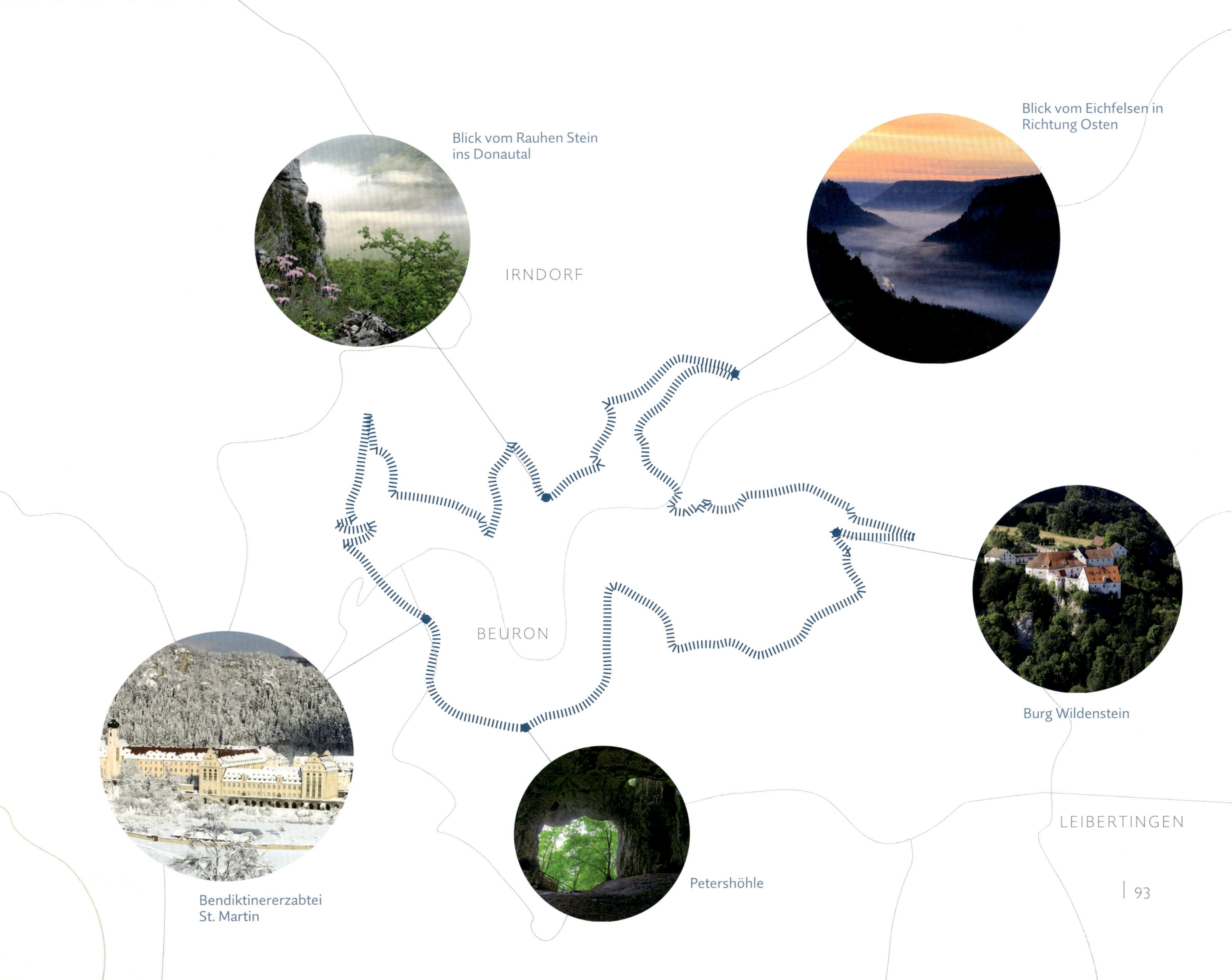
Blick vom Rauhen Stein
ins Donautal
Blick vom Eichfelsen in
Richtung Osten
IRNDORF
BEURON
Burg Wildenstein
LEIBERTINGEN
Bendiktinererzabtei
St. Martin
Petershöhle

GEWÄSSER

Dominierend ist im weitläufigen Naturpark Obere Donau sicherlich der junge Fluss, dessen Name die Region ihre Bezeichnung verdankt, die Donau. Junge Donau deshalb, weil diese der Dimension wegen in dem Gebiet kaum dem Attribut Fluss gerecht wird und eher an einen Mittelgebirgsbach als an einen der größten europäischen Ströme erinnert. Gemächlich und in schmalem Bett fließt die junge Donau von West nach Ost durch den Naturpark Obere Donau zwischen den Grenzgemeinden Geisingen (westlich) und Binzwangen (östlich) auf ihrem Weg ins Schwarze Meer. Ihren Anfangspunkt hat sie wenige Kilometer weiter westlich außerhalb des Naturparks in Donaueschingen am Fuße des Schwarzwaldes beim Zusammenfluss von Brigach und Breg.

Ein besonderes Schauspiel bietet die Donau zwischen Immendingen und Möhringen, wo das Flussbett oft wochenlang trockenfällt. In manchen Jahren kann das Trockenfallen über zweihundert Tage betragen. Der Besucher fragt sich, wo das Wasser verblieben ist, das weiter westlich von Immendingen doch noch fließt. Des Rätsels Lösung sind Versickerungsstellen im verkarsteten Kalkgestein, die das Wasser unterirdisch weiterleiten. Neben den großen Versickerungsstellen bei Immendingen gibt es noch eine kleinere unterhalb von Fridingen.

Eine Besonderheit der Versickerung ist, dass das versickerte Wasser nicht einfach flussabwärts wieder in der Donau zutage tritt, sondern Teile davon sich einen ganz anderen Weg nach Süden zur Aachquelle im Hegau suchen. Von dort fließt das Wasser als Radolfzeller Aach wieder oberirdisch bis in den Bodensee, der bekanntlich über den Rhein in die Nordsee entwässert. Mit etwas Augenzwinkern kann man daher sagen, die Donau fließt nicht nur in das Schwarze Meer, sondern auch in die Nordsee.

Für viele Besucher zählt Boot fahren auf der Donau zu den Höhenpunkten ihres Aufenthalts im Naturpark. Eine Fahrt im Kanu oder Kajak bietet tatsächlich ganz eigene Perspektiven und Eindrücke. Da es sich beim Oberen Donautal um ein einzigartiges und ökologisch sehr sensibles Gebiet handelt, sind Bootsfahrten nur eingeschränkt vom 1. Mai bis 3. Oktober möglich. Die Anzahl der pro Tag zugelassenen Boote ist begrenzt, zudem muss der Wasserstand, gemessen am Pegel Beuron, ein Mindestmaß aufweisen. Bitte informieren Sie sich vor Fahrtantritt über die geltenden Regelungen und Auflagen, damit Ihre Fahrt zu einem freudigen Erlebnis wird.

Weitere Fließgewässer im Naturpark sind die Bäche, die aus den Seitentälern der Donau zufließen. Die bekanntesten und größten, aus Richtung Norden kommend, sind wohl die Lauter mit ihrem Wasserfall Gieß in Veringendorf und die Bära, deren Zuflüsse teilweise Tuffsteinbildungen aufweisen. Meine persönlichen Favoriten sind die Wulfbachquelle in Mühlheim und die Hecktal-Quelle in Nusplingen, bei denen das Wasser jeweils direkt aus dem Fels austritt.

Einen völlig anderen Charakter als die teilweise in tiefen Tälern verlaufenden Albbäche Bära, Schmeie und Lauchert weisen die von Süden der Donau zufließenden Bäche auf, deren wichtigste Vertreter die Ablach und die Ostrach sind. Die von Süden zufließenden Bäche stammen aus Tälern, die nur wenig in die umgebende, von den Eiszeiten geprägte Landschaft eingetieft und meist auch durch die Schmelzwässer der Eiszeitgletscher sehr breit angelegt sind, so zum Beispiel das Ablachtal bei Bietingen im Vergleich zum Bärätal bei Bärenthal.

Neben Fließgewässern gibt es im Naturpark auch einige Seen und Weiher. Diese Seen entstanden fast ausschließlich durch Kiesgewinnung im sogenannten Nassabbau oder wurden künstlich aufgestaut wie der Schlichemstausee in Schömberg. Viele der Seen dienen heute der Freizeitgestaltung, als Fischgewässer oder als Rückzugsgebiet für Vögel. Neben ganzjährig vorkommenden Vogelarten gibt es viele Arten, die nur während der Sommermonate zur Brut ansässig sind oder die Seen als zwischenzeitliche Rastplätze beim Durchzug nutzen.

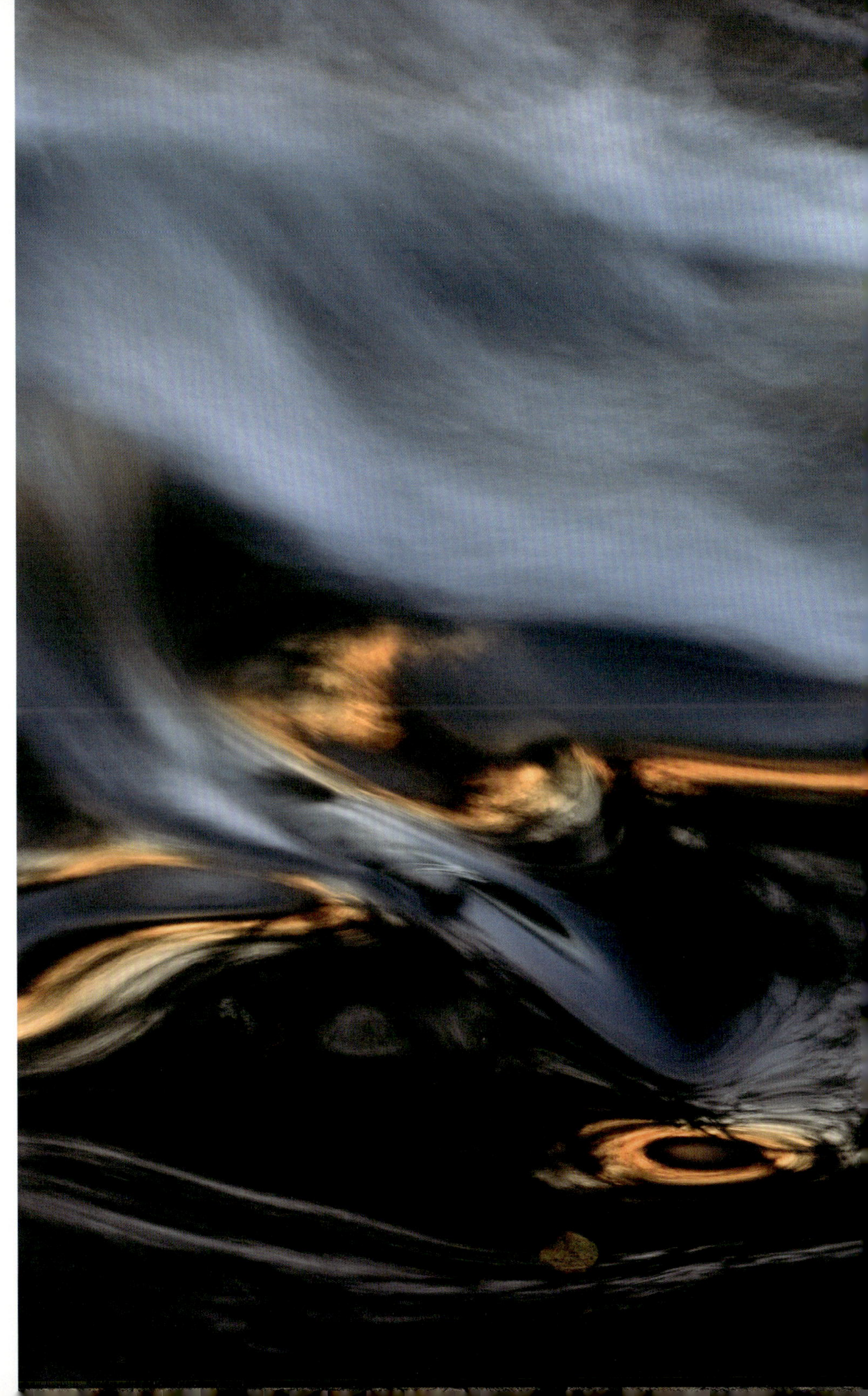

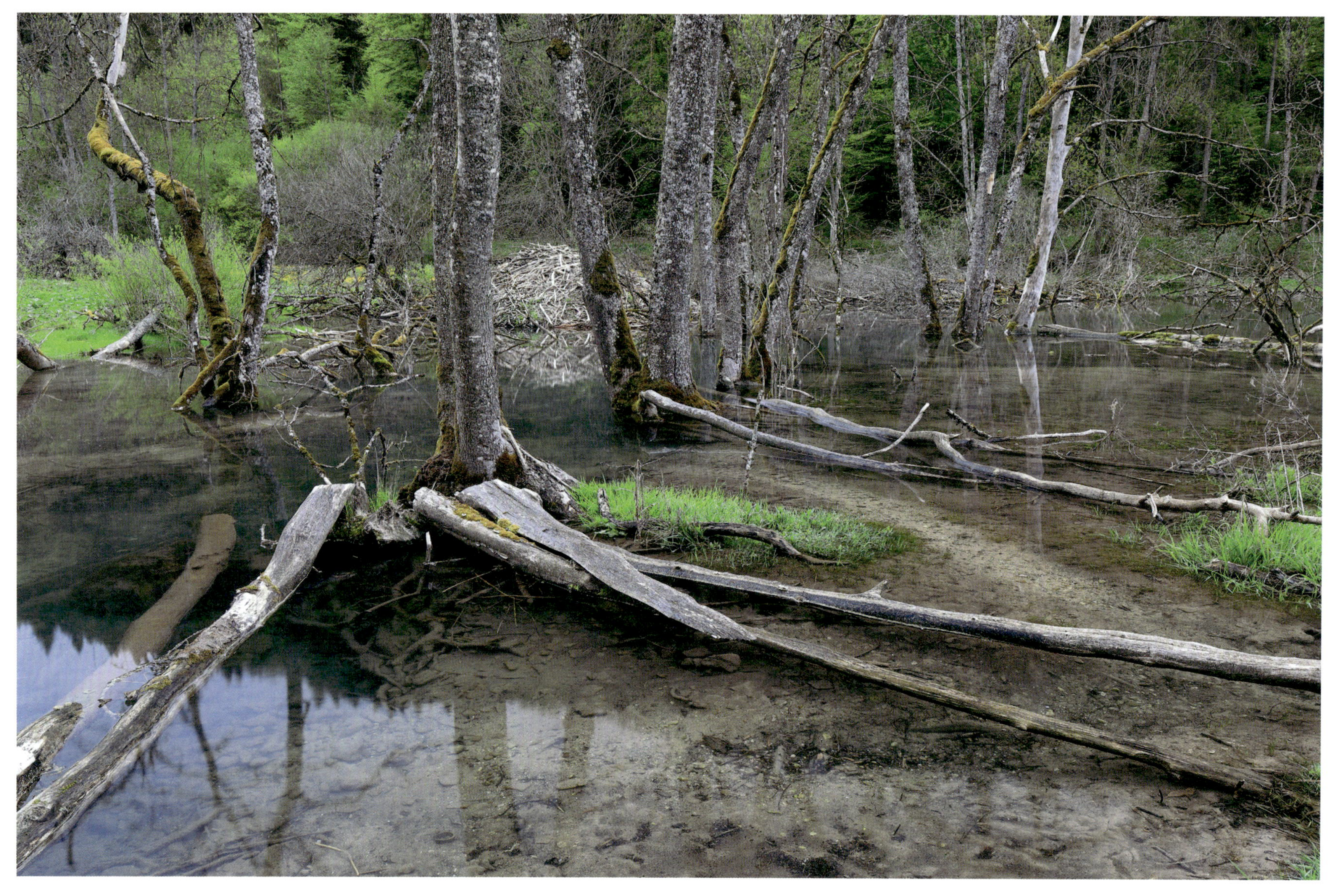

Bibergebiet im Lippachtal

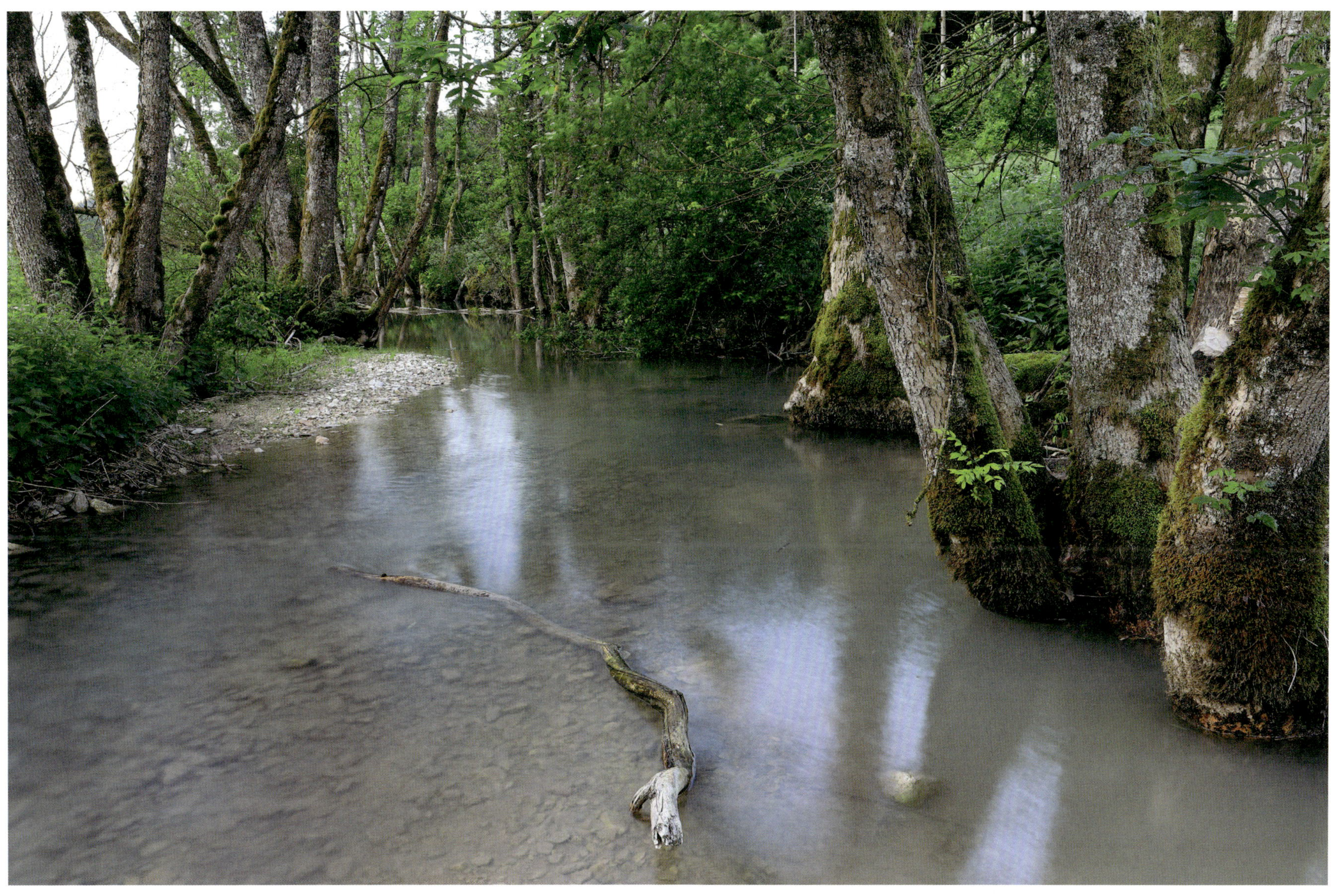

Lippach

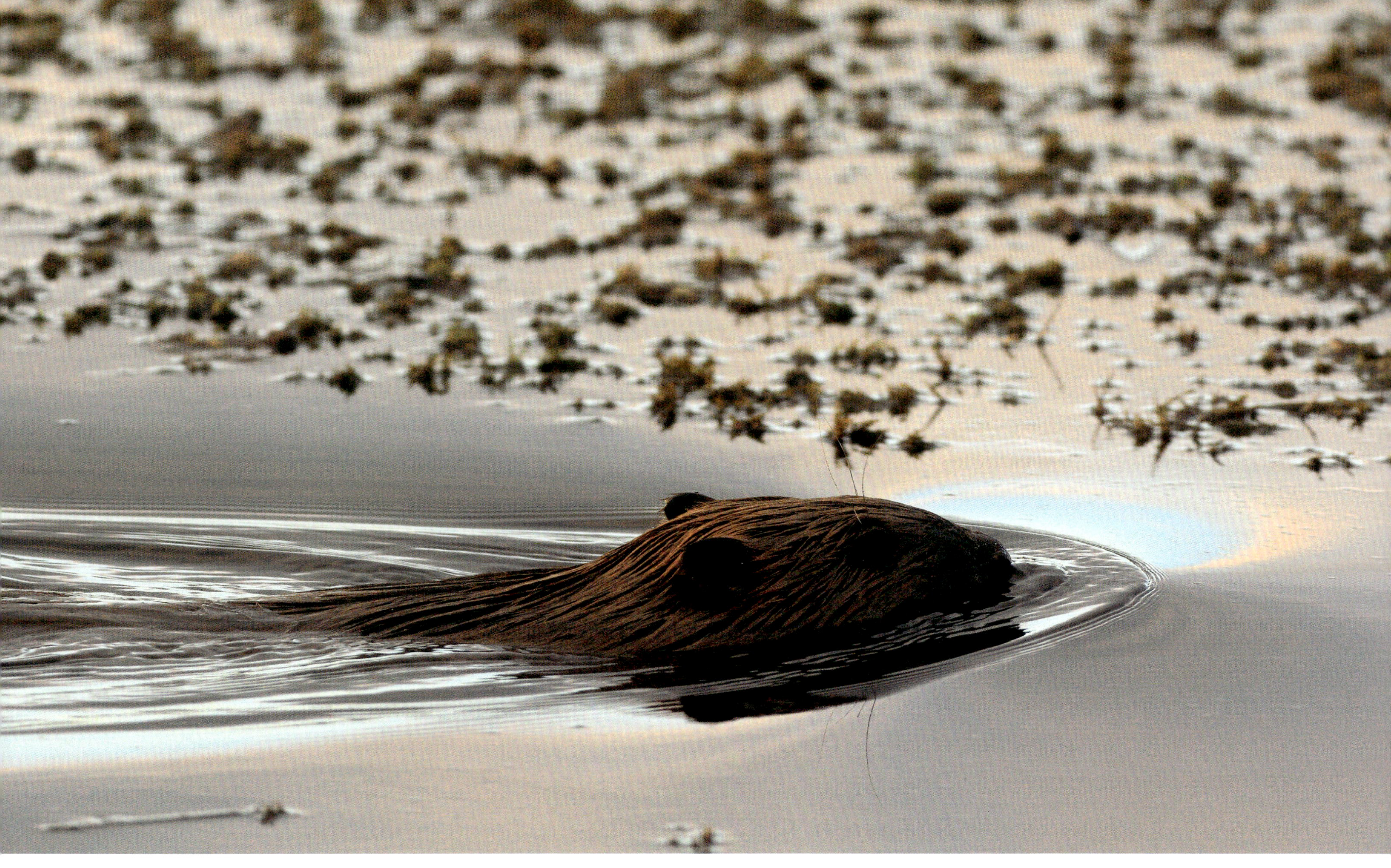

Biber in der Donau

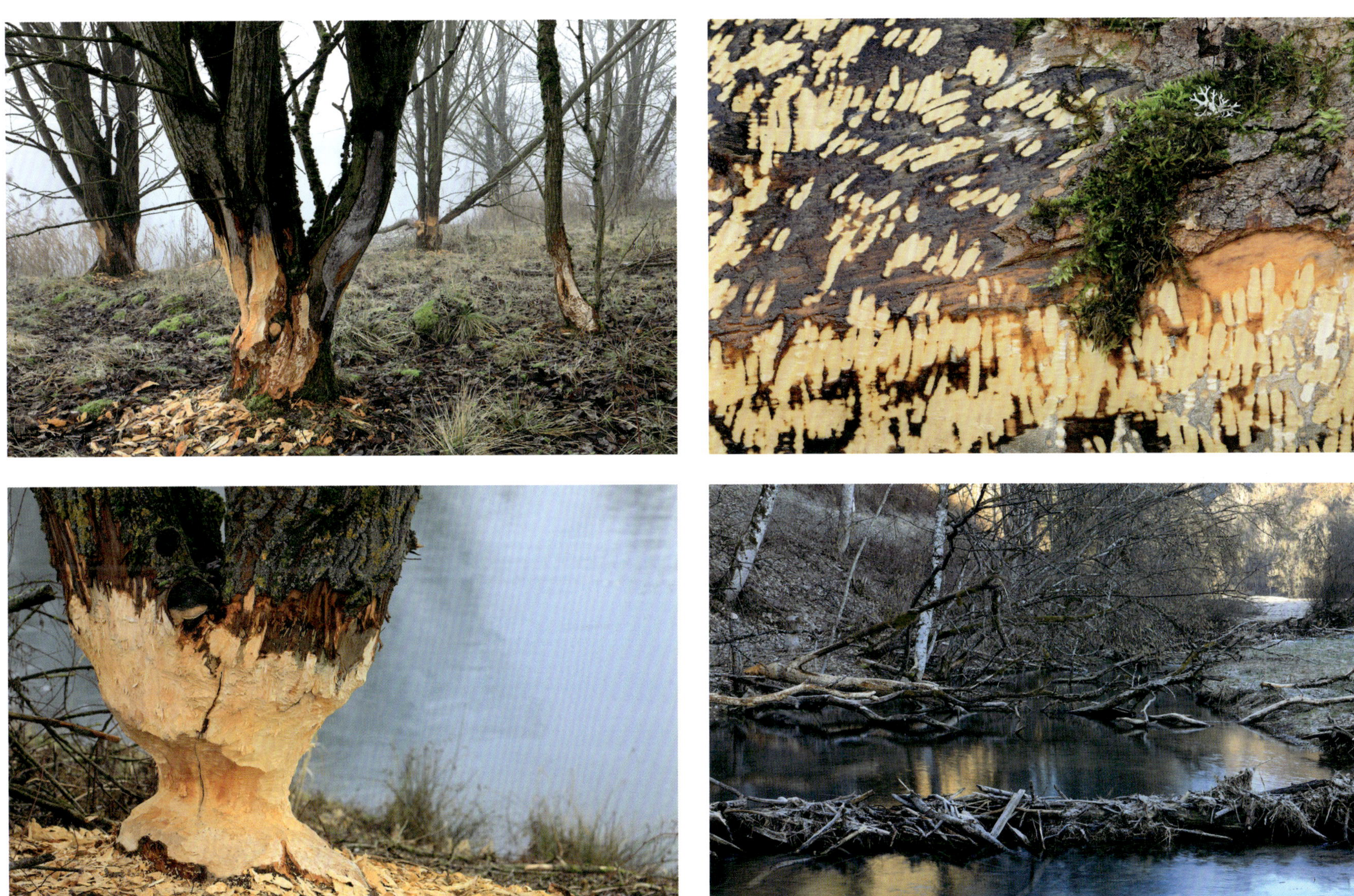

1–3 Biberverbissspuren
4 Biberdamm an der Lippach

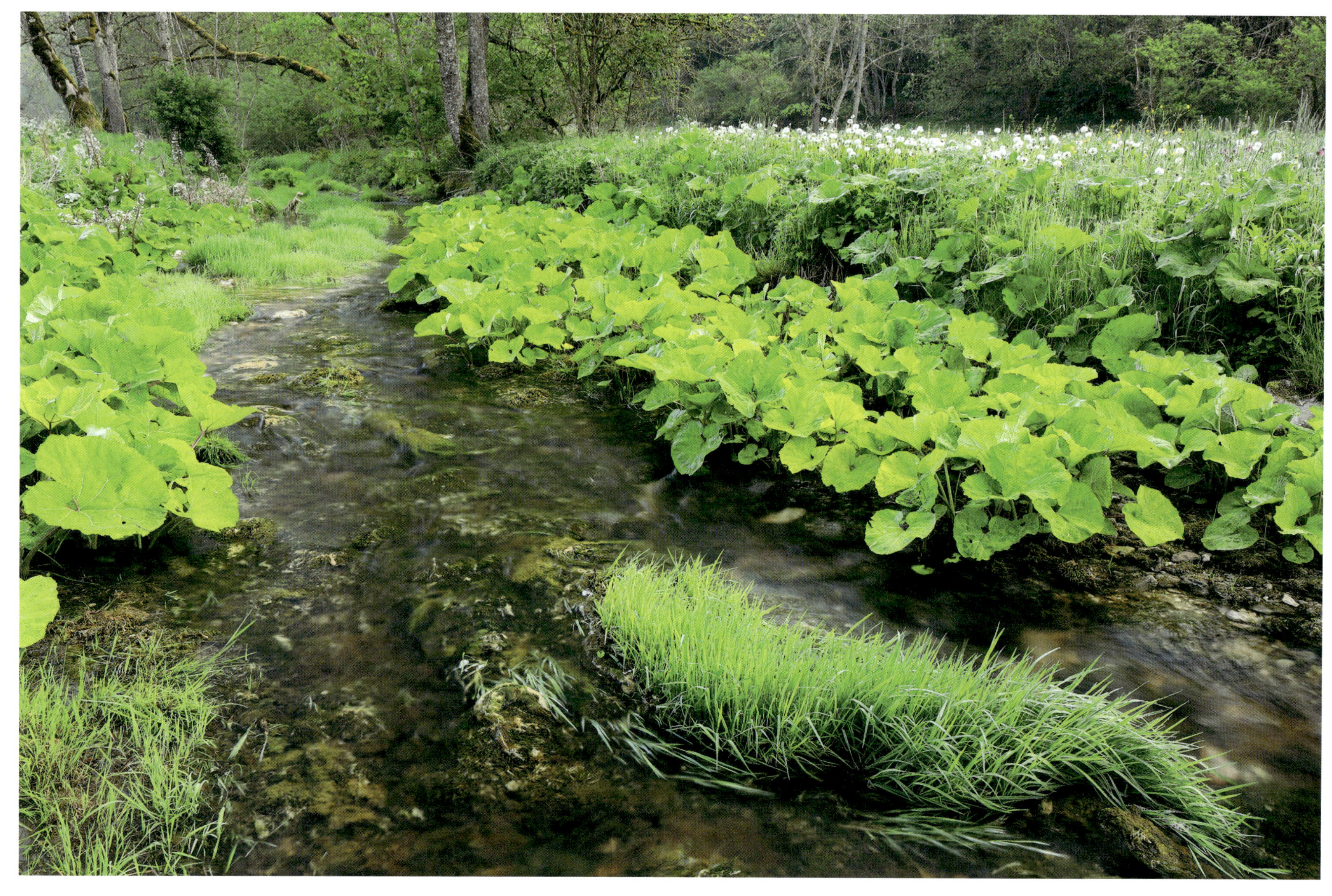

Lippach bei Mühlheim

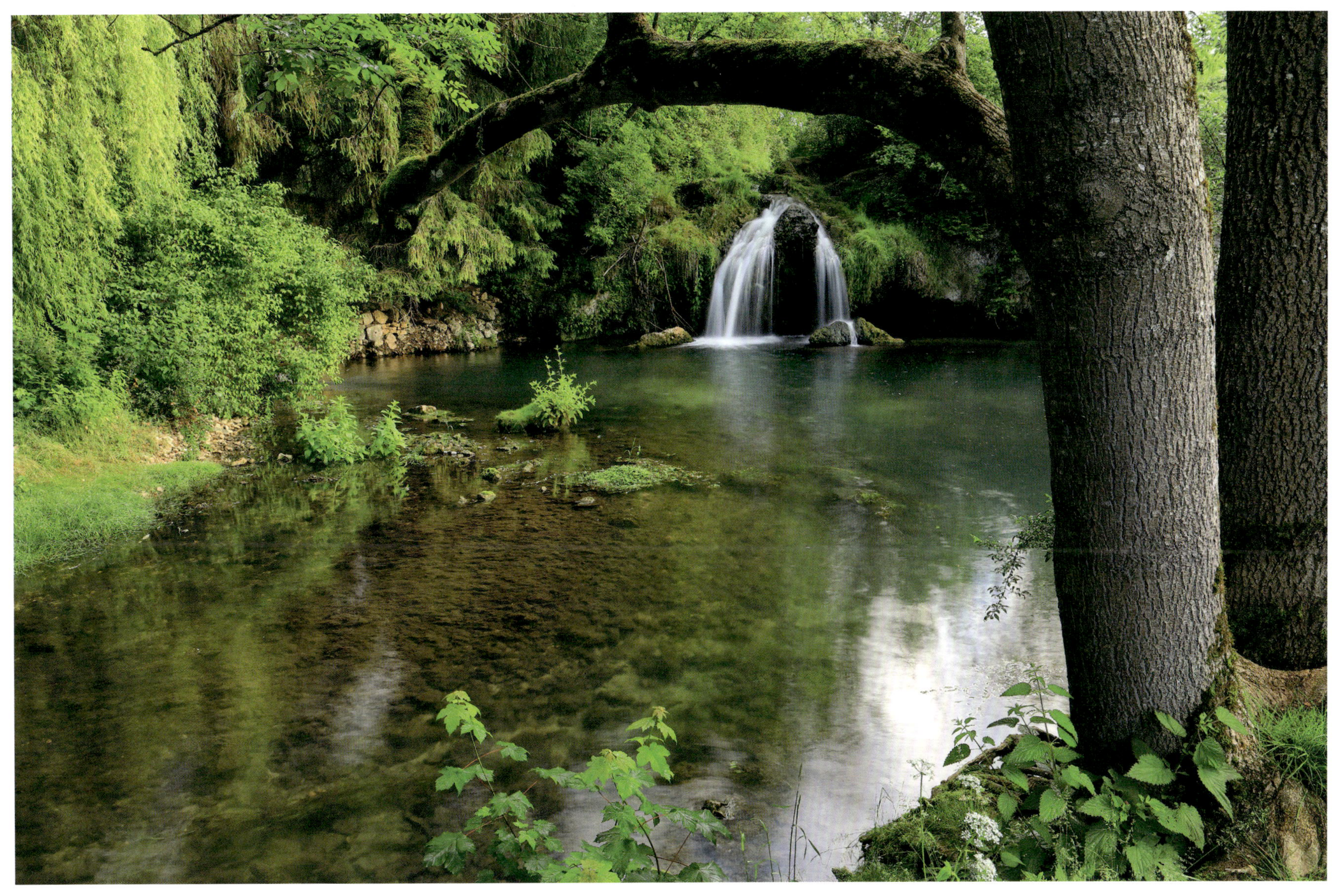

Wasserfall Gieß, Veringendorf

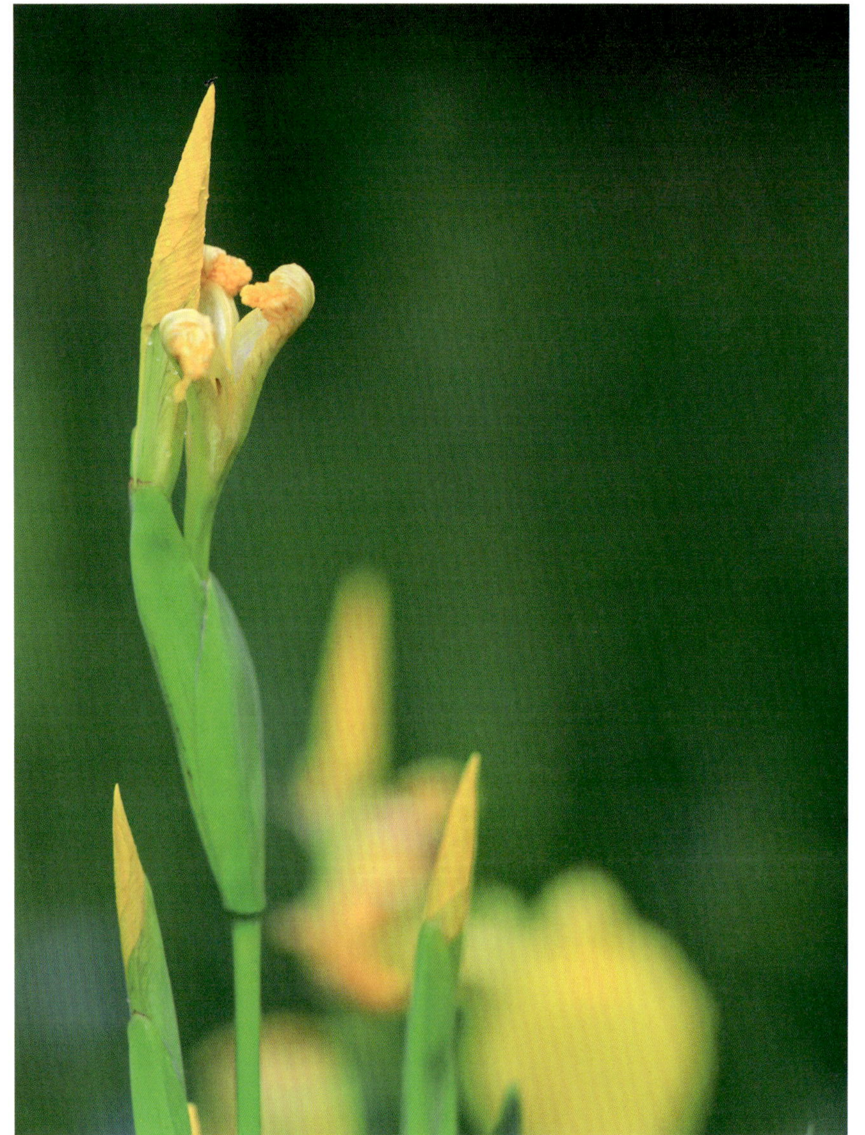

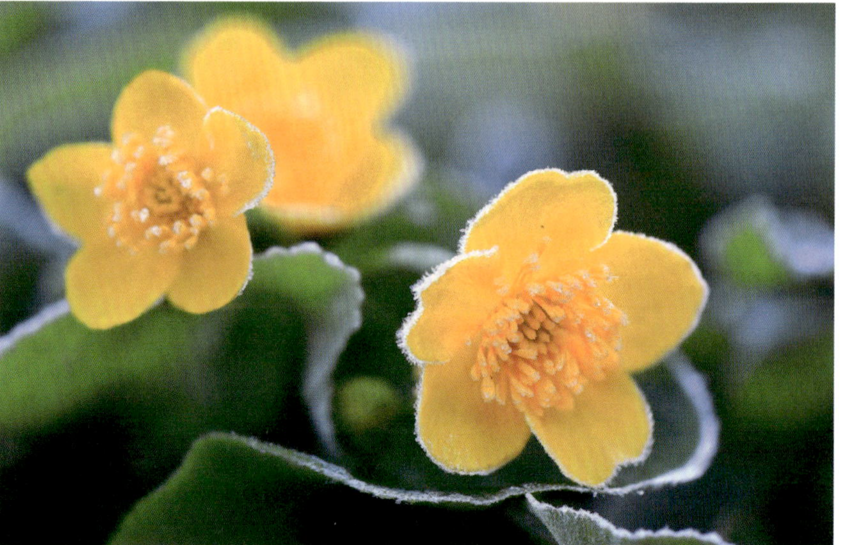

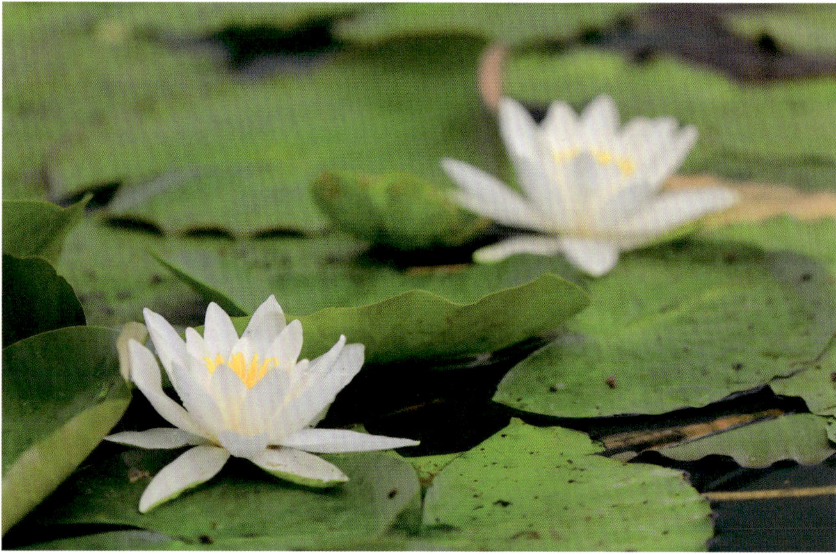

Sumpf-Schwertlilie 1
Sumpfdotterblume 2
Weiße Seerose 3

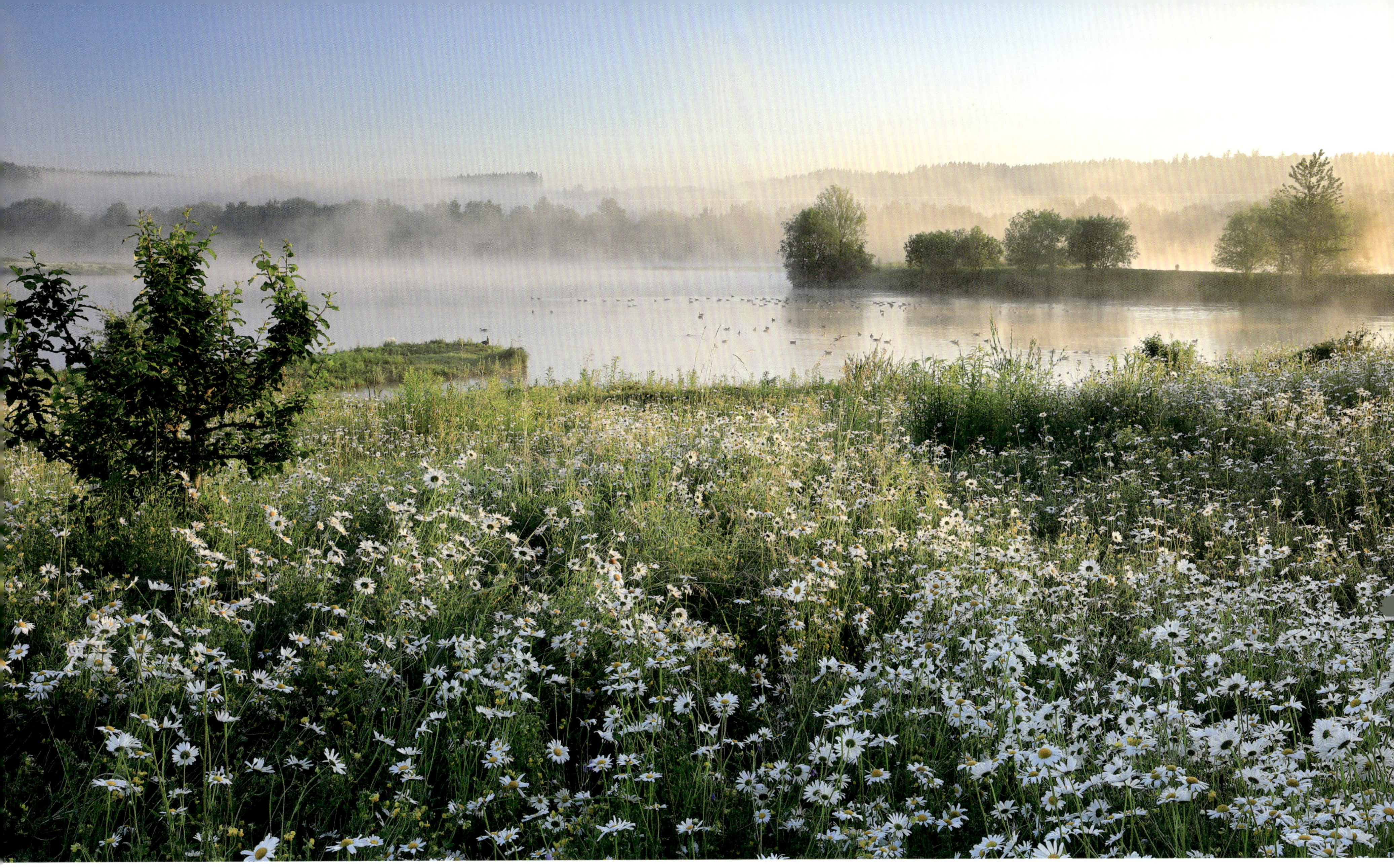

Margeriten am Zielfinger See

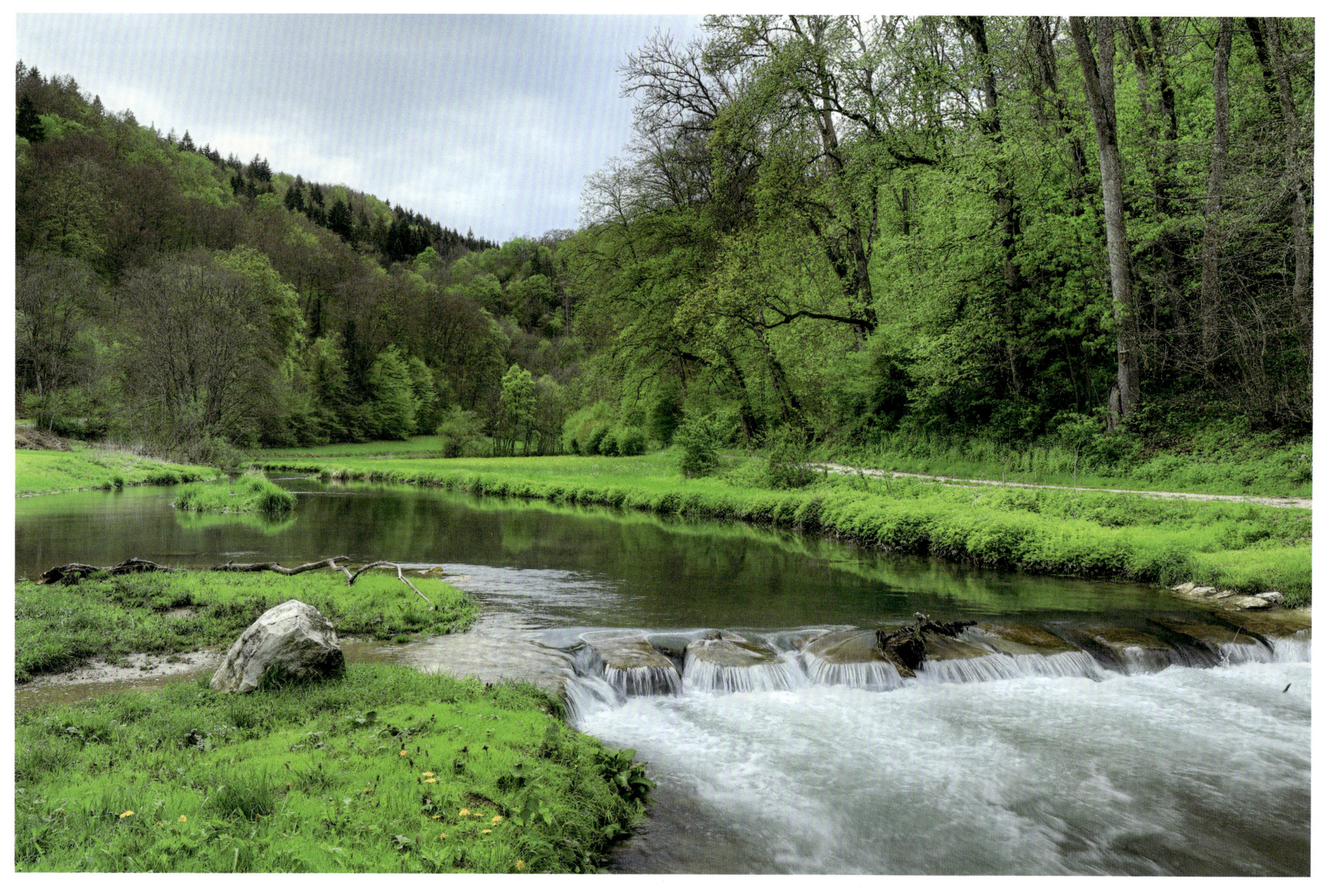

Schmiecha bei Oberschmeien

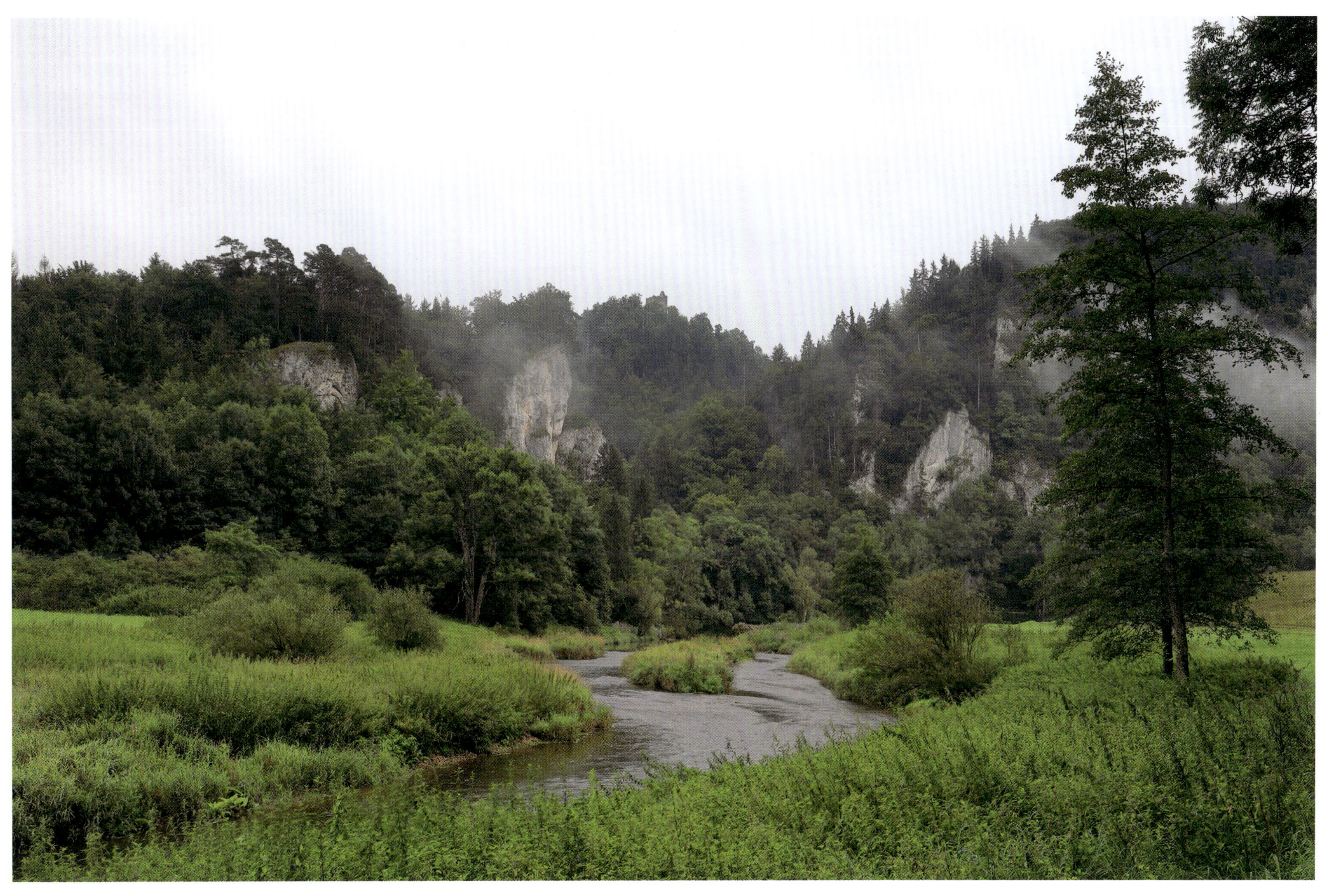

Donau unterhalb der Kallenburg

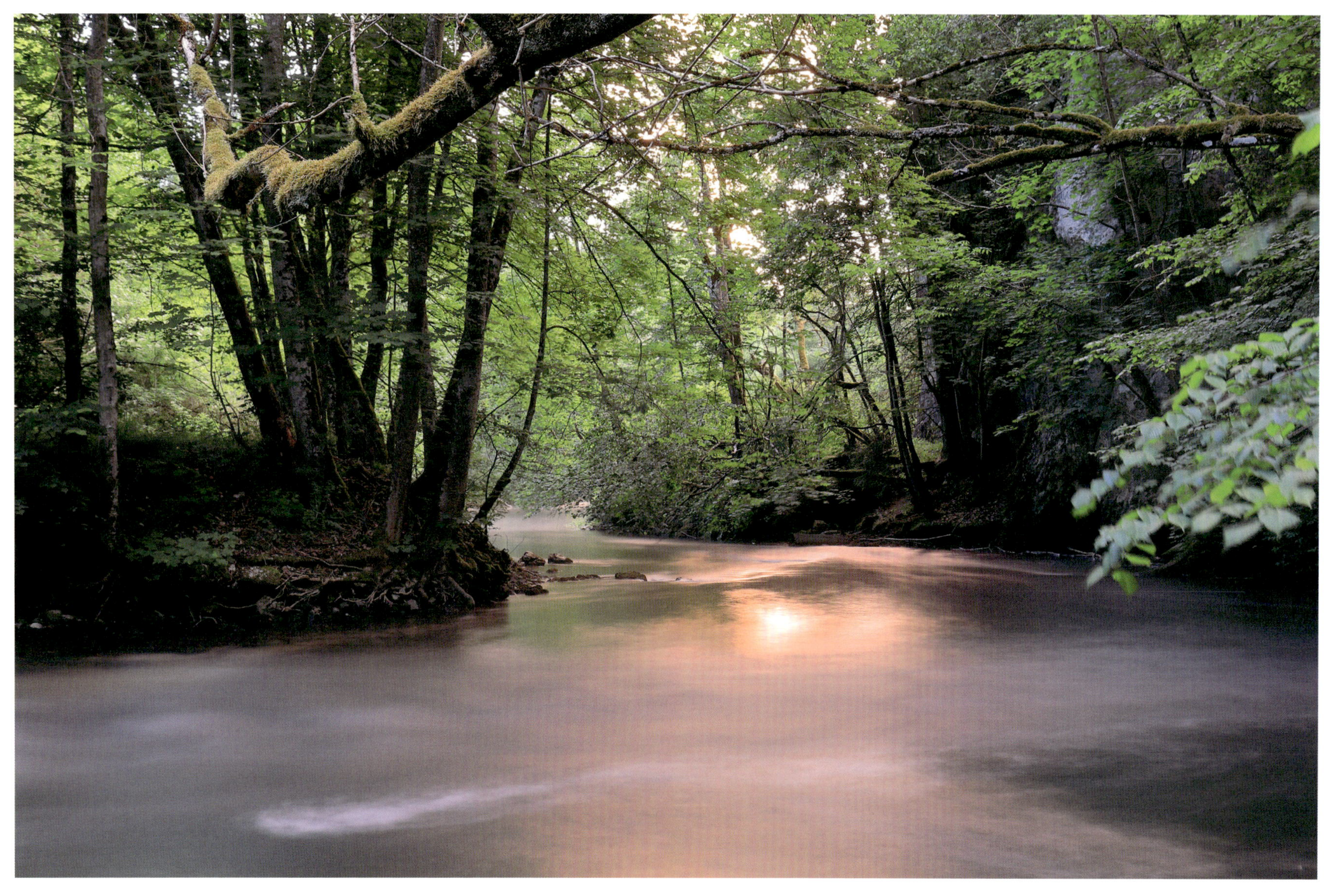

Lauchert im Bittelschießer Täle

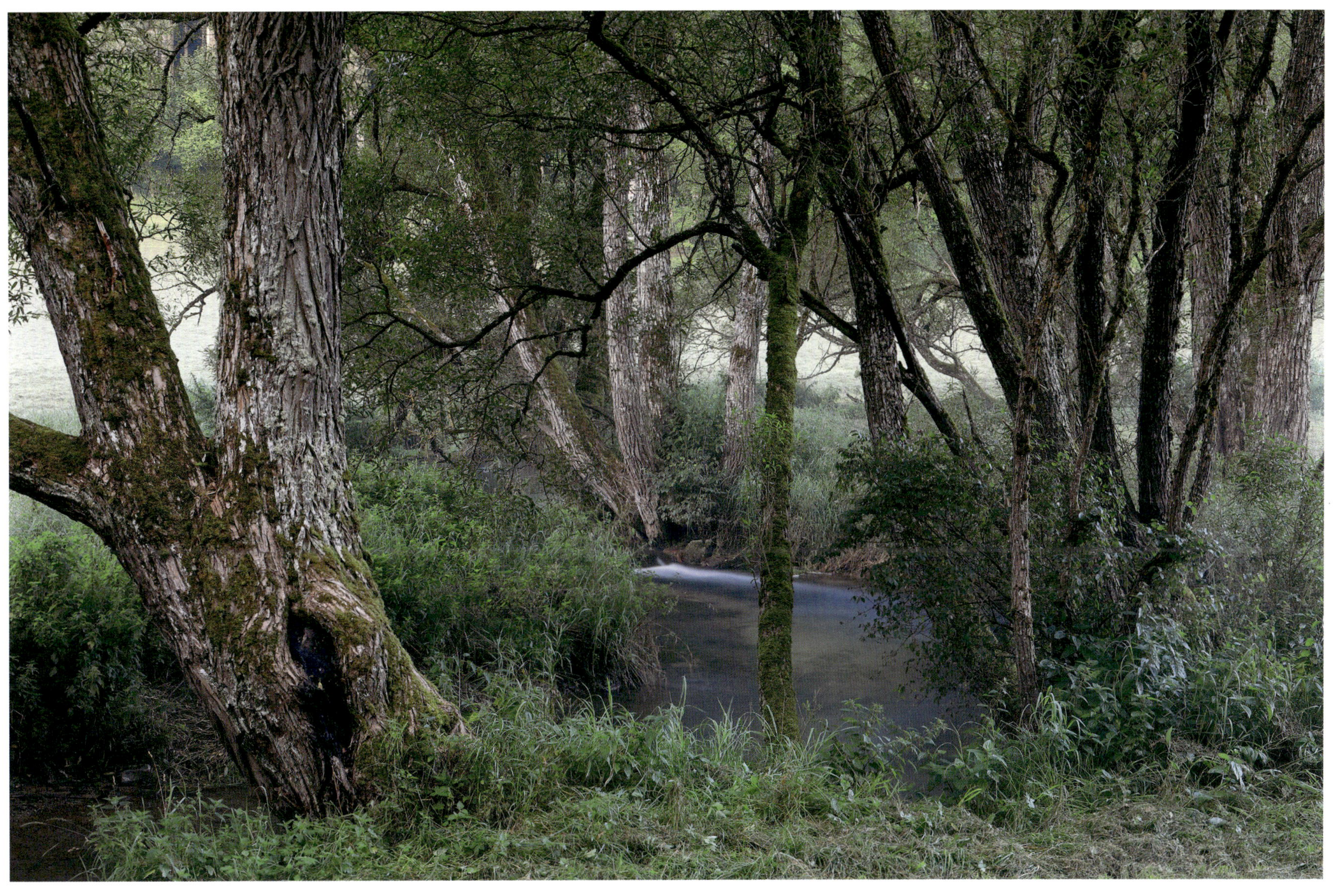

Fehla im Fehlatal

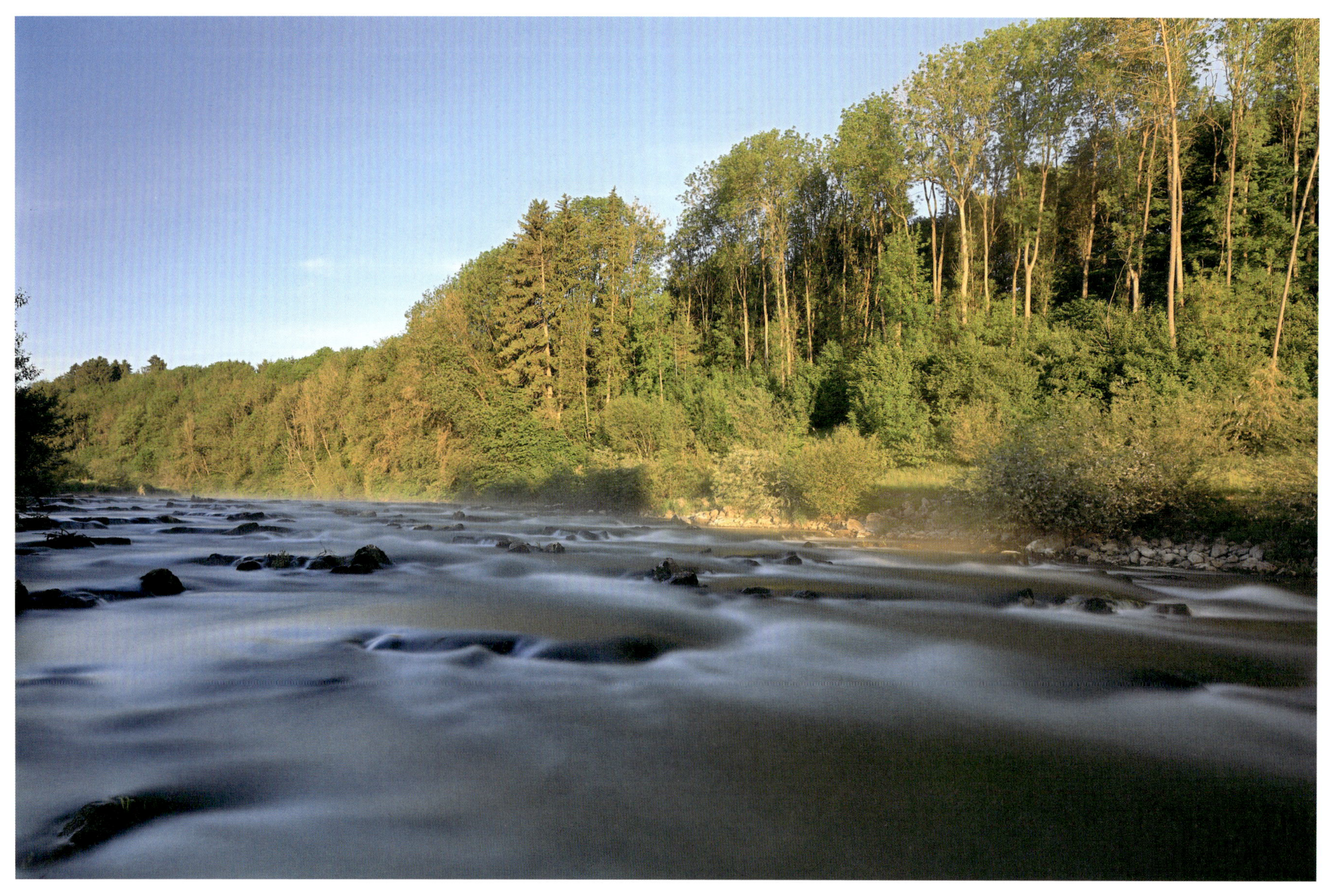

Donau bei Hundersingen

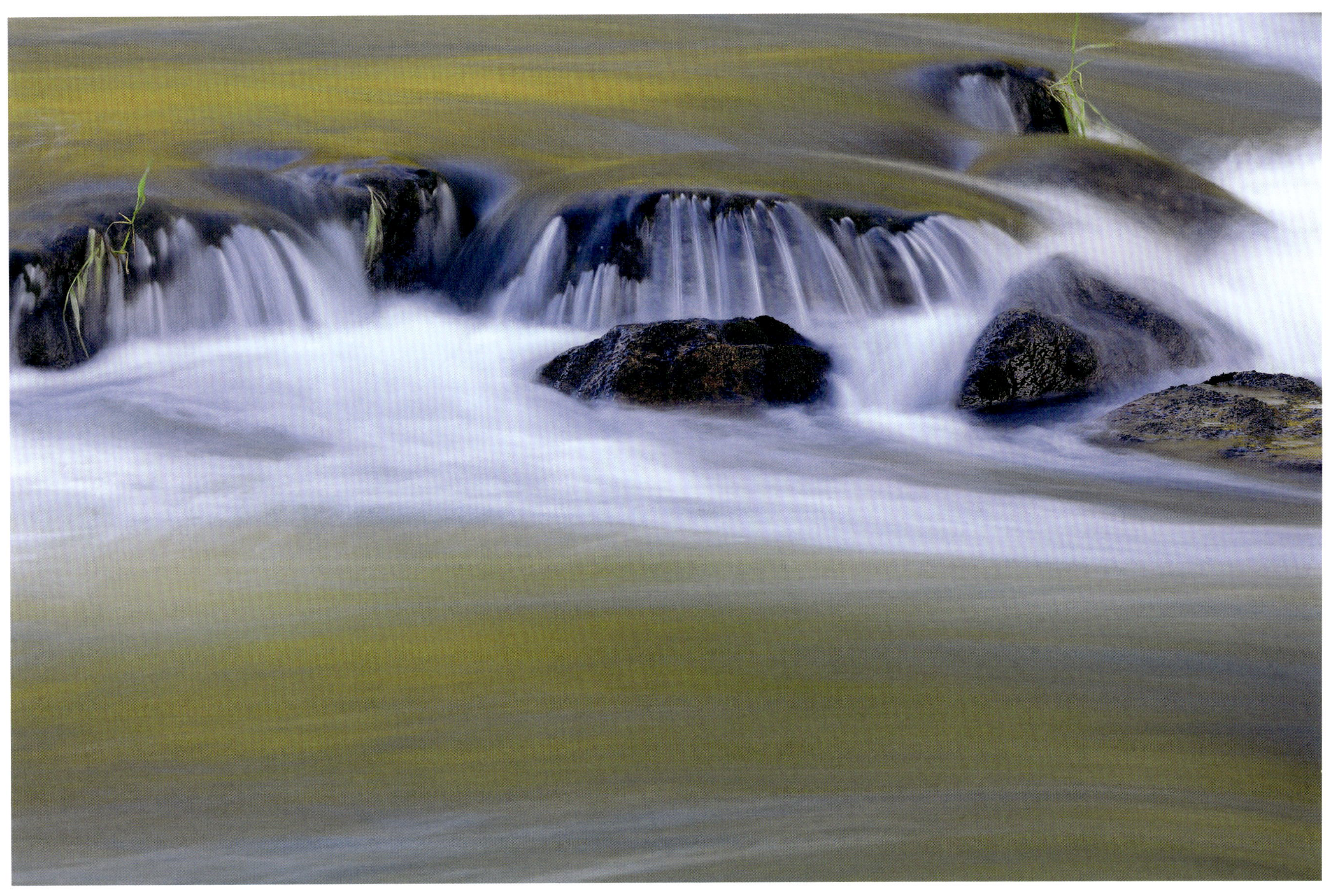

Steine in der Donauströmung

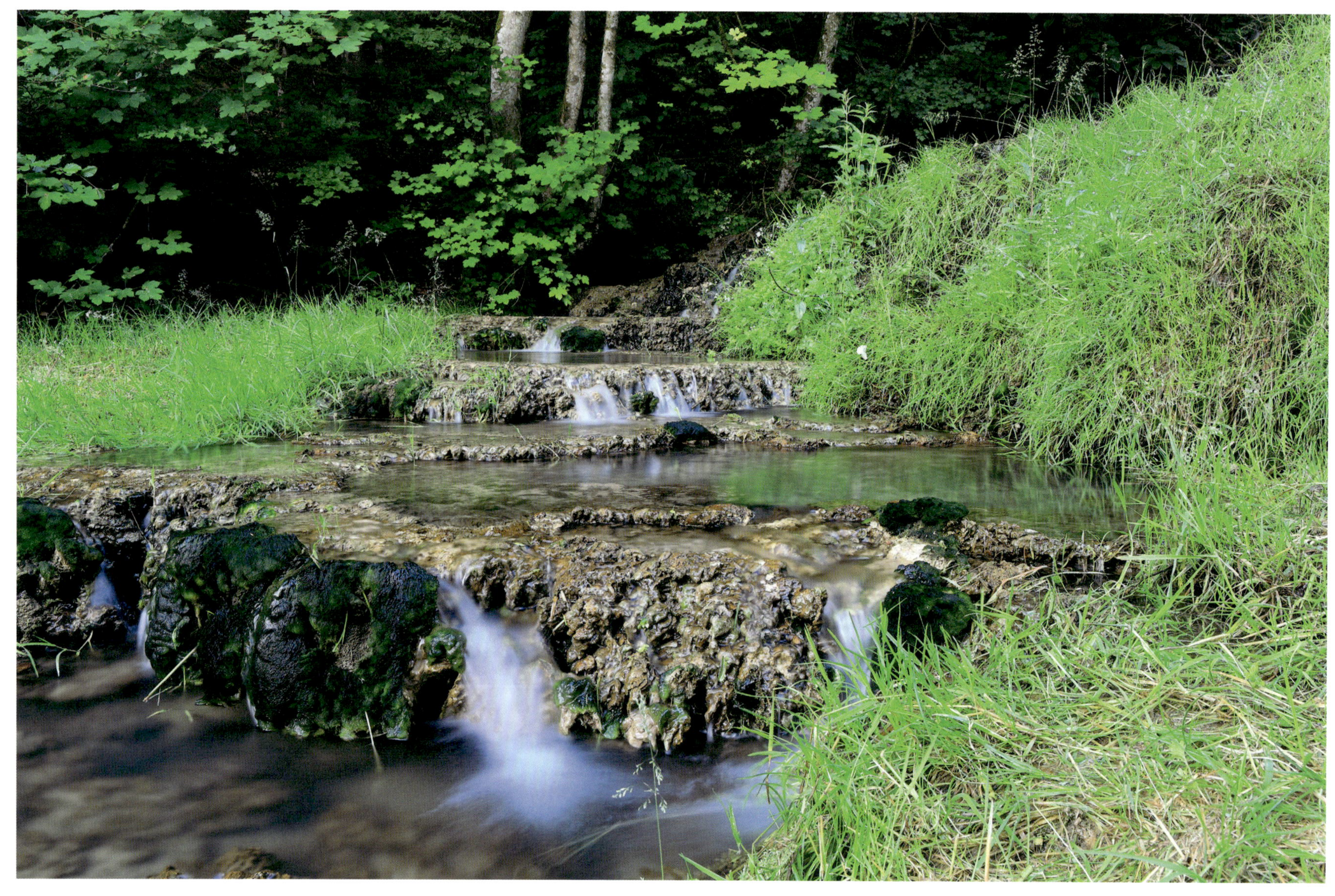

Tuffsteinkaskaden, Bärathal

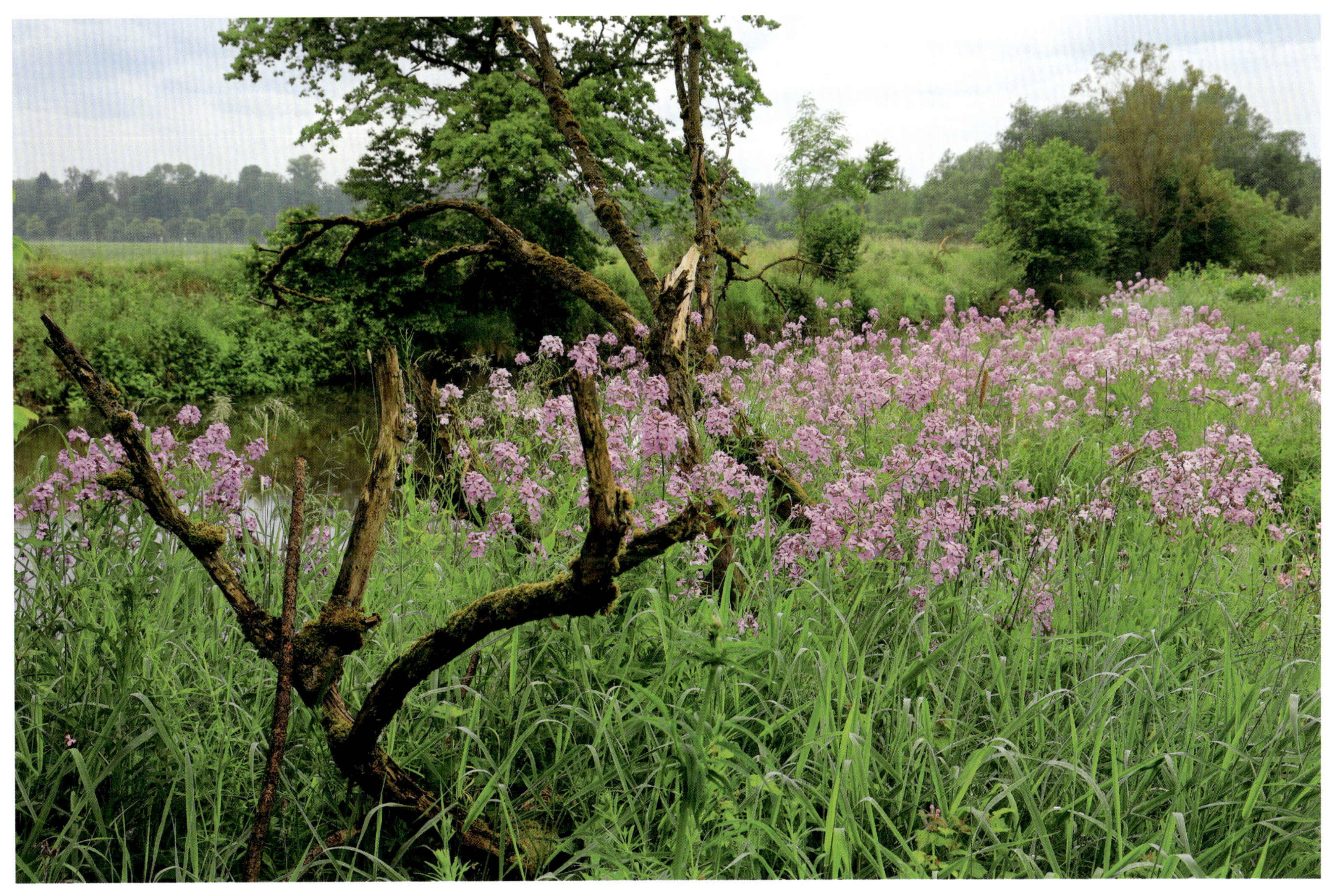

Zottige Weideröschen an der Ablach, Krauchenwies

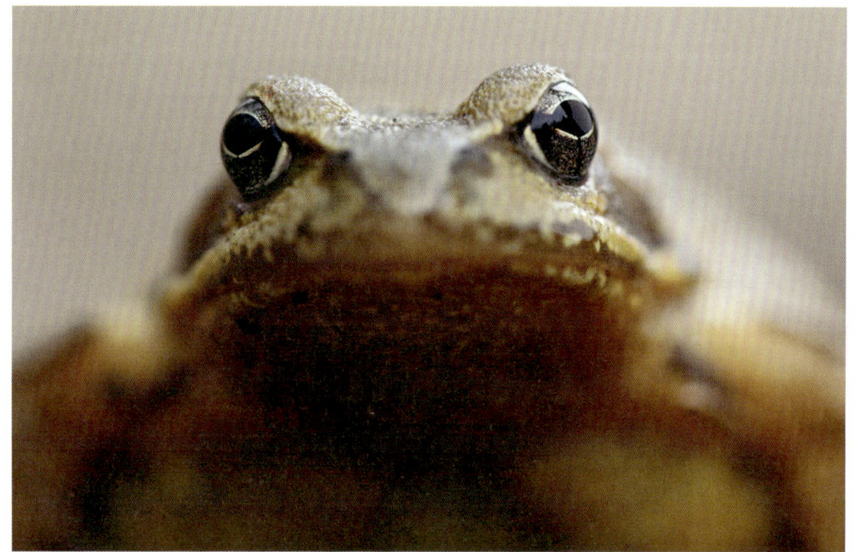

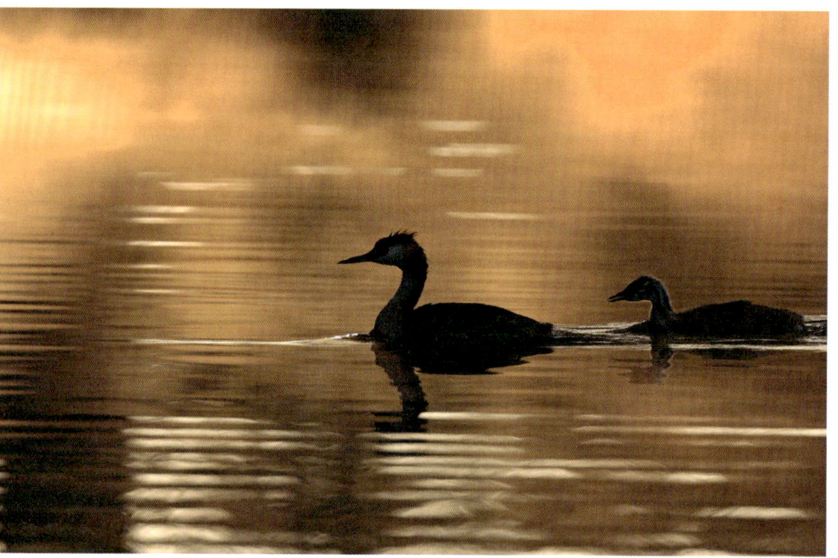

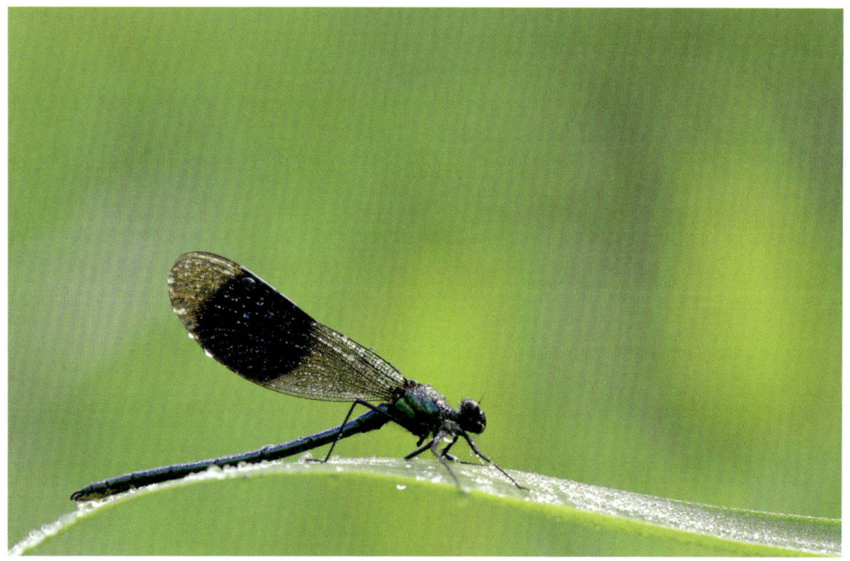

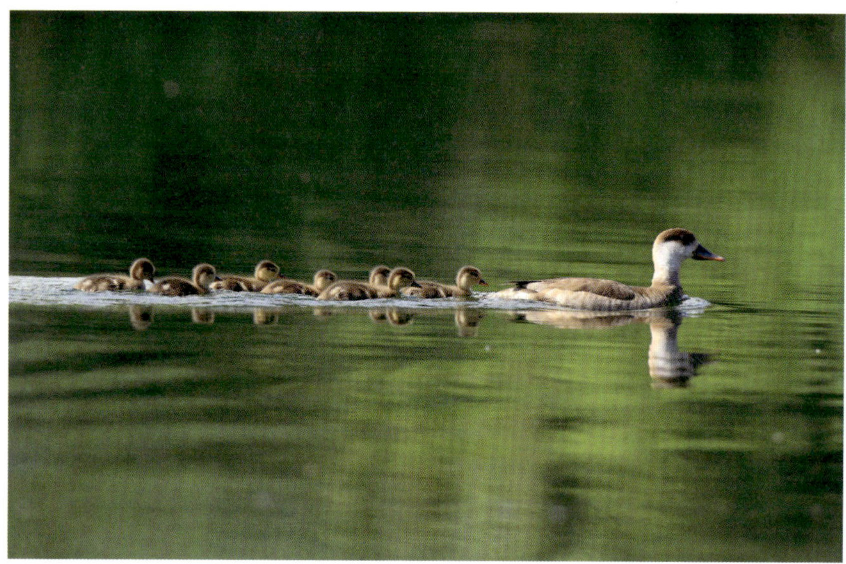

Erdkröte 1
Haubentaucher 2
Gebänderte Prachtlibelle 3
Kolbenente mit Kücken 4

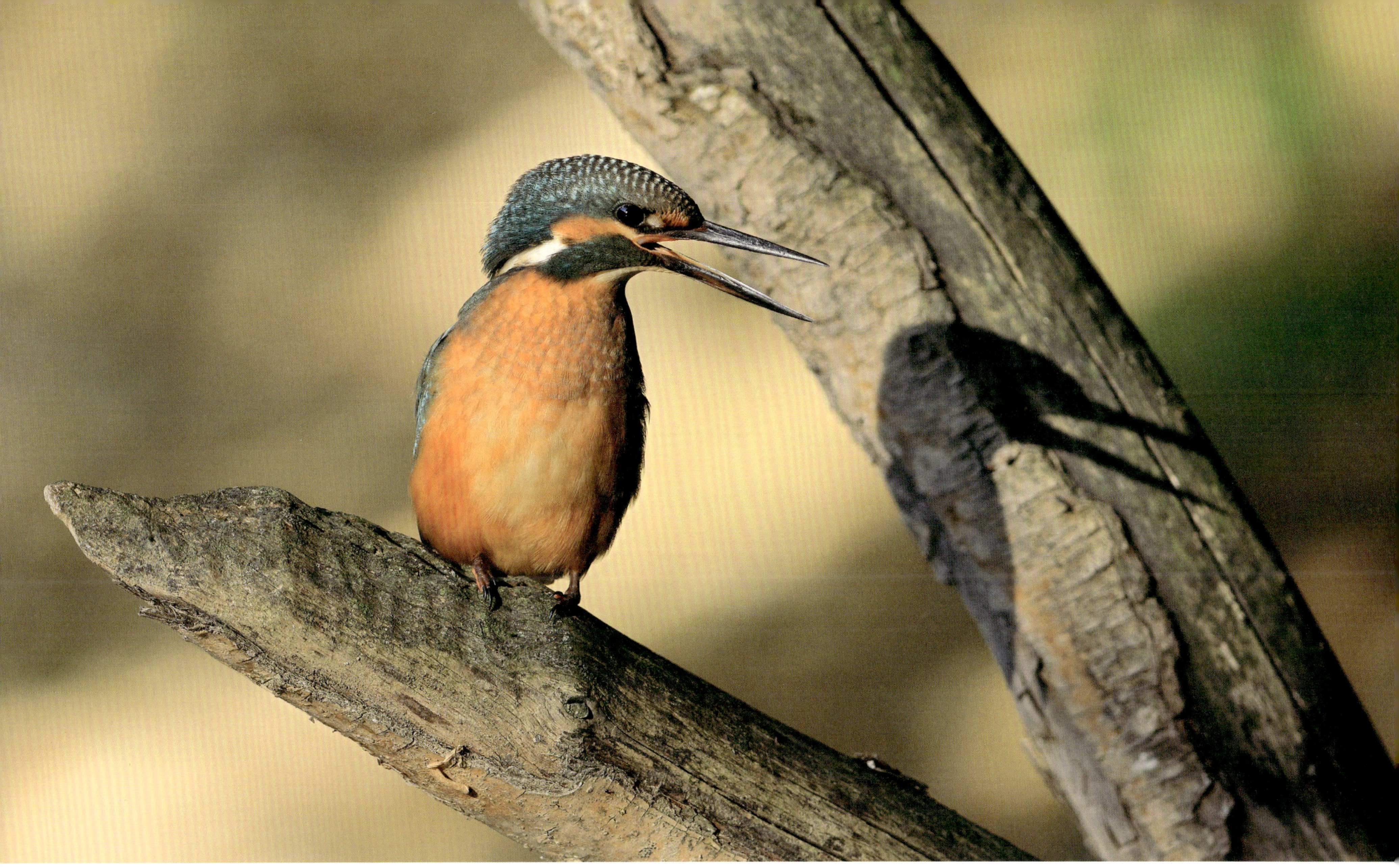

Eisvogel

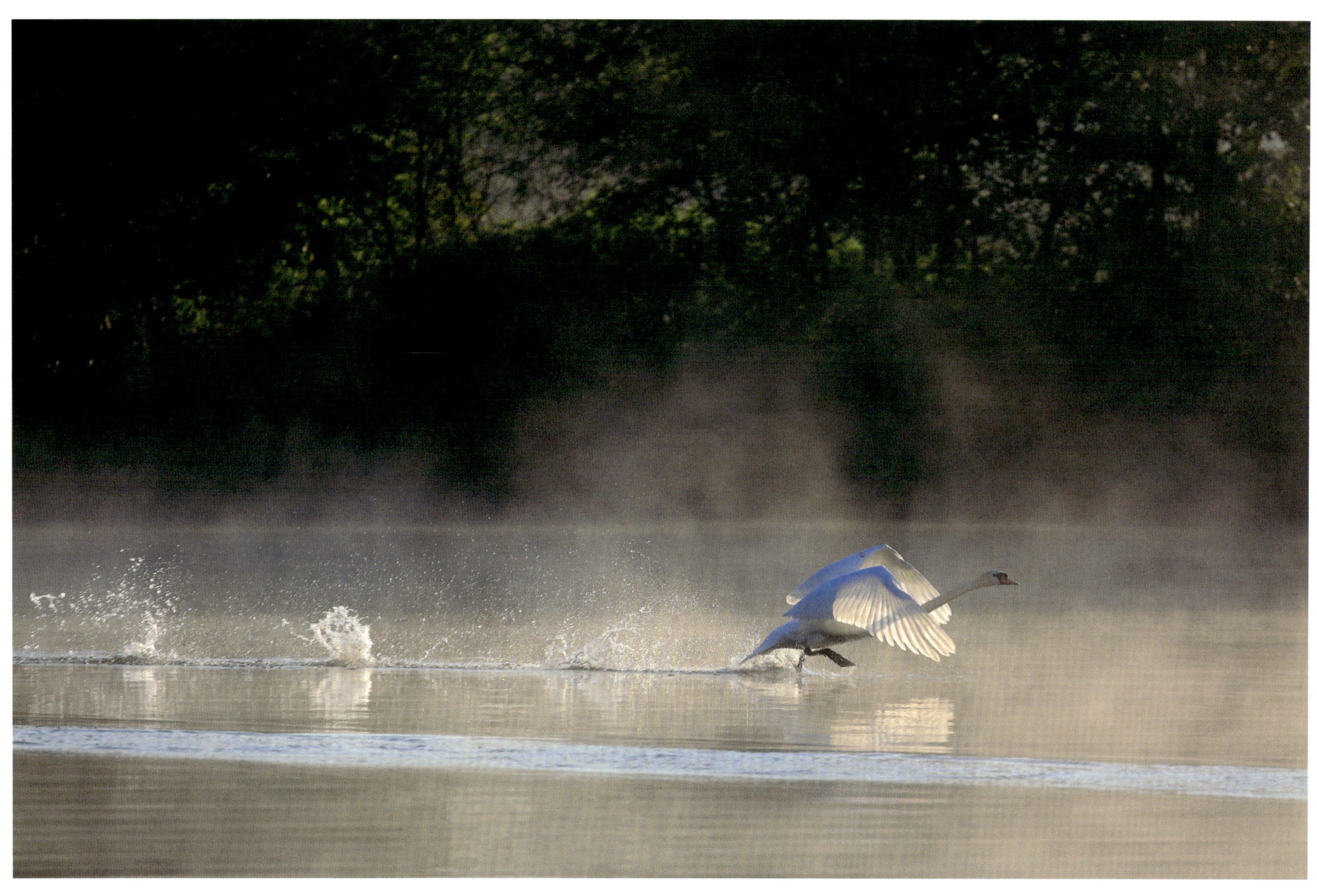

Schwan beim Start zum Abflug

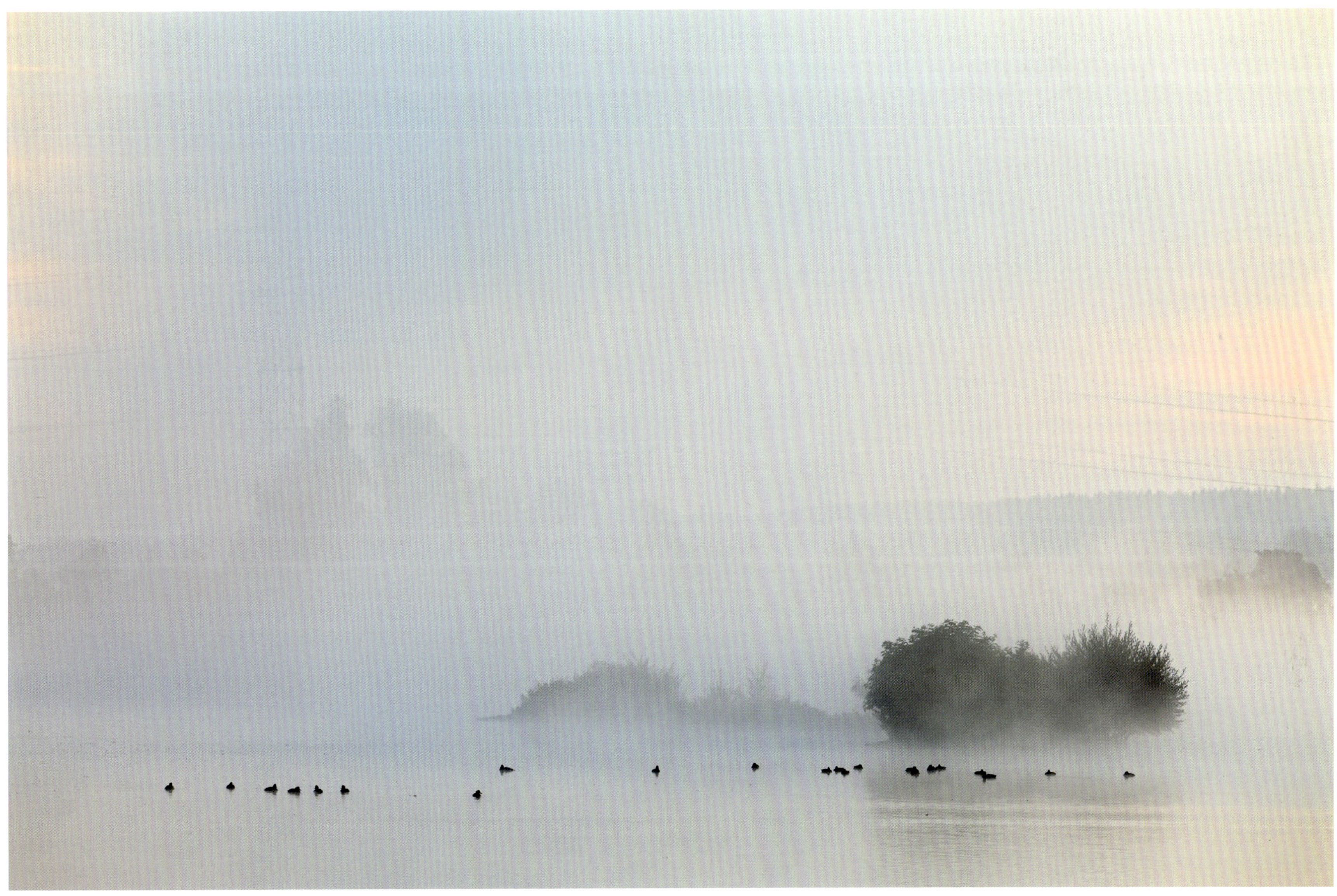

Sauldorfer See

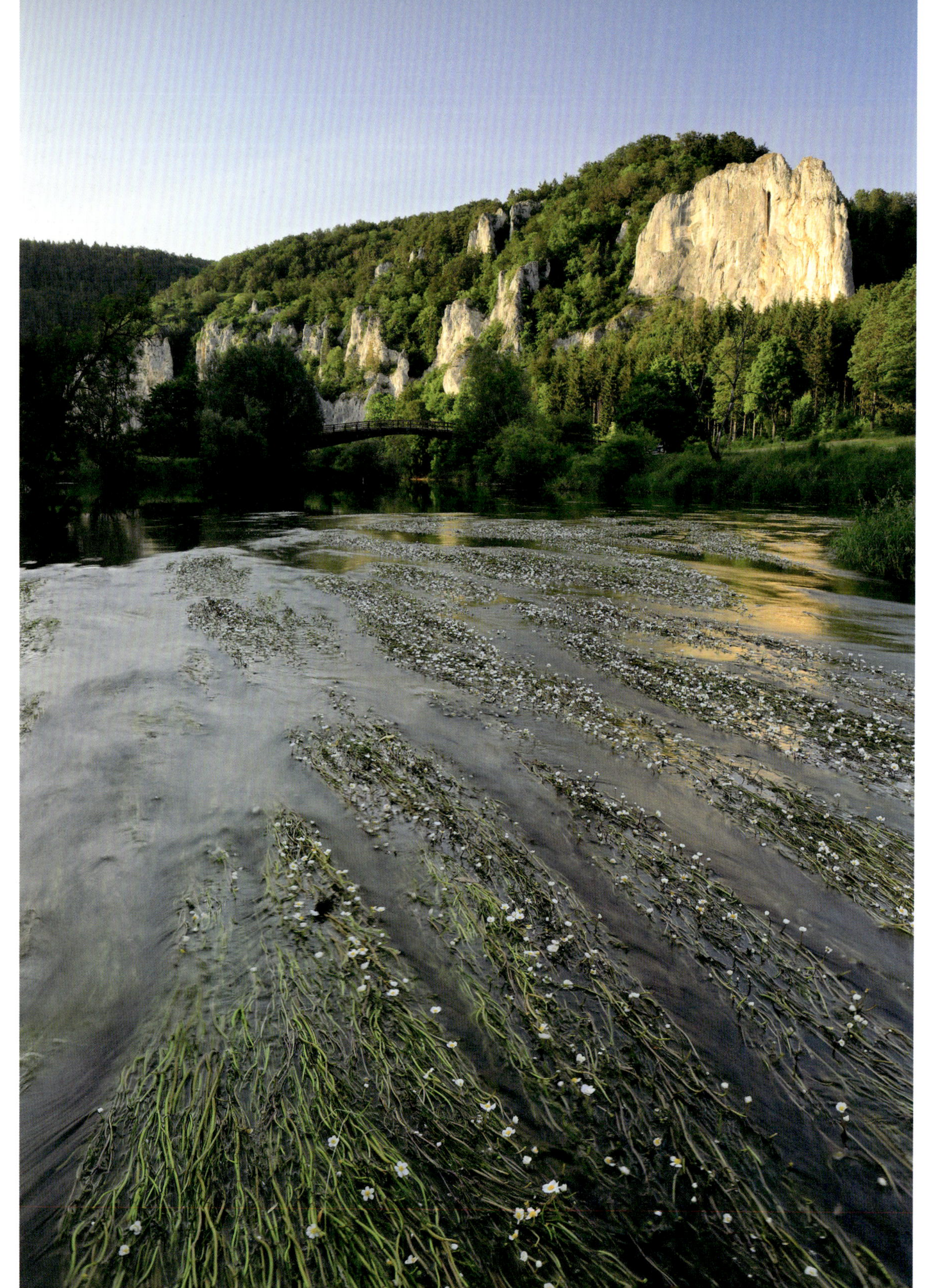

Flutender Hahnenfuß in der Donau vor dem Rabenfelsen

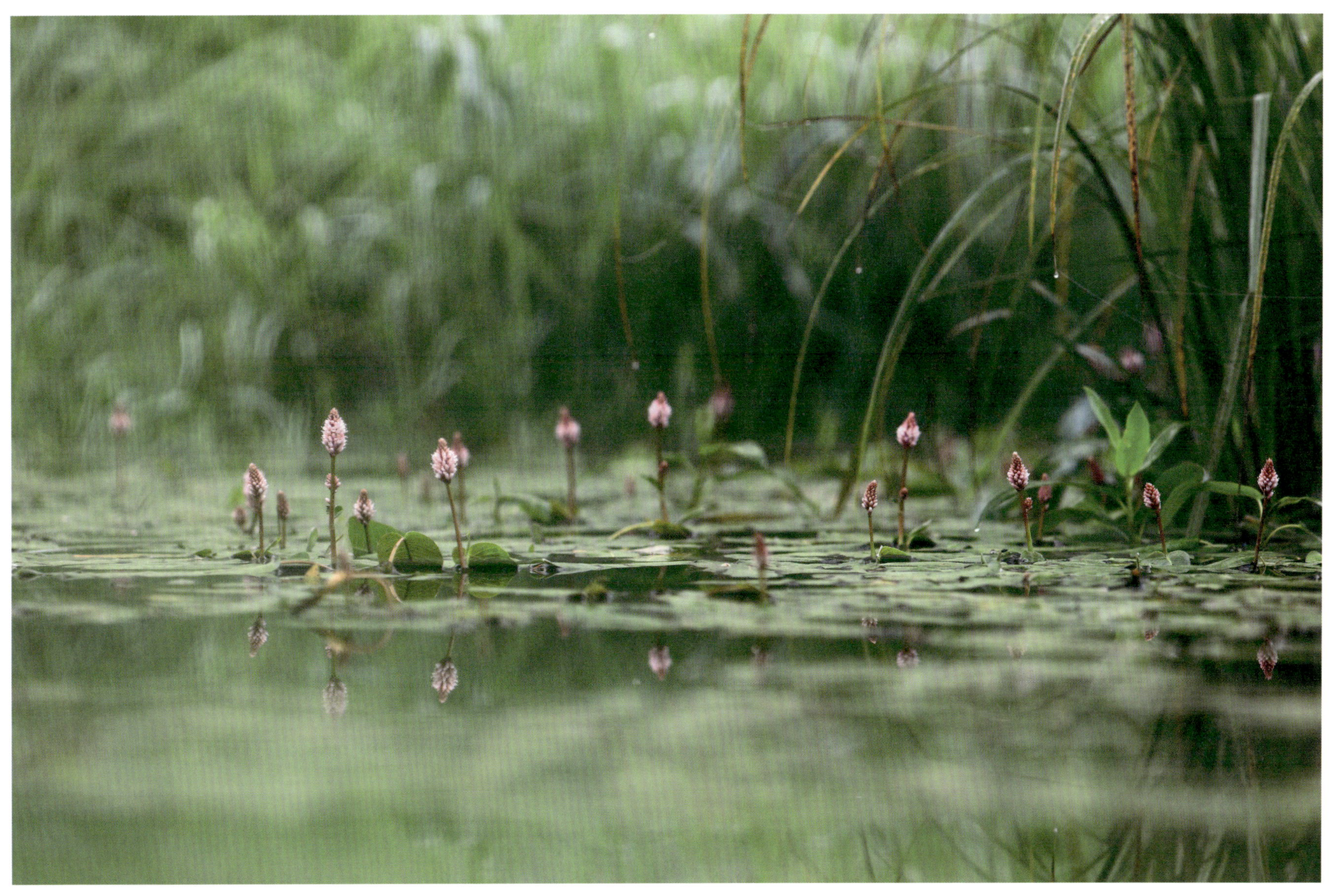

Wasser-Knöterich

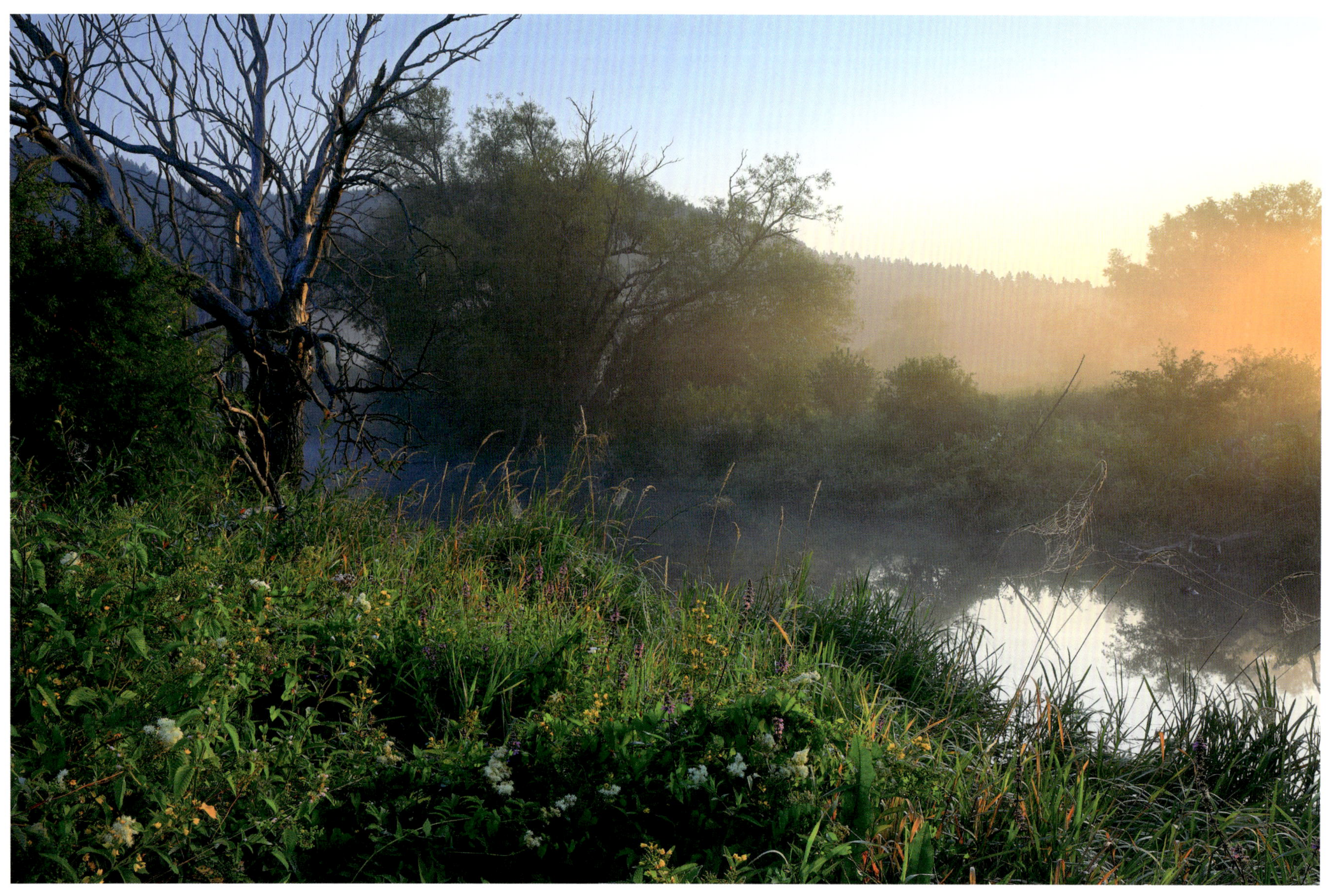

Donaualtarm, Tuttlingen

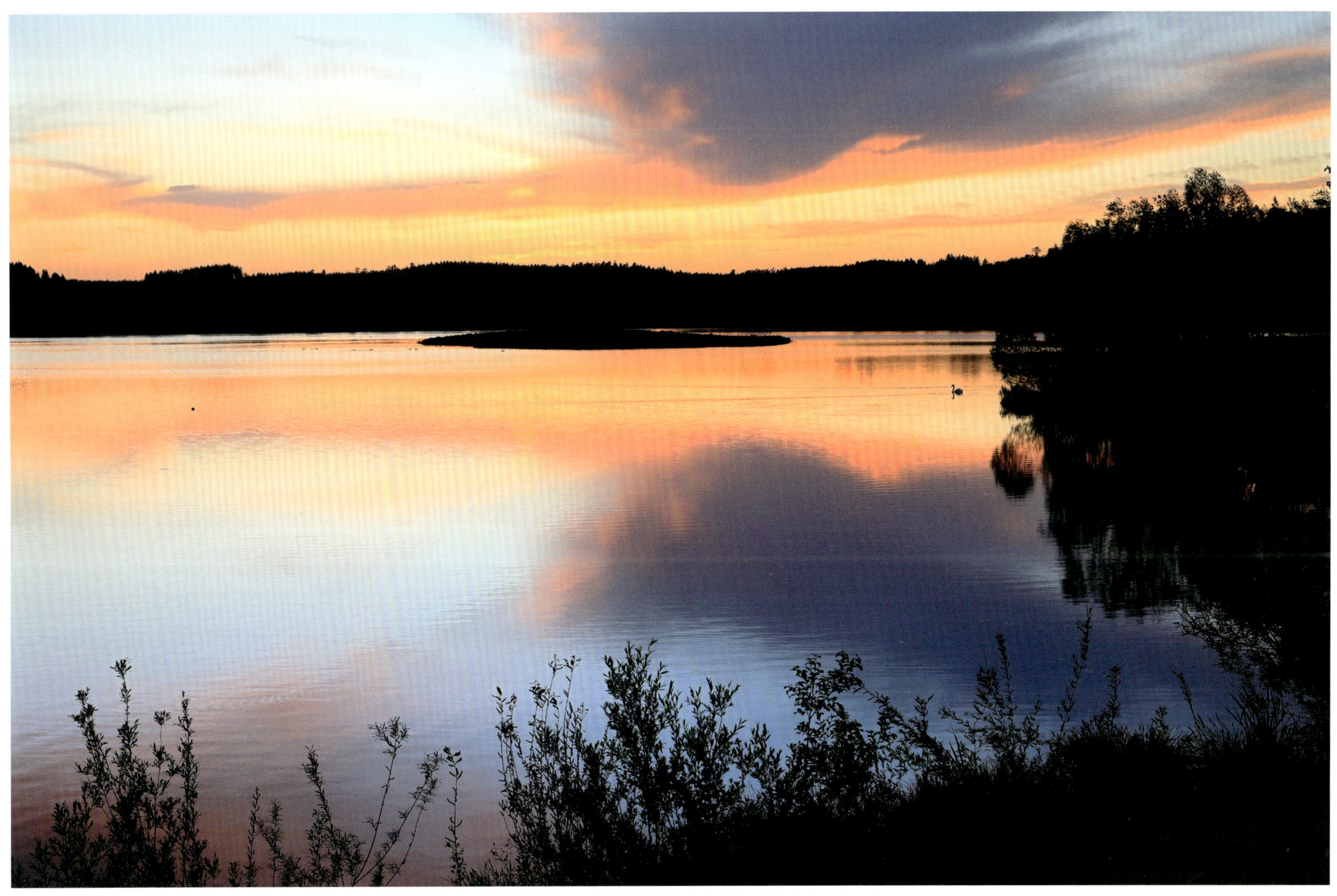

Zielfinger See

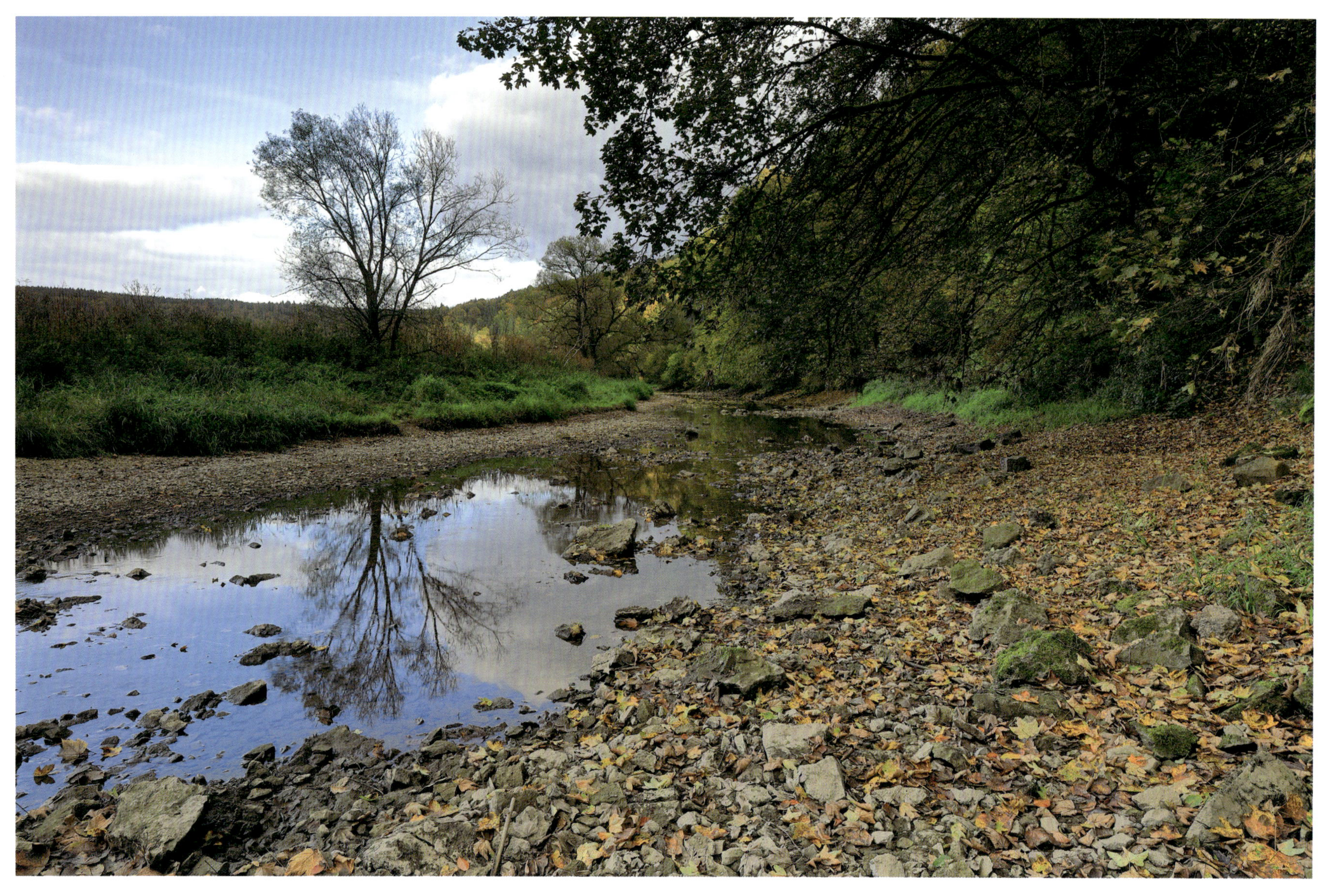

Donauversickerung, Immendingen

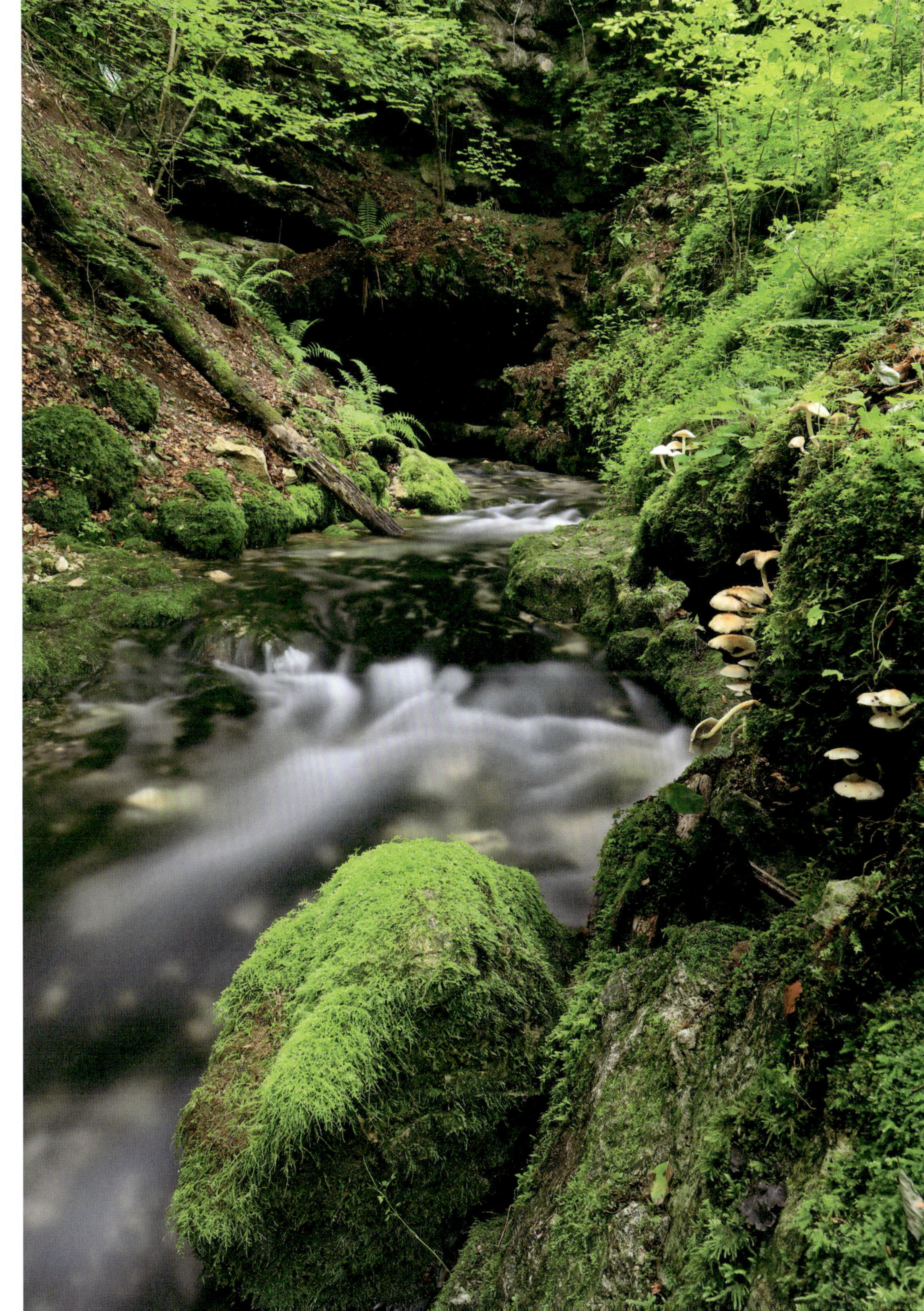

Wulfbachquelle, Mühlheim

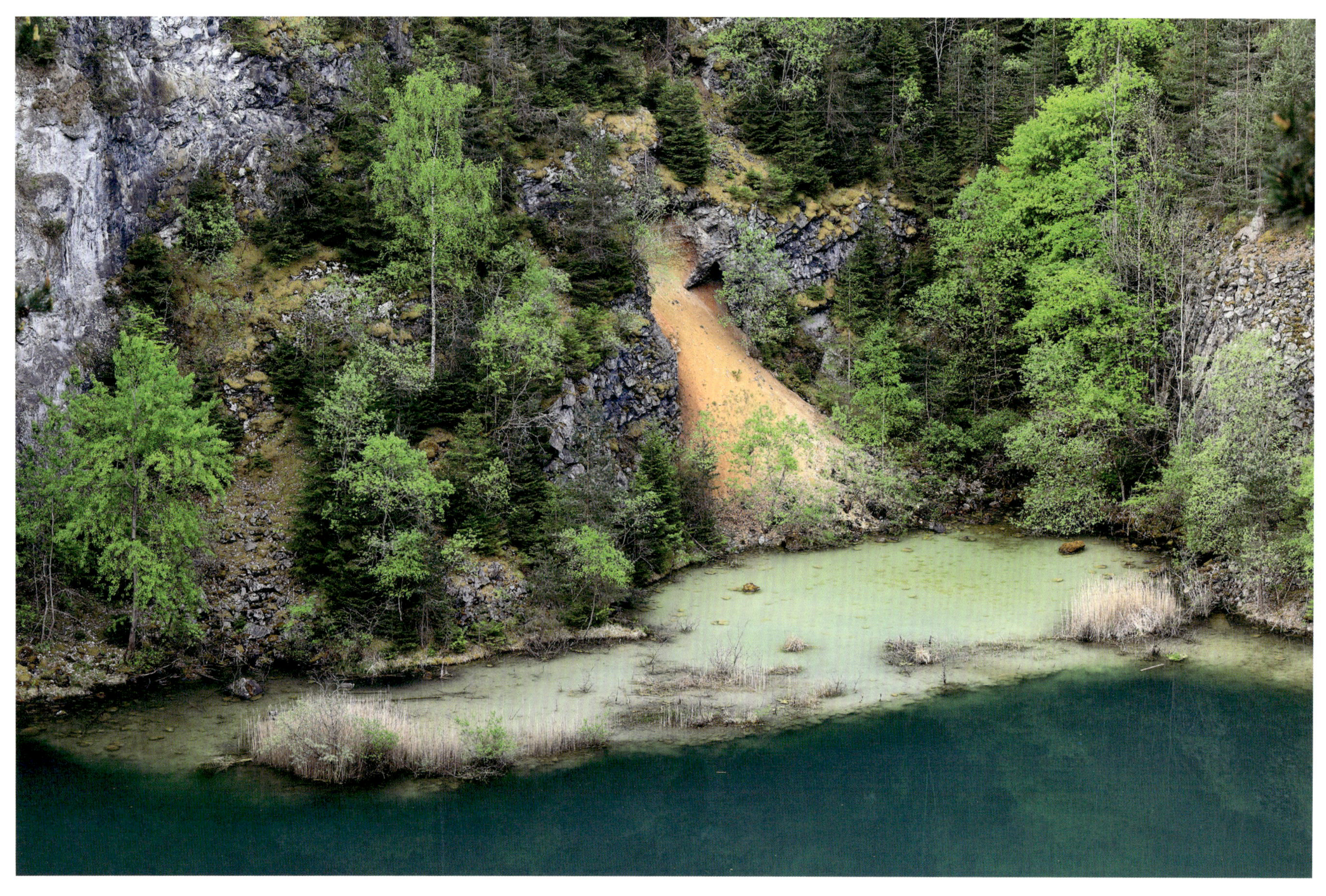

Vulkankrater Höwenegg, Immendingen

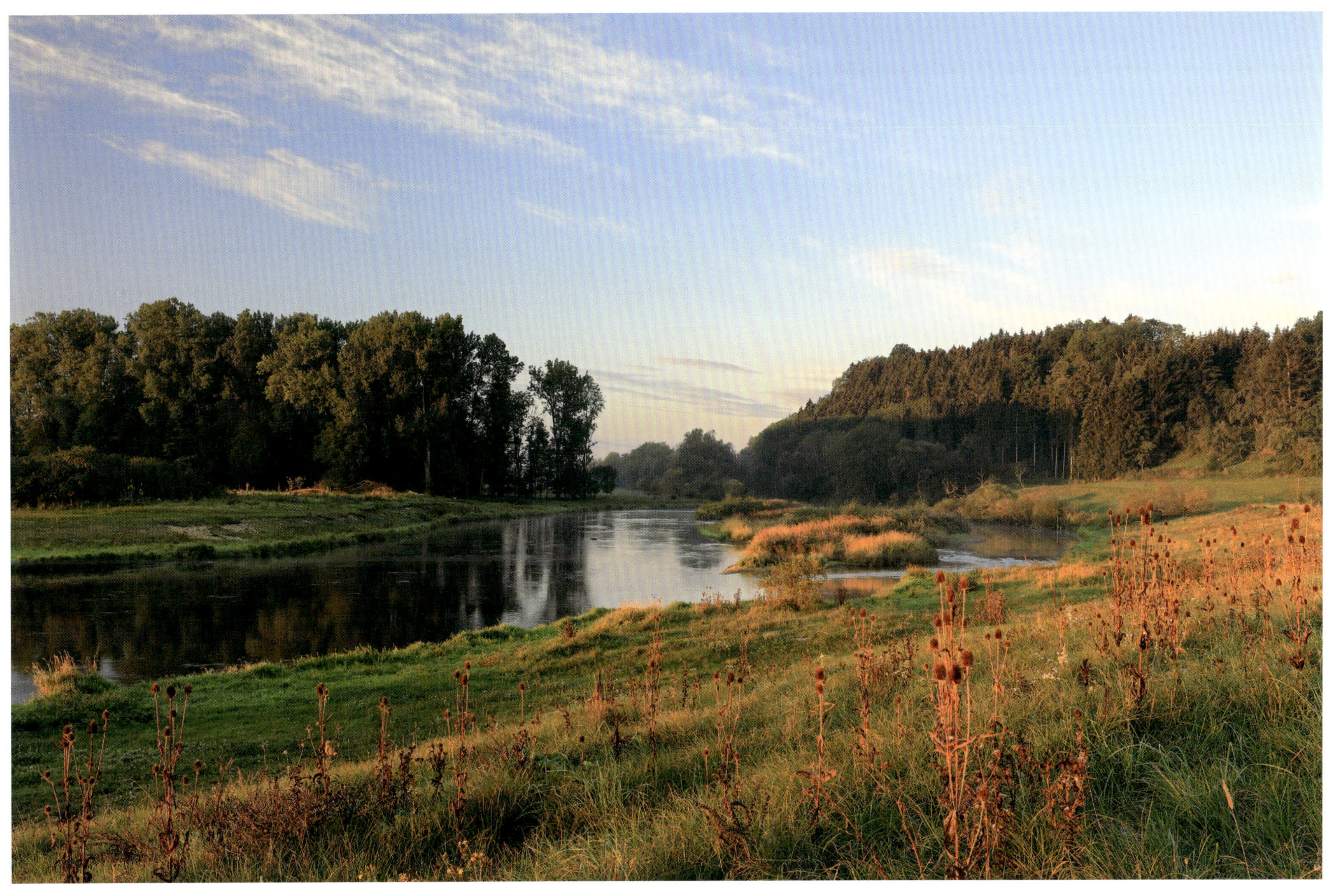

Donau bei Hundersingen

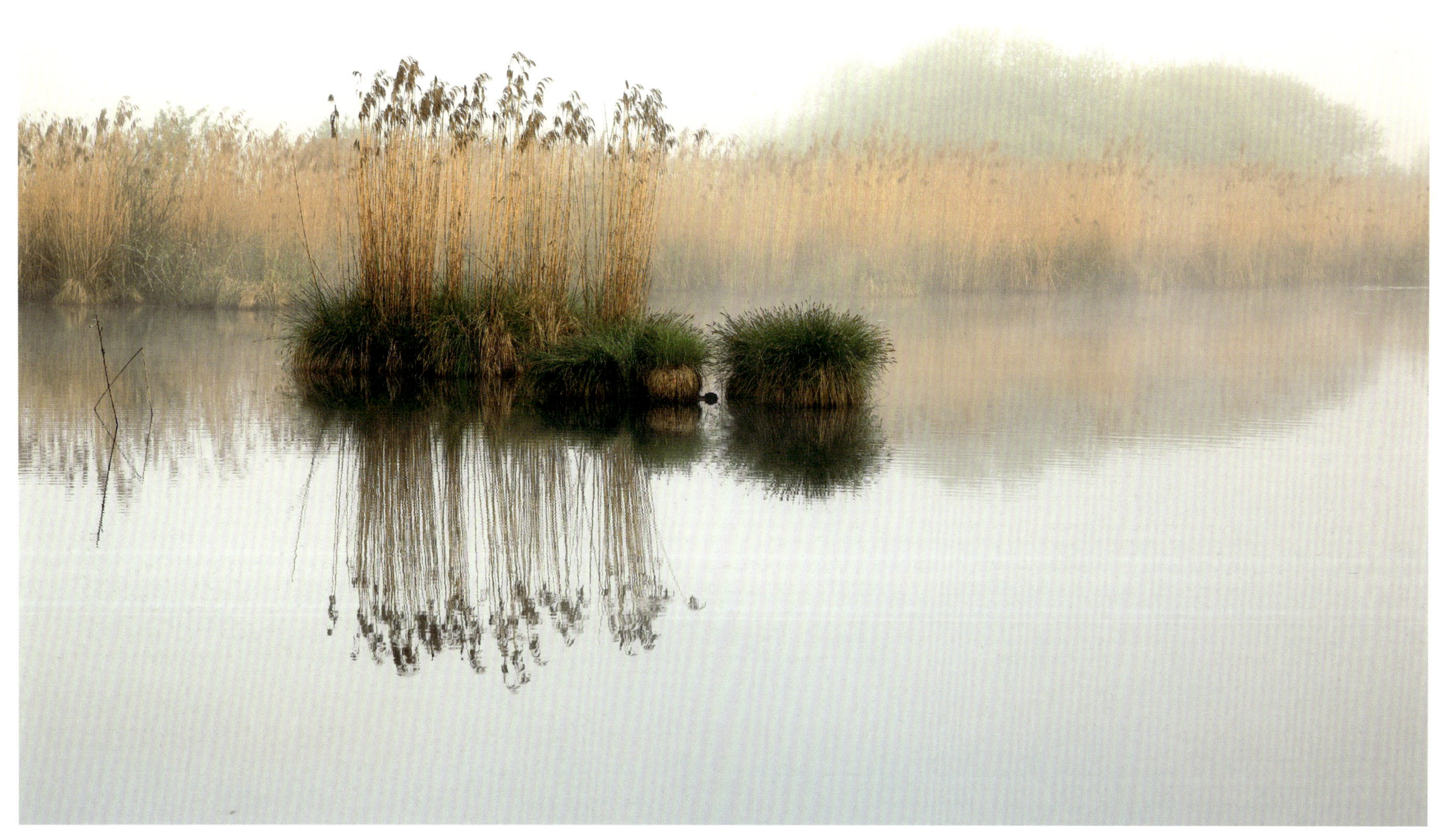

Dürbheimer Moos

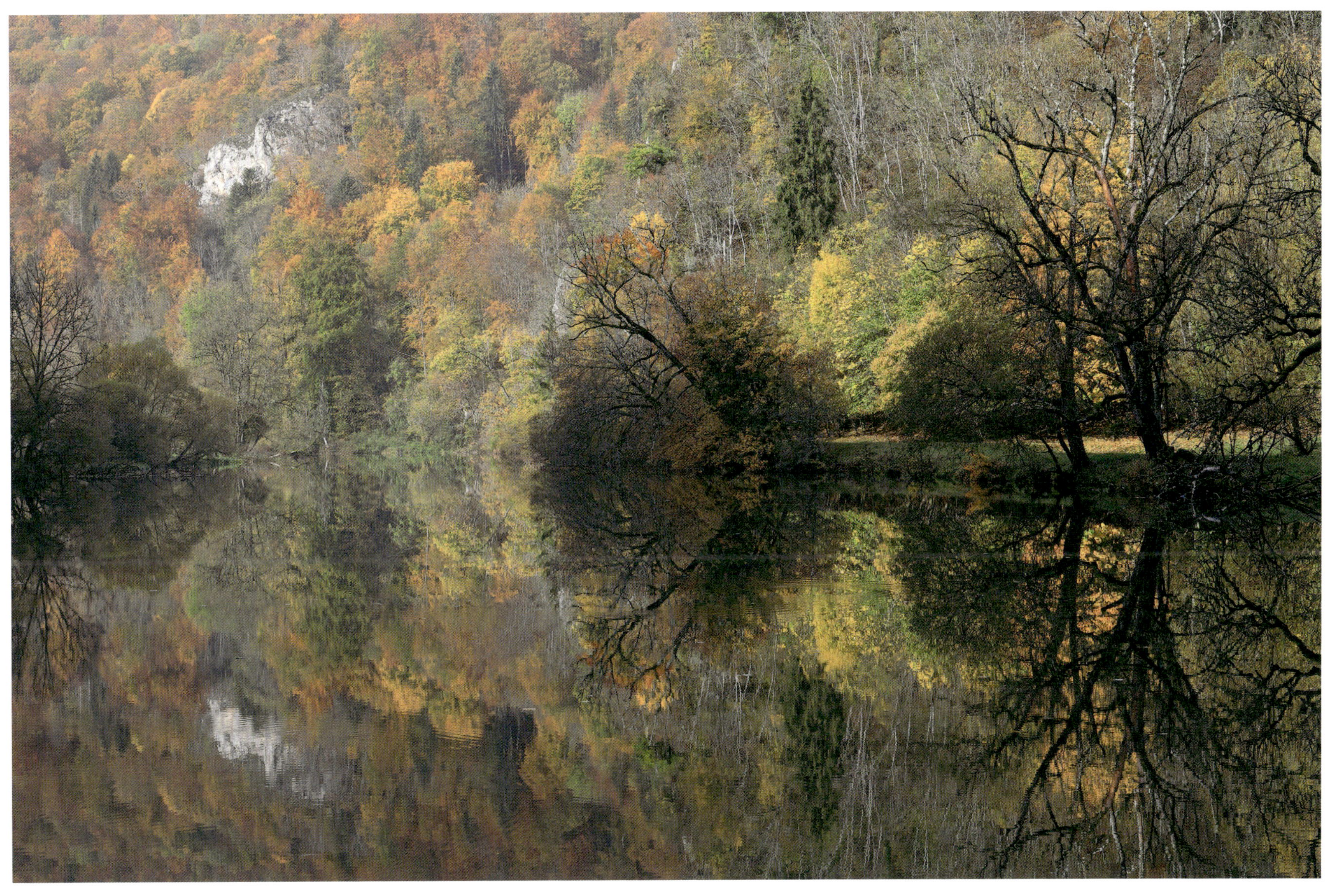

Donau beim Jägerhaus, Beuron

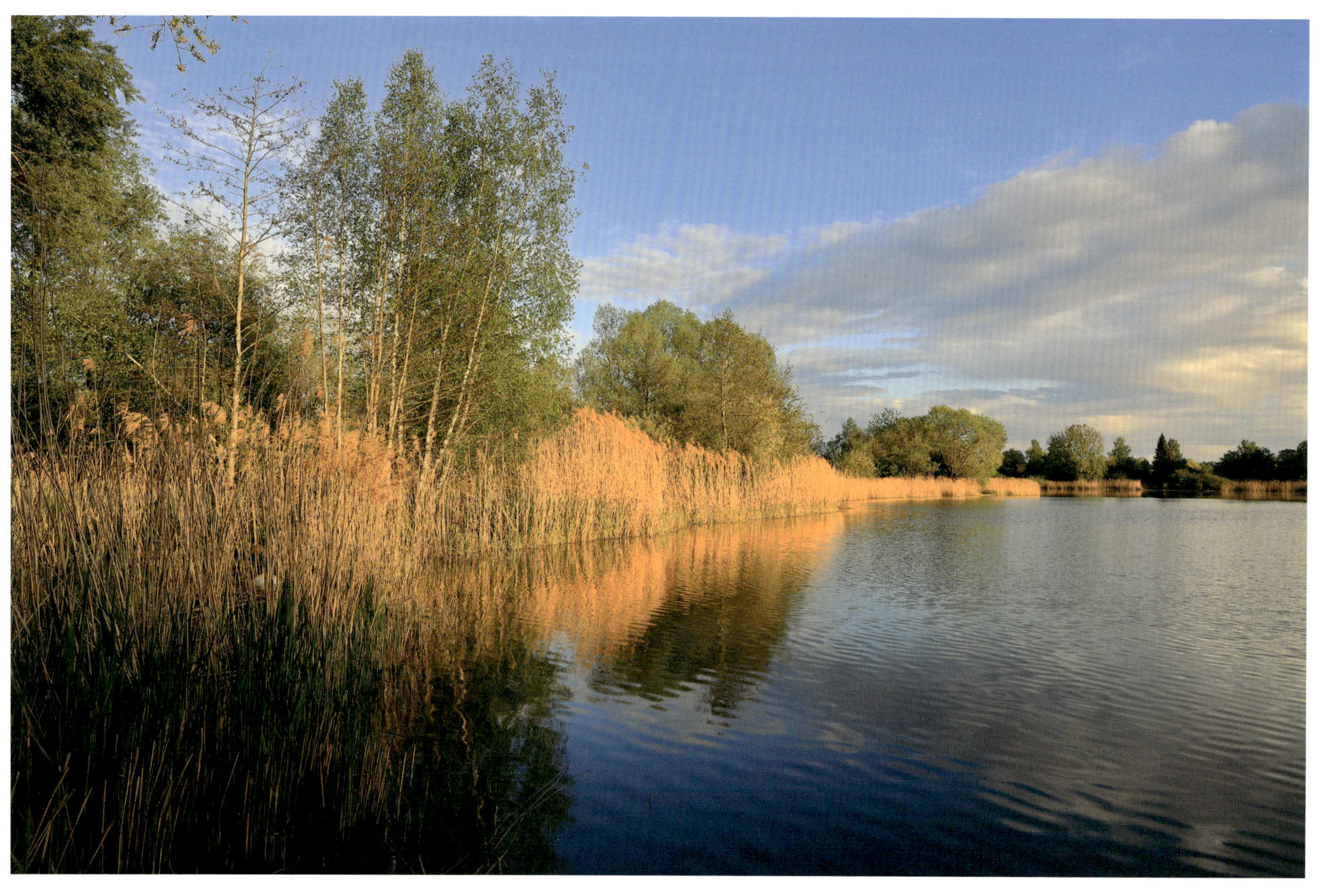

See an der Schwarzach, Ertingen

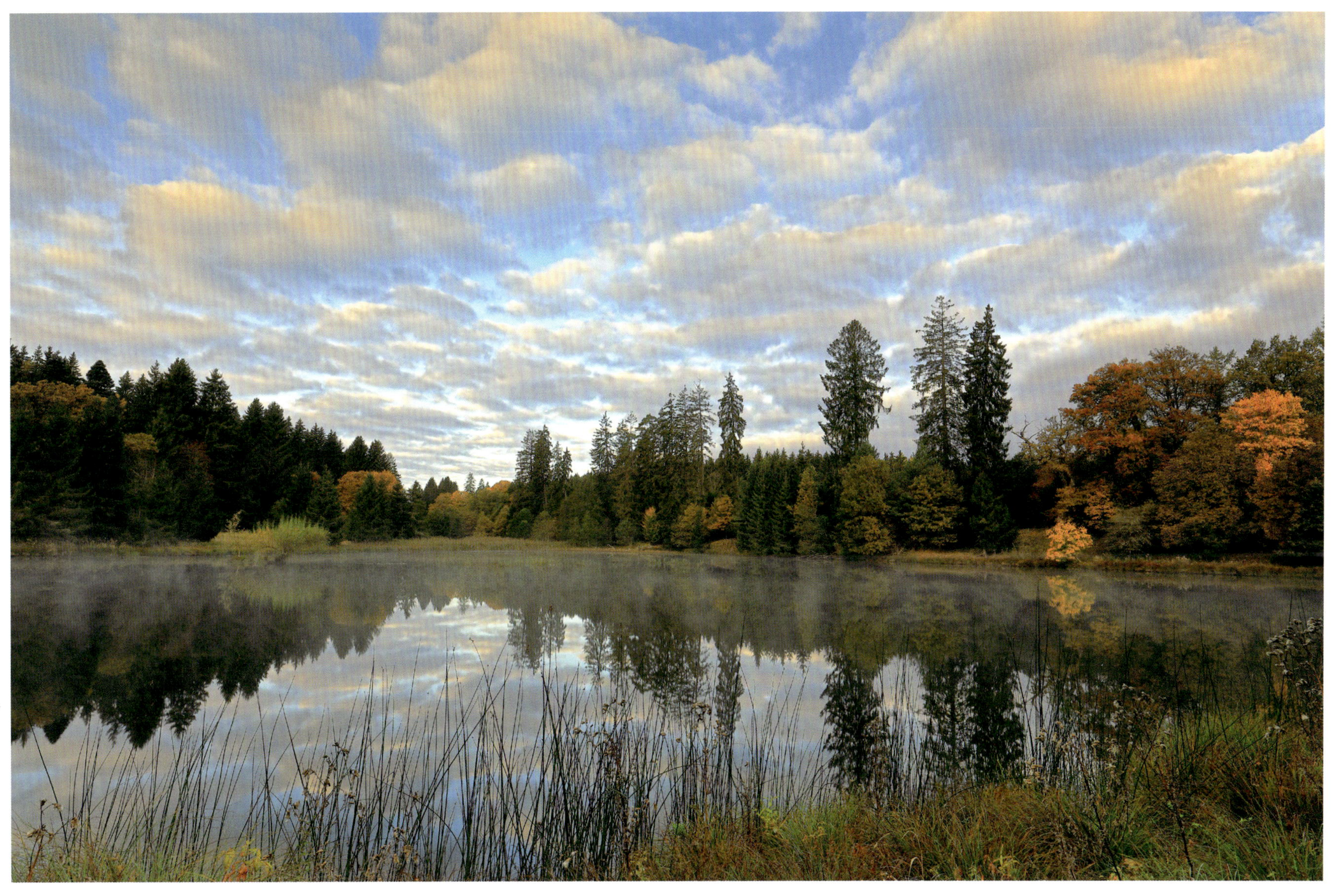

Ablacher Weiher im Wildpark Josefslust, Sigmaringen

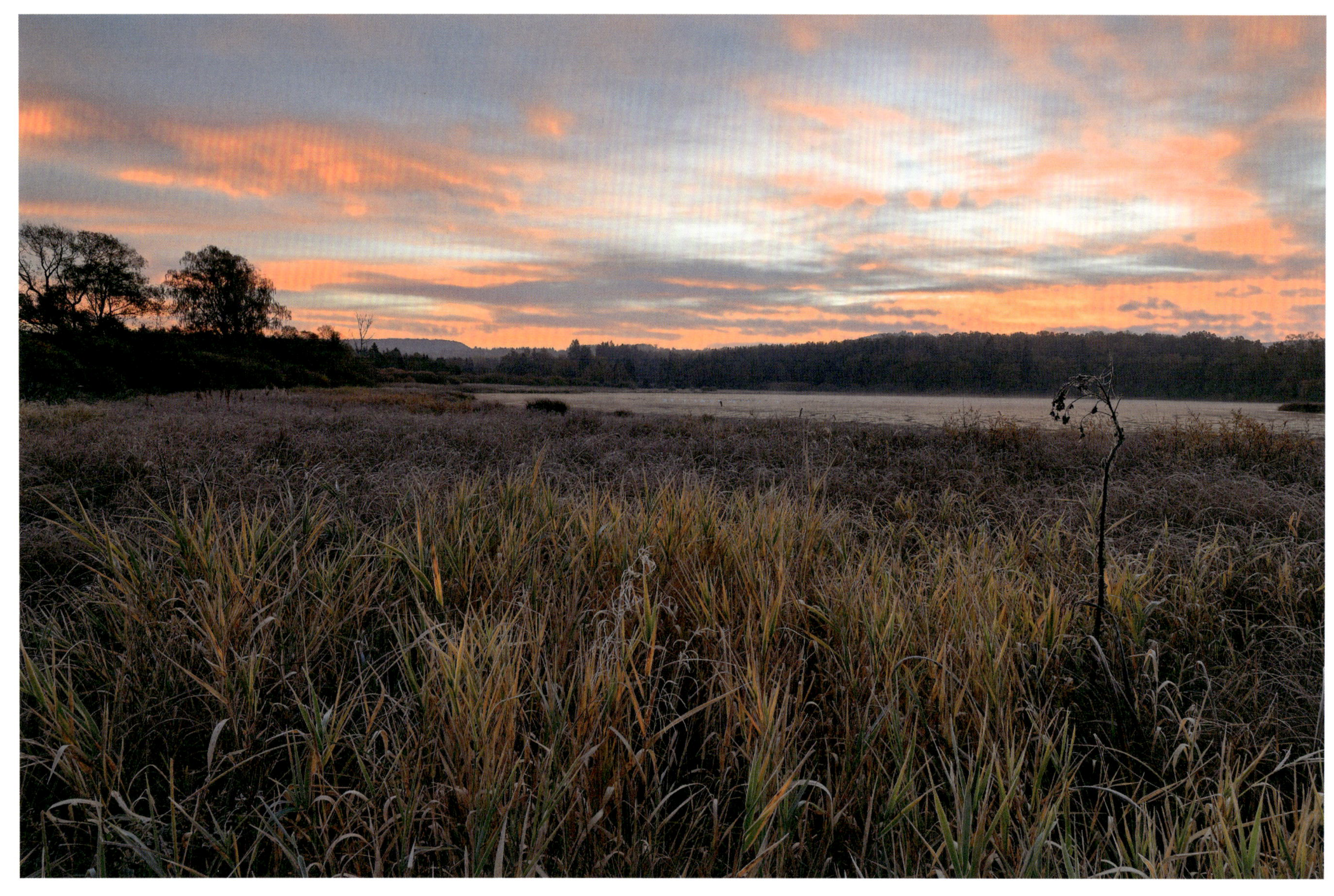

Unterhölzer Weiher, Geisingen

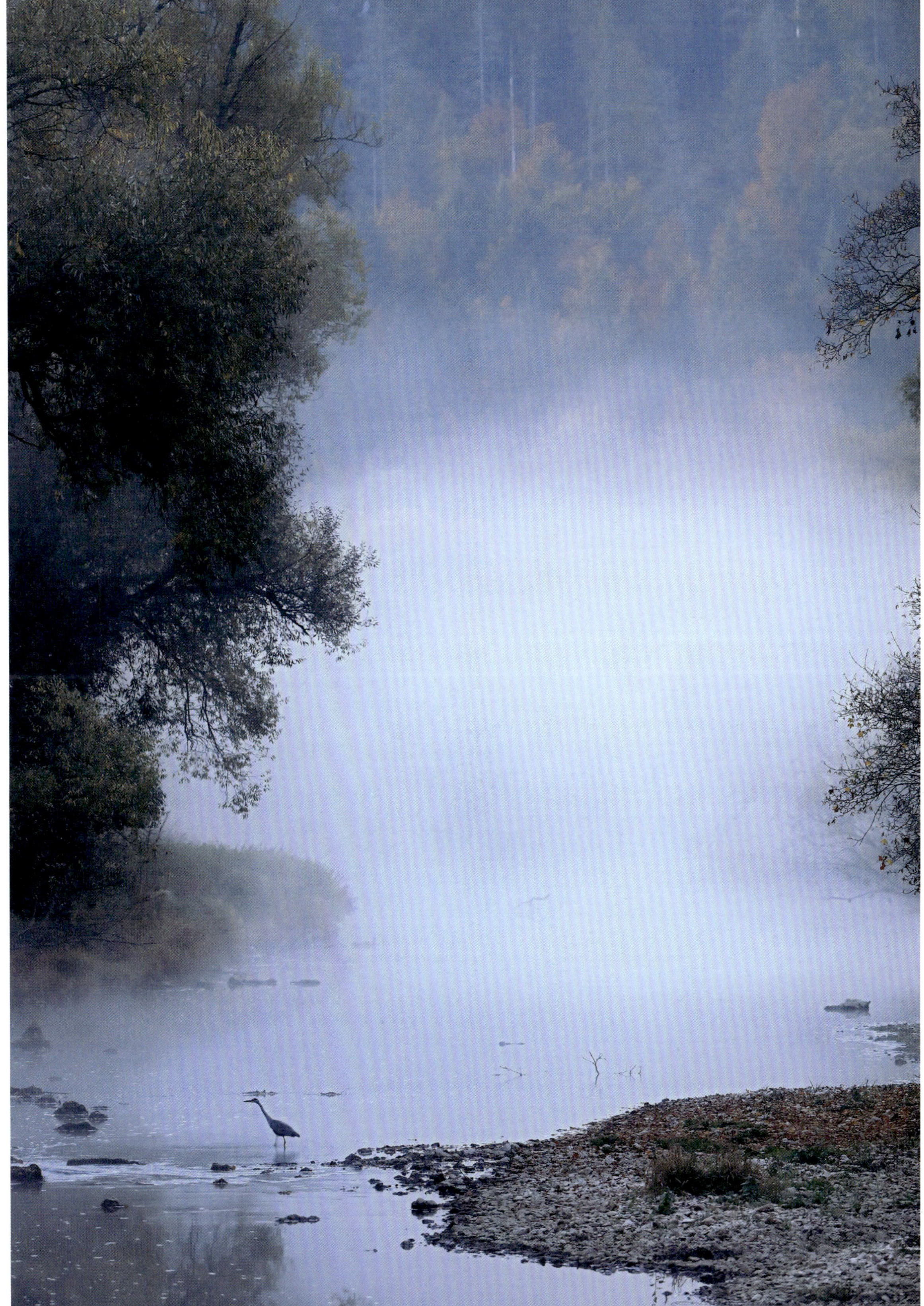

Graureiher in der Donau

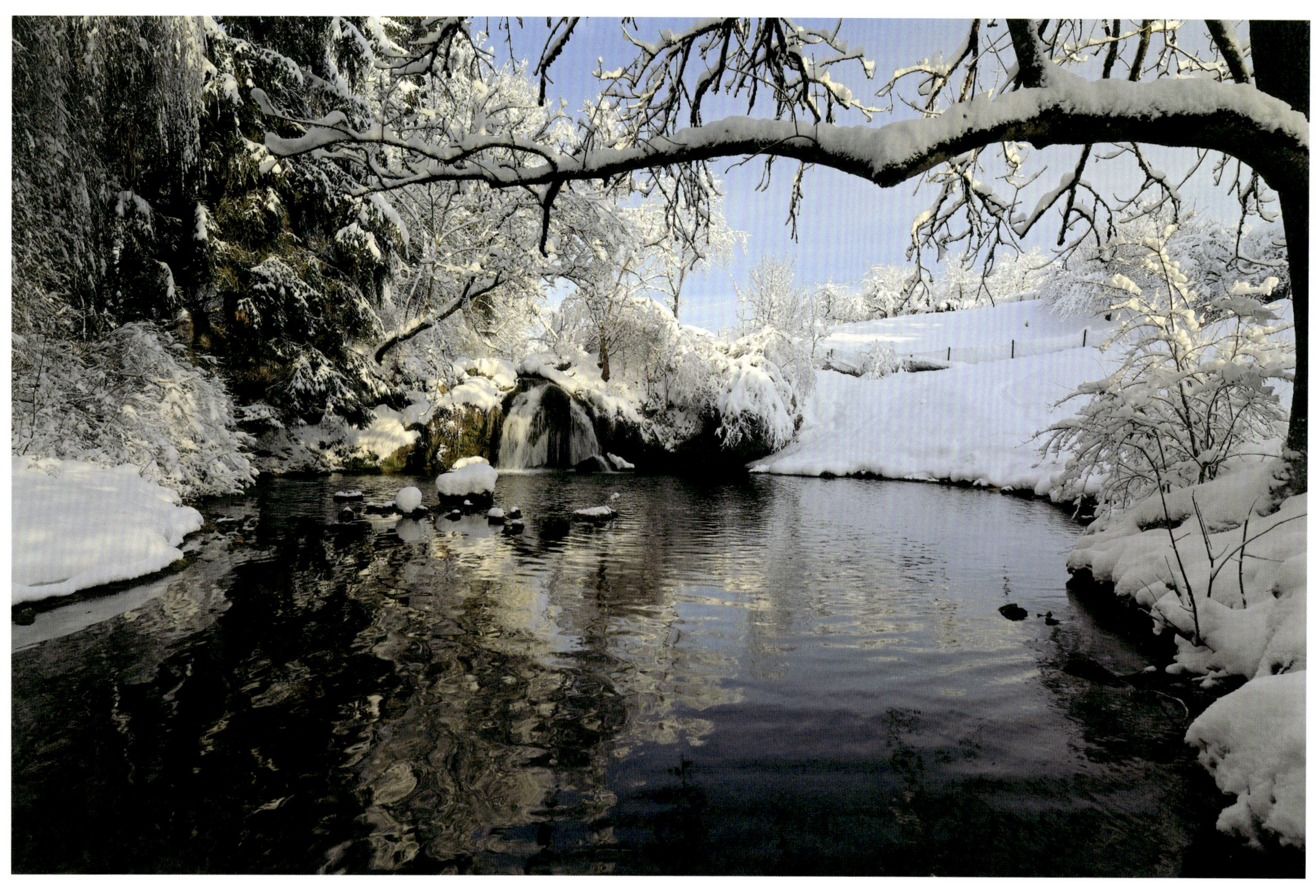

Wasserfall Gieß, Veringendorf

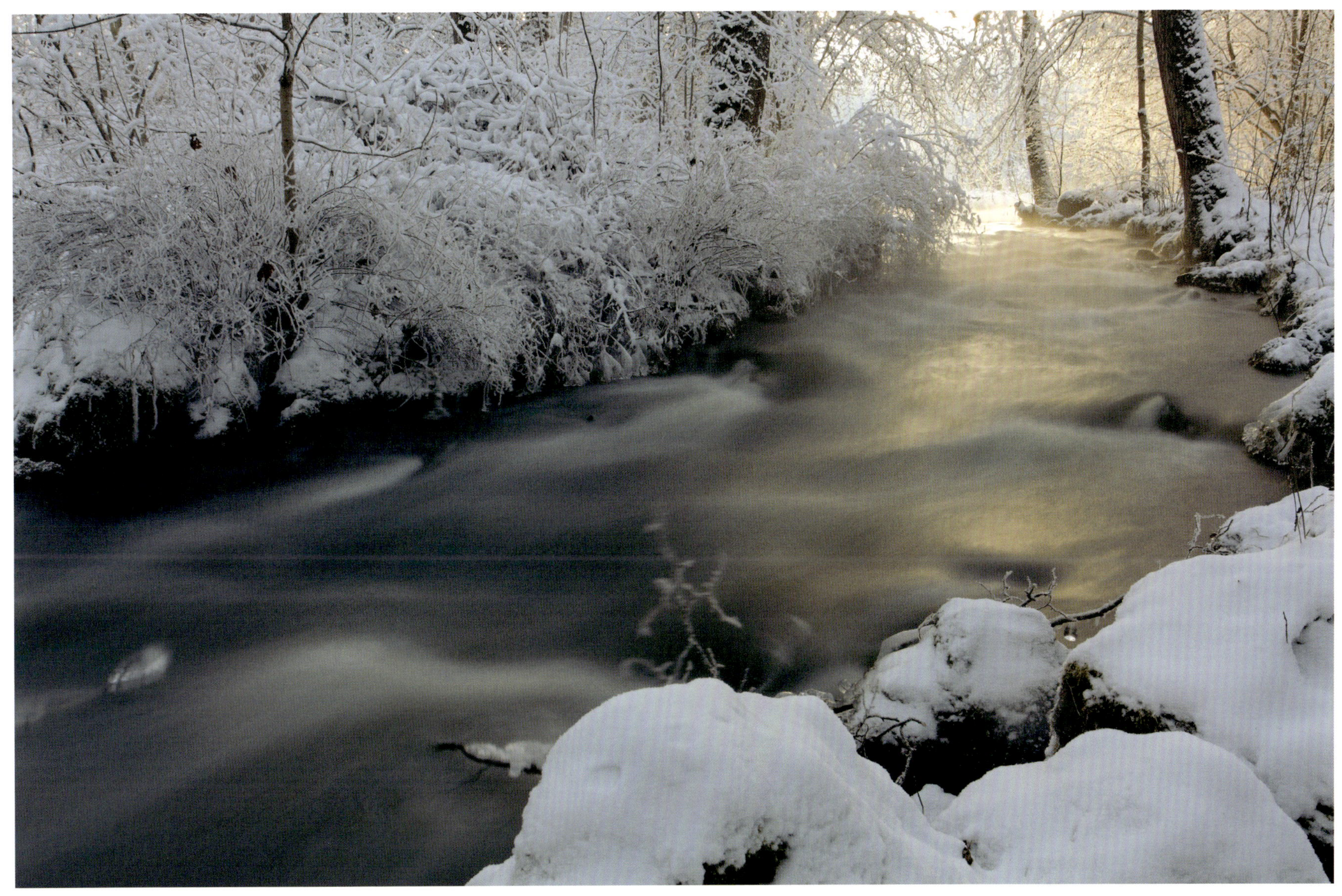

Ablach im Krauchenwieser Park

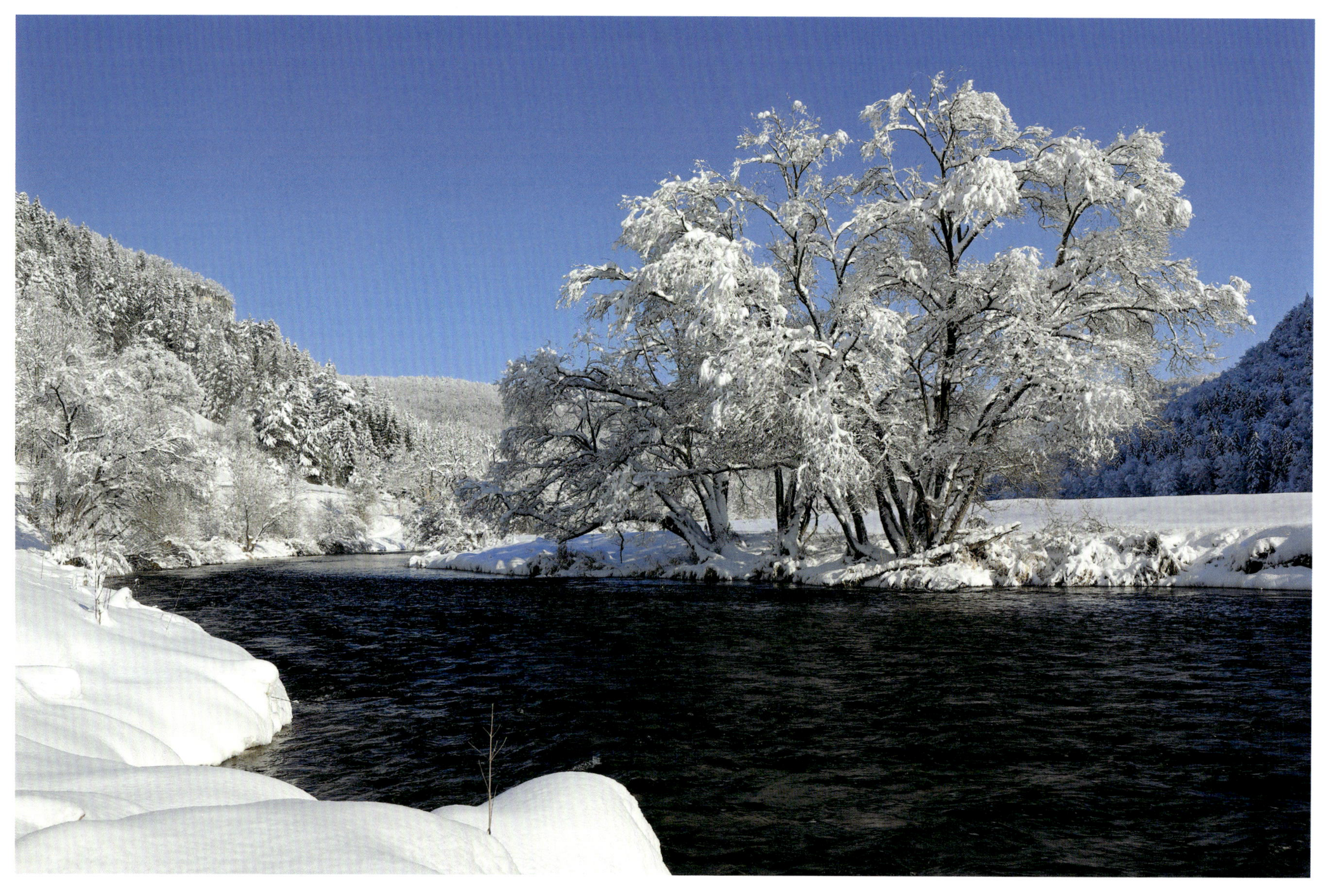

Donau im Winter, Hausen im Tal

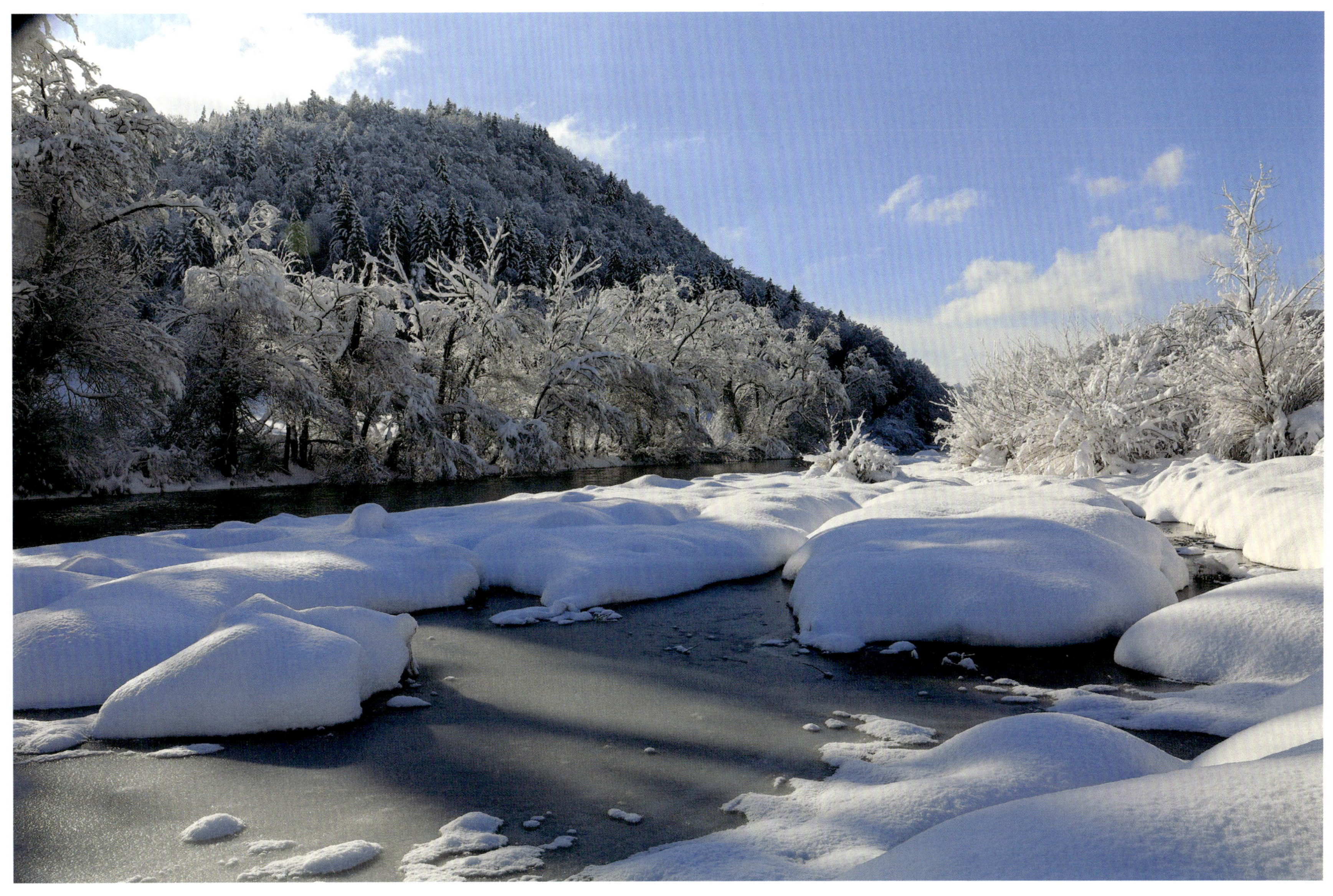

Teils zugefrorene Donau bei Hausen im Tal

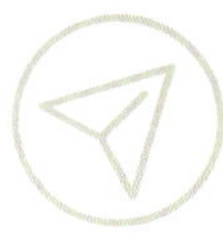

Schwierigkeit	∠	mittel
Länge	↔	13 km
Dauer	🕓	ca. 4:00 h
Aufstieg	↗	280 m
Abstieg	↘	280 m
Höchster Punkt	↑	785 m. ü. M.
Niedrigster Punkt	↓	656 m. ü. M.

3 DONAUVERSINKUNG

GEOLOGISCHE SENSATIONEN ZWISCHEN KARSTGEBIRGE UND VULKANISMUS DER HEGAUBERGE

Gleich zwei außergewöhnliche Naturphänomene lassen sich auf dieser Runde bestaunen. Die Donauversickerung – im Sommer kann man trockenen Fußes durch das Bett dieses europäischen Flusses wandern – und der Hegauvulkan Höwenegg, mit seinem See in faszinierender Farbgebung.

Vom Startpunkt, der Donauversinkung in Immendingen, geht es zunächst am Ufer der Donau entlang donauabwärts. Dabei passiert man die Hauptversickerungsstellen und kann, je nach Wasserstand, einzelne Schlucklöcher sehen oder auch das komplett ausgetrocknete Flussbett. Der Weg verläuft am Einödviadukt durch den Wald und an der ehemaligen Bahnstation Hattingen entlang, bevor es durch das Kirchtal und weiter zu einem Aussichtspunkt mit Rastplatz geht. Wieder führt der Weg durch den Wald, bis sich ein großes Loch am Weg auftut: die Doline Michelsloch, eine typische Karsterscheinung die durch Lösungsprozesse im Untergrund entsteht. Wasser löst das Gestein auf, so dass es zu Einstürzen kommt. Danach geht es zu einem weiteren Aussichtspunkt mit Rastplatz, der einen schönen Blick in das angrenzende Hegau mit seinen charakteristischen Vulkankegeln bietet. Anschließend verläuft die Tour weiter, bis sich der Blick auf einen grün-blau schimmernden See am Vulkankrater Höwenegg öffnet. Dieser wird ein Stück umrundet und der Rückweg führt zum Ausgangspunkt der Tour.

Weg zur Wanderung

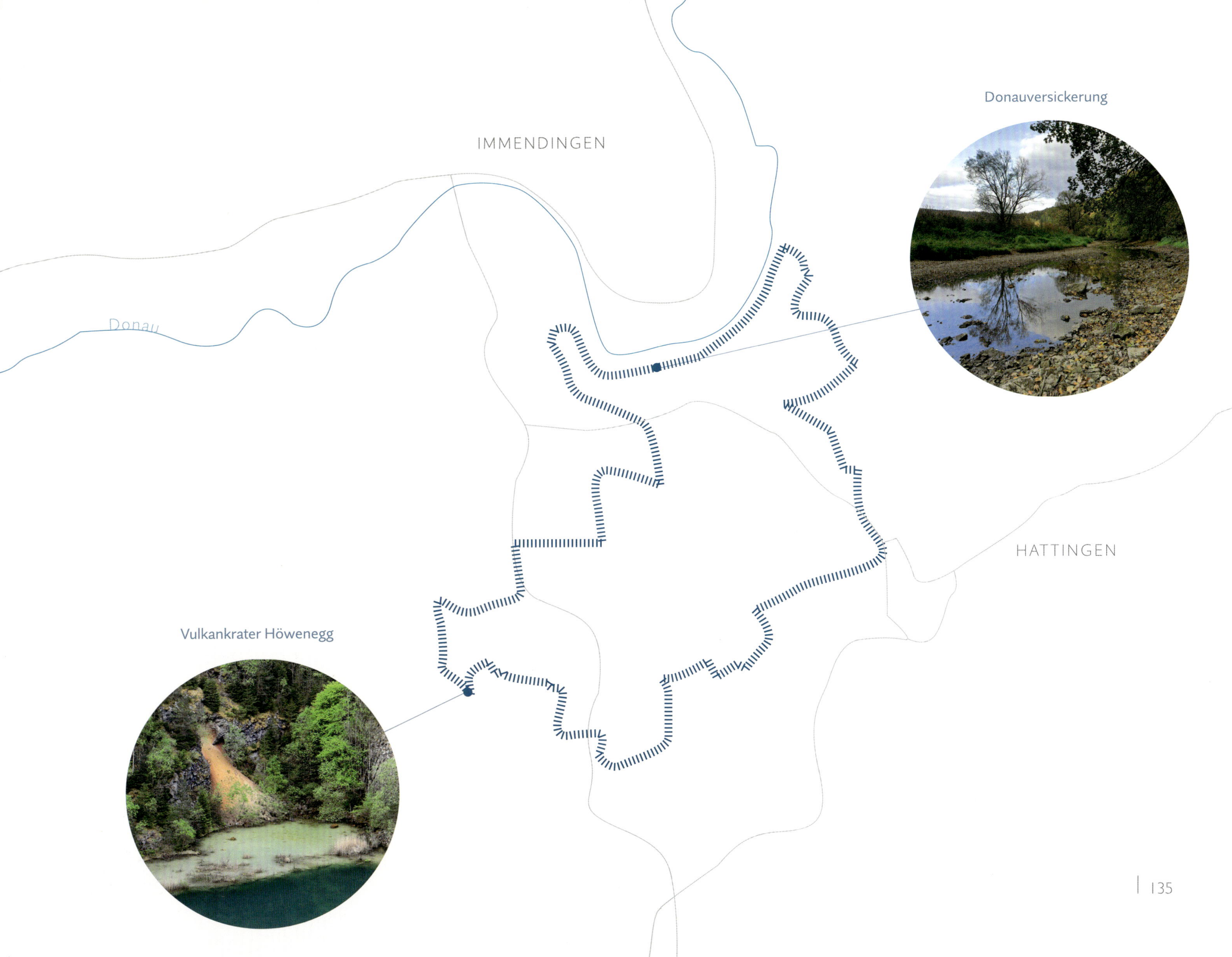
Donauversickerung
IMMENDINGEN
Donau
HATTINGEN
Vulkankrater Höwenegg

WIESEN & WEIDEN

Typisch für große Bereiche des Naturparks Obere Donau sind Wiesen und Weiden, besonders dort, wo die Bodenauflage auf den Jurakalken nur geringmächtig ist und damit Ackerbau ausscheidet oder die Höhenlage Ackerbau aus klimatischen Gründen erschwert. Das gilt für viele Bereiche der Albhochfläche. Dort trifft man recht häufig auf arten- und blütenreiche Bergwiesen, sogenannte Kalkmagerwiesen.

In der Vergangenheit wurden viele Wiesenflächen aufgeforstet oder haben sich nach Aufgabe ihrer Bewirtschaftung auf natürlichem Weg wieder bewaldet. Wo die Bewirtschaftung leichter möglich war und der Boden etwas tiefgründiger, wurden extensiv genutzte Wiesen durch regelmäßige Düngung und Intensivierung der Schnitthäufigkeit in ertragreichere Wiesenflächen umgewandelt. Um weitere Verluste an Bergmähwiesen zu vermeiden, wurden alle FFH-Mähwiesen von der Naturschutzverwaltung kartiert und Pflegeverträge mit den bewirtschaftenden Landwirten abgeschlossen, mit dem Ziel, diese landschaftsprägenden Wiesen dauerhaft zu erhalten. Bergmähwiesen wurden ursprünglich nur einmal im Spätsommer gemäht. Heute findet man besonders schön ausgeprägte Kalkmagerwiesen leider nur noch an wenigen Stellen, meist sind sie als Naturschutzgebiet ausgewiesen.

Zu den größten Besonderheiten im Naturpark gehören die sauren Magerwiesen oder Borstgrasrasen im Bereich von Heuberg und Hardt, besonders eindrucksvoll sind sie im Naturschutzgebiet Irndorfer Hardt ausgeprägt. Es stellt klimatisch ein ungewöhnliches Gebiet dar. Hier ist es möglich, dass in den Sommermonaten an klaren Nächten Bodenfrost auftritt. Seltene Pflanzen wie Arnika, Busch-Nelke, Feld-Enzian, Knöllchen-Knöterich, Weißzüngel, Gelber Enzian, Trollblume, Bleiche Weide oder Narzissen-Windröschen haben an diesem mitunter nachtfrostigen Ort ihren Lebensraum.

Neben den Wiesen sind es die großflächigen Wacholderheiden, die den Charme der Region ausmachen. Sie werden heute noch von Schafen und Ziegen extensiv beweidet und prägen das Landschaftsbild in hohem Maße. Charakterpflanze der Wacholderheiden ist neben dem namensgebenden Wacholder die Silberdistel. Wacholderheiden kommen häufig an Hängen vor, die allein ihrer Topografie wegen nicht intensiv landwirtschaftlich genutzt werden können. Unbewaldete Steilhänge sind mit heutigen landwirtschaftlichen Maschinen nicht befahrbar. Die Bewirtschaftung mit kleinem Gerät oder von Hand ist betriebswirtschaftlich betrachtet nicht lohnend. Will man diese Flächen langfristig erhalten und einer Verbuschung vorbeugen, hilft nur eine regelmäßige Beweidung durch Schafe und Ziegen. Wichtige Aufgabe der Ziegen ist hierbei das Kleinhalten von Büschen und Bäumen. Wacholderheiden stellen eine der bemerkenswertesten und ältesten Kulturlandschaften im Naturpark dar.

Ohne eine regelmäßige Beweidung wären die typischen Wacholderheiden, Kalkmager- und Trockenmagerrasen mit ihrem enormen Artenreichtum nicht denkbar und dieser besondere Lebensraum würde sukzessive verschwinden.

Im Naturpark sind außerdem, meist im Umfeld der stärker landwirtschaftlich geprägten Dörfer, viele kleine Streuobstwiesen anzutreffen. Sie sind als Lebensraum für Tiere und Pflanzen von großer Bedeutung, vor allem, sofern die Wiesen extensiv bewirtschaftet werden, auf Pflanzenschutzmittel verzichtet wird und ältere und abgängige Obstbäume stehen bleiben dürfen. In ihren zahlreichen Höhlungen und Spalten brüten viele Vogelarten und auch Fledermäuse fühlen sich hier wohl. Zudem bieten Streuobstwiesen während ihrer Blüte im Frühjahr einen malerischen Anblick, im Herbst aromatisches Obst und in der Veredelung Erzeugnisse wie Saft, Most und Brände. Auch Imker stellen gerne ihre Bienenstöcke in Streuobstwiesen, sind die blühenden Obstbäume im Frühling doch eine erste wichtige Nahrungsgrundlage für ihre Bienenvölker.

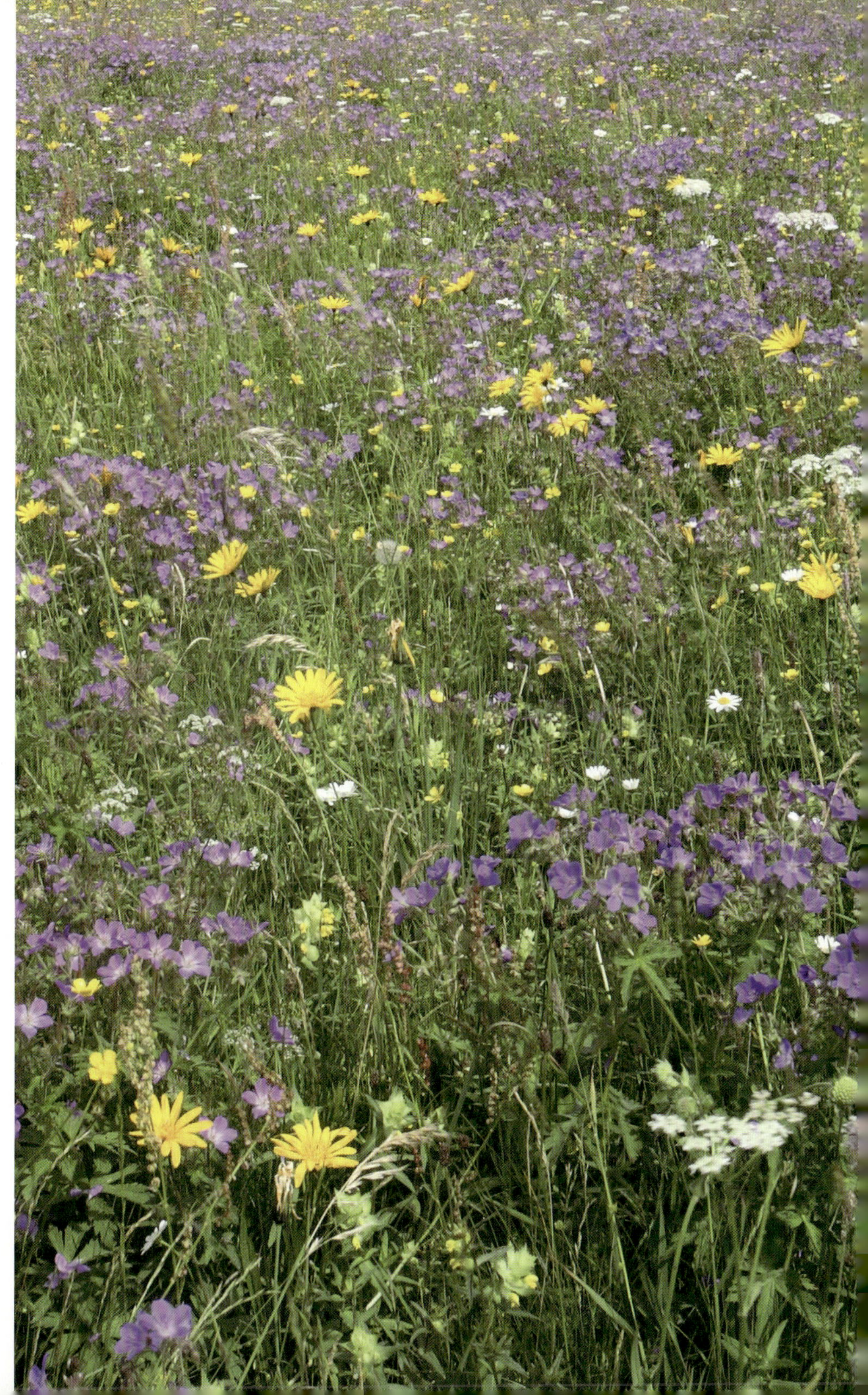

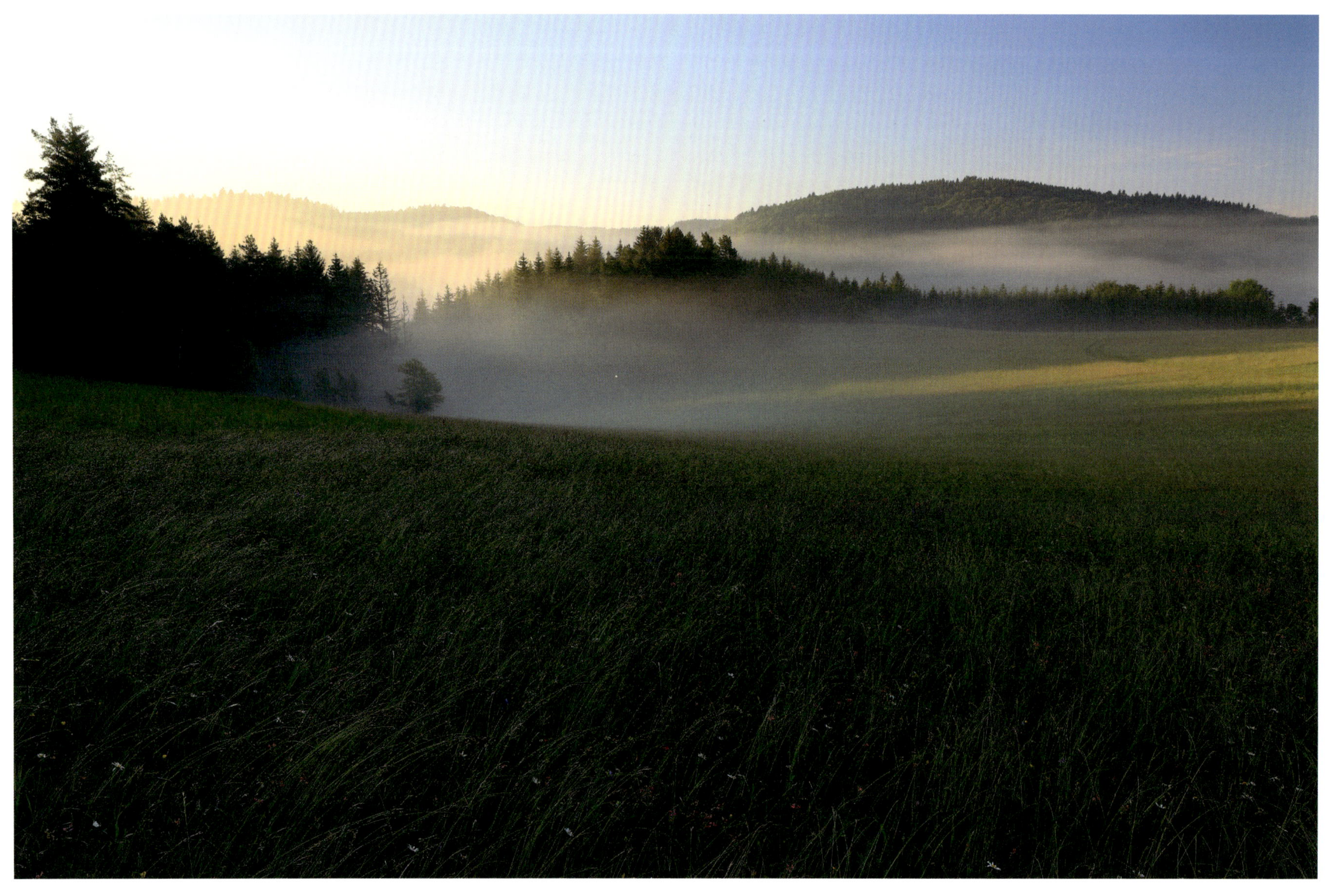

Heimberg, Unterdigisheim

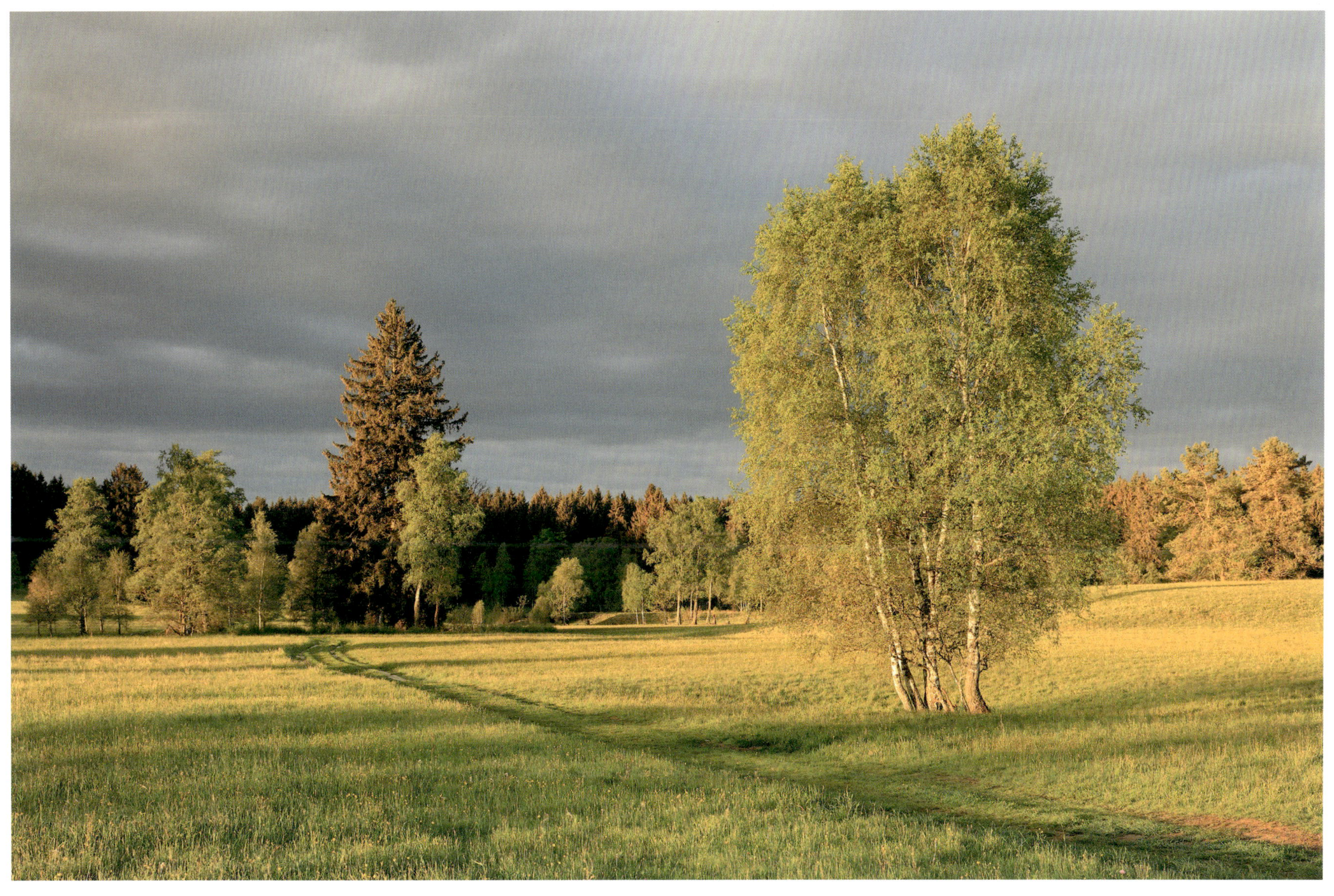

Irndorfer Hardt

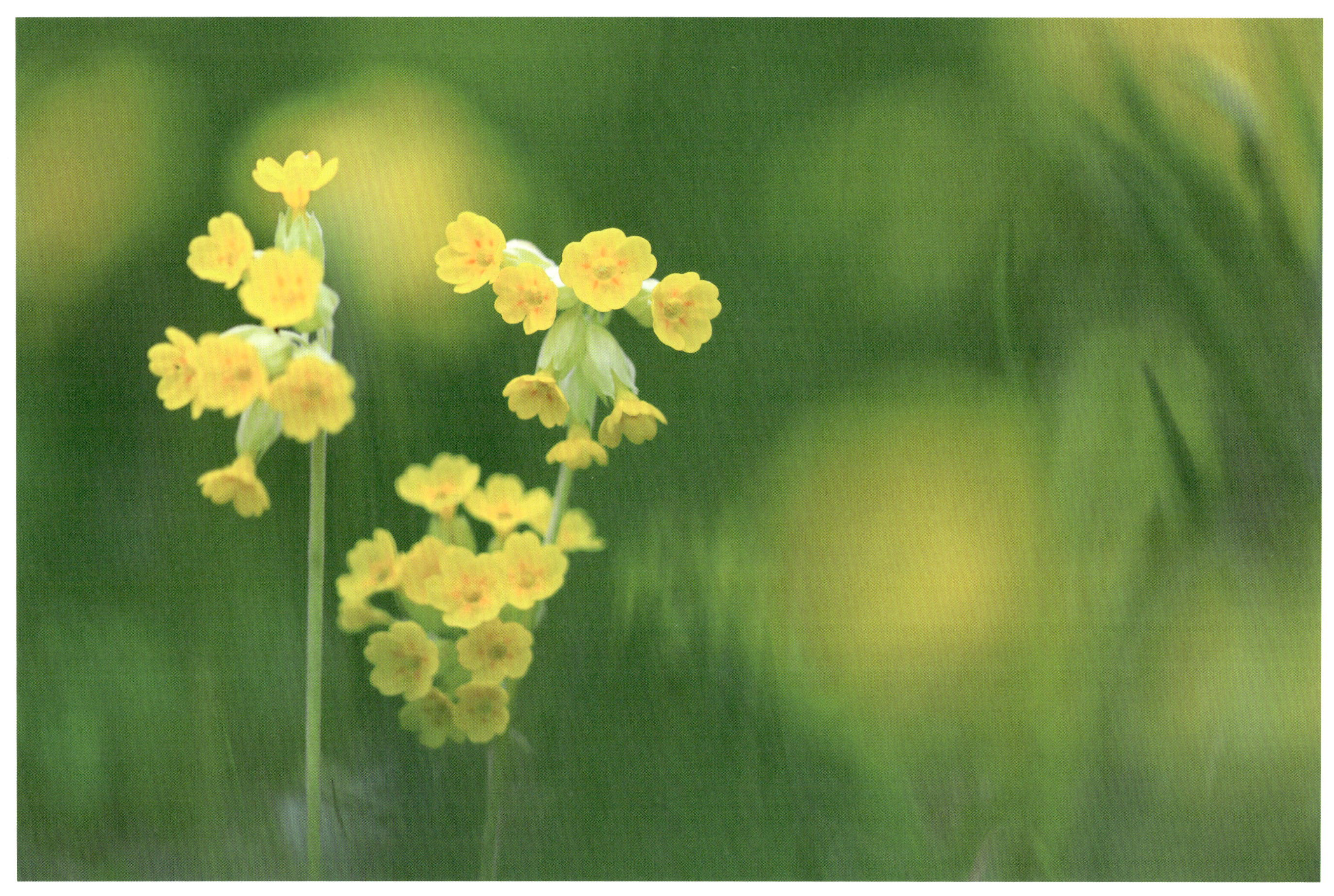

Wiesenschlüsselblume

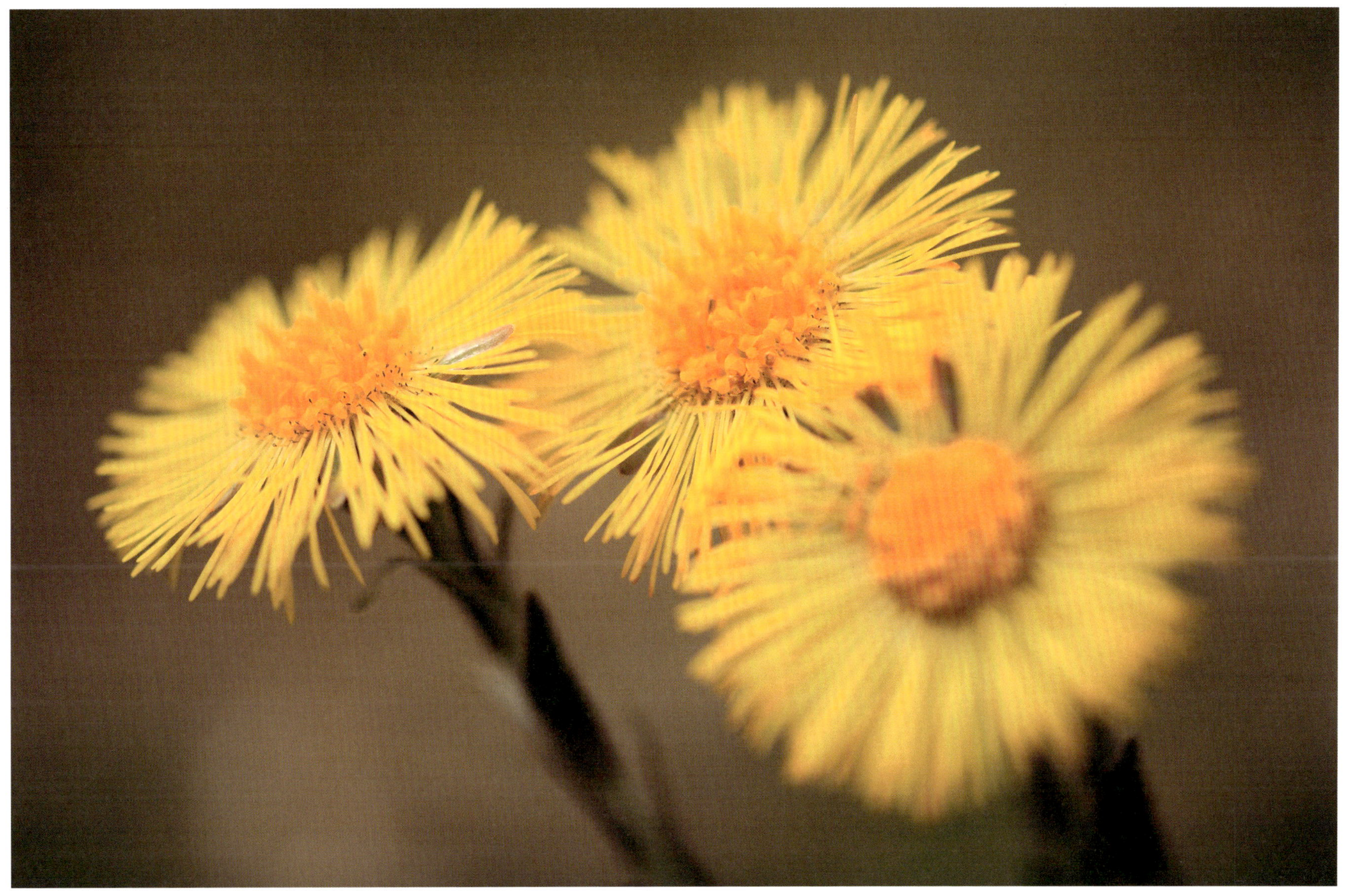

Huflattich

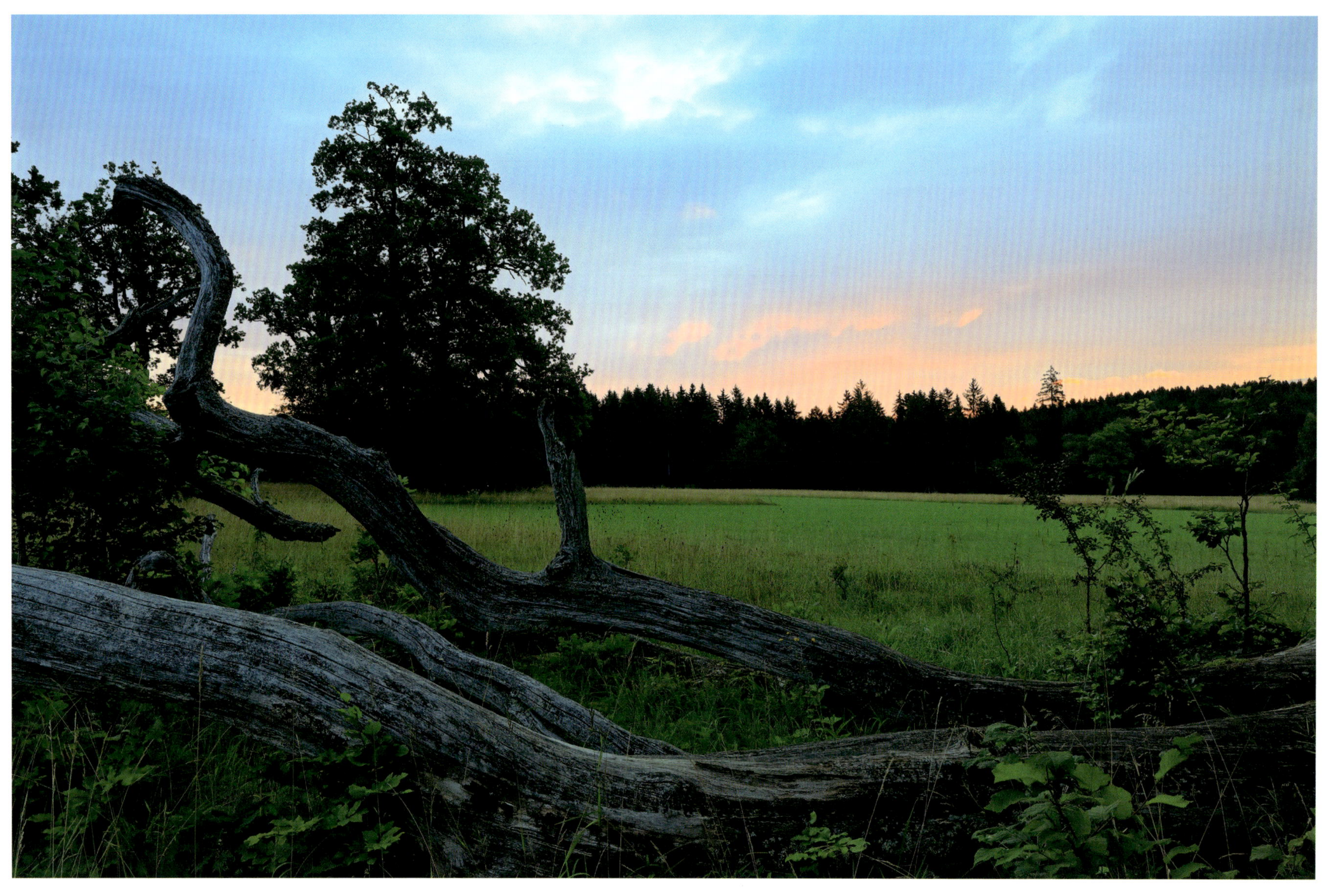

Totholz im Irndorfer Hardt

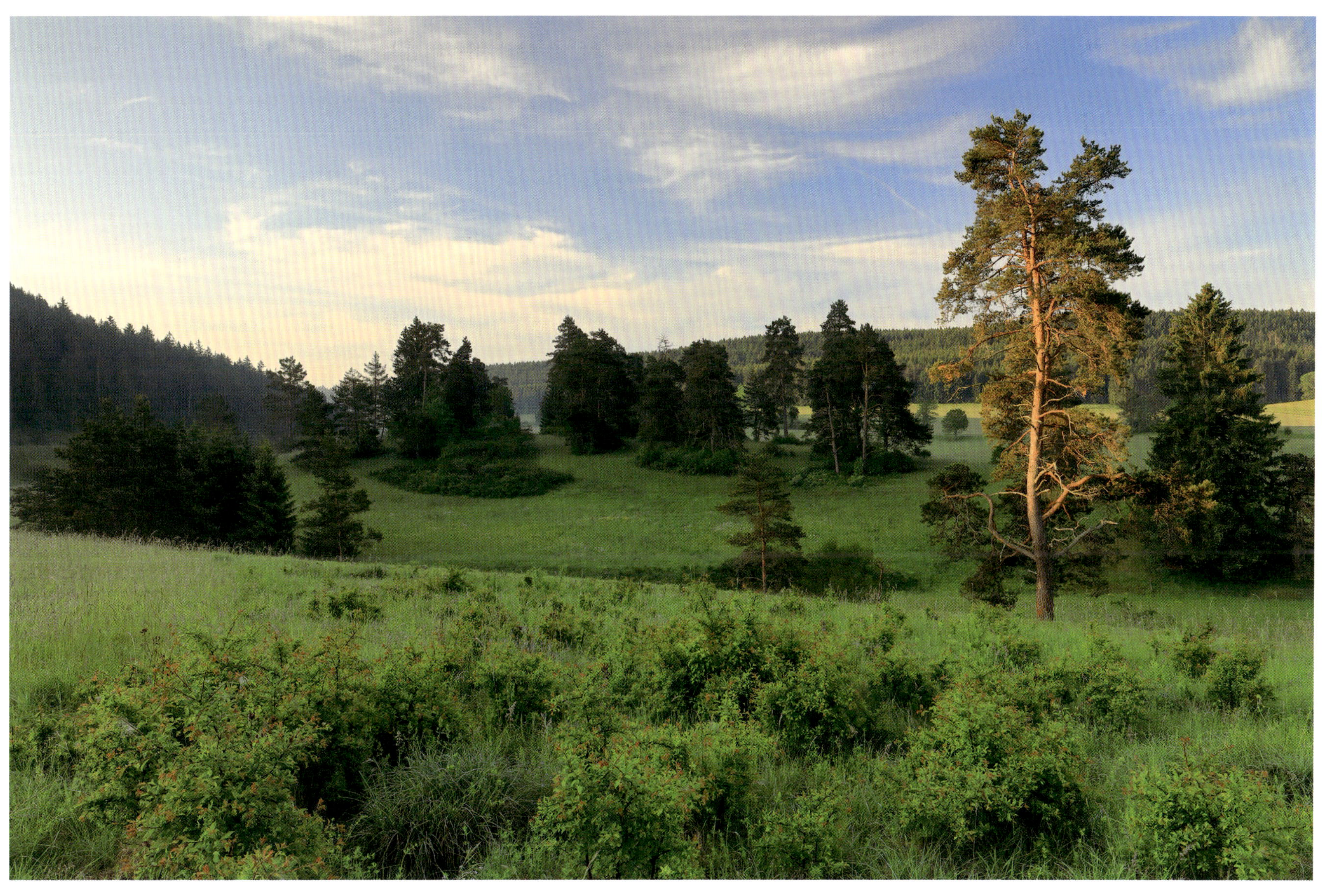

Wiese am Bergsteig, Fridingen

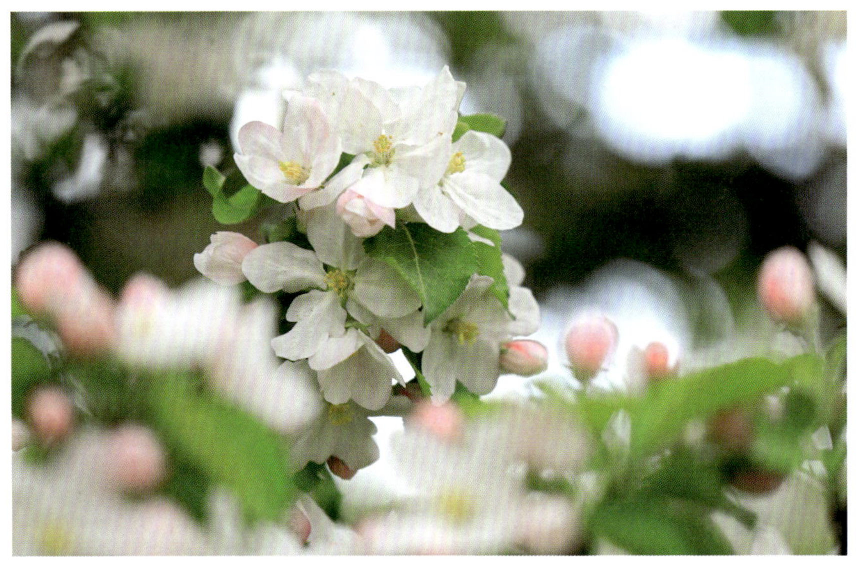
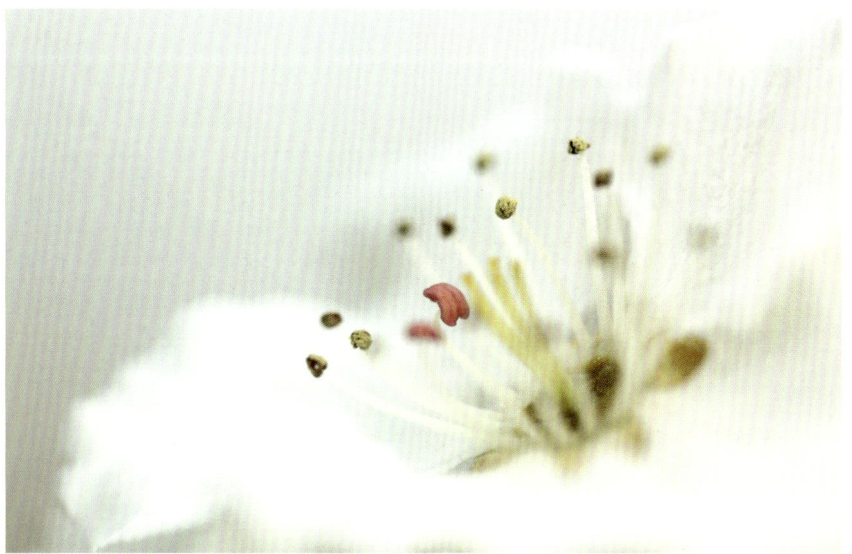
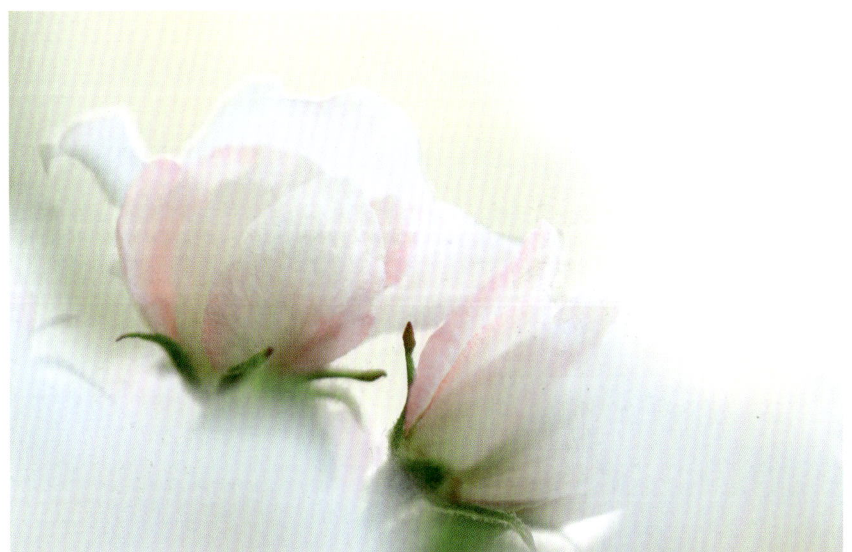
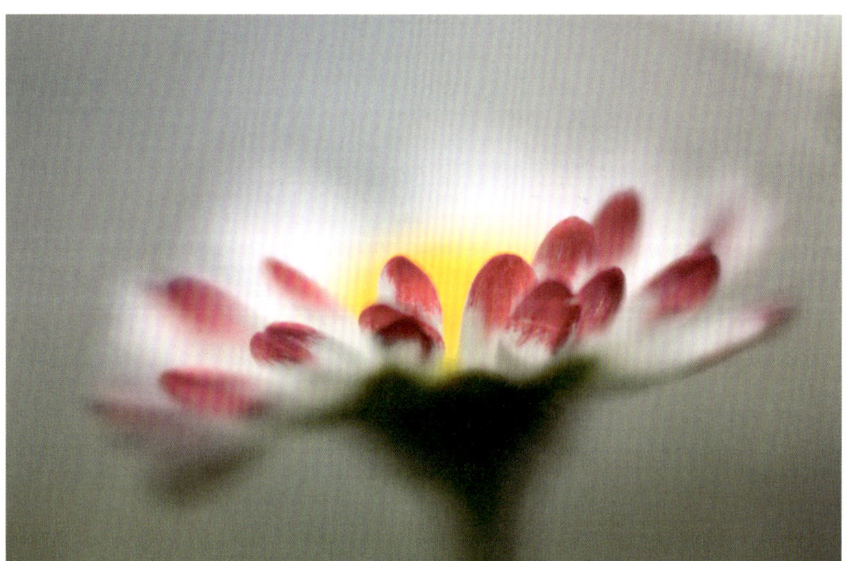

Apfelblüte 1, 3
Birnenblüte 2
Gänseblümchen 4

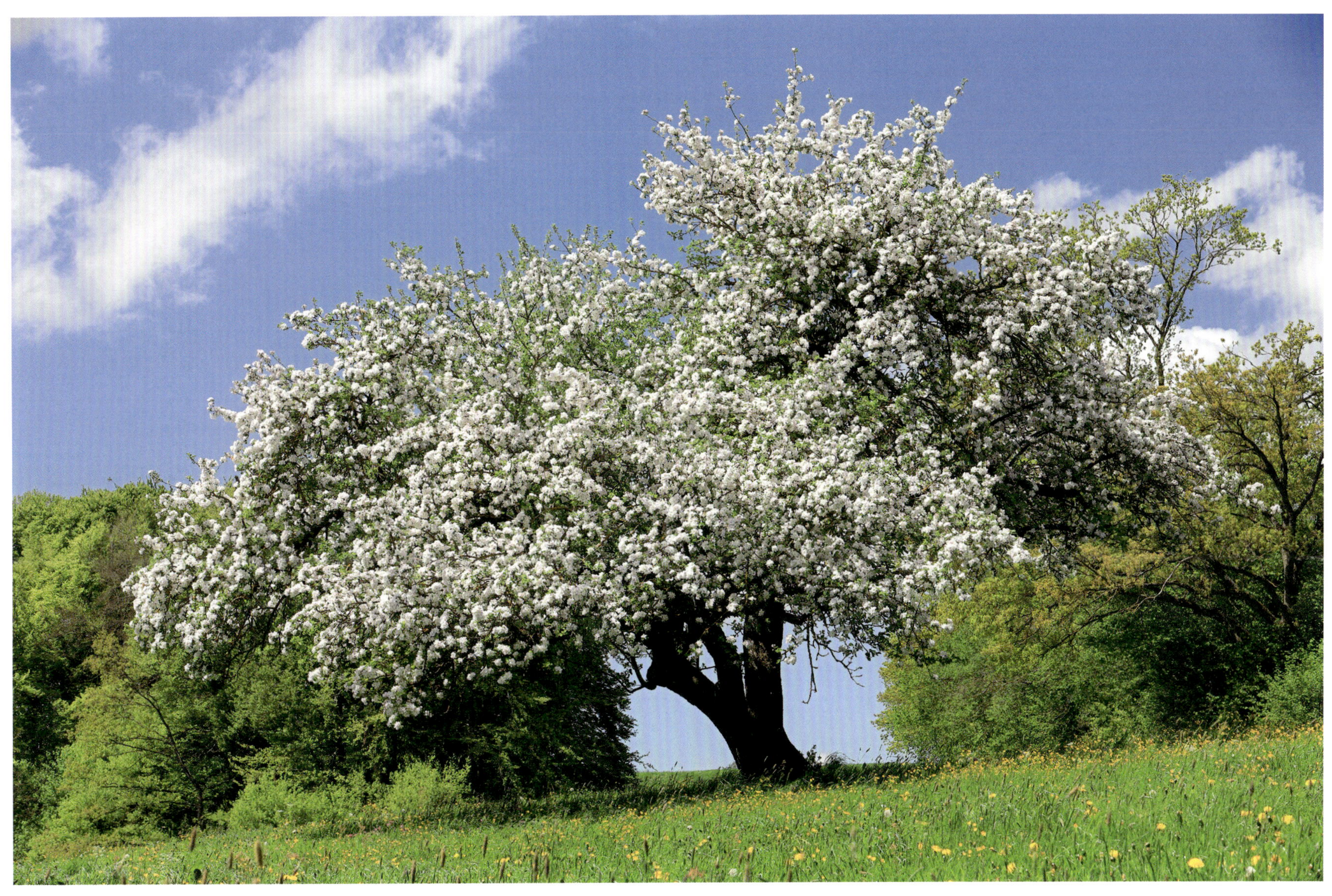

Apfelbaum in Blüte, Inzigkofen

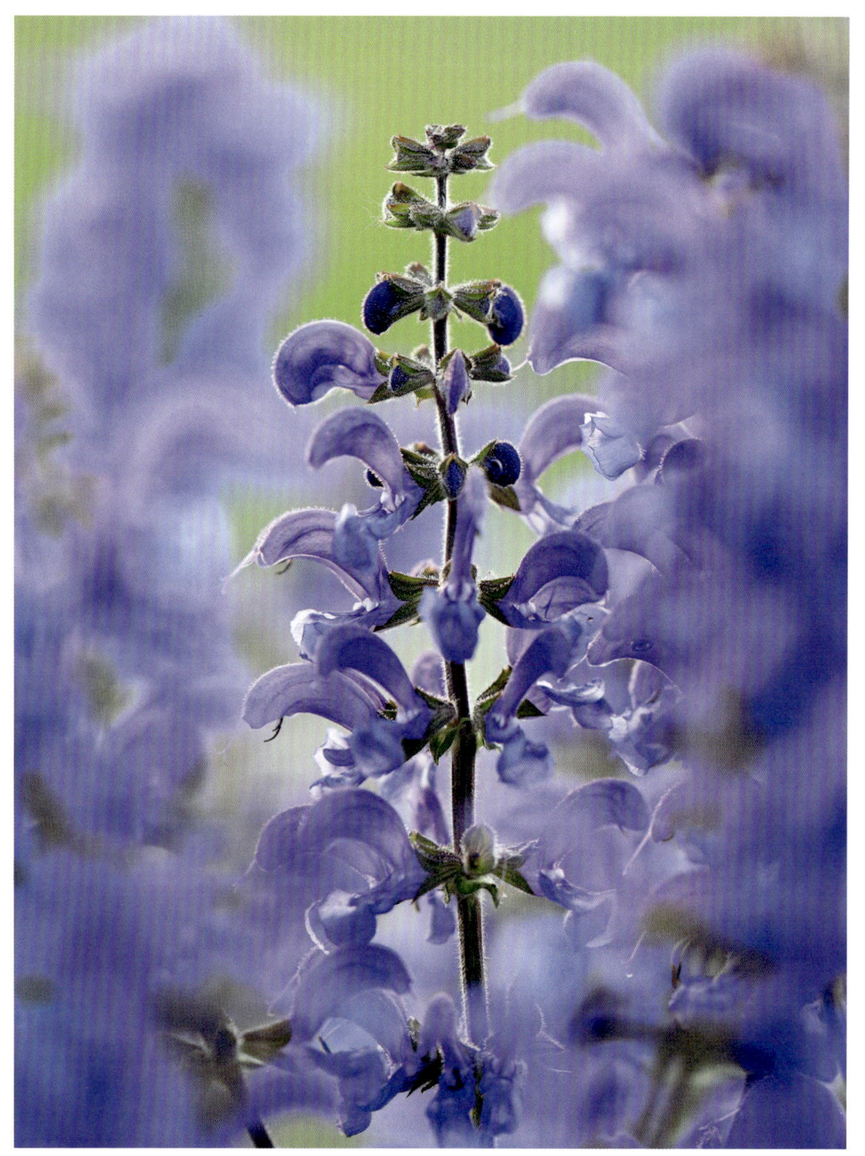

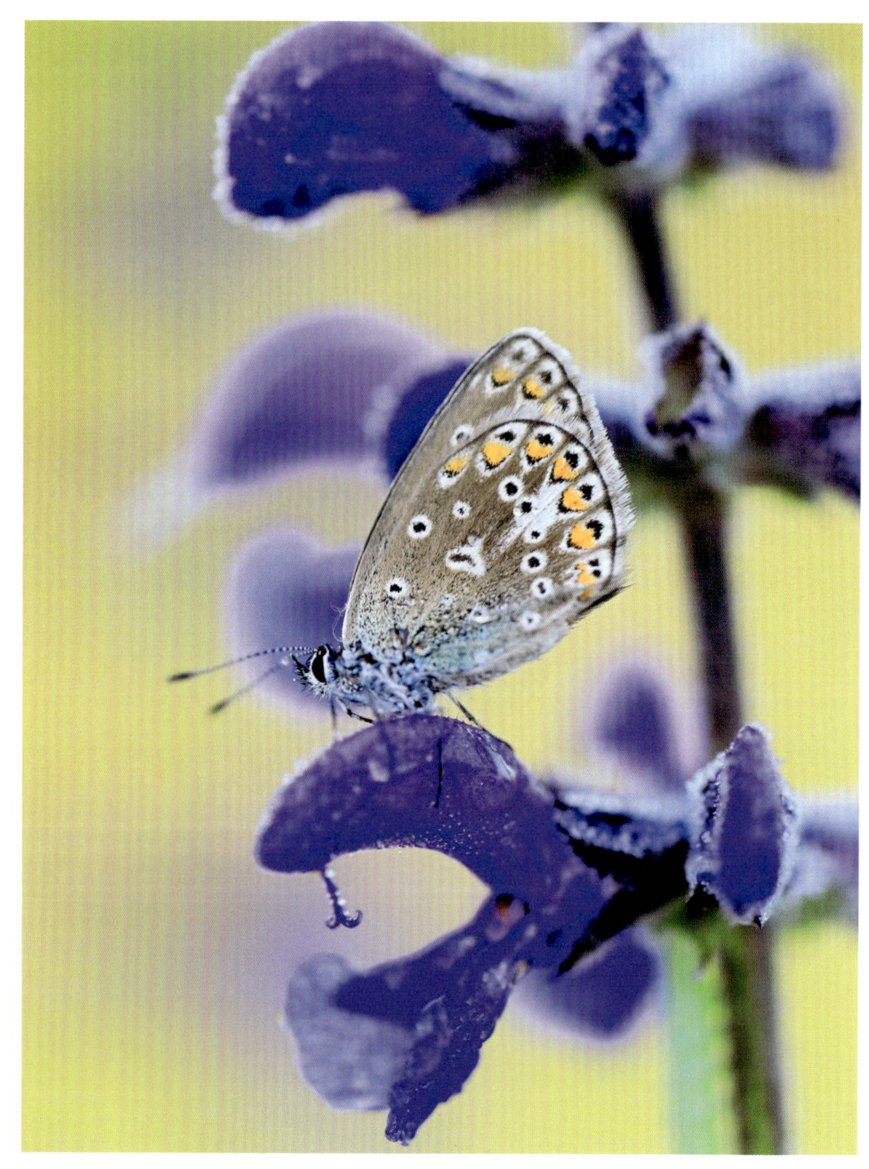

Wiesensalbei 1
Bläuling auf Wiesensalbei 2

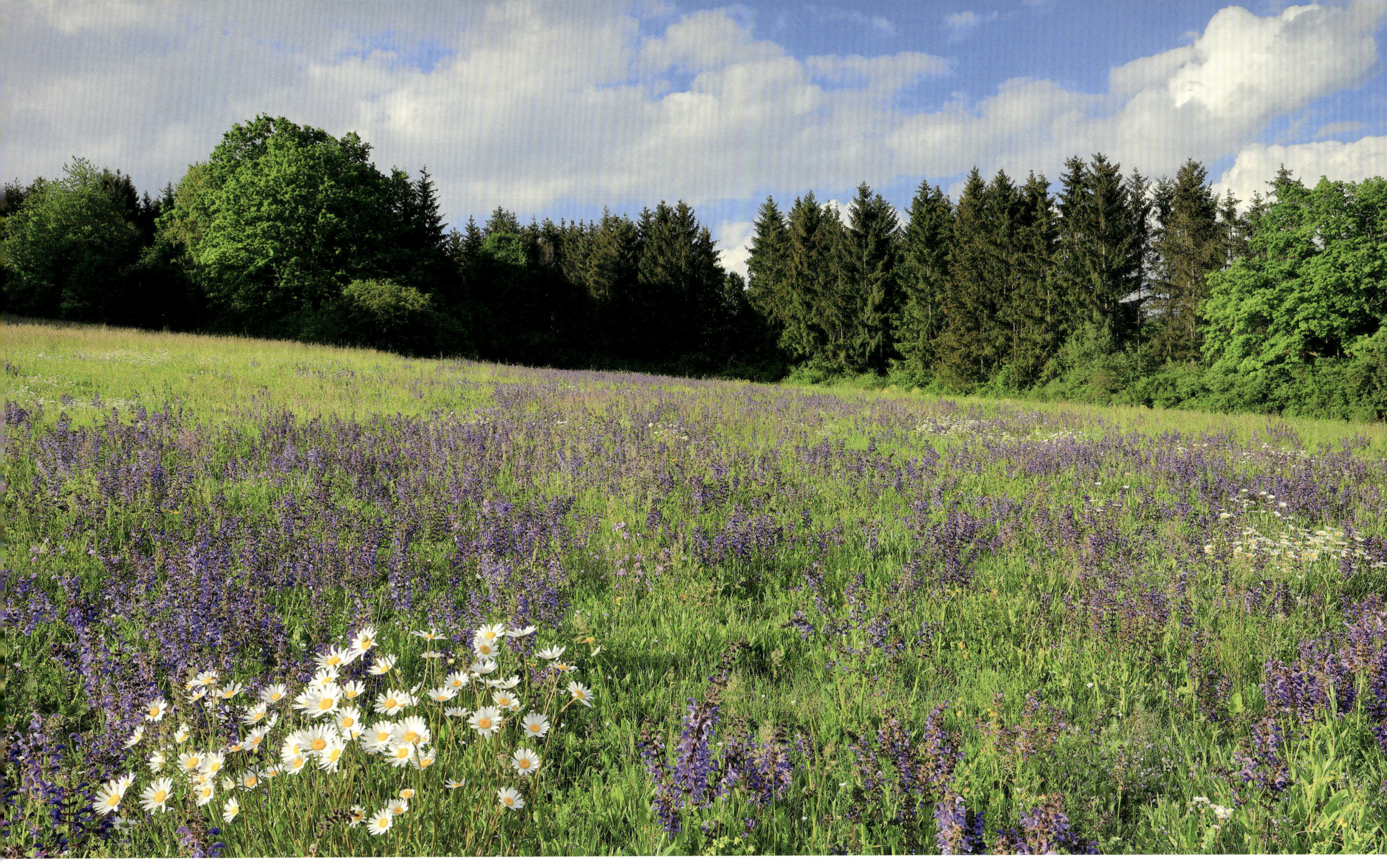

Wiesensalbei und Margerite, Neufra

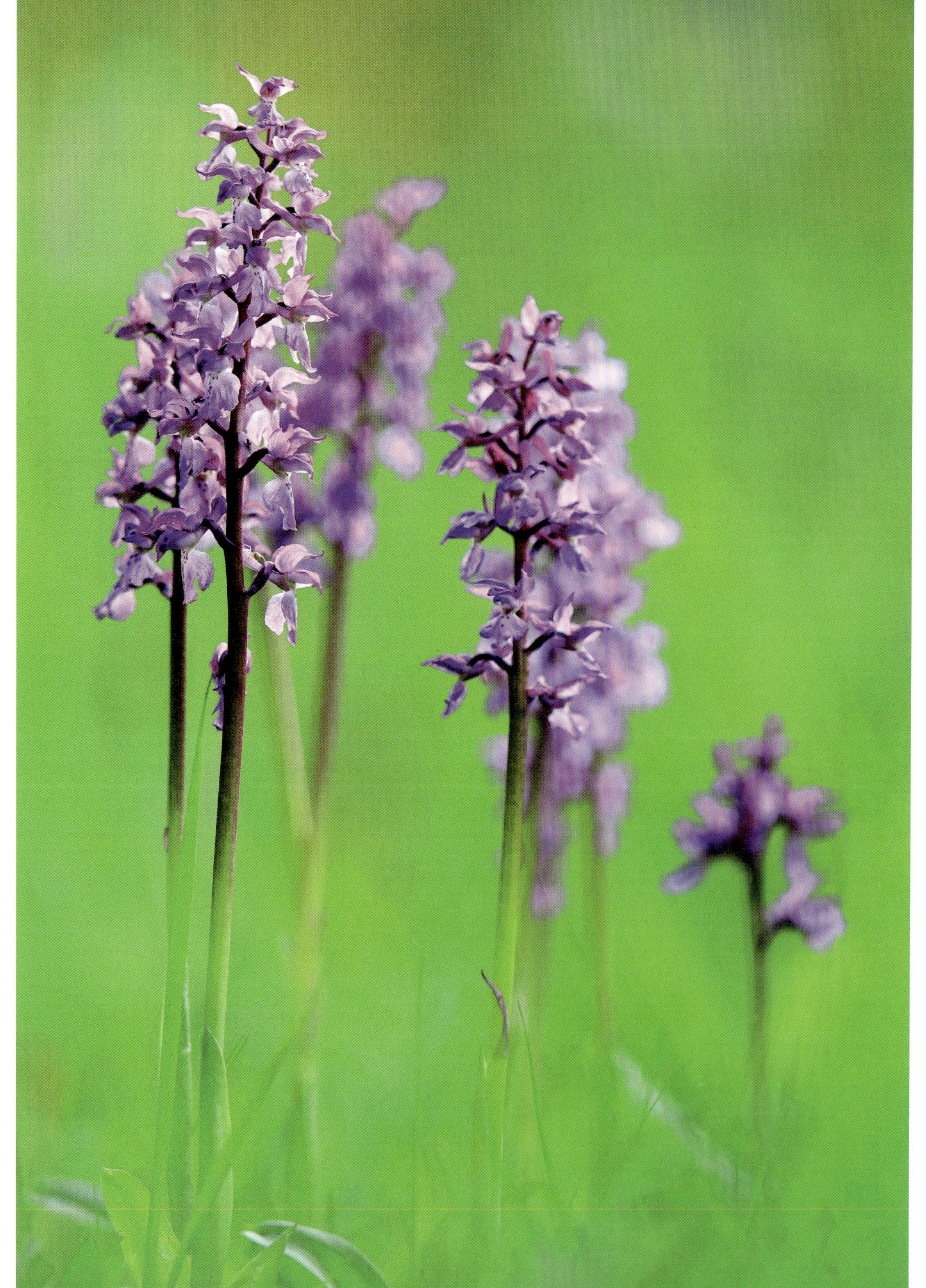

Männliches Knabenkraut

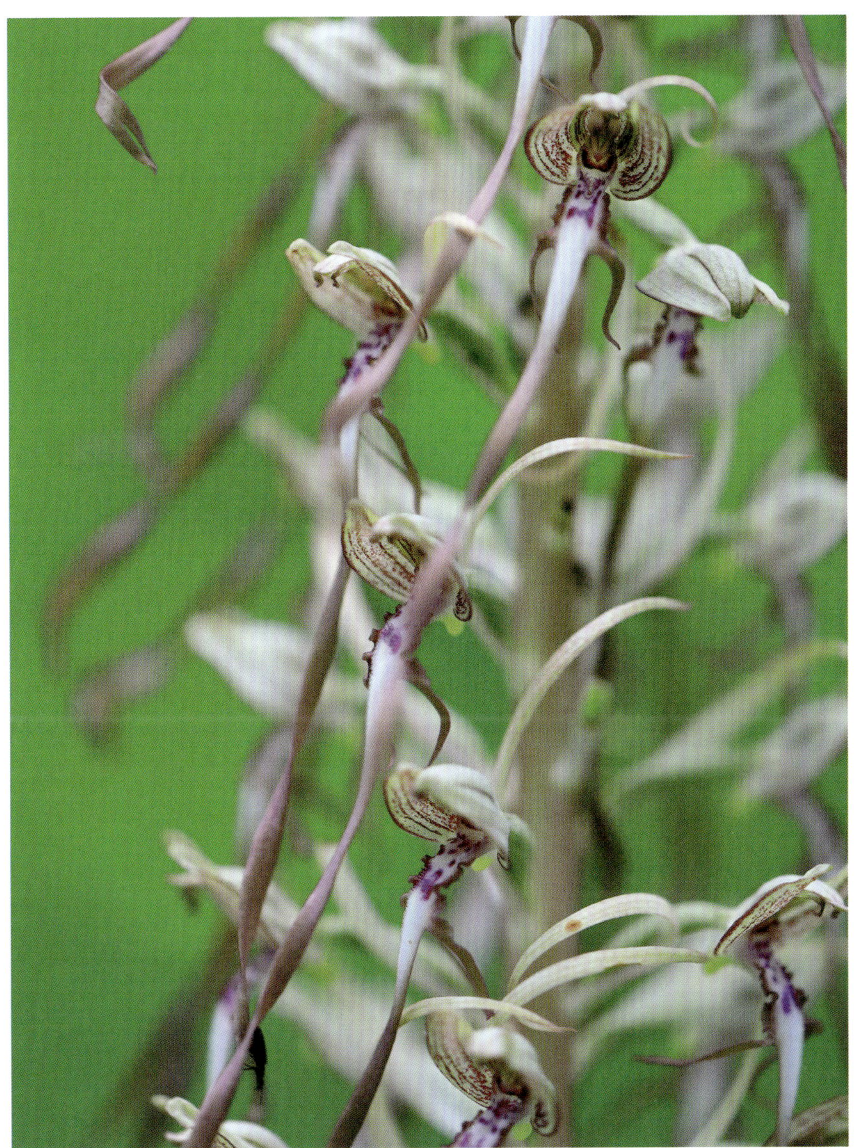

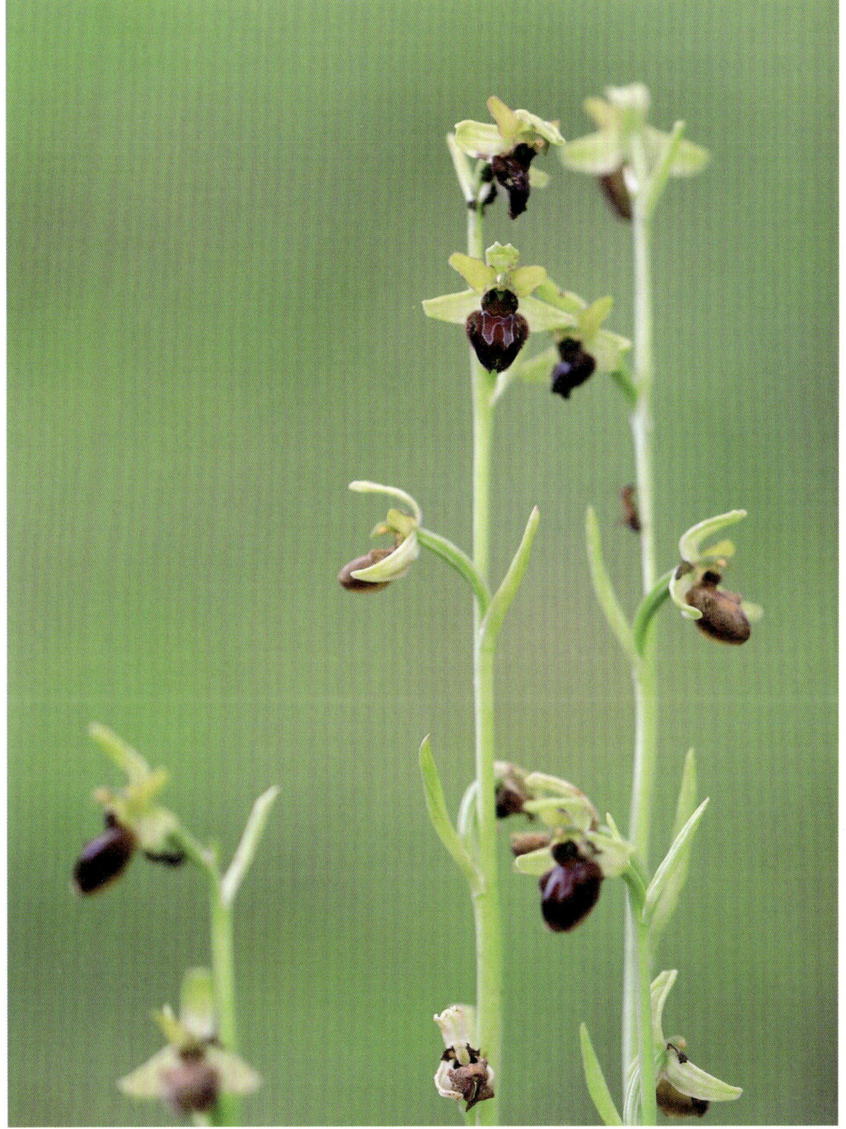

1 Bocksriehmenzunge
2 Spinnenragwurz

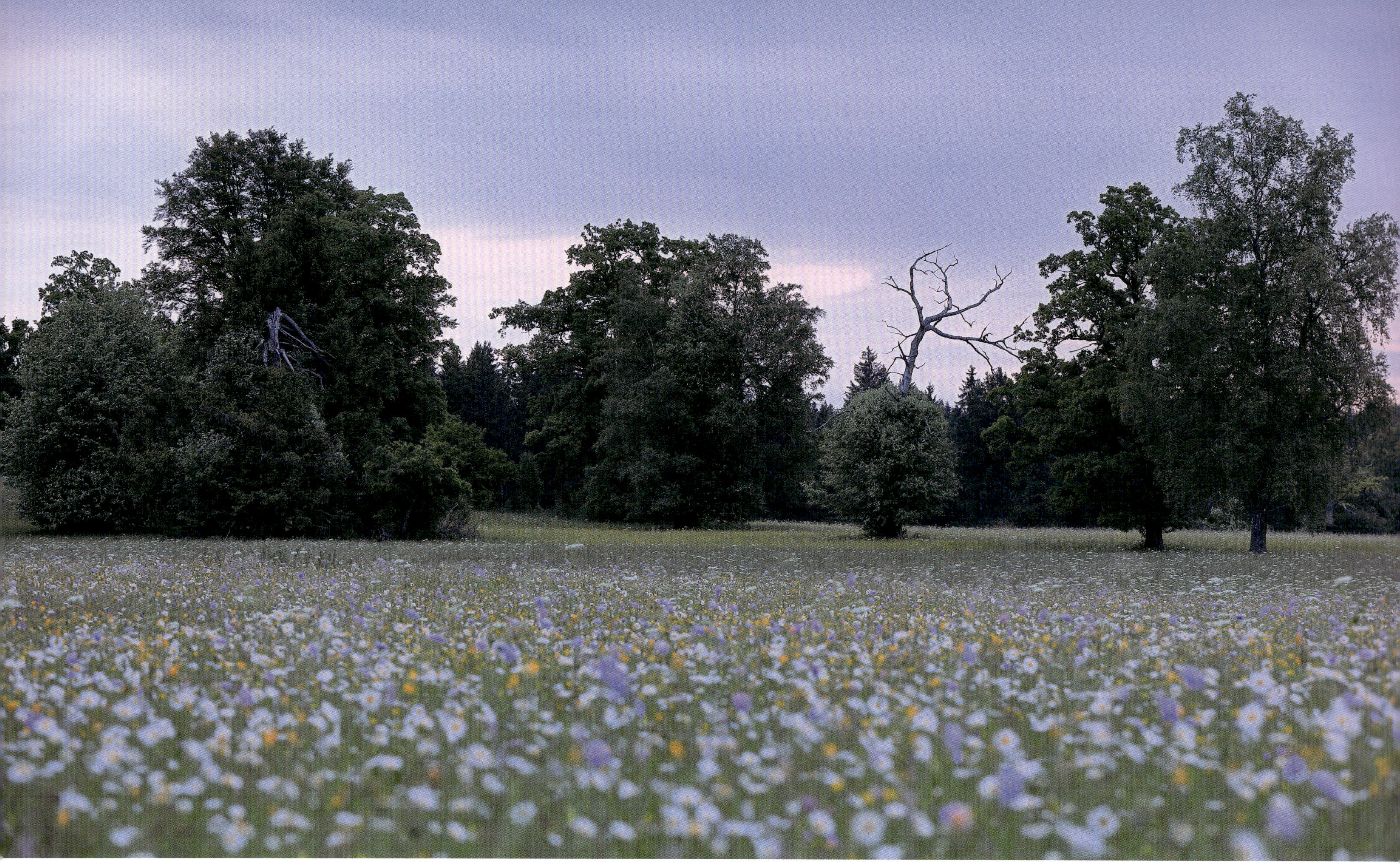

Blumenwiese im Irndorfer Hardt

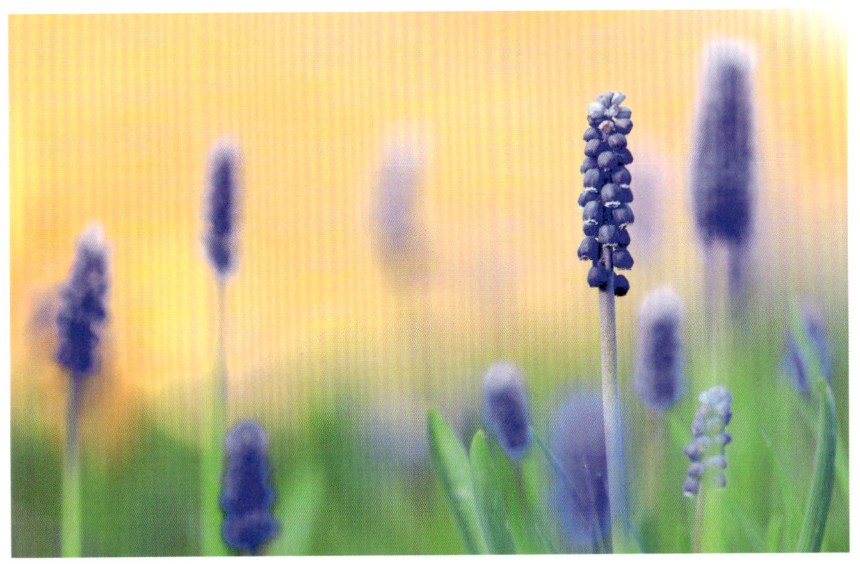

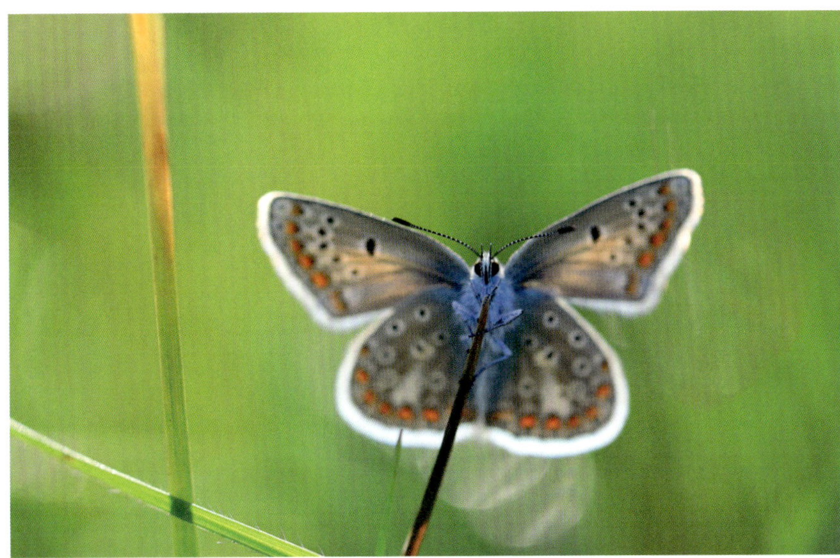

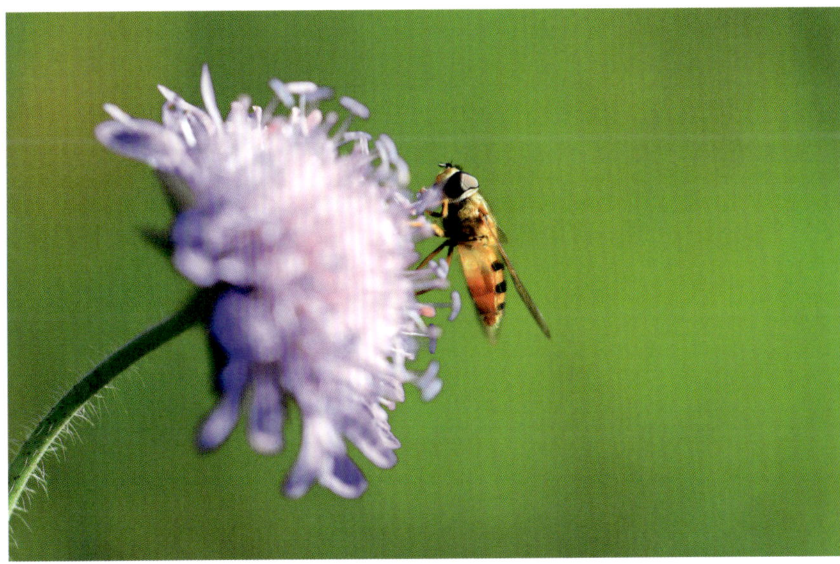

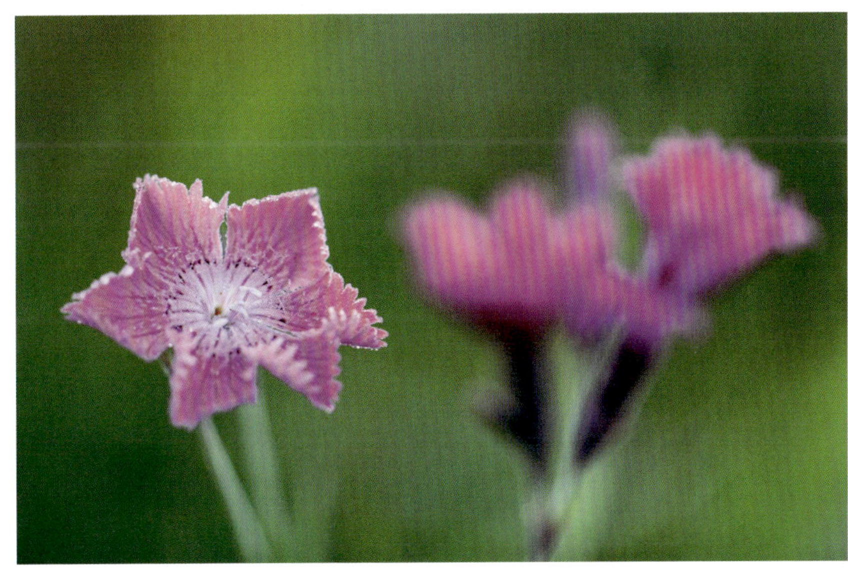

1 Traubenhyazinte
2 Bläuling
3 Winterschwebfliege auf Wiesen-Witwenblume
4 Buschnelke

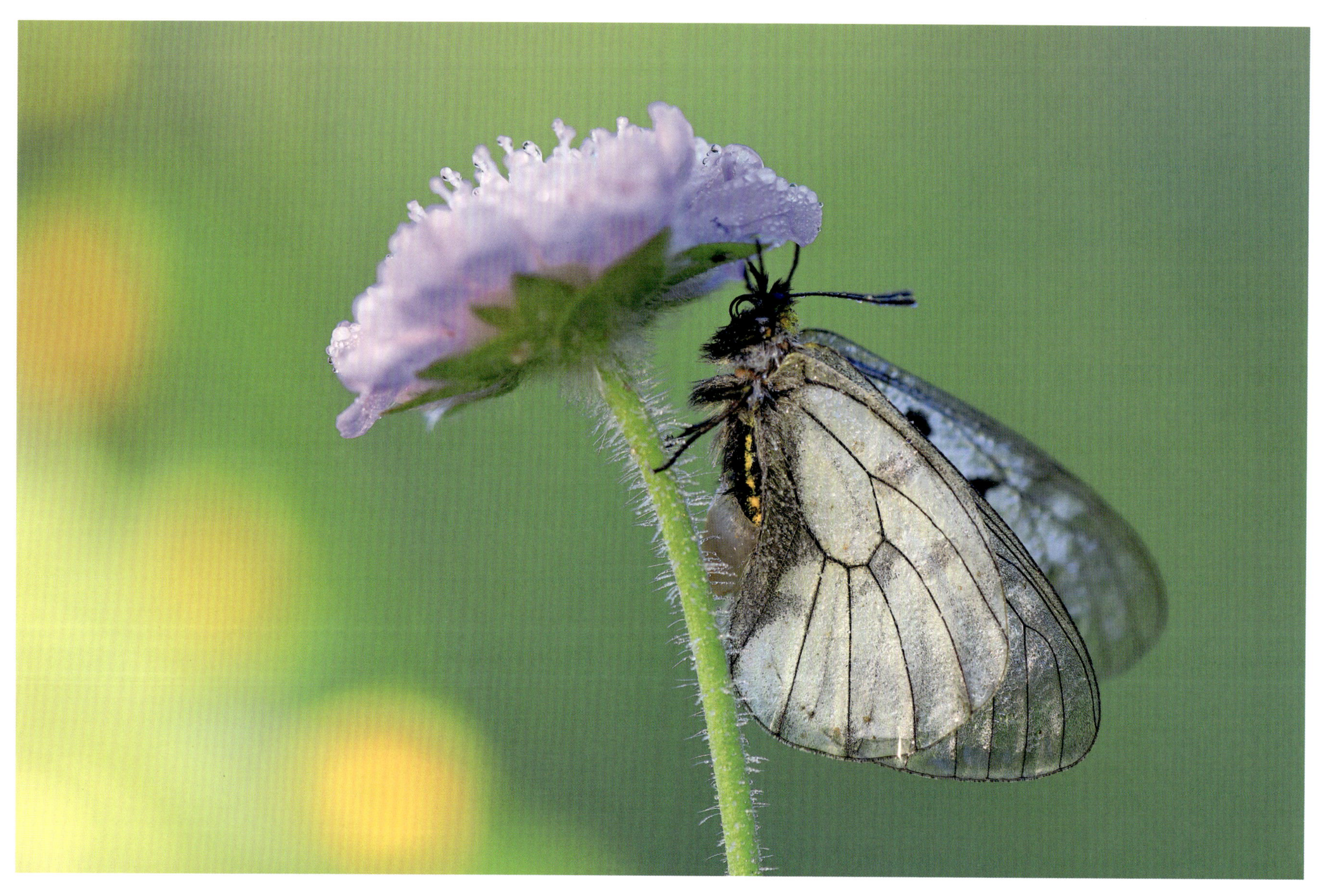

Schwarzer Apollo an einer Wiesen-Witwenblume

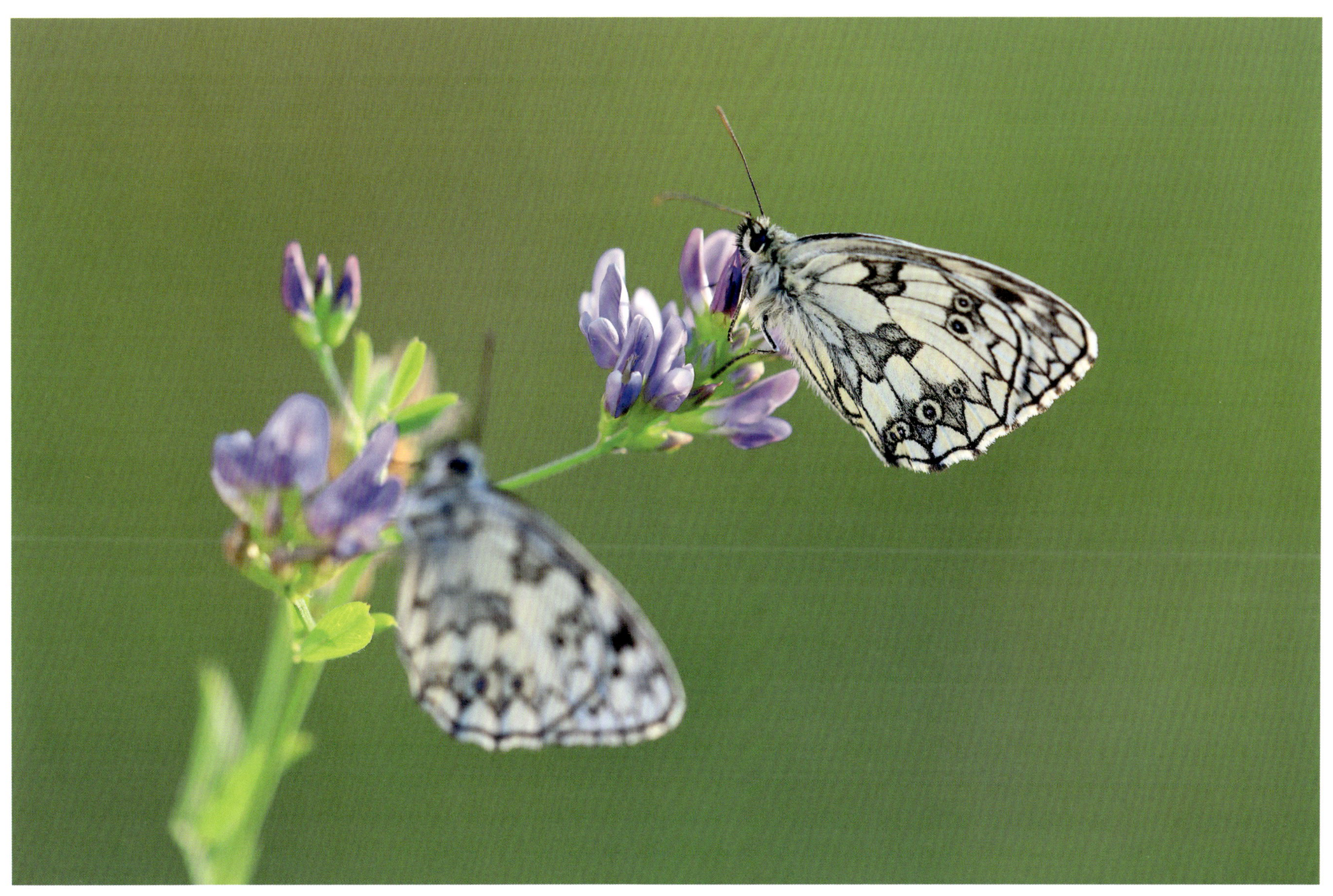

Schachbrettfalter auf einer Saat-Luzerne

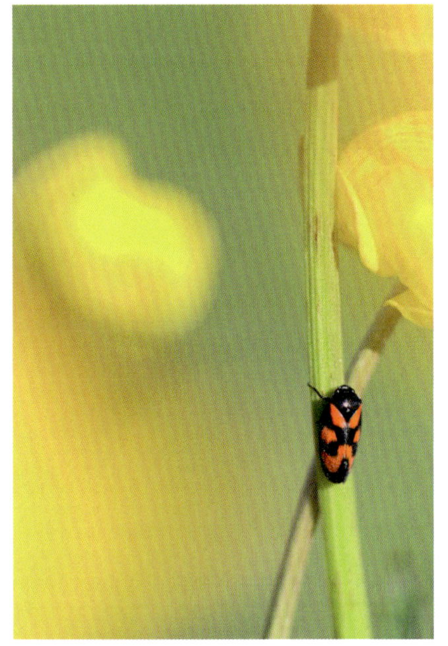
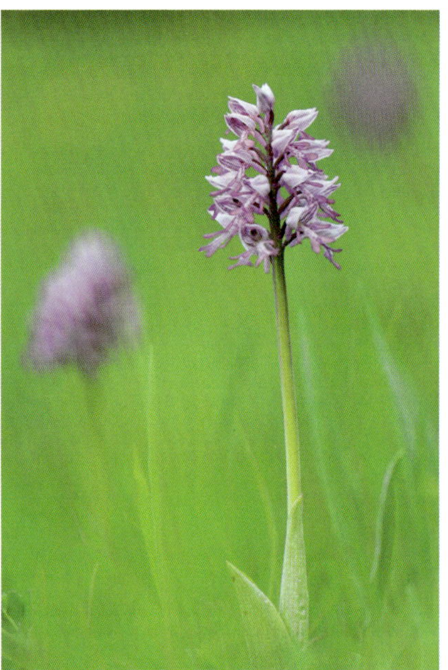
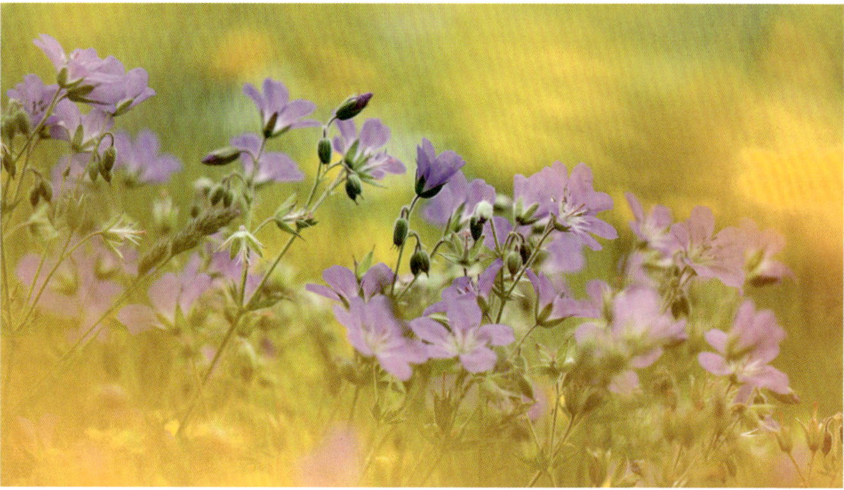
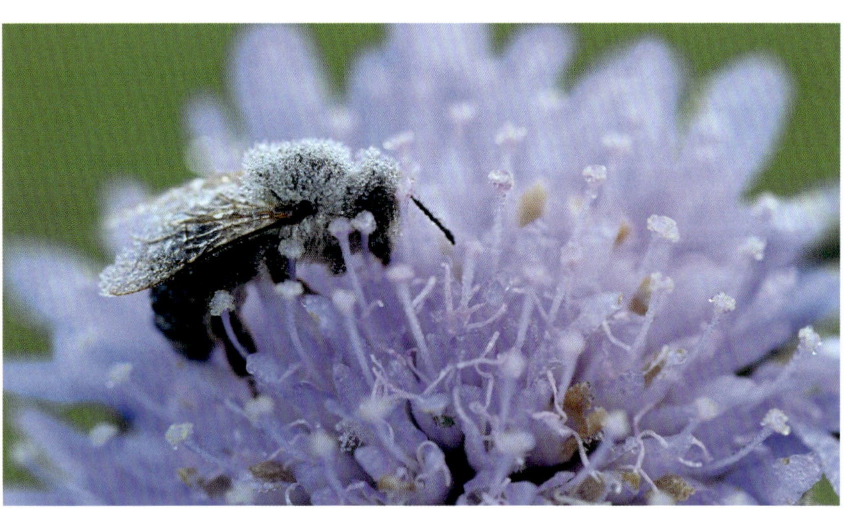
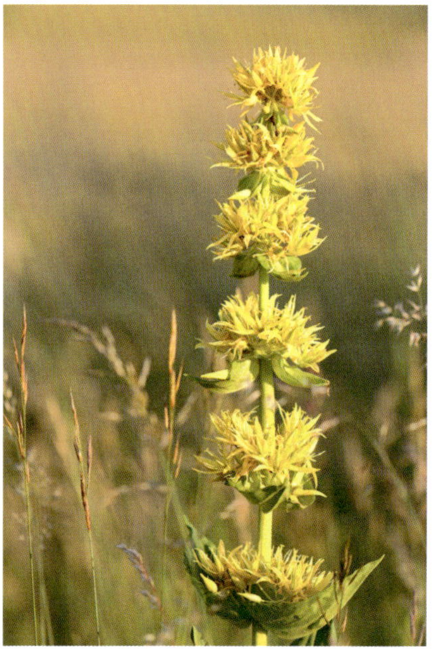
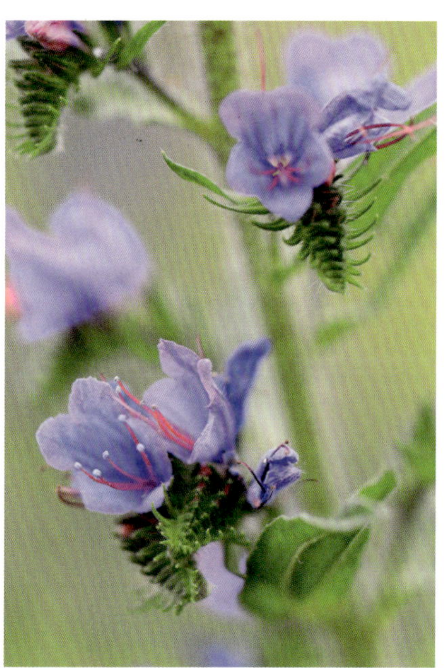

Blutzikade an Trollblume 1
Männliches Knabenkraut 2
Storchschnabel zwischen Wiesen-Bocksbart 3
Biene auf einer Wiesen-Witwenblume 4
Gelber Enzian 5
Blauer Natternkopf 6

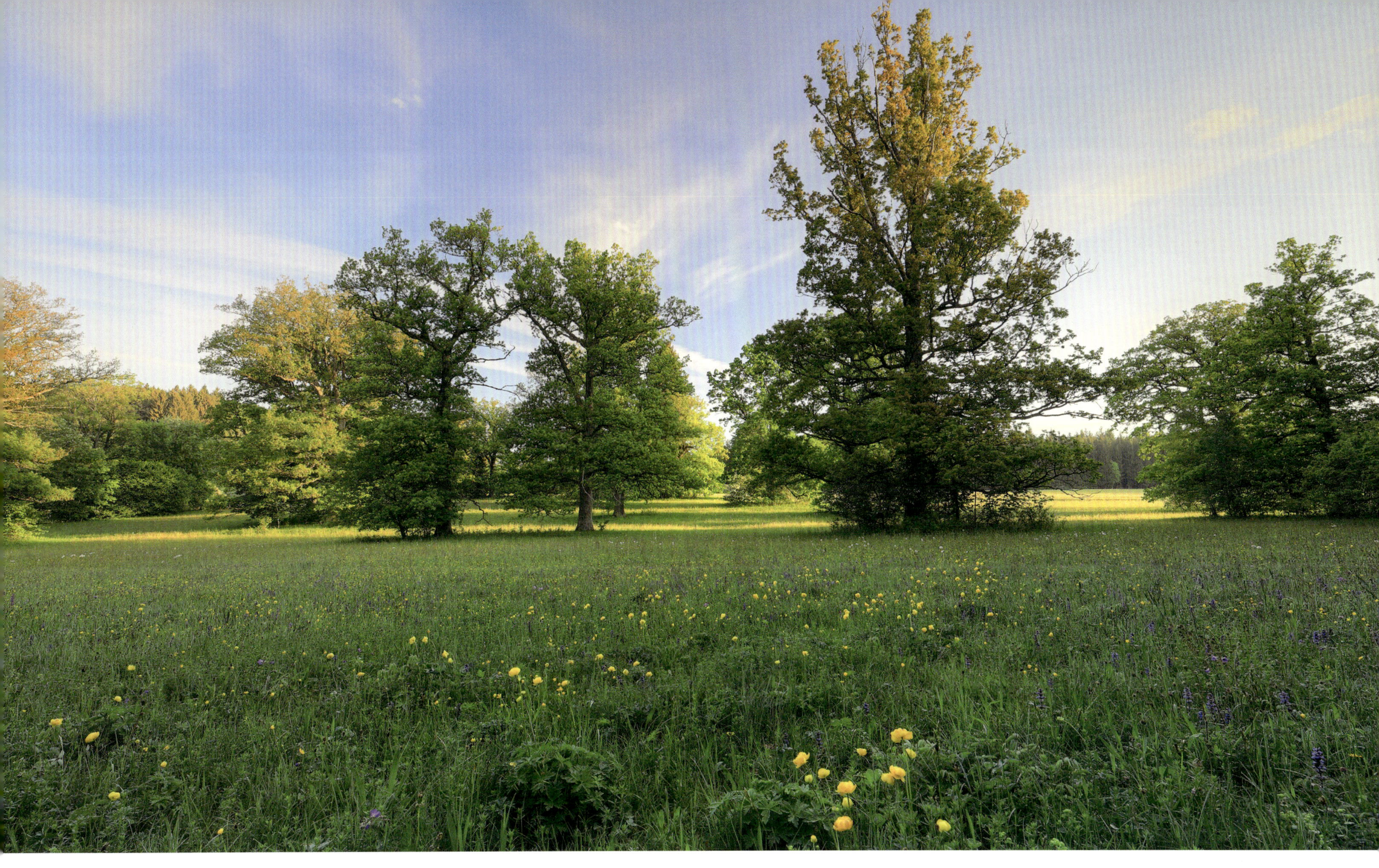

Trollblumen im Irndorfer Hardt

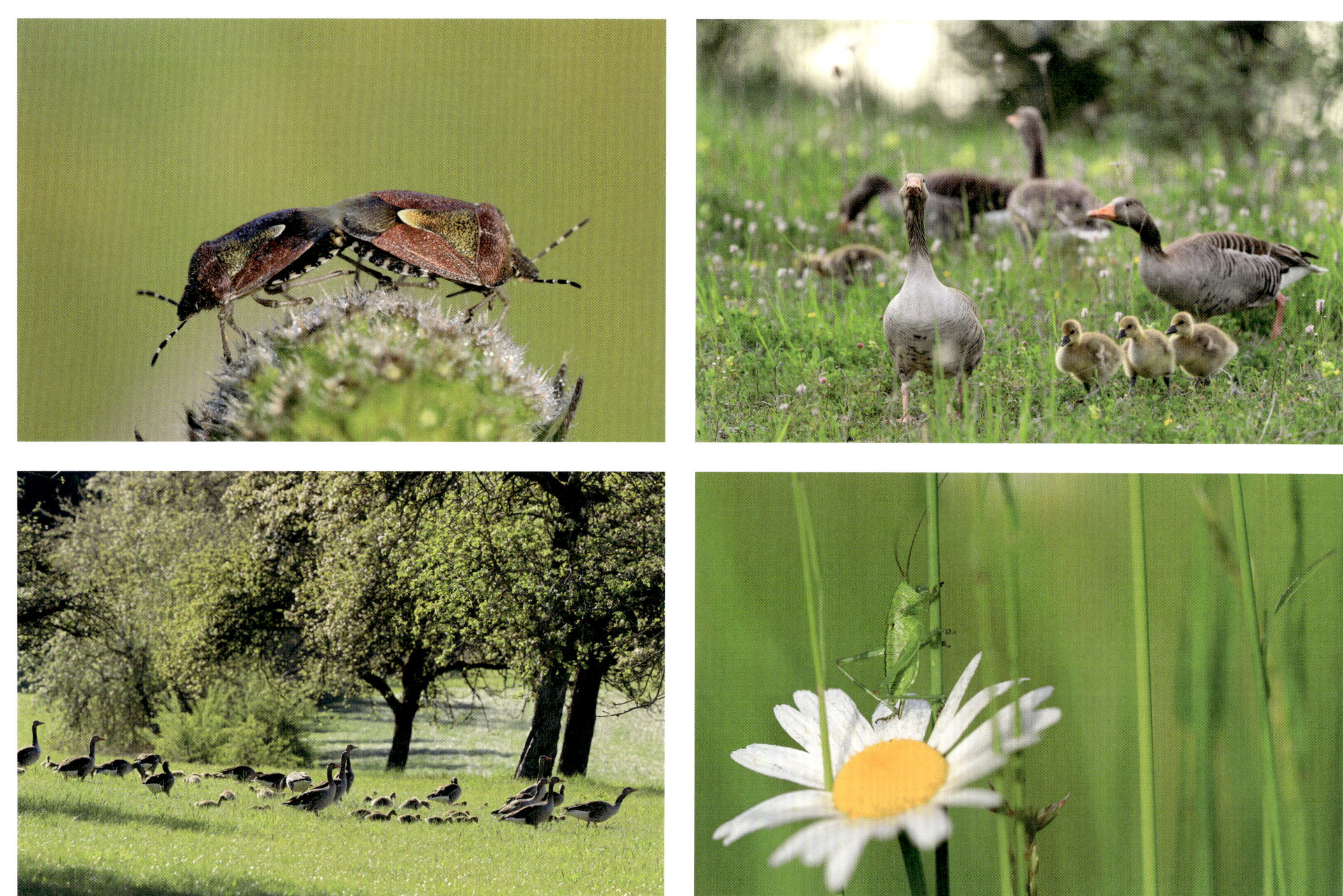

Rotbeinige Baumwanzen 1
Graugänse mit Kücken 2, 3
Grünes Heupferd 4

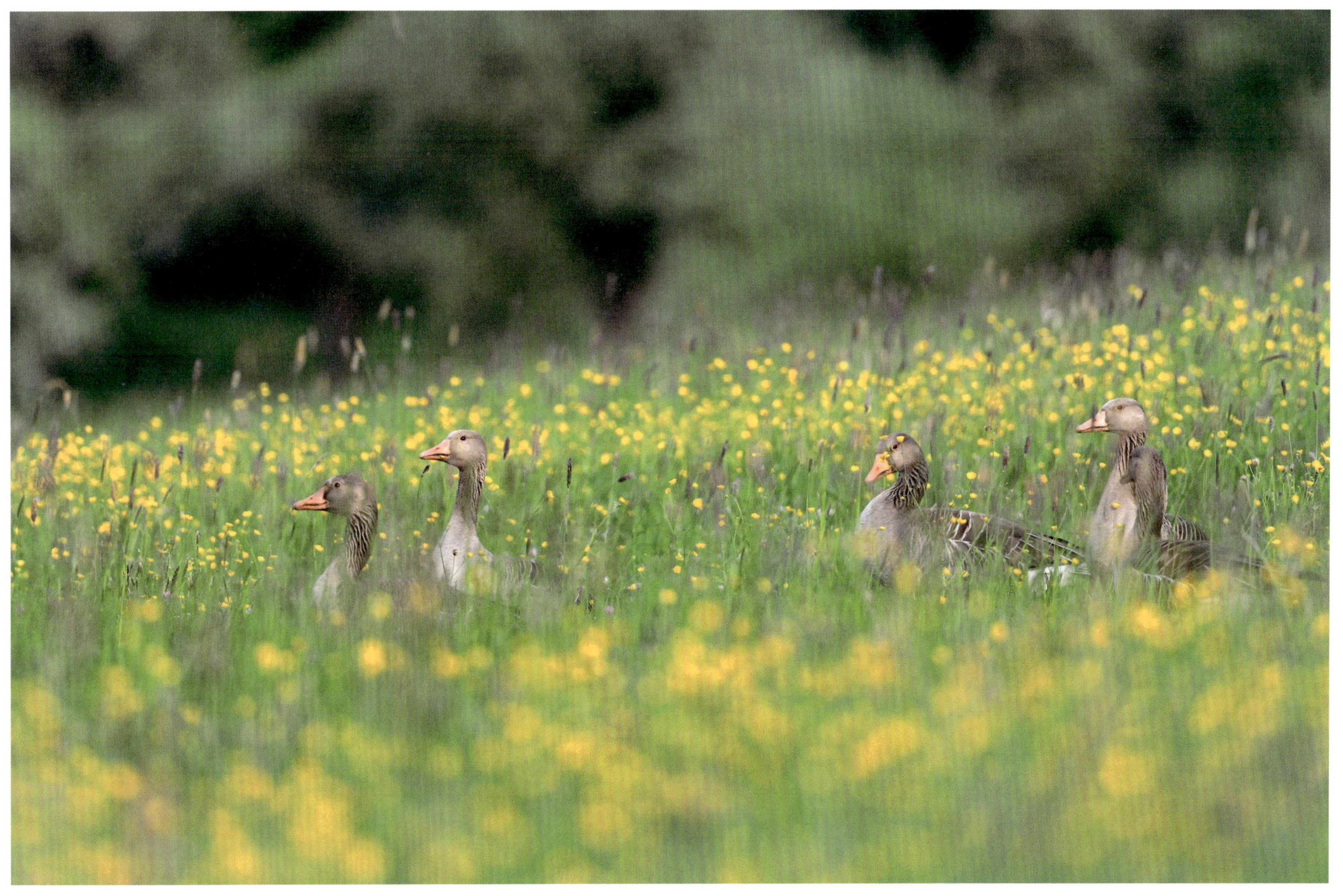

Graugänse

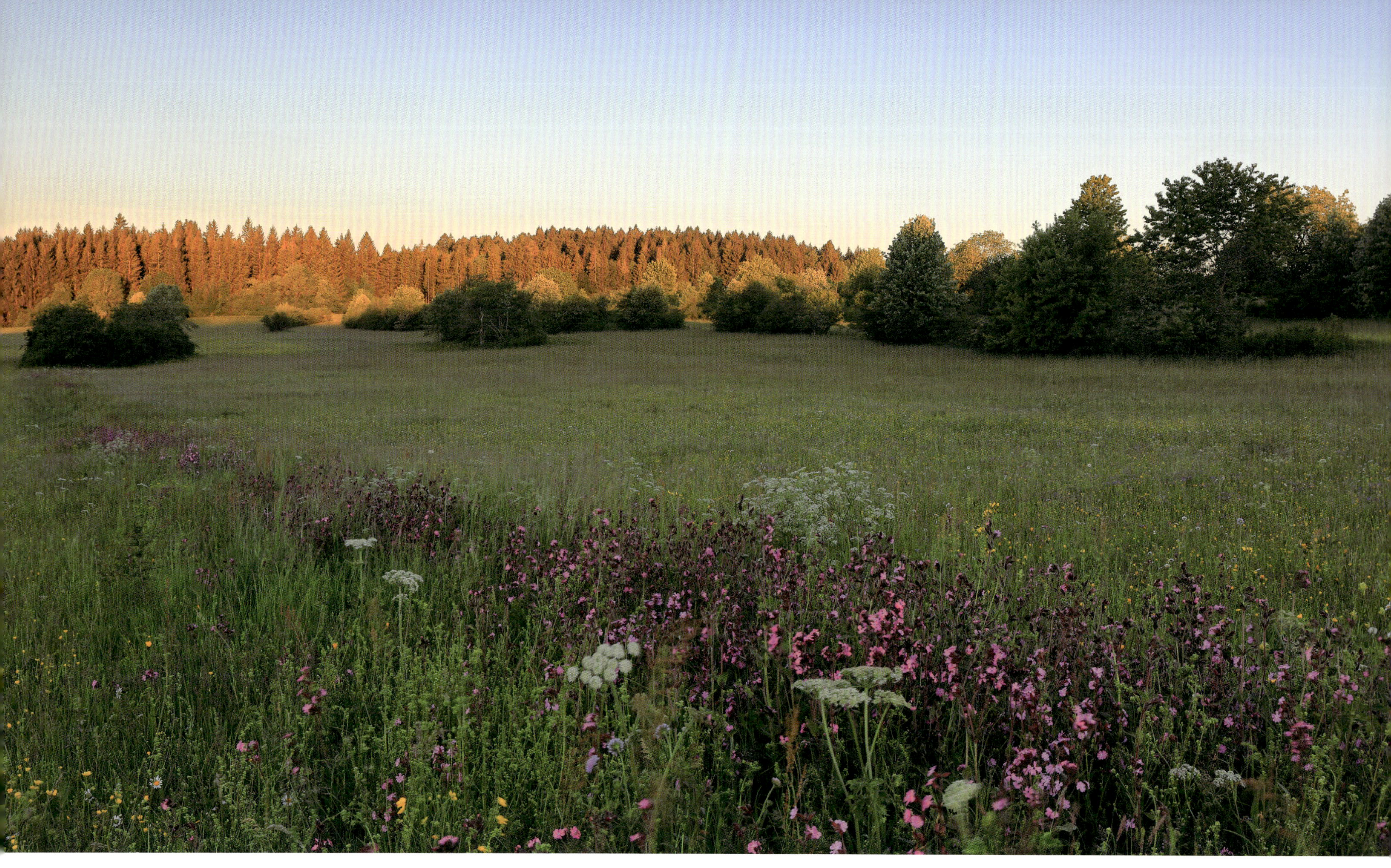

Rote Lichtnelke auf dem Westerberg

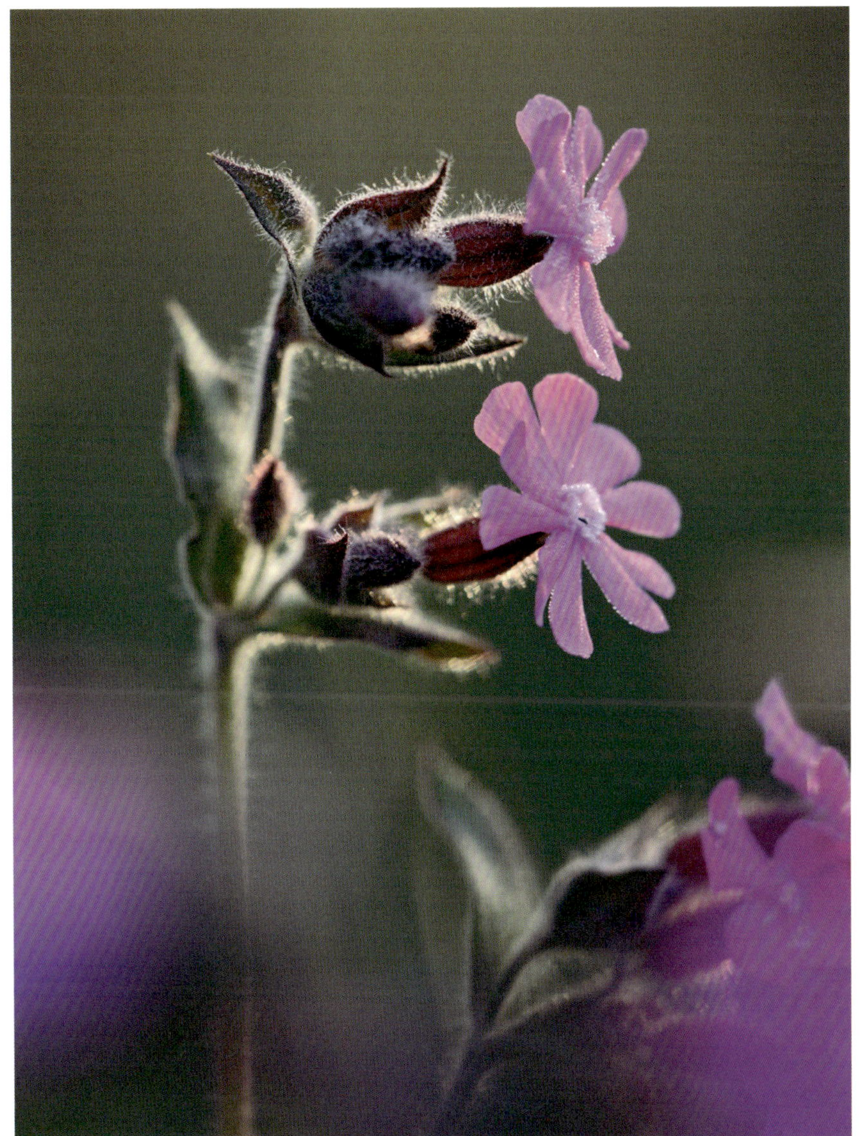

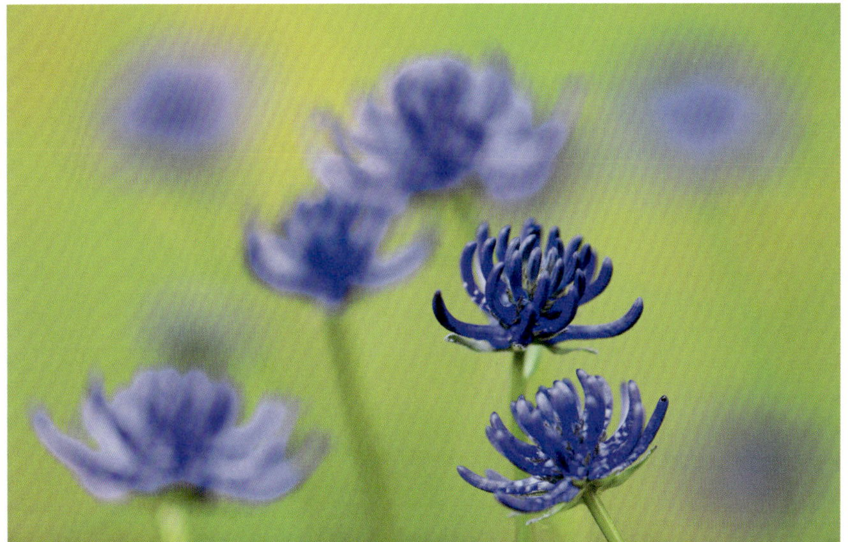

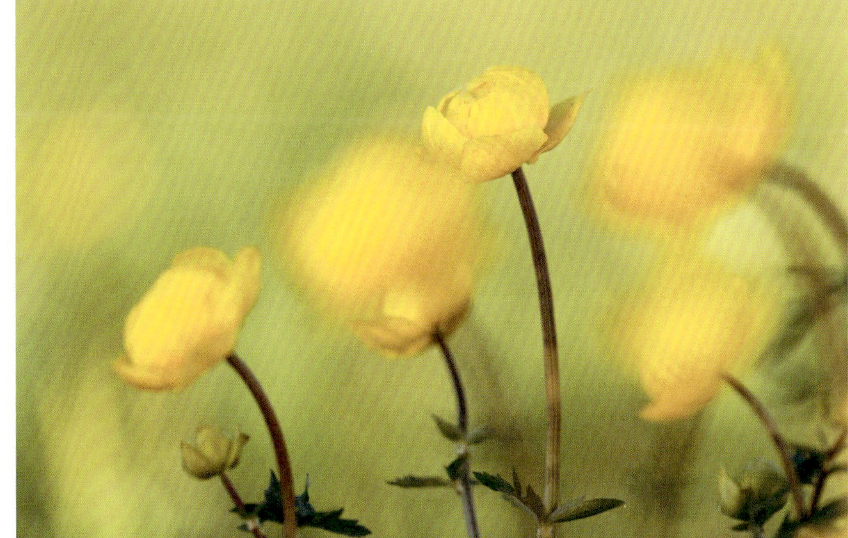

1 Rote Lichtnelke
2 Kugelige Teufelskralle
3 Trollblume

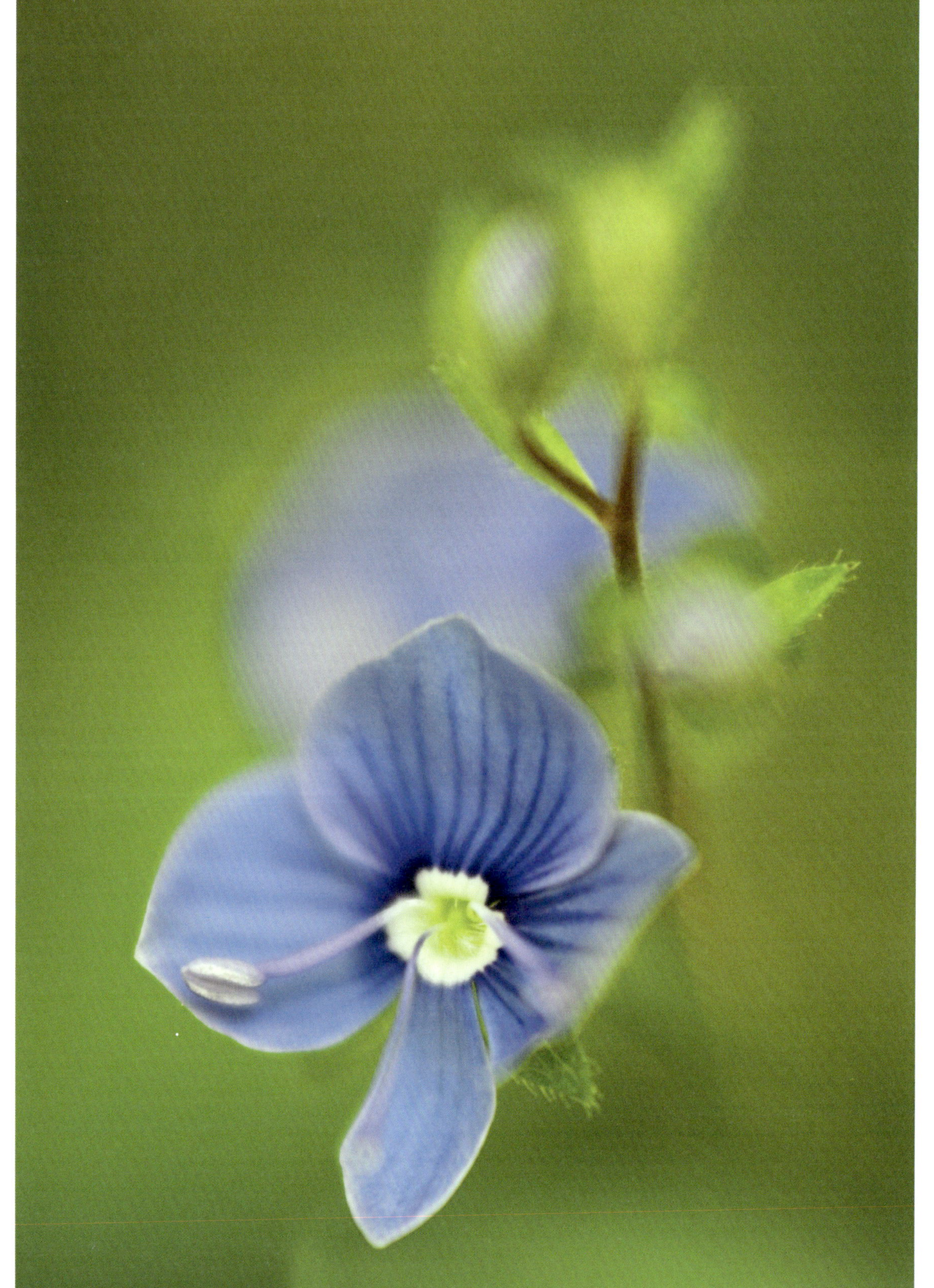

Gamander Ehrenpreis

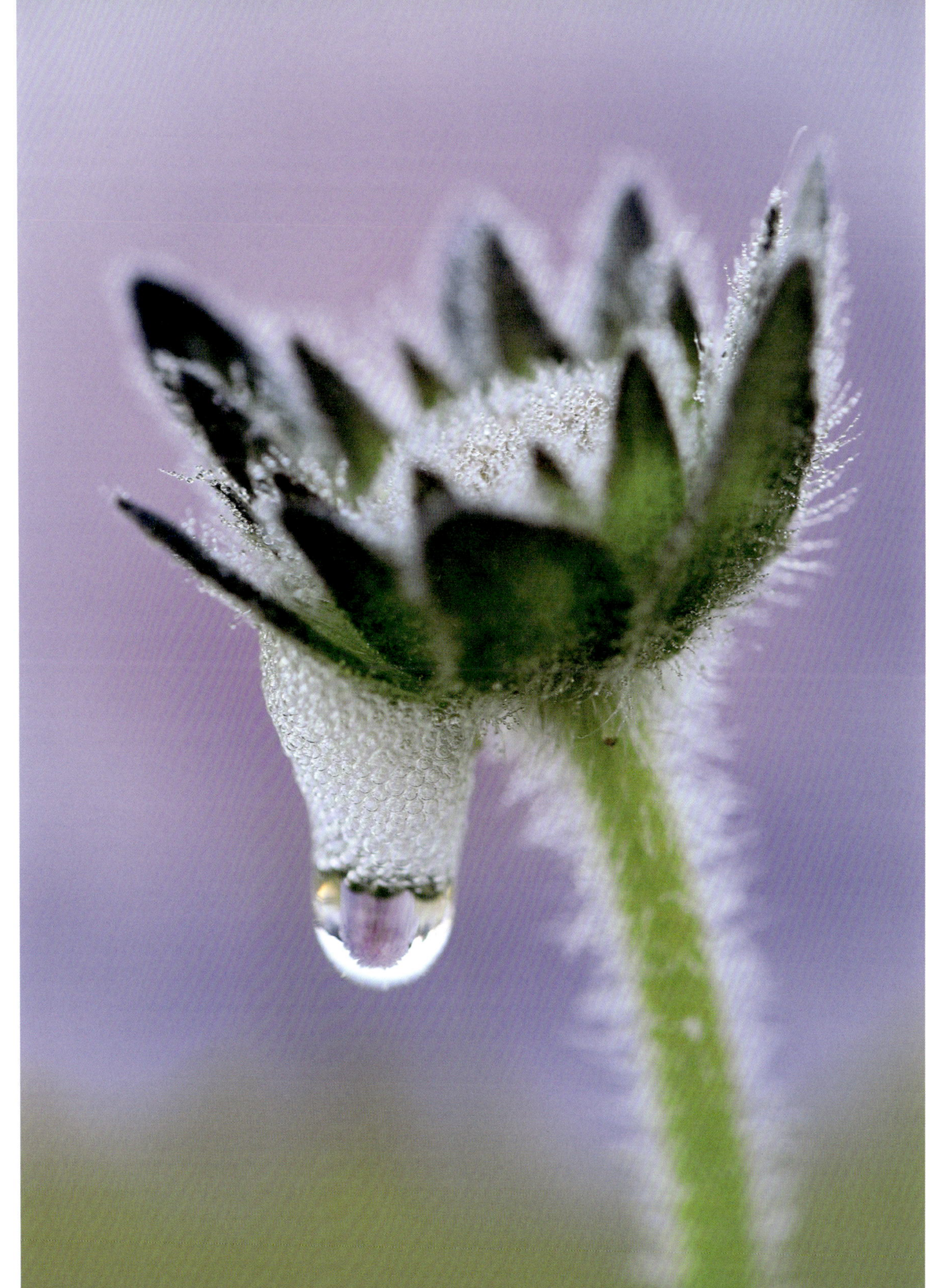

Schaum einer Wiesenschaumzikade mit
Spiegelung einer Wiesen-Witwenblume

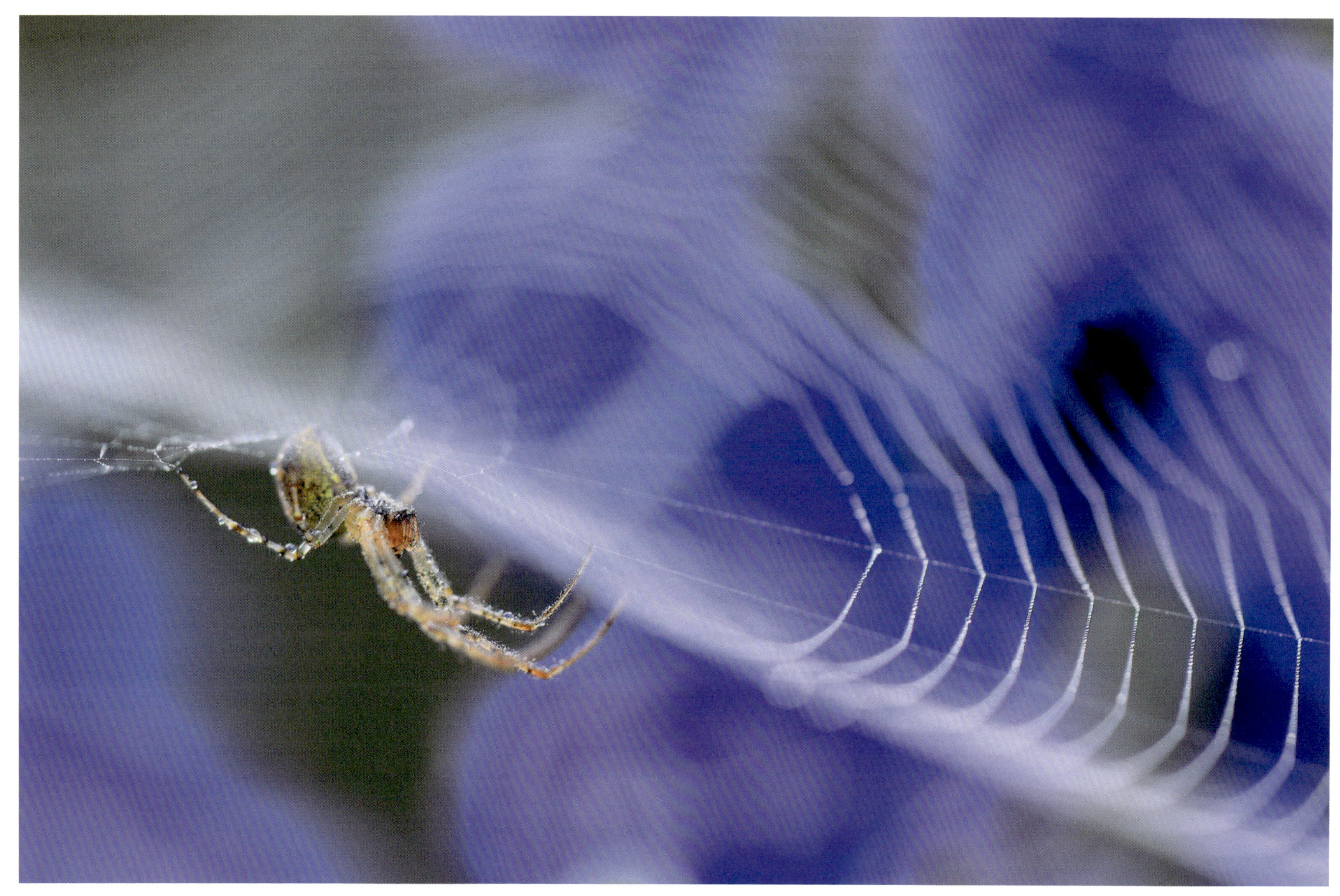

Baldachinspinne

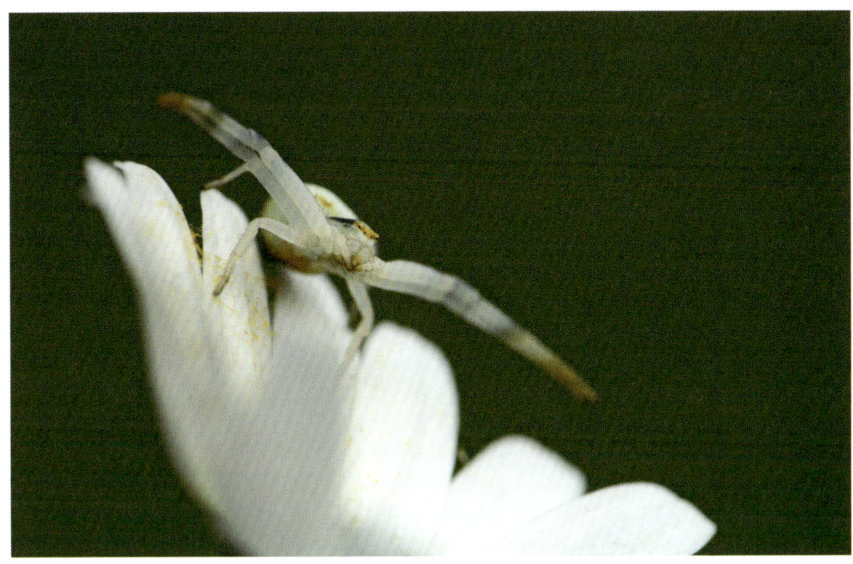

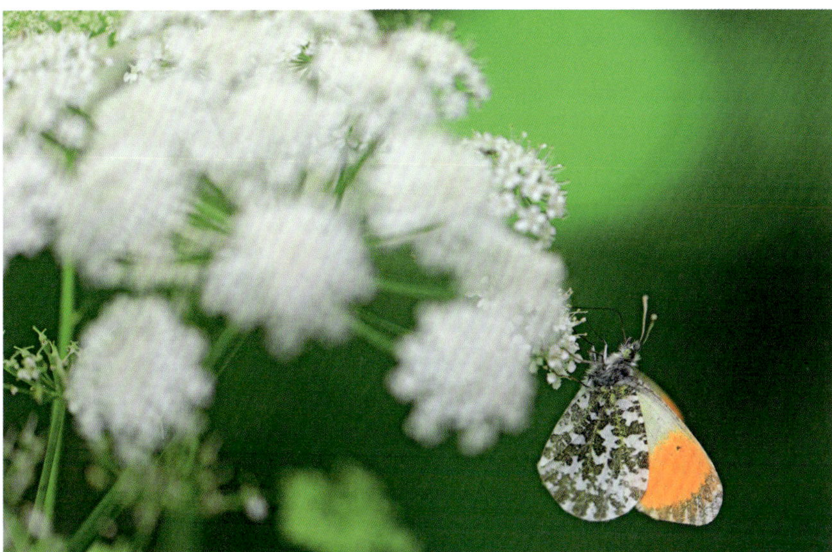

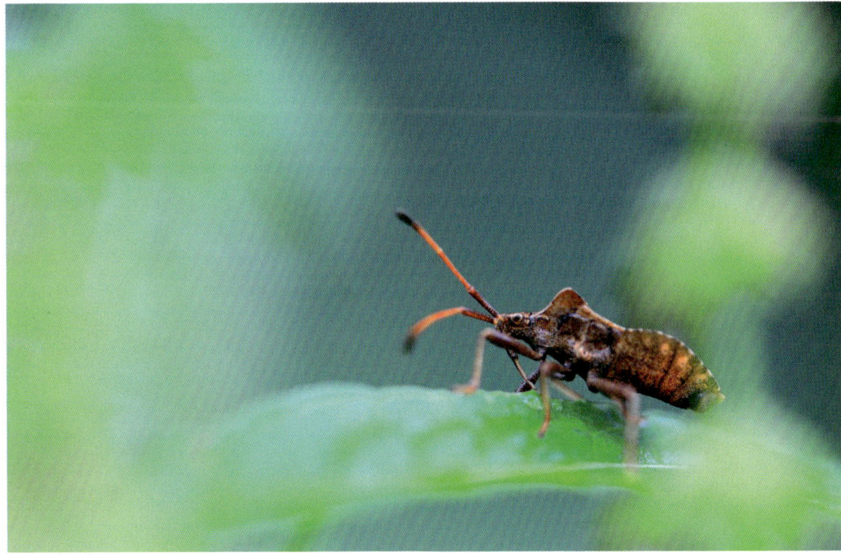

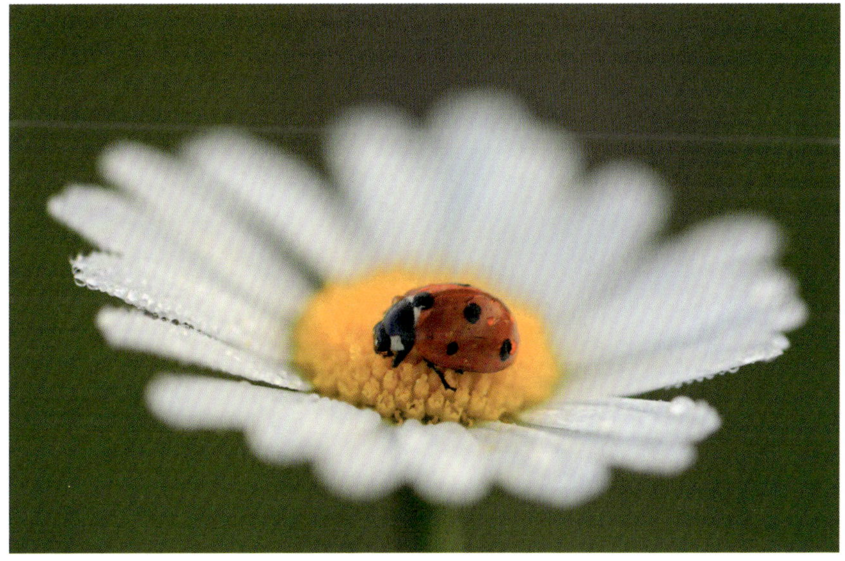

1 Krabbenspinne
2 Aurorafalter
3 Rotbeinige Baumwanze
4 Marienkäfer auf Margerite

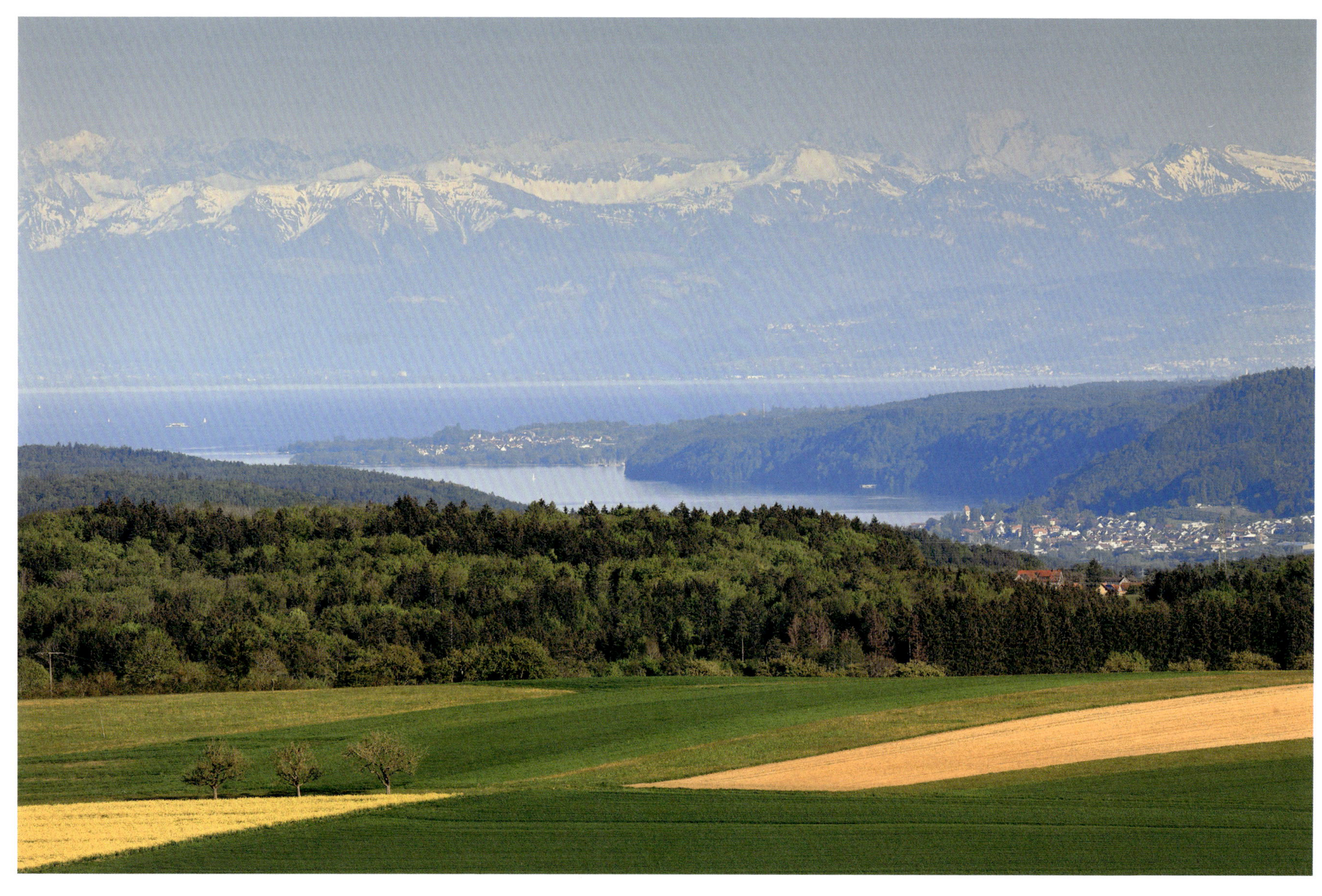

Blick vom Witthoh auf die Alpen, Emmingen-Liptingen

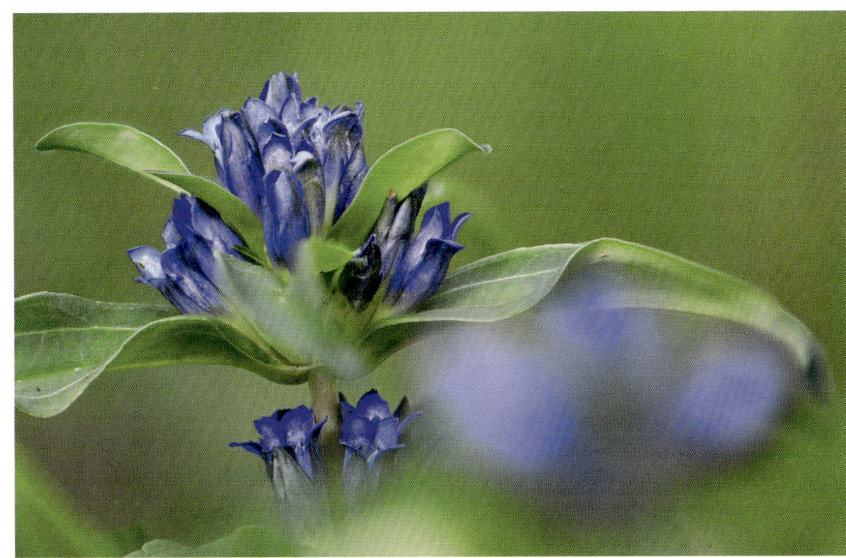

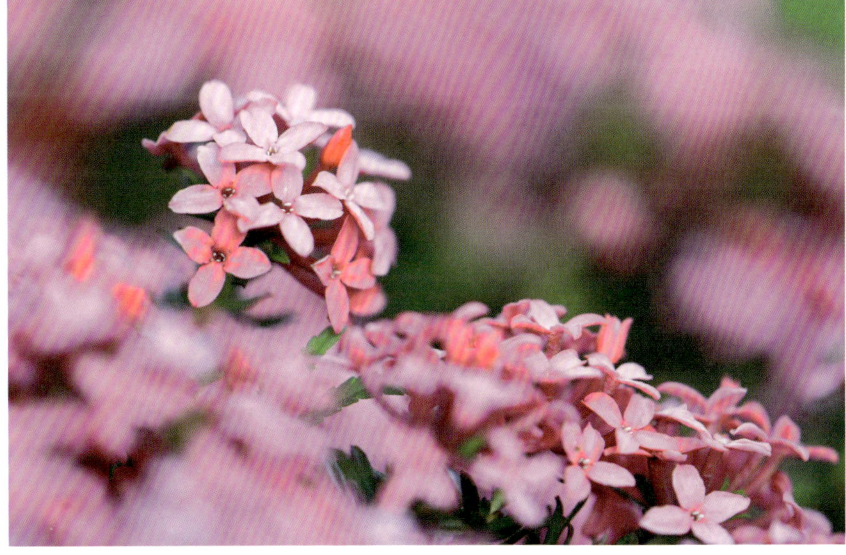

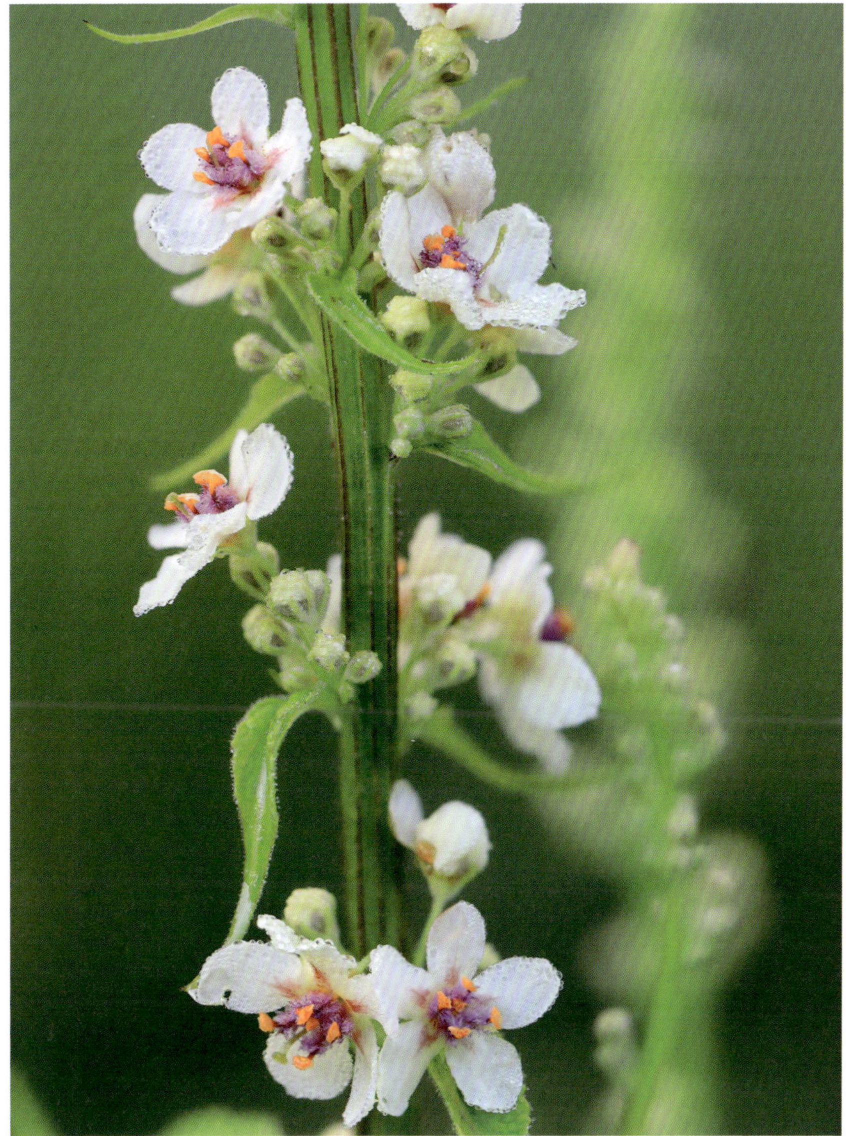

1 Kreuz-Enzian
2 Rosmarin-Seidelbast
3 Schwarze Königskerze

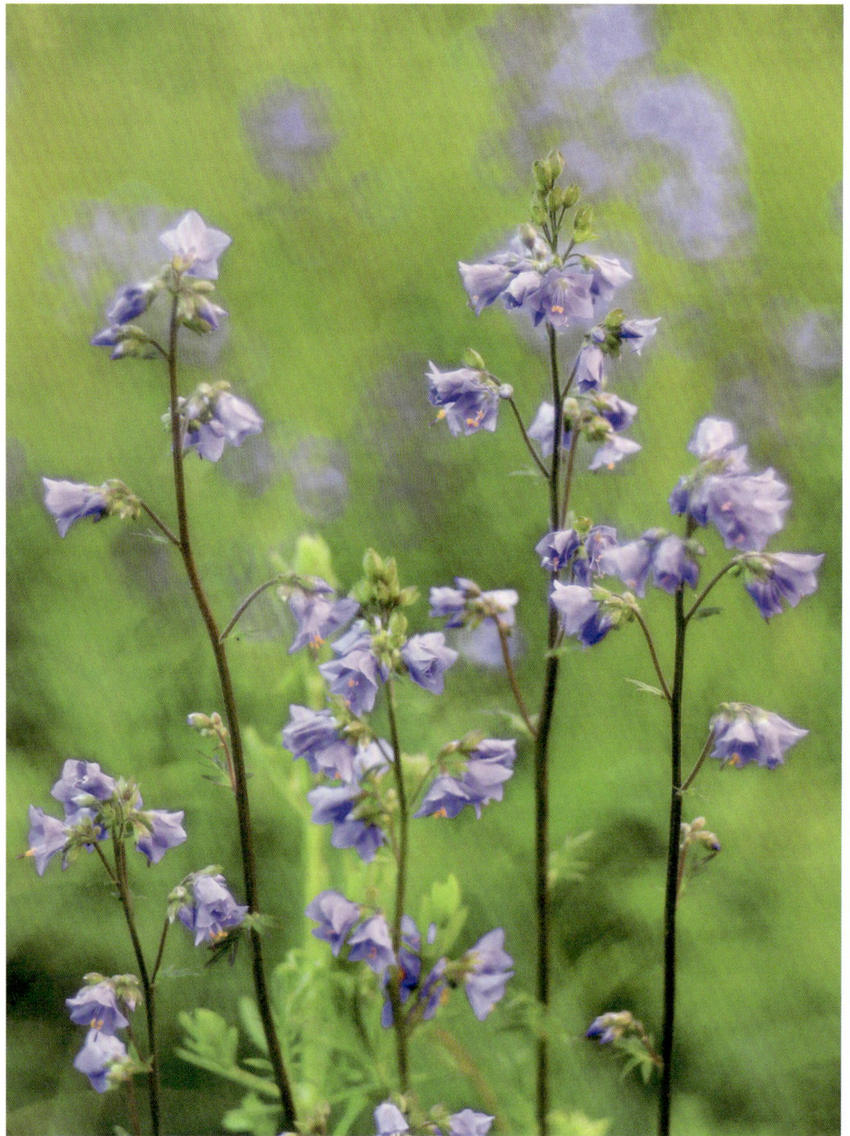

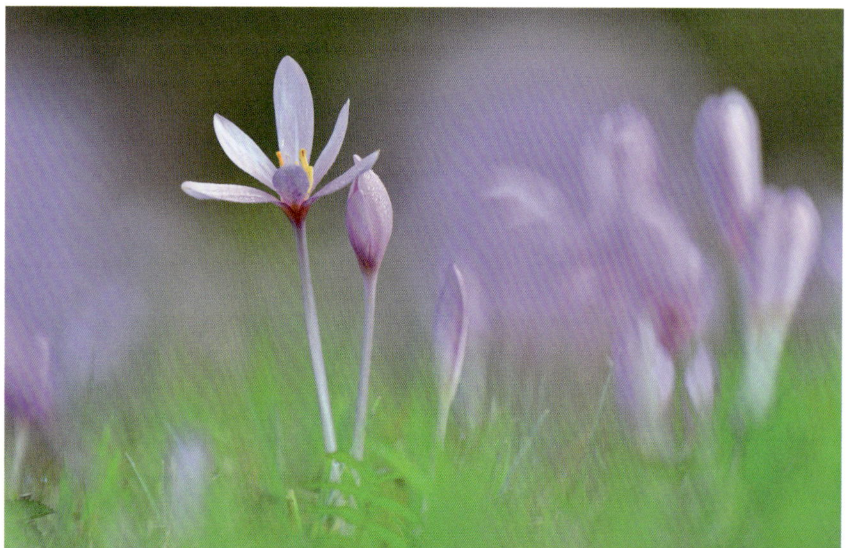

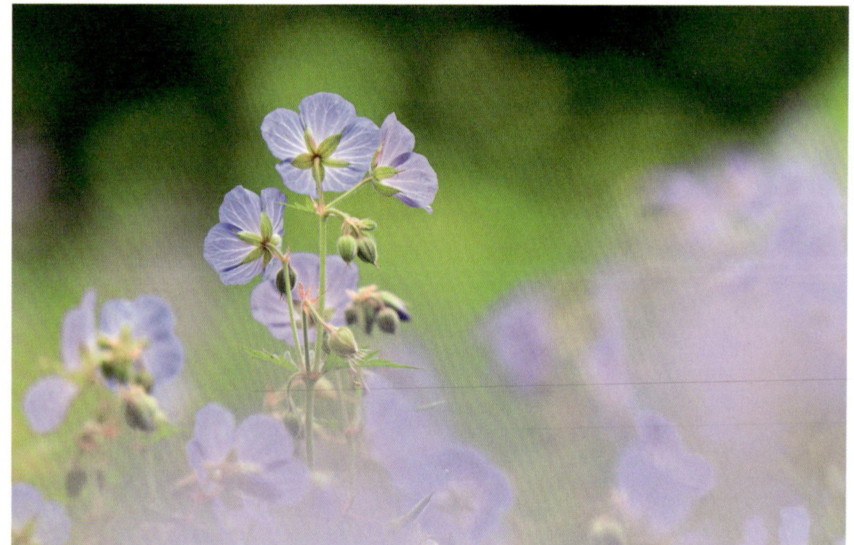

Jakobsleiter 1
Herbstzeitlose 2
Wiesen-Storchschnabel 3

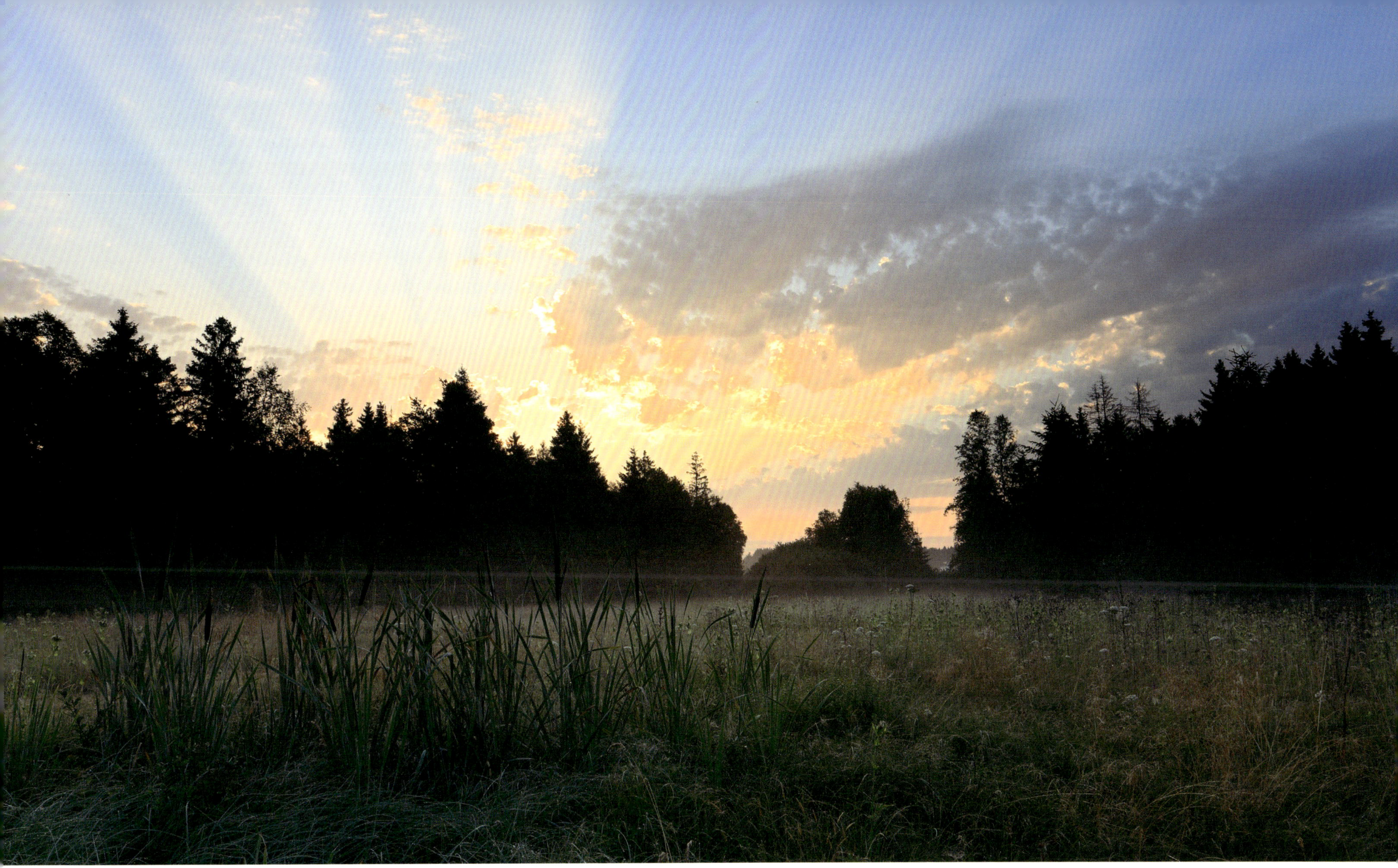

Waltere Moor bei Sauldorf

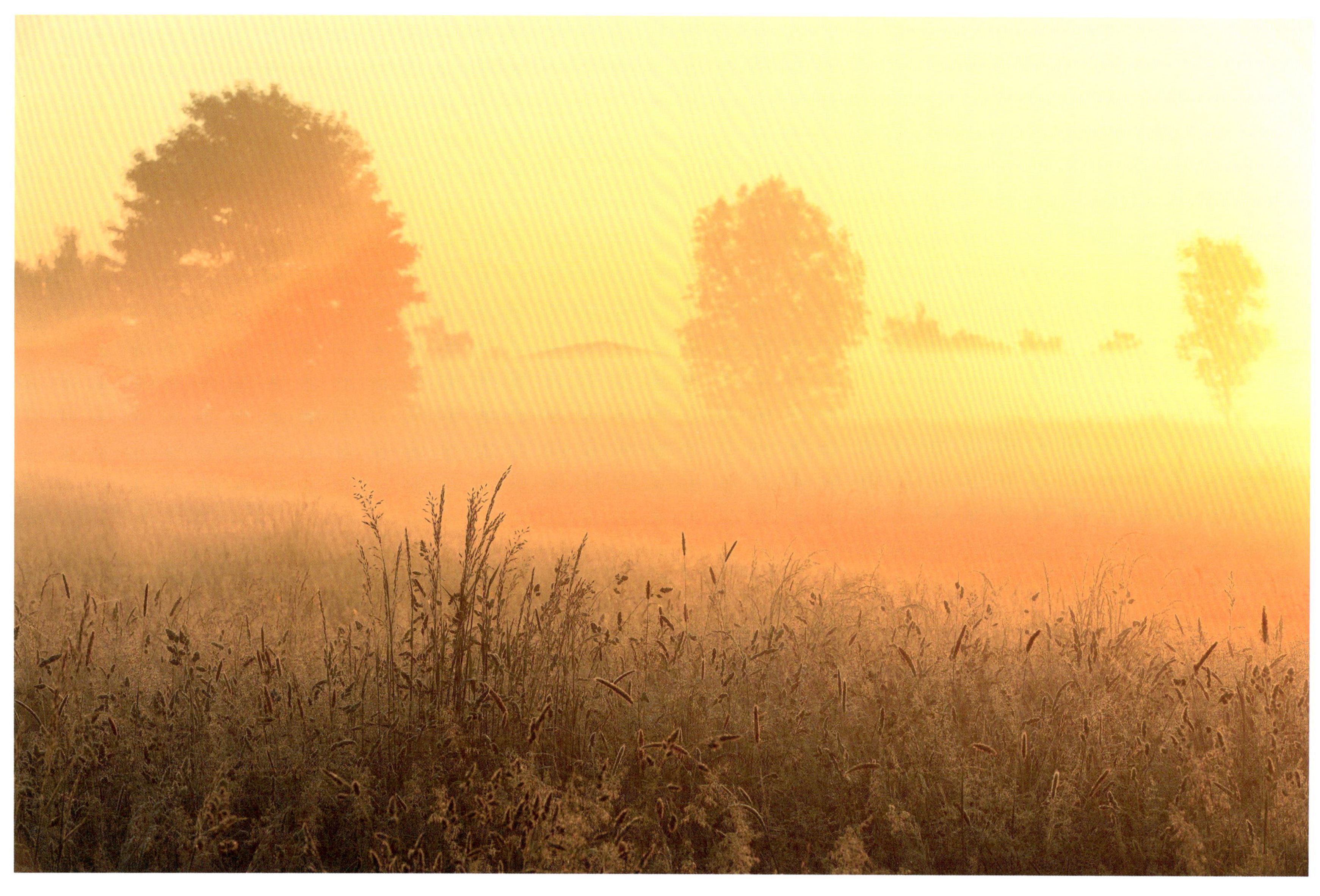

Sommerwiese, Hundersingen

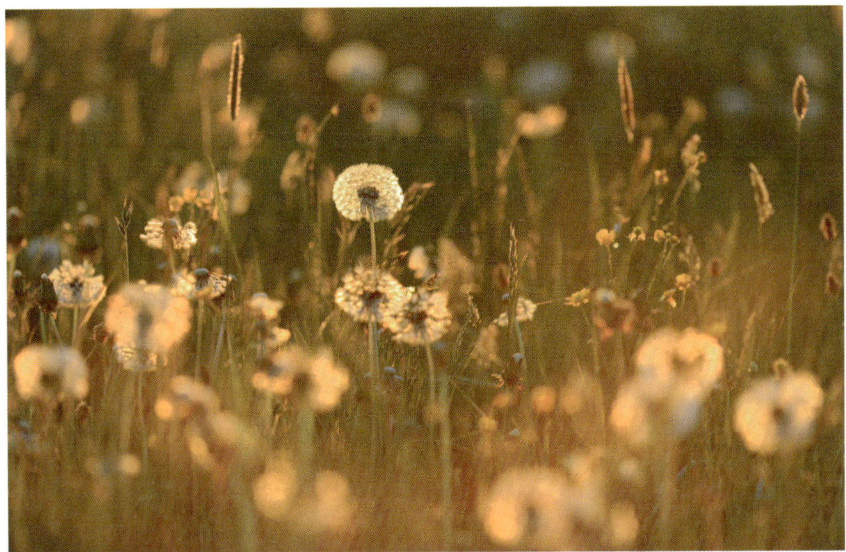

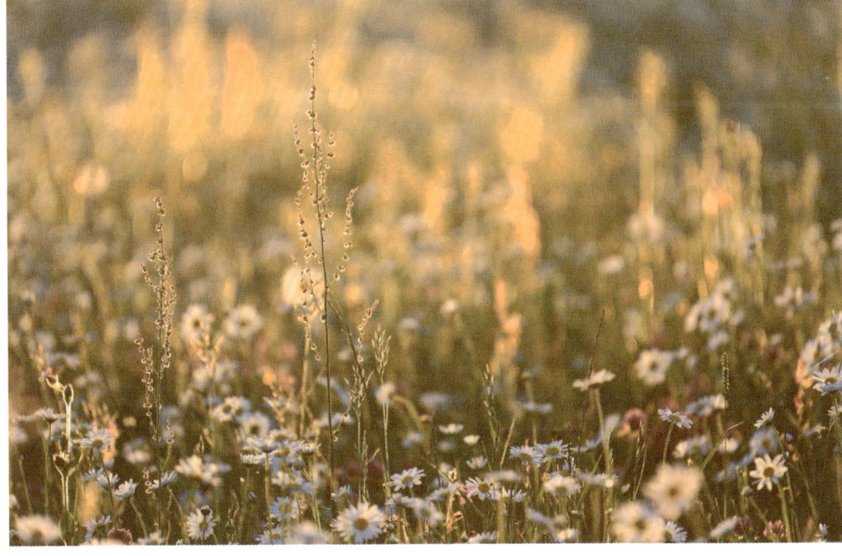

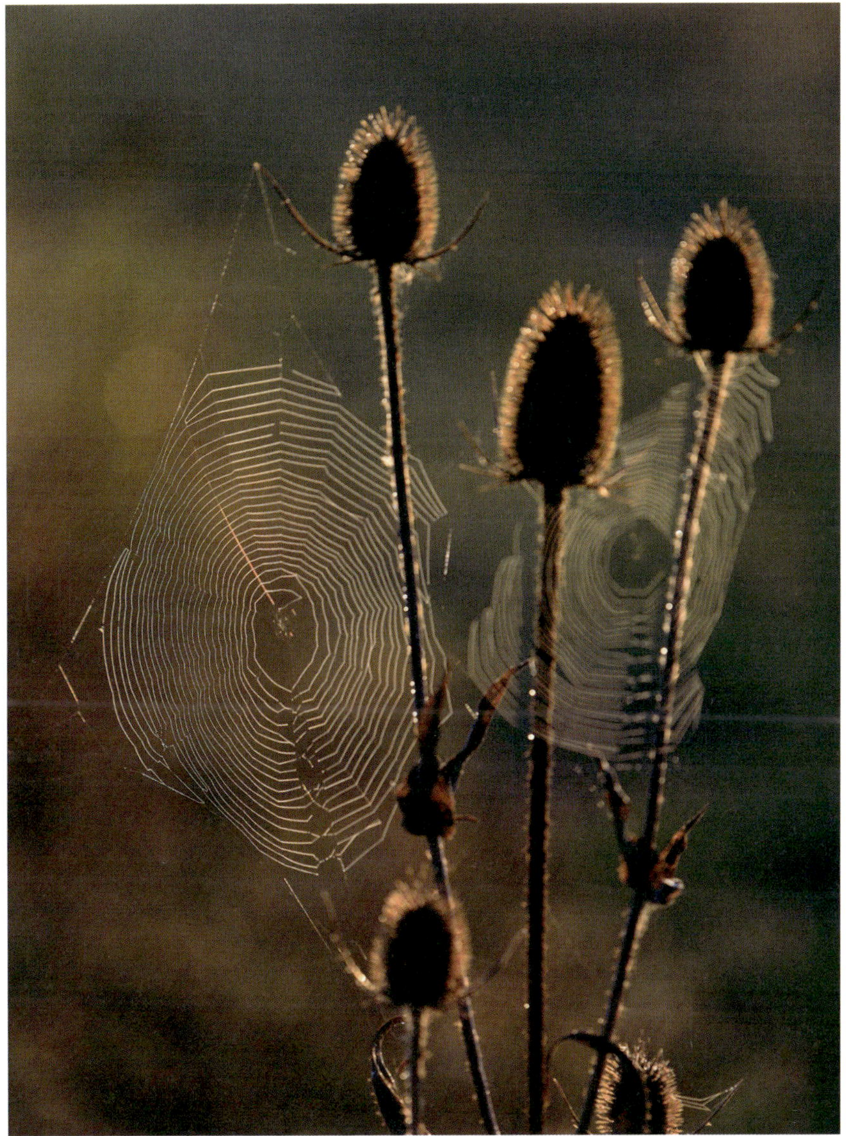

1 Löwenzahn im Samenstand
2 Margeriten und Sauerampfer
3 Wilde Karde

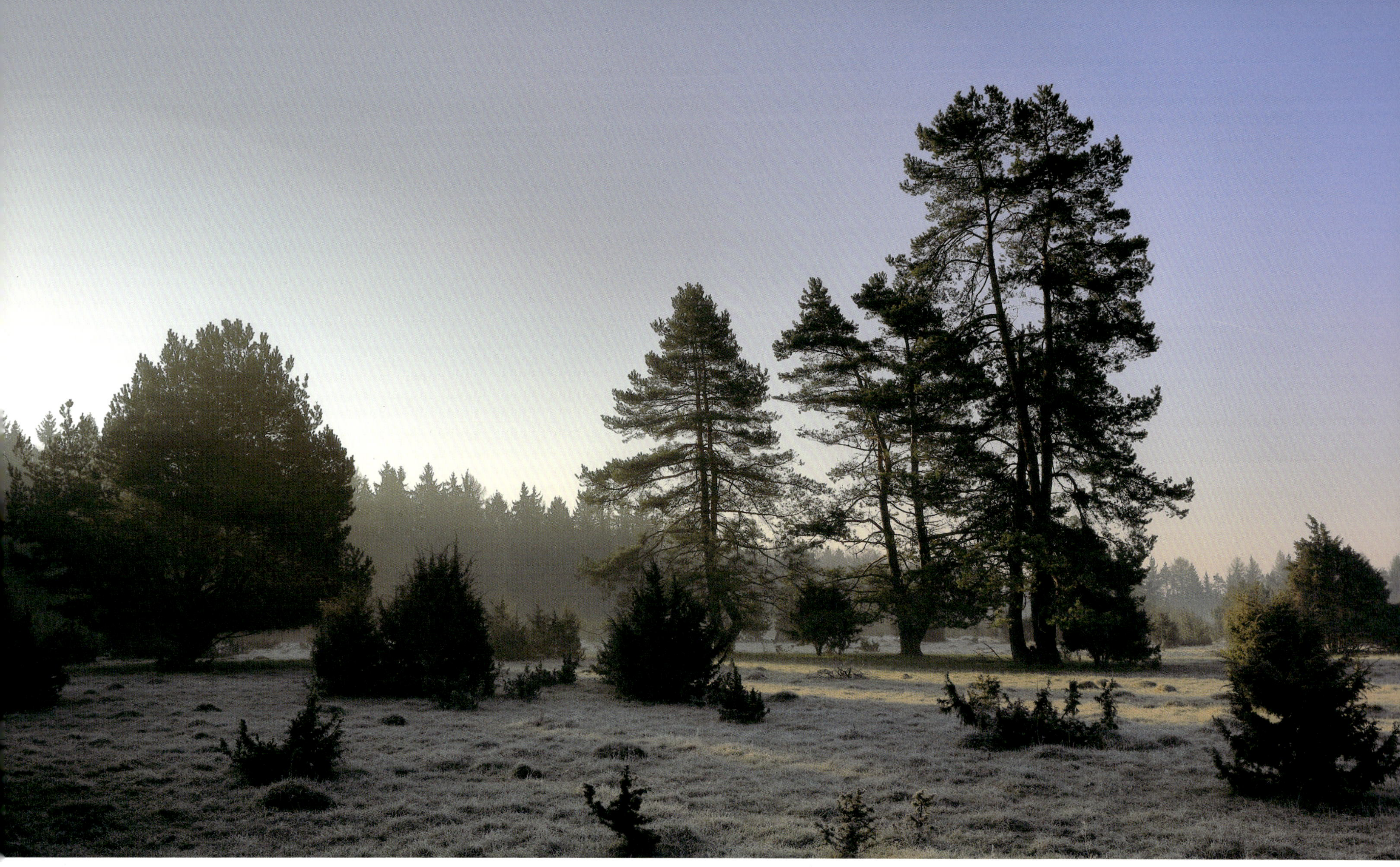

Wachholderheide Kraftstein

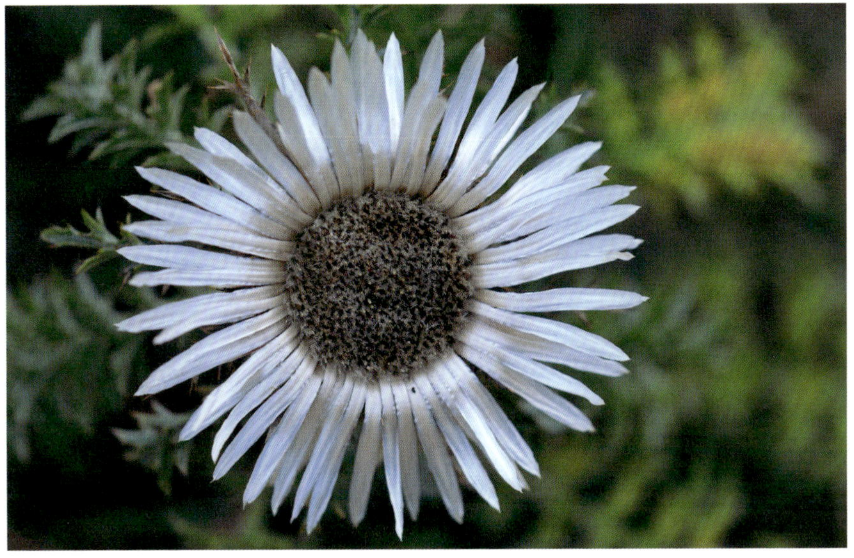

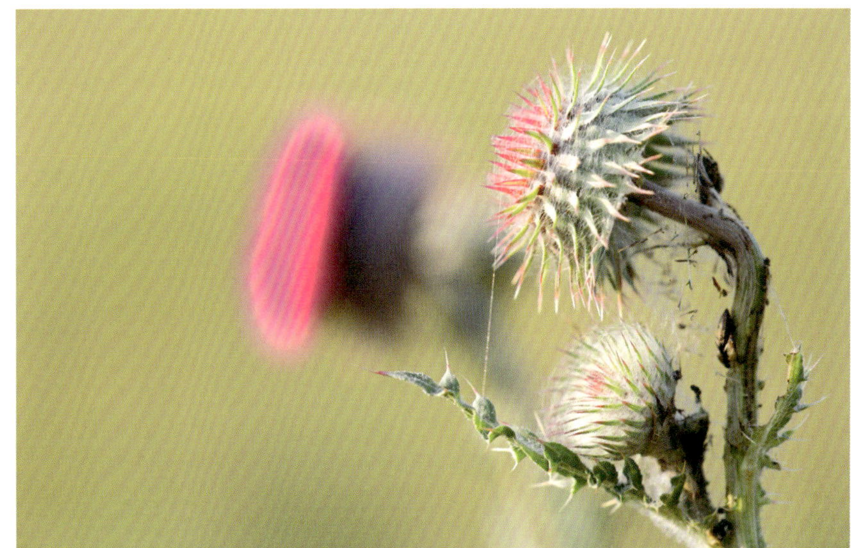

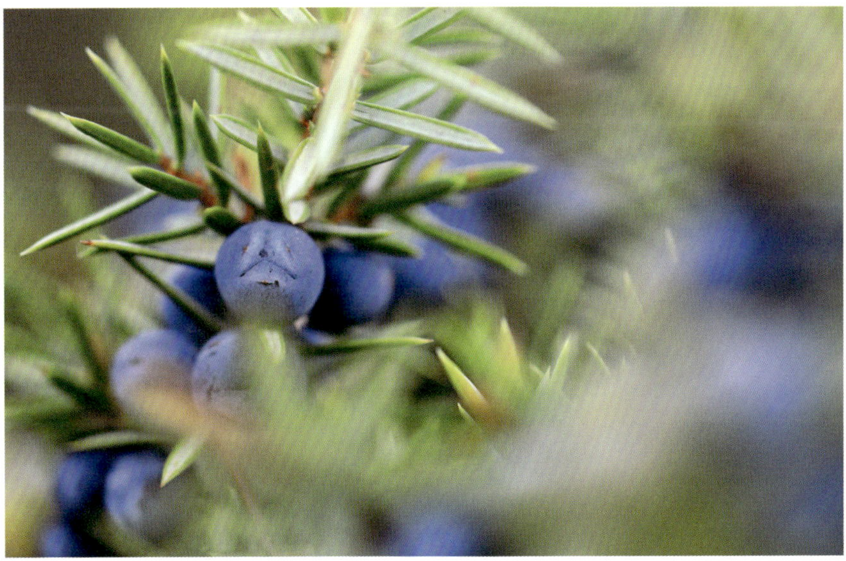

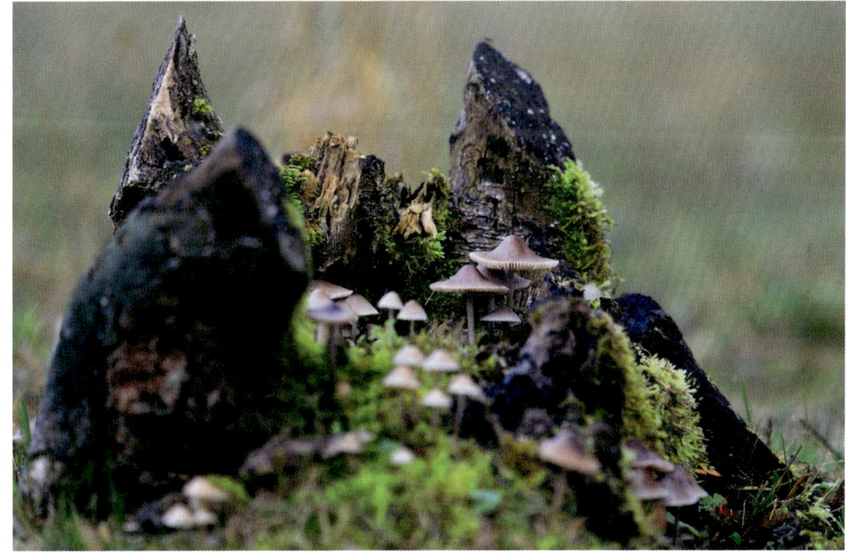

1 Silberdistel
2 Nickende Ringdistel
3 Wachholder
4 Helmlinge an Totholz

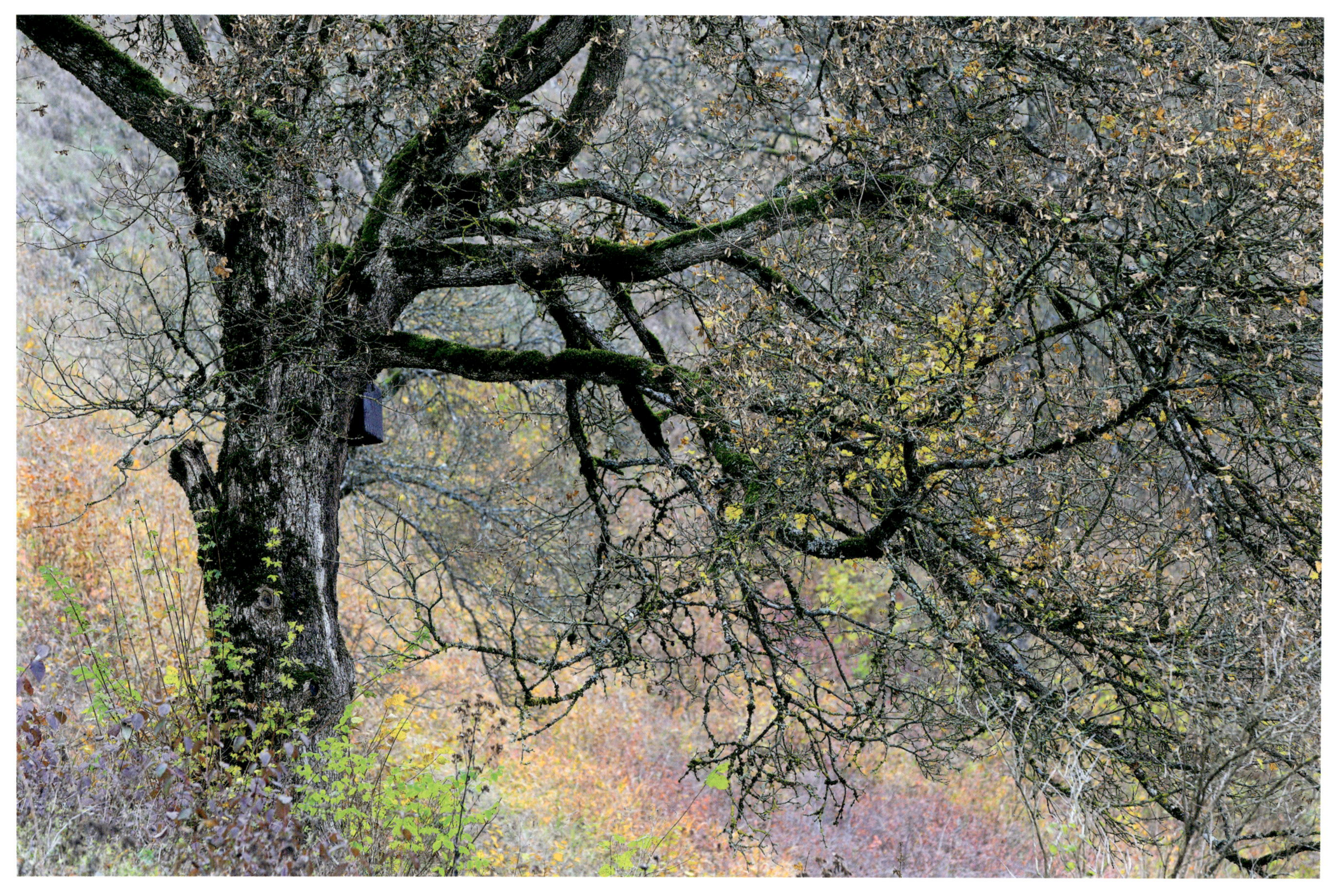

Wulfbachschlucht, Mühlheim

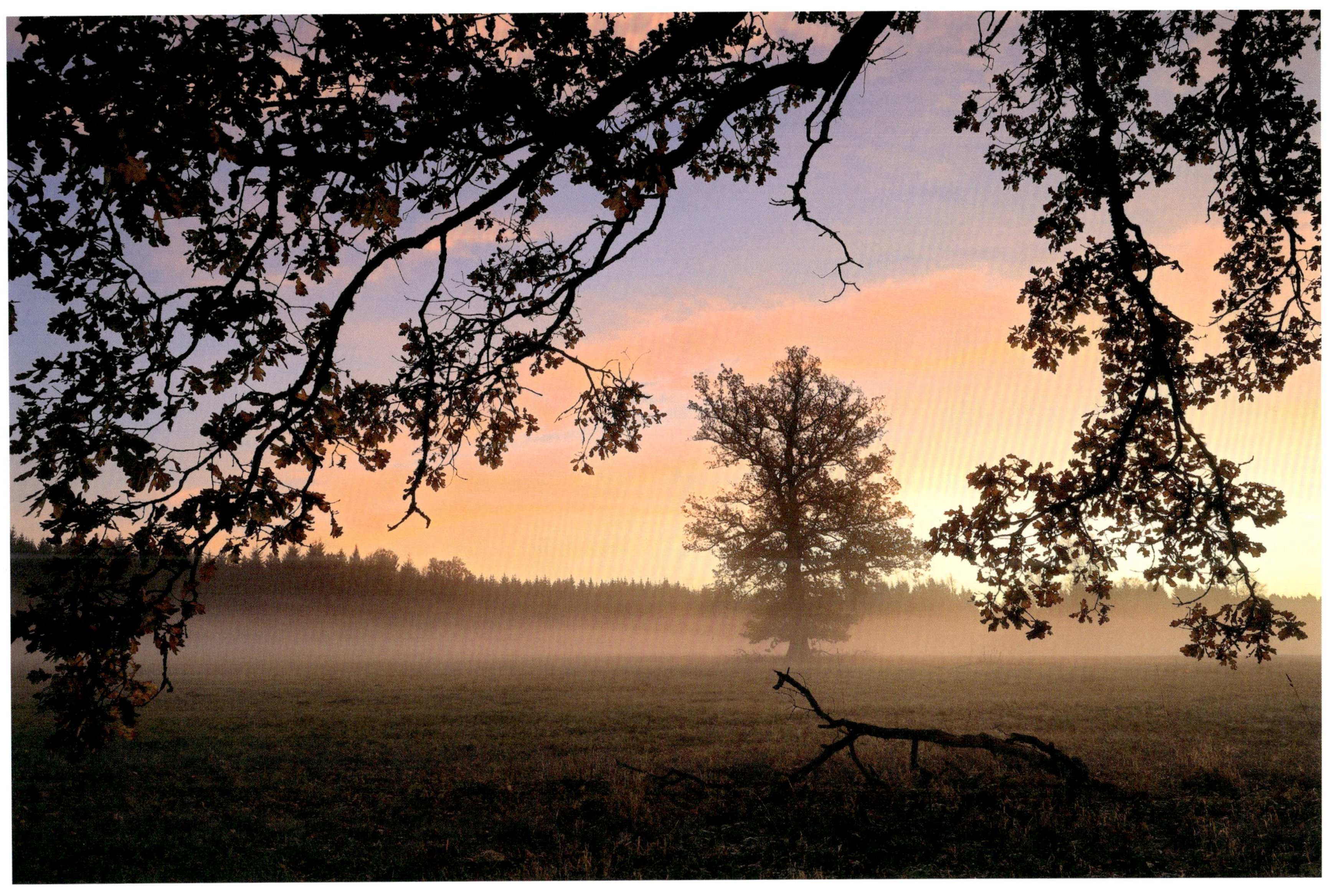

Eiche im Irndofer Hardt

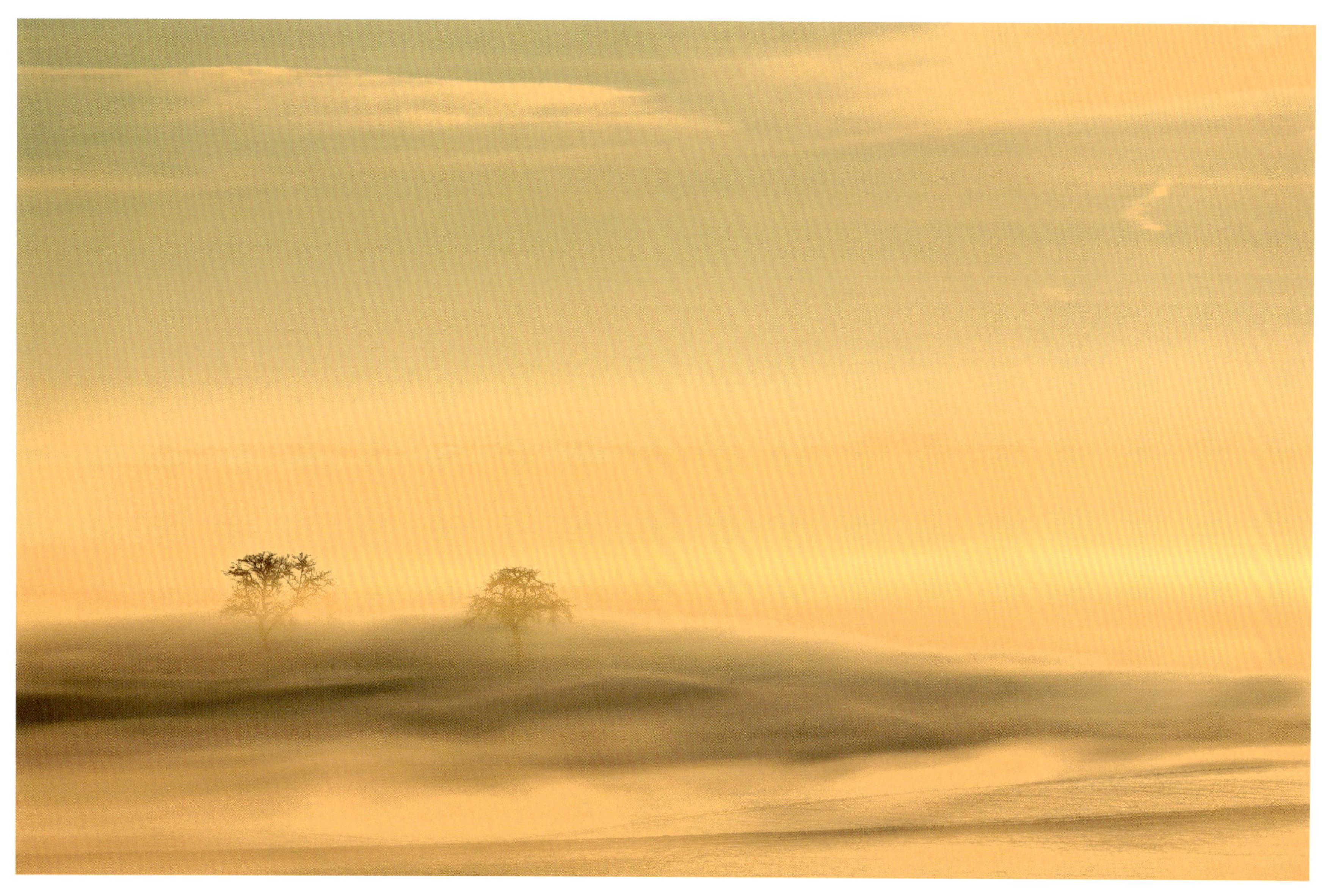

Zwei Obstbäume in einer Schneelandschaft, Kreenheinstetten

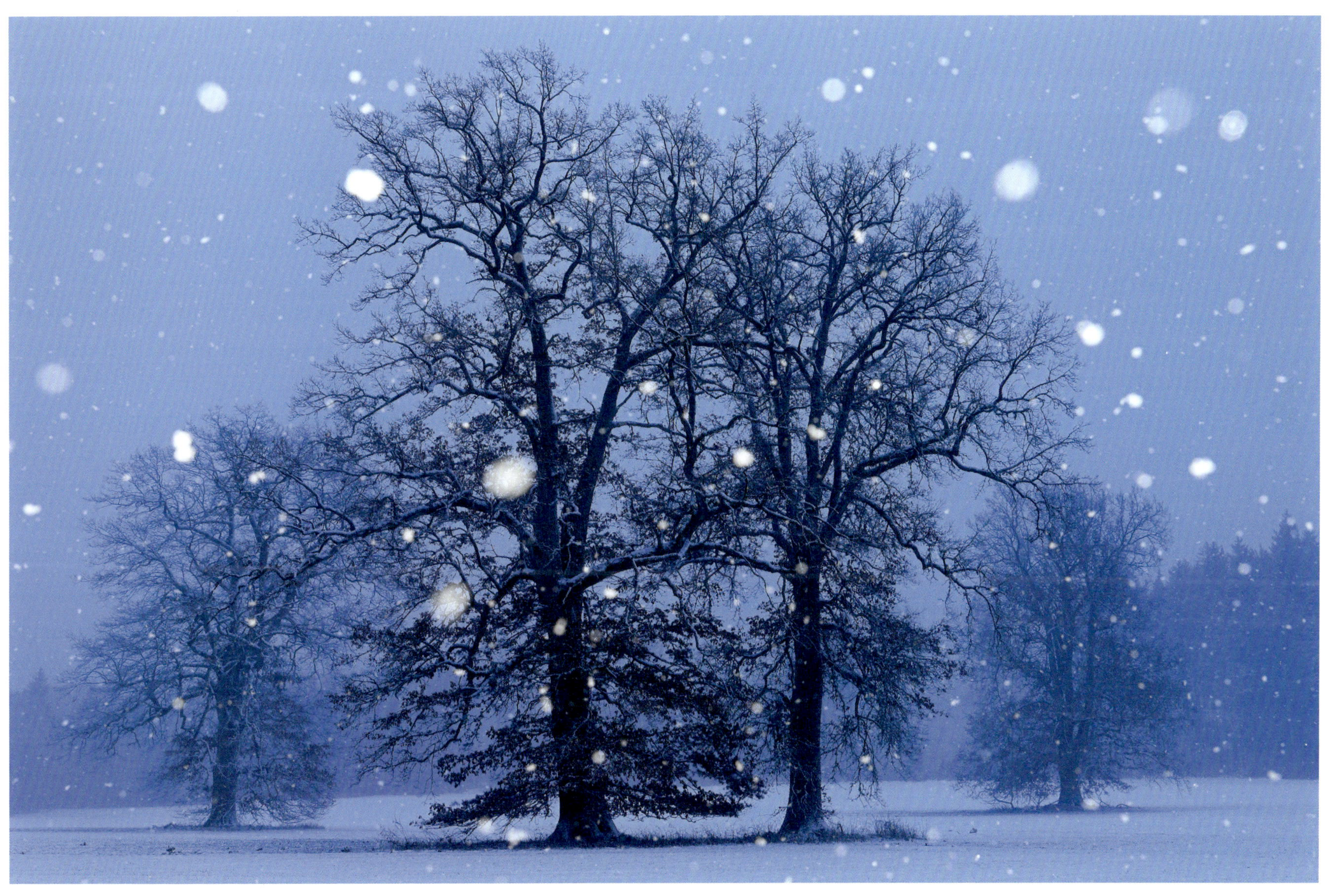

Eichen bei Schneefall beim Wildpark Josefslust, Sigmaringen

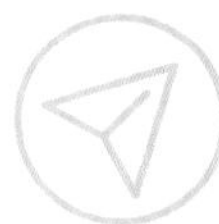

Schwierigkeit		mittel
Länge	↔	10,7 km
Dauer		ca. 3:15 h
Aufstieg		288 m
Abstieg		285 m
Höchster Punkt	↑	897 m. ü. M.
Niedrigster Punkt	↓	732 m. ü. M.

4 KRAFTSTEIN-RUNDE

GEHEIMTIPP DURCH EINE WUNDERBARE HEIDE- UND WIESENLANDSCHAFT

Die Wanderung entführt Sie in eine nahezu unberührte Naturlandschaft auf der Hochfläche über einem Seitental der Donau. Der Abstieg ins Ursental und der Aufstieg über Pfade zur Bräunisburg sind zugegeben etwas anstrengend, doch Ihre Bemühungen werden mit wunderbaren (fast) unentdeckten Landschaften belohnt.

Der Rundwanderweg führt vom Risiberg vorbei am Rußberg, durch das Ursental und die wundervolle Heidelandschaft des Naturschutzgebietes Kraftstein.

Der Weg verläuft erst auf der Hochfläche mit wenigen Höhenmetern entlang des Naturschutzgebietes Wachholderheide Grasmutter und anschließend durch den Wald zwischen den Ruinen Altrietheim und Wallenburg. Danach erfolgt ein Abstieg auf abschüssigem Gelände ins Ursental und von dort ein kurzer, kräftiger Anstieg in Richtung Ruine Bräunisburg und Naturschutzgebiet Wachholderheide Kraftstein. Hat man dieses durchquert und die Ruine Kraftstein besichtigt, führt die Tour auf einen Schotterweg wieder ins Ursental hinunter und zum Risiberg hinauf. Vom Risiberg geht es über einen Wiesenweg noch ein Stück weiter hinauf zum Ausgangspunkt.

Weg zur Wanderung

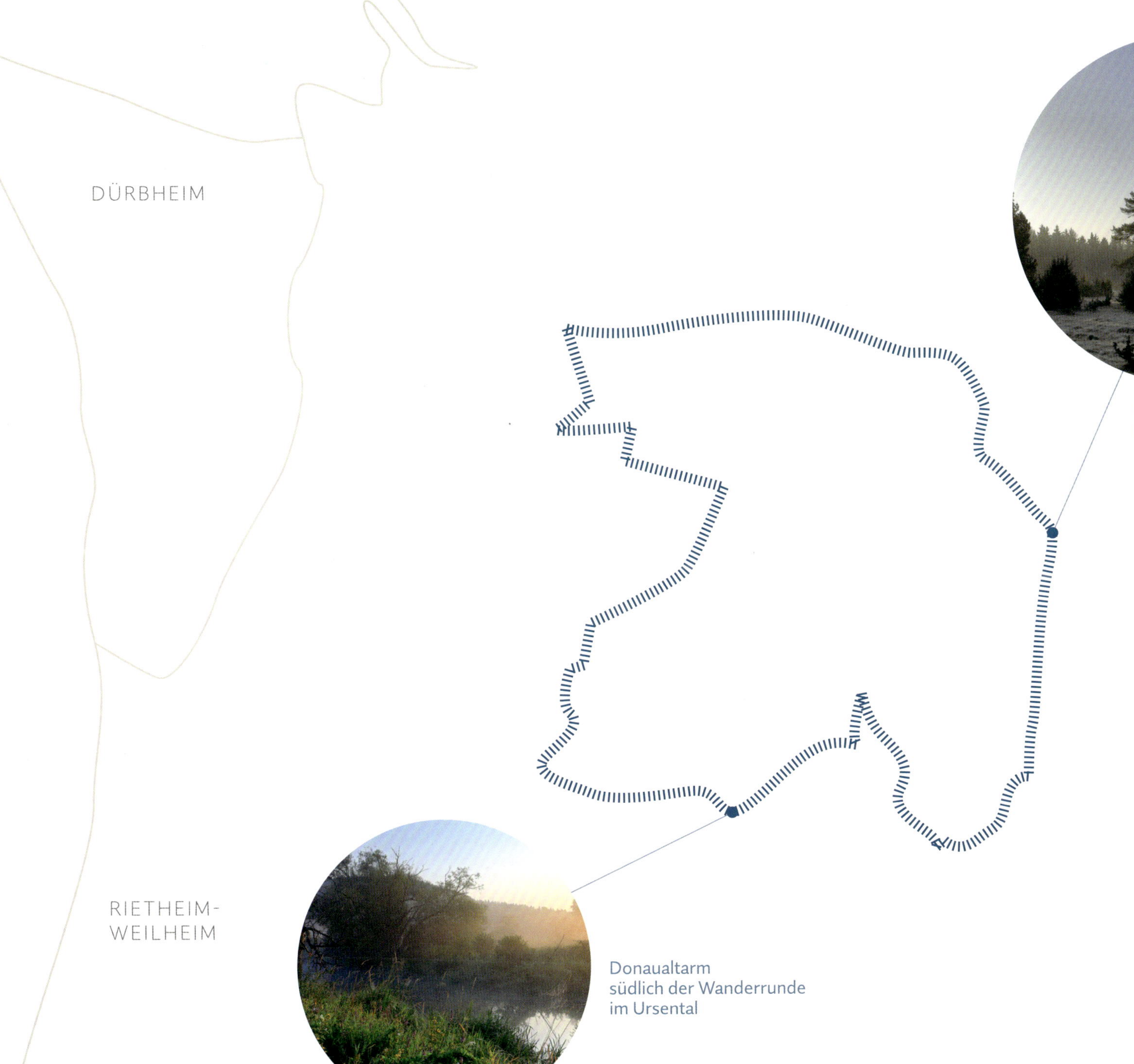

Waldholderheide
Kraftstein

Donaualtarm
südlich der Wanderrunde
im Ursental

WÄLDER

Mit einem Anteil von 47 Prozent stellen Wälder einen sehr großflächigen Lebensraum im Naturpark dar. Große Teile seiner Talhänge sind von Buchenwäldern durchzogen. Aber auch andere Bäume wie Spitzahorn, Bergulme und in den Tälern die Linde findet man hier. Nur vereinzelt kommen eichenreiche Wälder vor, beispielhaft im Naturschutzgebiet Unterhölzer Wald bei Geisingen. Eine botanische Besonderheit stellt das natürliche Eibenvorkommen am Albtrauf dar.

Wälder haben eine vielfältige Funktion. Neben dem Rohstoff Holz tragen sie zum Klimaschutz bei, produzieren Sauerstoff, filtern und speichern Wasser, sind wertvoller Lebensraum für Pflanzen und Tiere, und wichtiger Erholungsraum für den Menschen. Als besonders wertvoll gelten möglichst naturbelassene Wälder mit abgestorbenen Bäumen und vielen Ästen auf dem Boden. Das Totholz bildet einen wichtigen Lebensraum im Wald. Schätzungsweise 20 bis 50 Prozent der 11.000 in Wäldern vorkommenden Tier- und Pflanzenarten sind darauf angewiesen.

Entlang der feuchten, felsigen Steilhänge und Schluchten im Naturpark kommt der sogenannte Schluchtwald vor. Seine Standorte sind geprägt von hoher Luftfeuchtigkeit, Kühle und Schatten. In ihm findet man Baumarten wie Esche, Bergahorn und Linde. Moose und Farne fühlen sich hier wohl. Eine auffällige Farnart ist die Hirschzunge. Im zeitigen Frühjahr, bevor die Laubbäume ihr frisches grünes Blätterdach bilden, nutzen Märzenbecher, Blaustern und Lerchensporn die noch bis auf den Boden einfallende Sonne zur Blüte. Im Mai und Juni blüht die Mondviole, die teilweise ganze Hangbereiche in ein rosa-violettes Blütenmeer verwandelt, und dabei einen angenehmen Duft verströmt.

Ein markanter Gegensatz zu den feuchten Schluchtwäldern stellen die Wälder trocken-warmer, flachgründiger Standorte dar, die sich etwa am Rande der Felsen oder auf Südhängen befinden. Der Kampf ums Überleben ist hier so schwierig, dass viele Bäume klein bleiben und oft sehr urige Formen annehmen. Diese Waldbestände bleiben außerdem sehr dünn bewachsen. Dadurch gelangt viel Licht auf den Boden, was das Wachstum von Pflanzen, insbesondere seltener Orchideen wie Weißes Waldvögelein und Frauenschuh, begünstigt.

Charakteristisch für den Lebensraum Wald ist zudem das Vorkommen von Sträuchern, Moosen, krautigen Pflanzen, Pilzen, Flechten und natürlich von Bäumen. Viele Tierarten haben sich an das Zusammenleben mit den Bäumen angepasst und finden bei ihnen ein Zuhause. Ob große Säugetiere wie Wildschwein und Reh, kleinere

Baumbewohner wie Baummarder und Siebenschläfer, Vögel wie Habicht und Specht, oder Insekten wie Waldameise und Waldmistkäfer – im Wald wimmelt es nur so von Leben.

Zu den Bewohnern zählt auch der Luchs, der mittlerweile wieder im Naturpark heimisch ist. Erstmals hielt sich während der Jahre 2006/07 über längere Zeit ein Luchs im Donautal auf. Seit 2015 sind regelmäßig Luchse im Naturpark unterwegs: Vor allem Luchs »Lias« kann wegen seiner Besenderung und mit Hilfe von Fotofallen gut verfolgt werden.

Mit etwas Glück und geübtem Blick kann man im Hochsommer den Alpenbock finden. Dieser prächtige blaue Käfer, der am ganzen Körper schwarze Punkte trägt, wird bis zu vier Zentimeter groß und stellt eine absolute Rarität dar. In Baden-Württemberg hat er nur noch im Naturpark sowie an einigen Stellen der Schwäbischen Alb seinen Lebensraum. Tipp: Der Alpenbock ist nur an sonnigen und warmen Tagen im Juli und August anzutreffen. In lichten, südlich orientieren Buchenwäldern auf geschlagenem Buchenholz lohnt sich die Suche. Nördlich von Beuron besteht ein kleiner Lehrpfad auf dem Placidusweg von Maria Trost bis zum unteren Hirschental. Auf Schautafeln gibt es dort viel Wissenswertes über das seltene Tier zu erfahren.

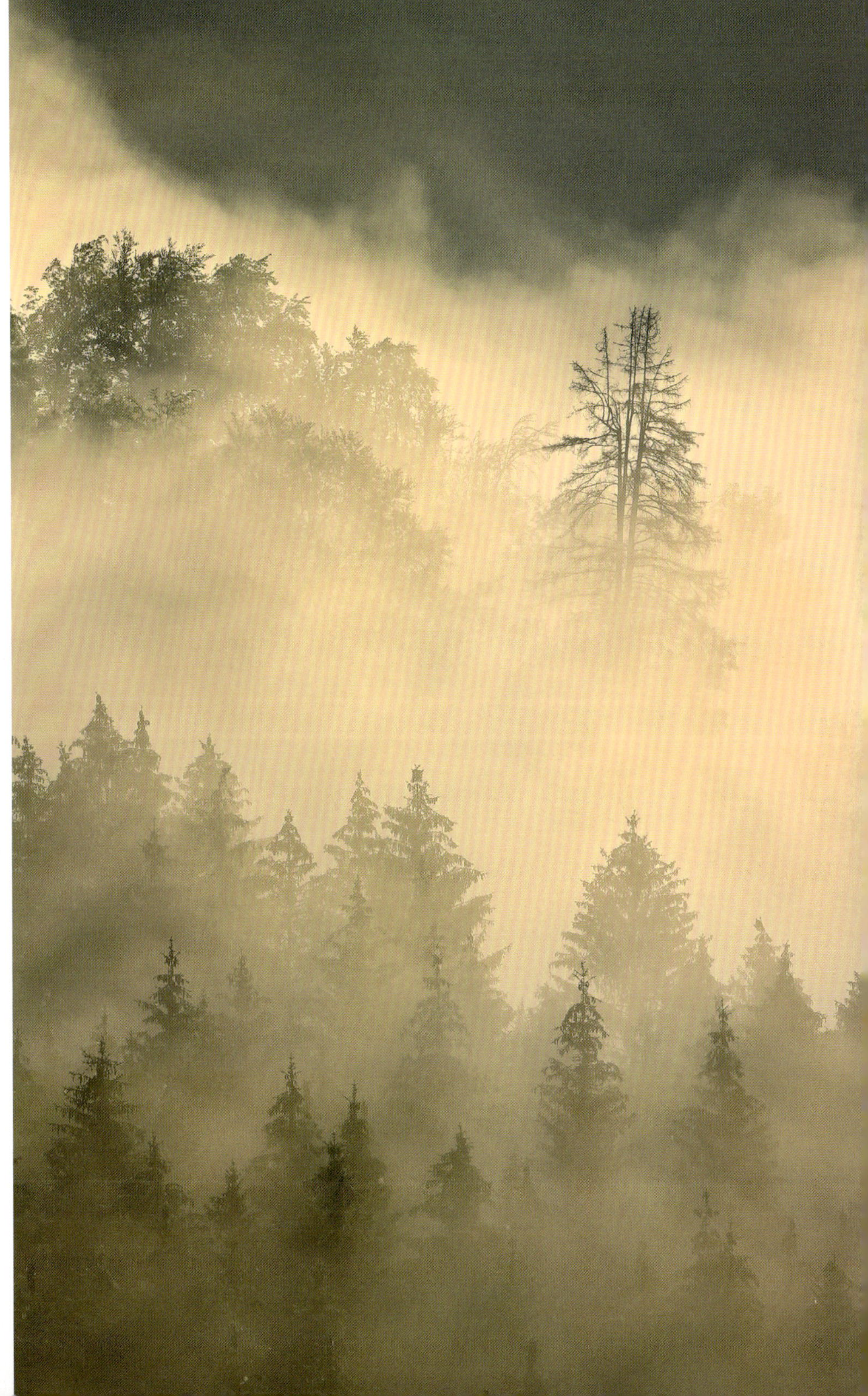

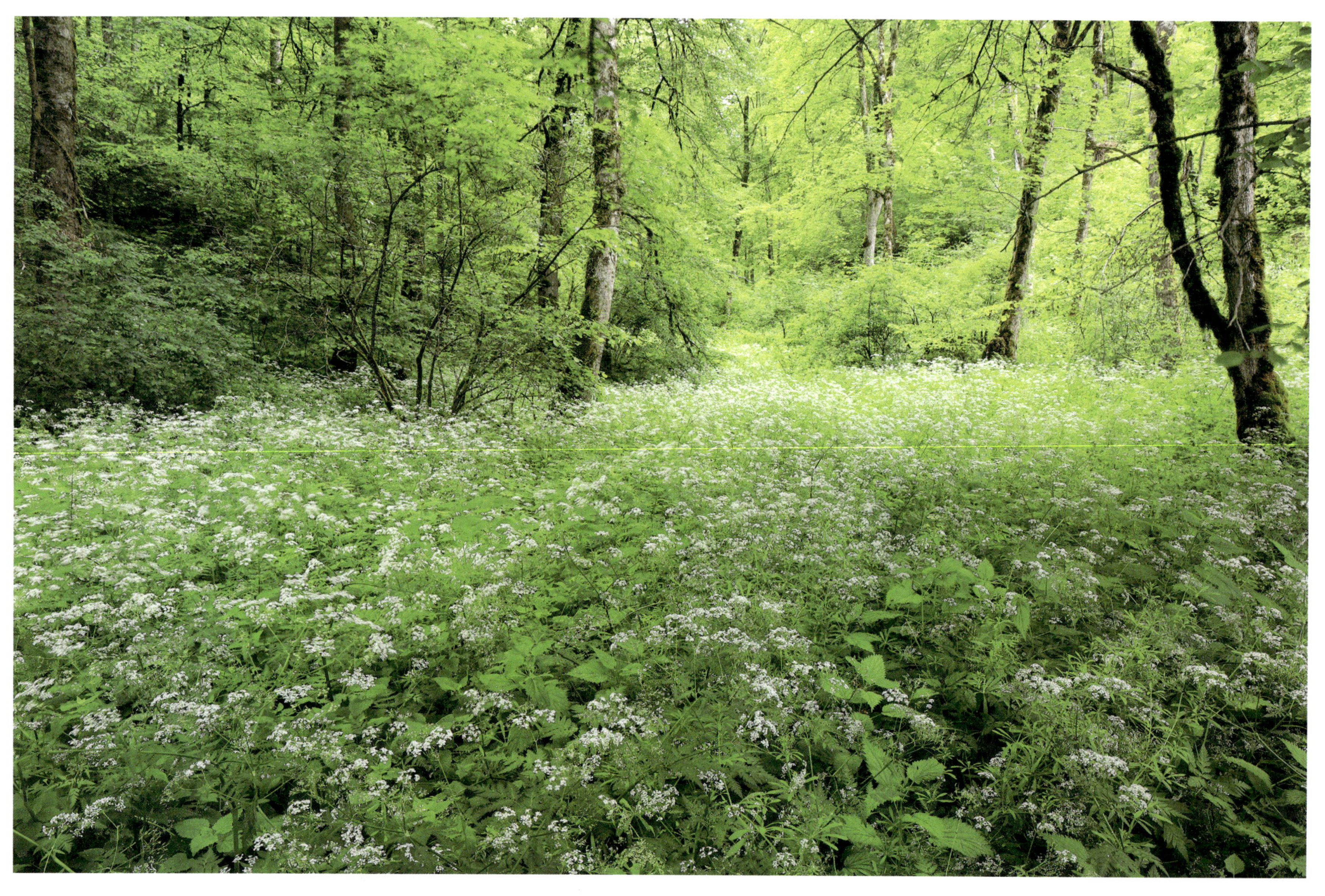

Schluchtwald im Finstertal, Talhof bei Beuron

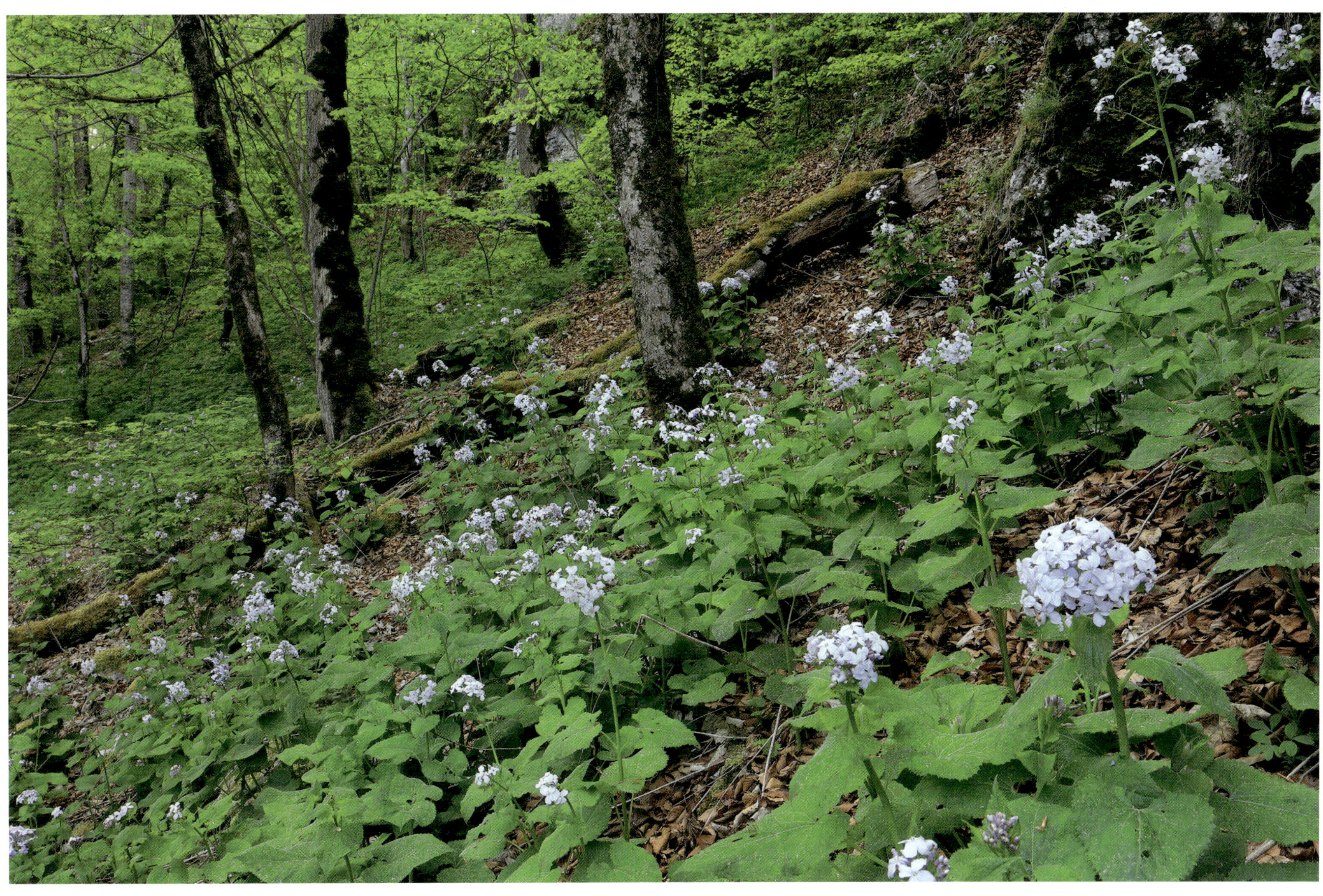

Mondviole im Schluchtwald

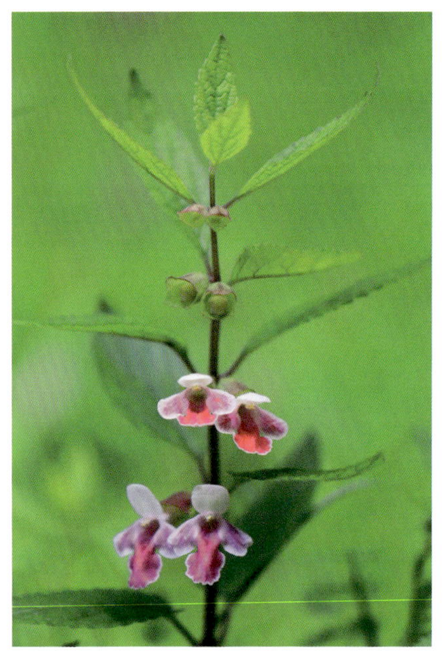

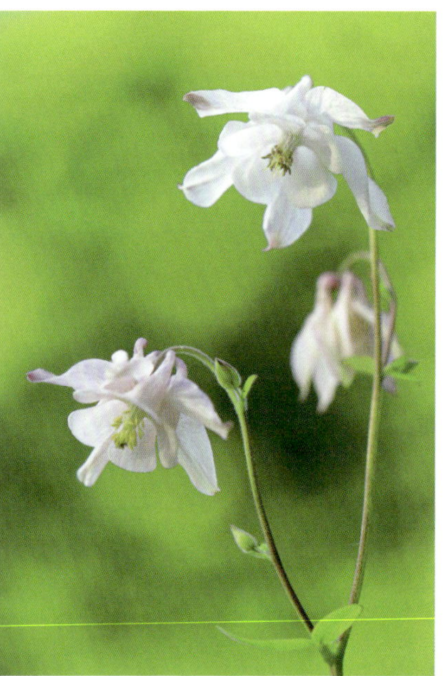

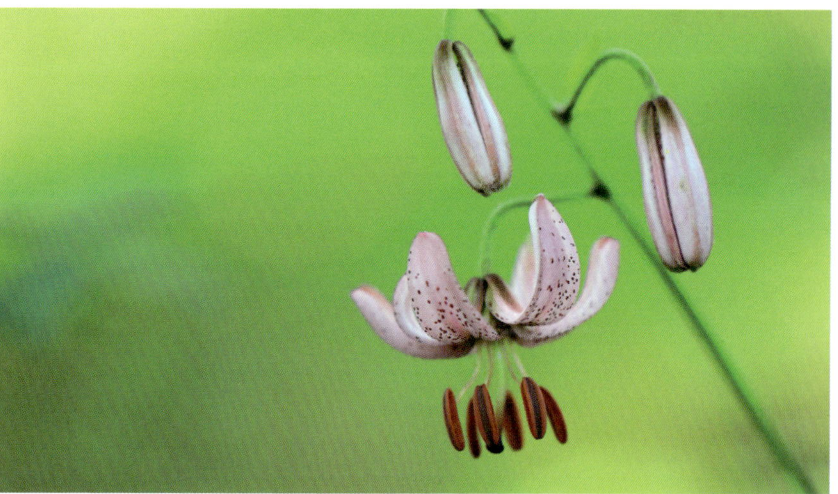

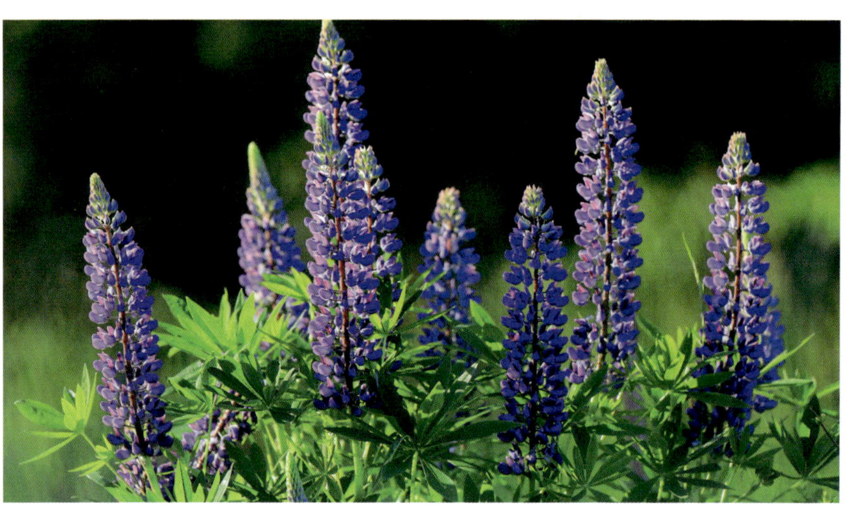

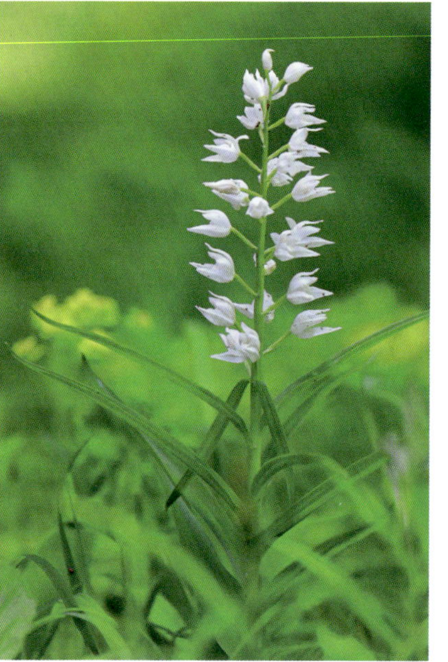

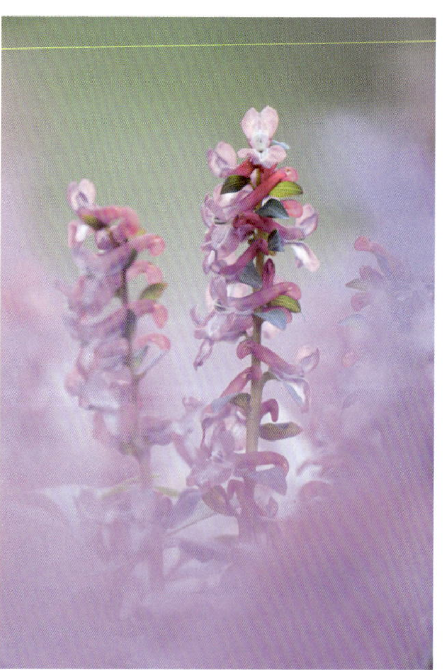

Immenblatt 1
Akelei 2
Trükenbundlilie 3
Lupinie 4
Schwertblättriges Waldvögelein 5
Hohler Lerchensporn 6

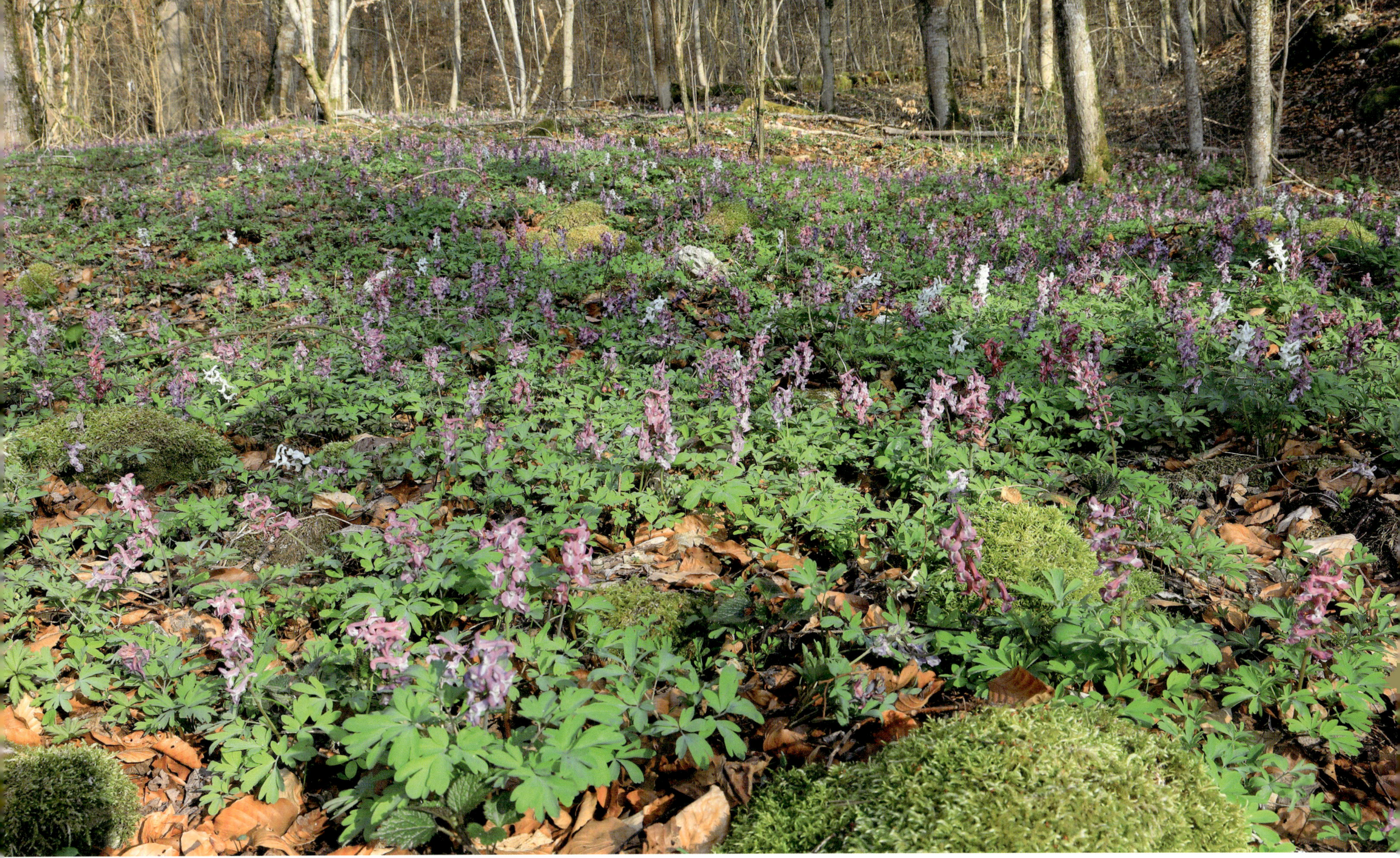

Hohler Lerchensporn

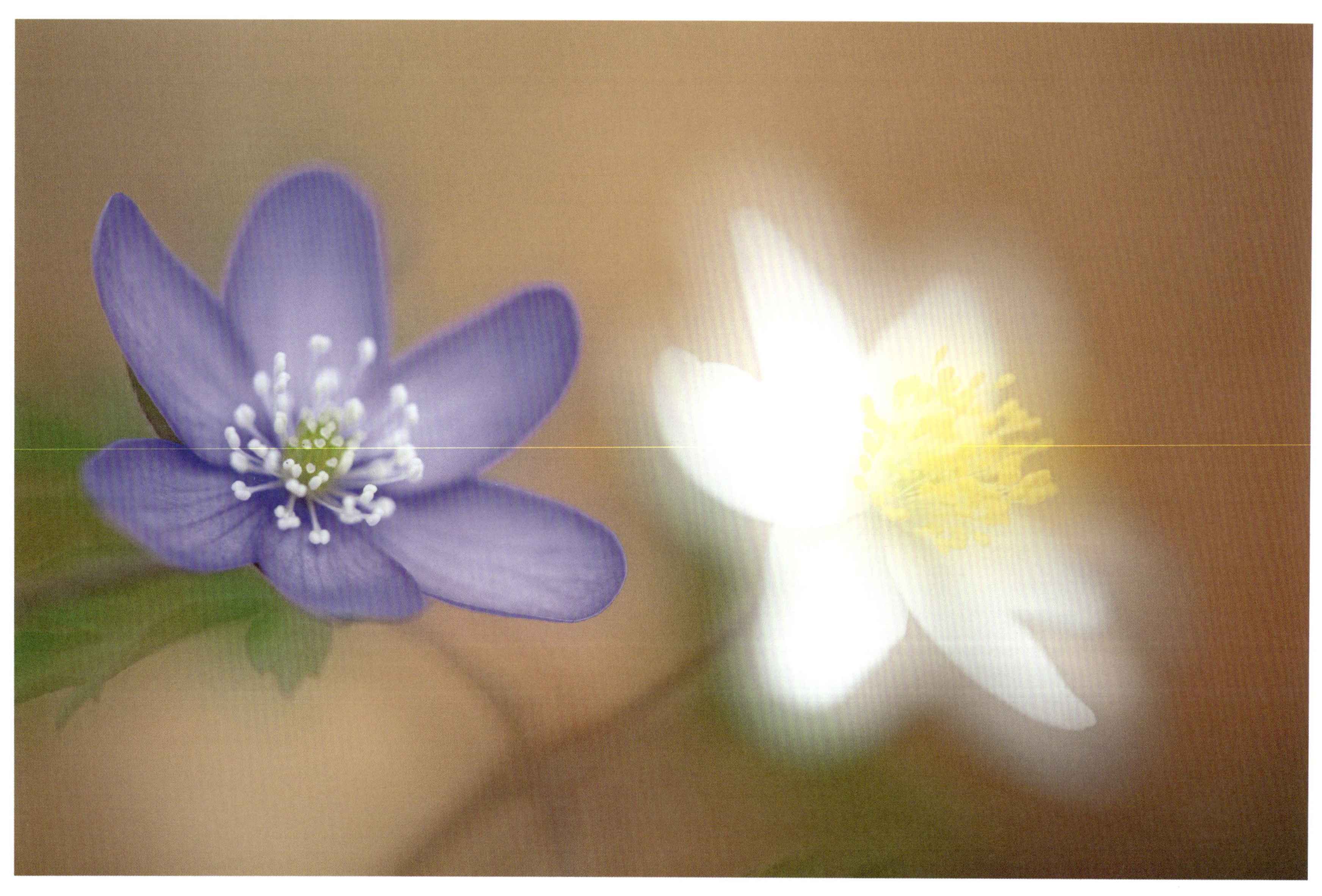

Leberblümchen und Buschwindröschen

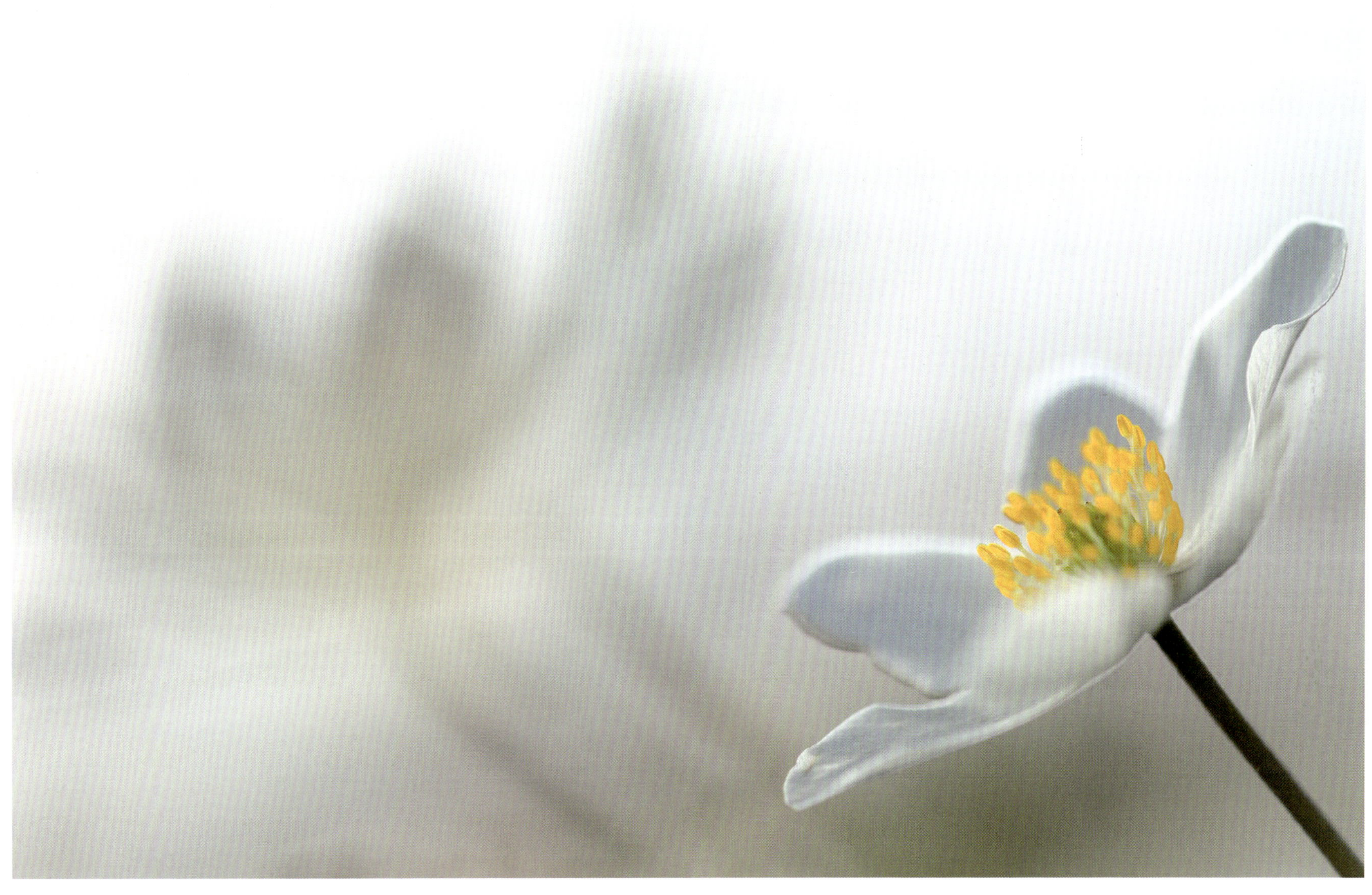

Buschwindröschen

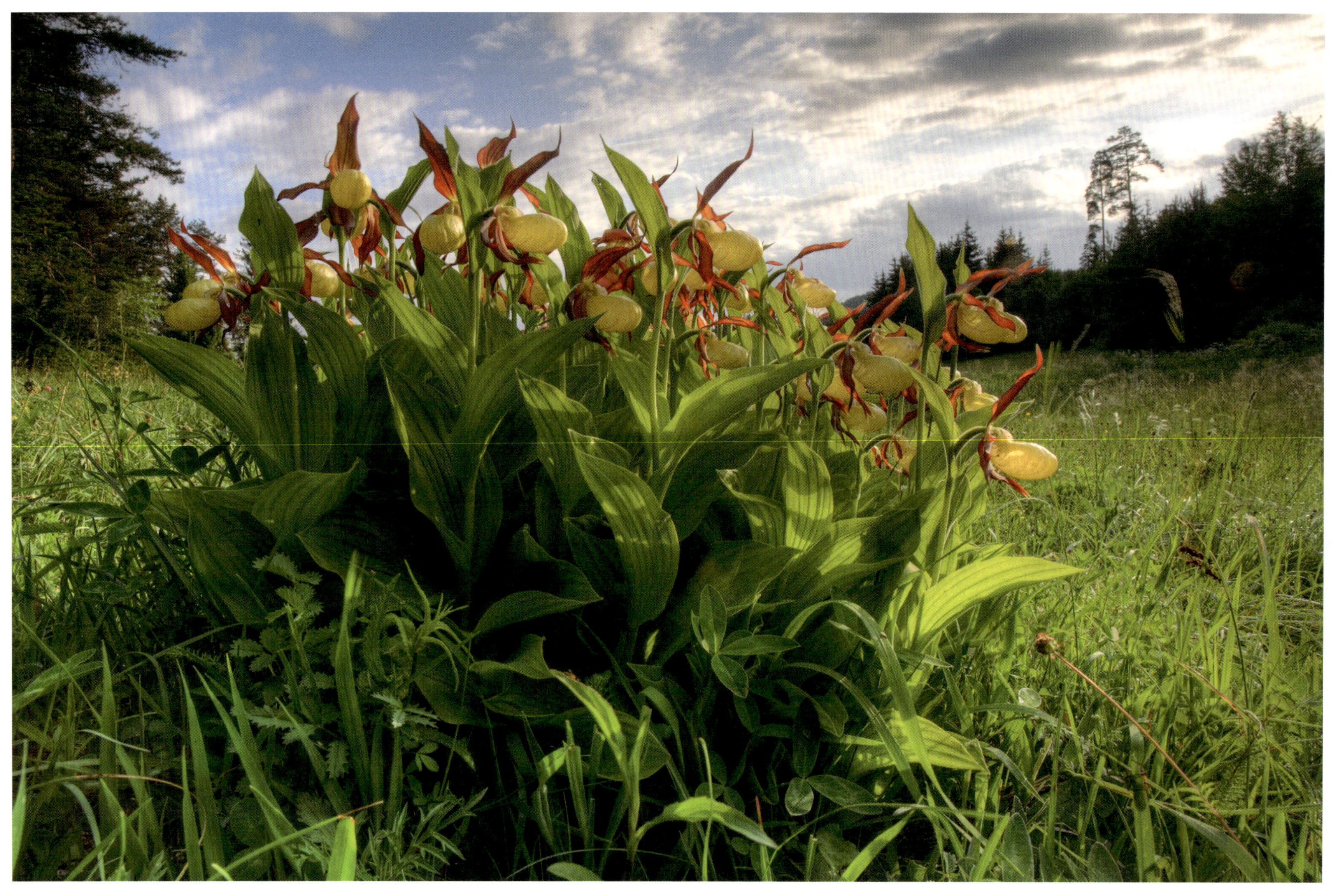

Frauenschuh

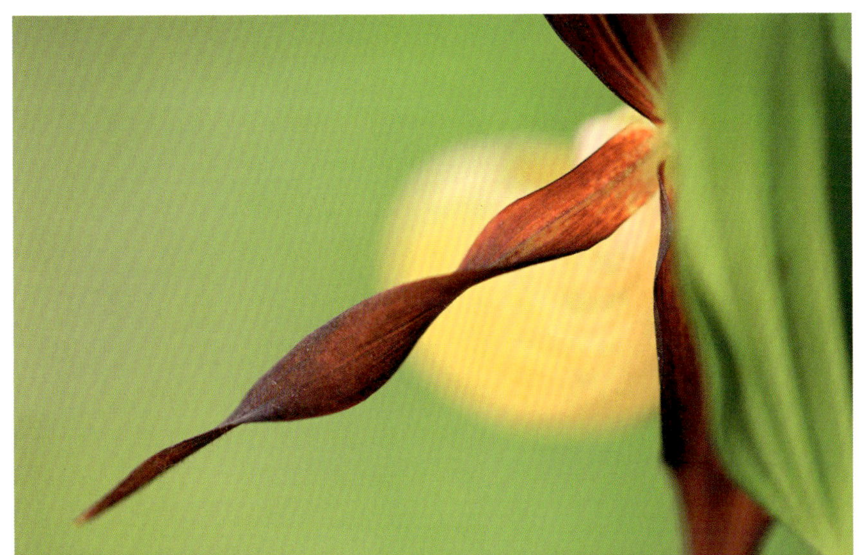

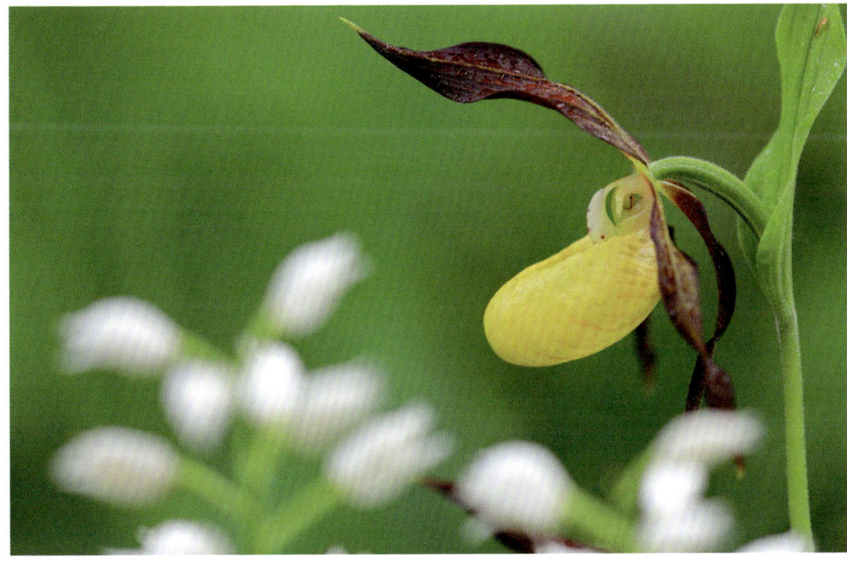

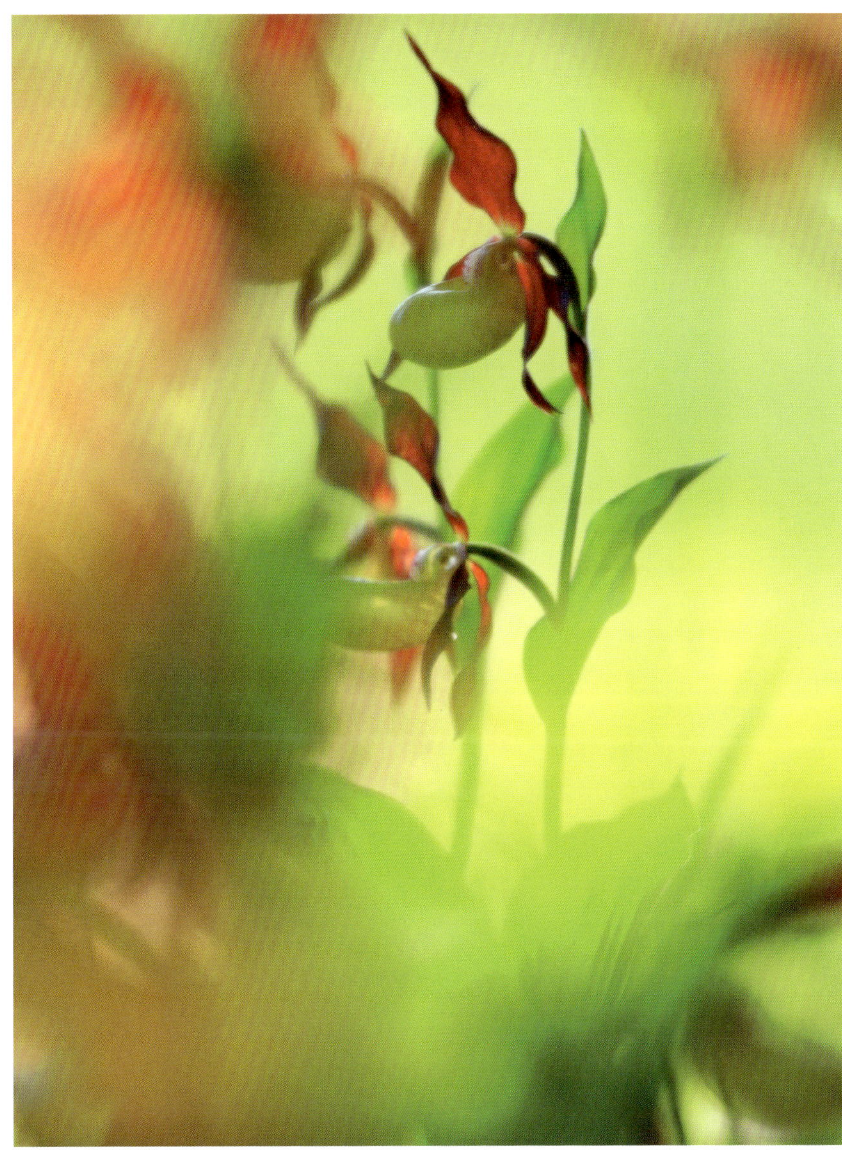

1–3 Frauenschuh

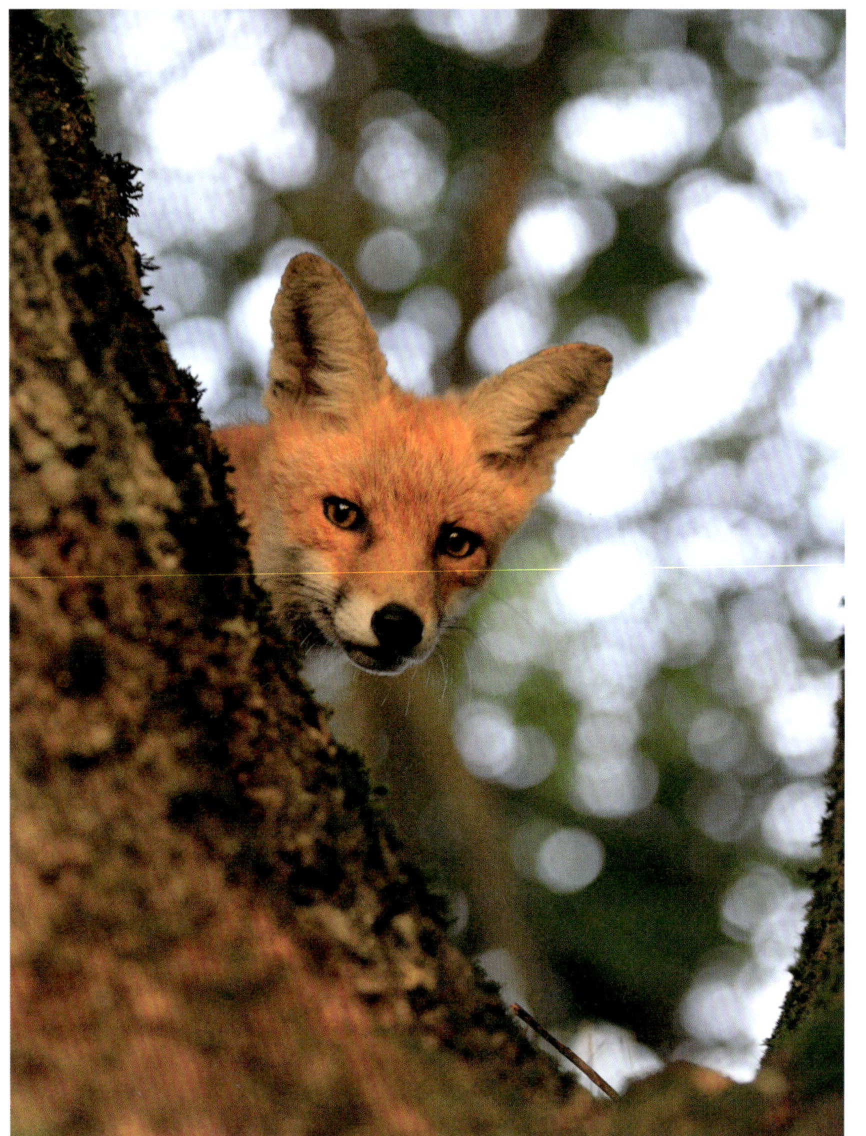

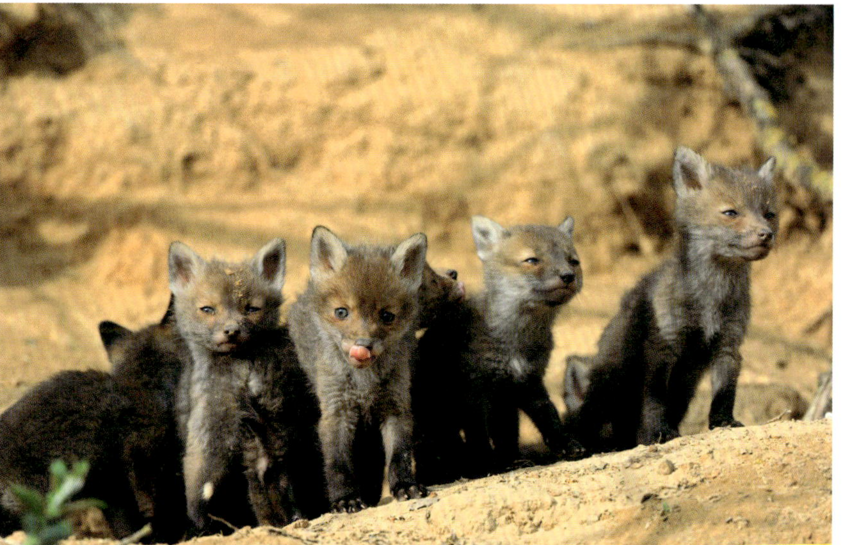

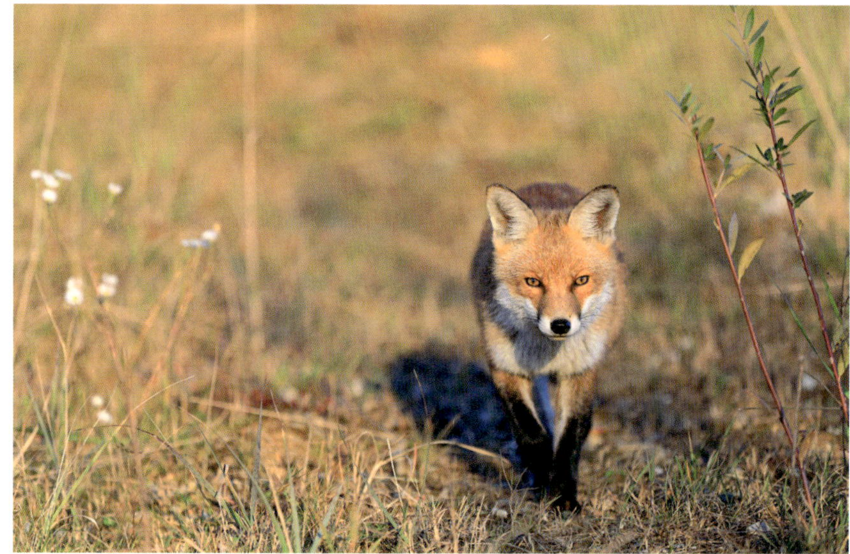

Rotfuchs 1, 3
Rotfuchswelpen vor dem Bau 2

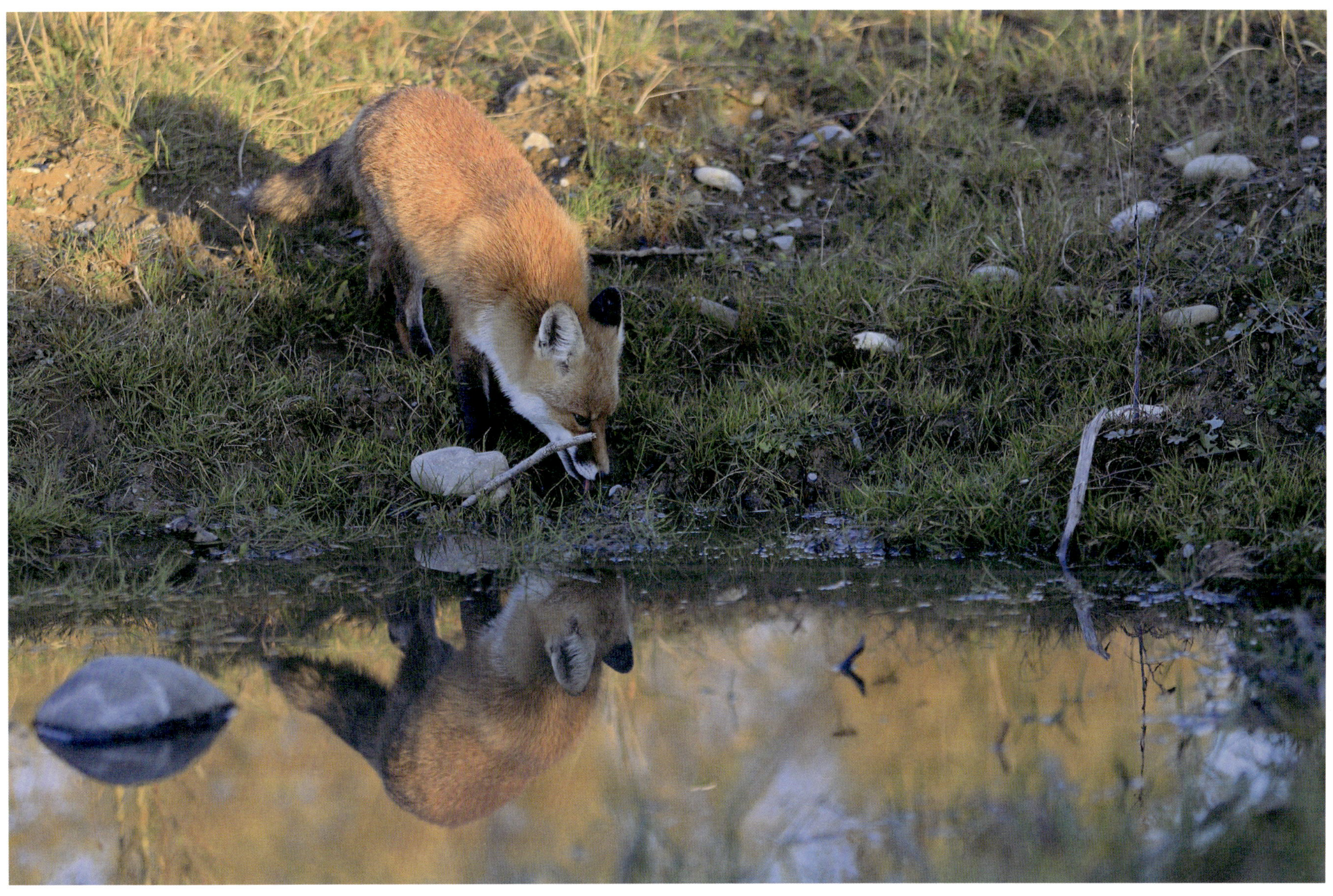

Rotfuchs

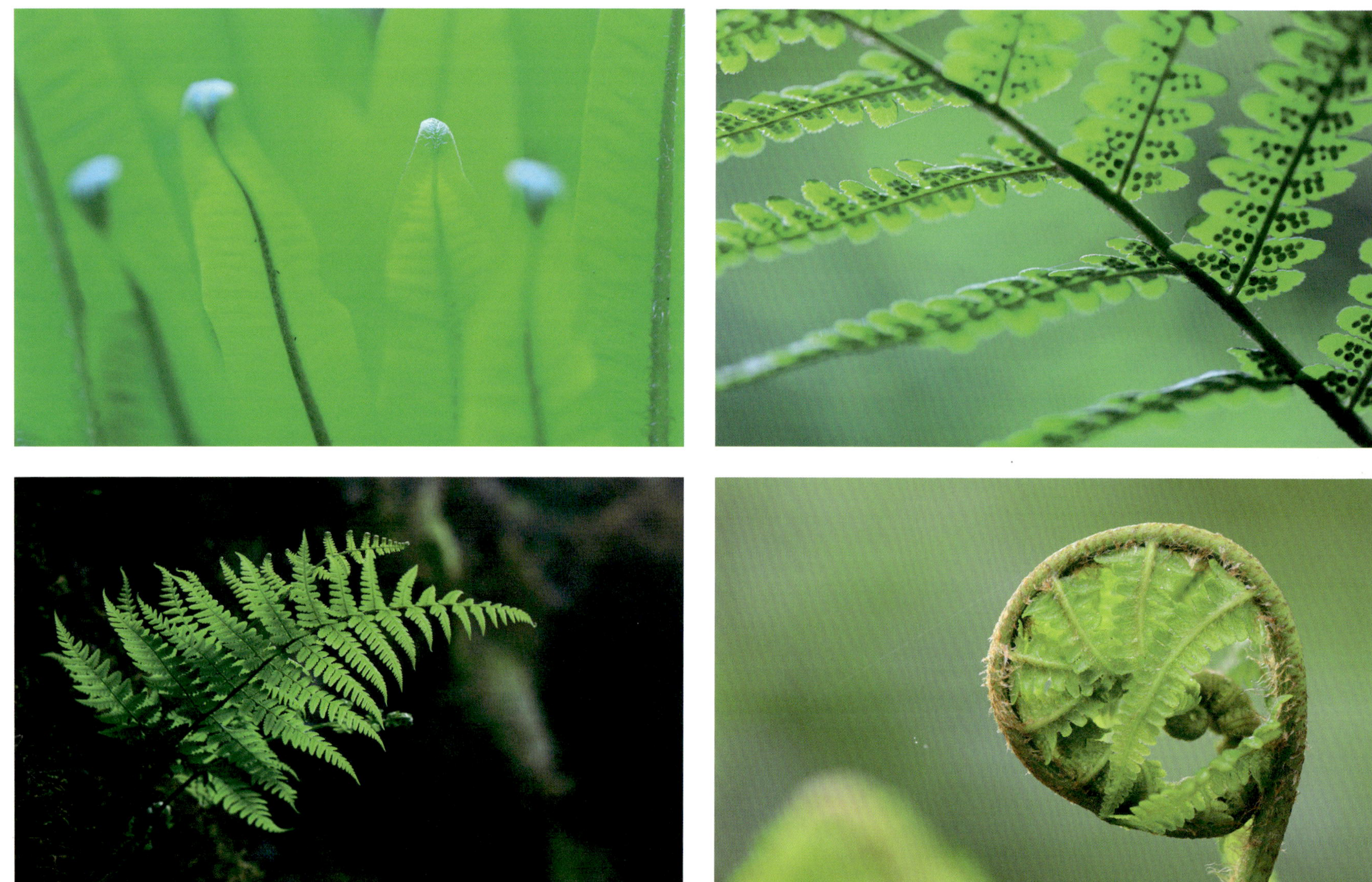

Hirschzungenfarn 1
Unterseite des Wurmfarns 2
Wurmfarn 3
Aufgehender Wurmfarn 4

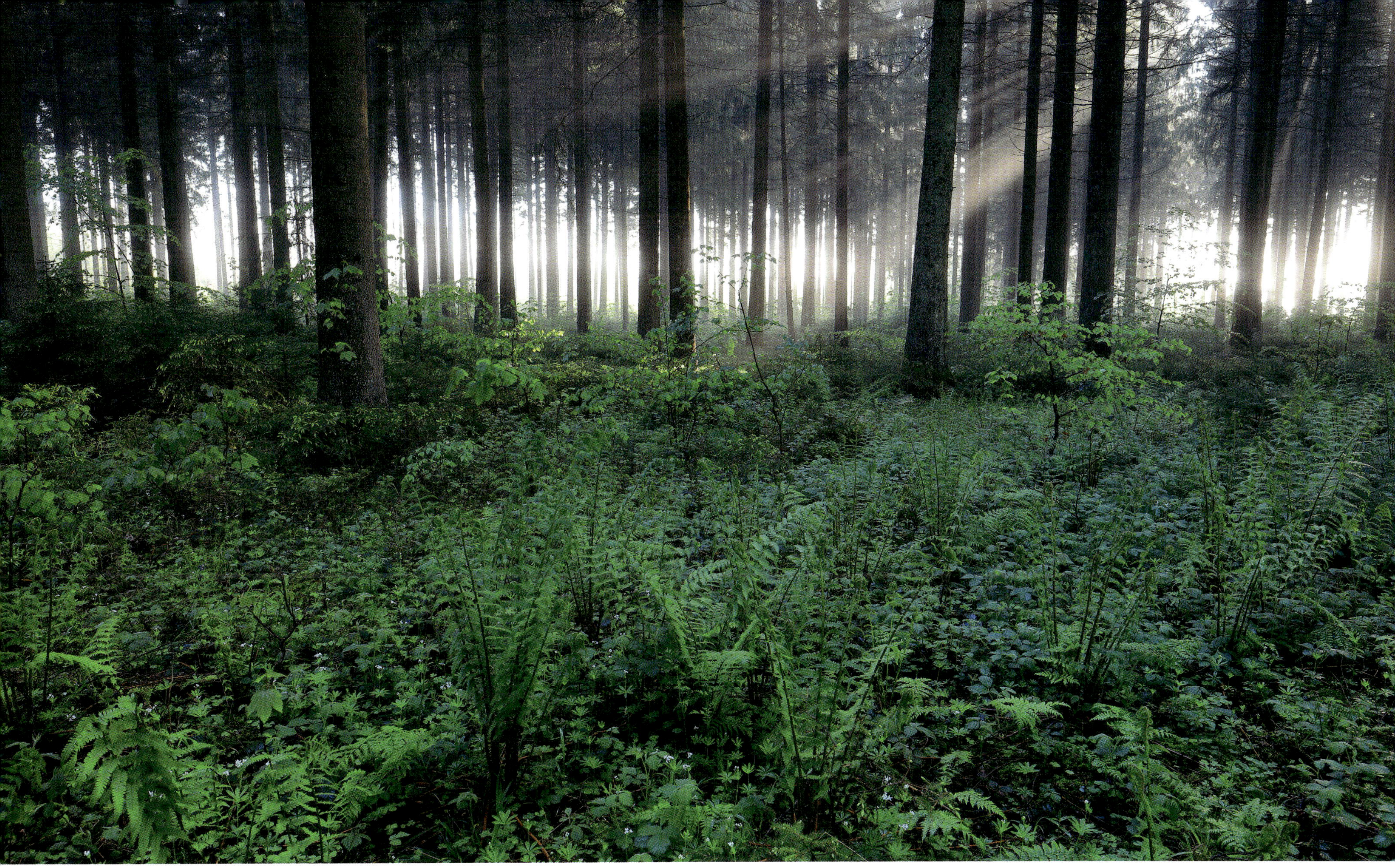

Gemeiner Wurmfarn im Fichtenwald, Beuron

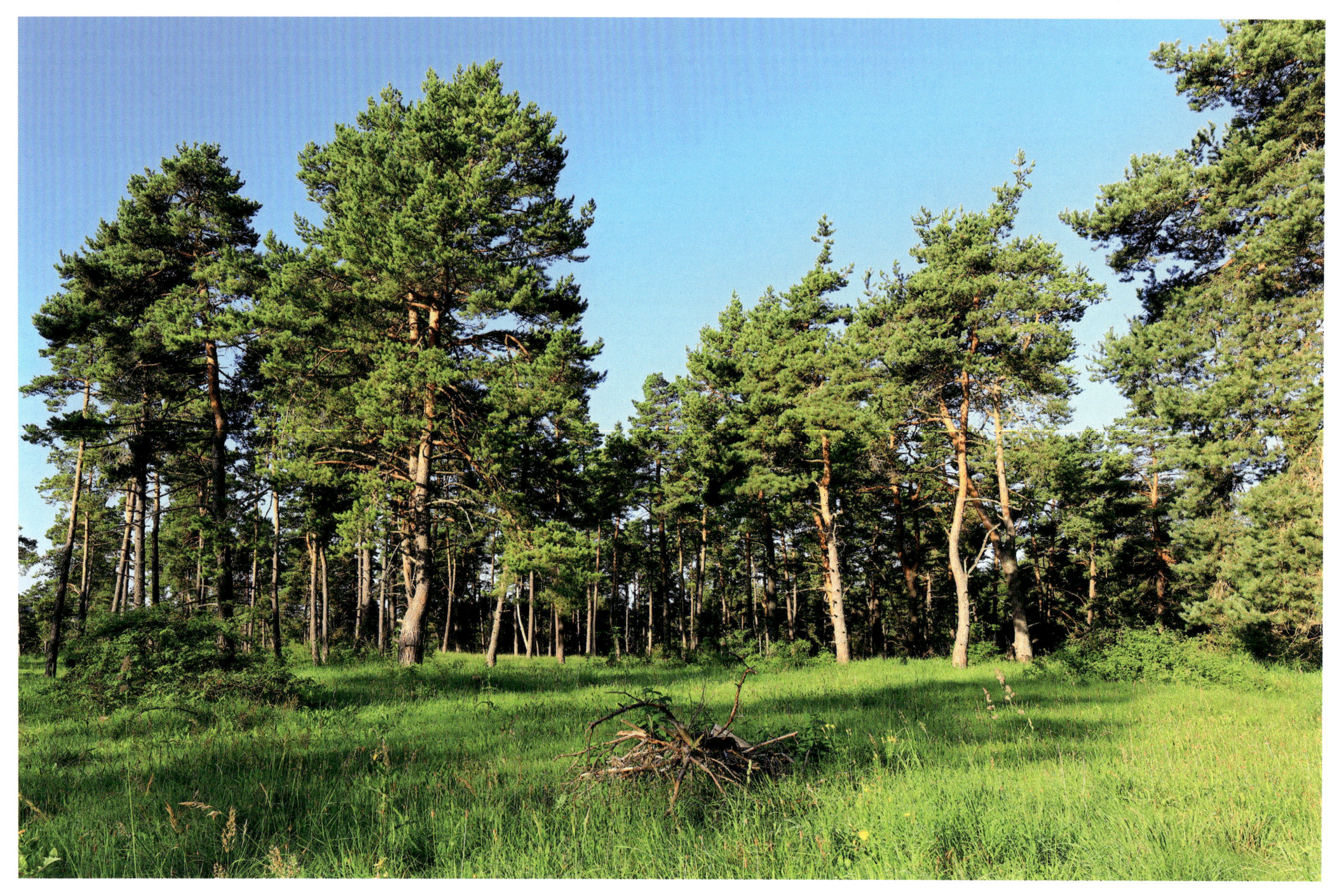

Kiefernwald, Bubsheim

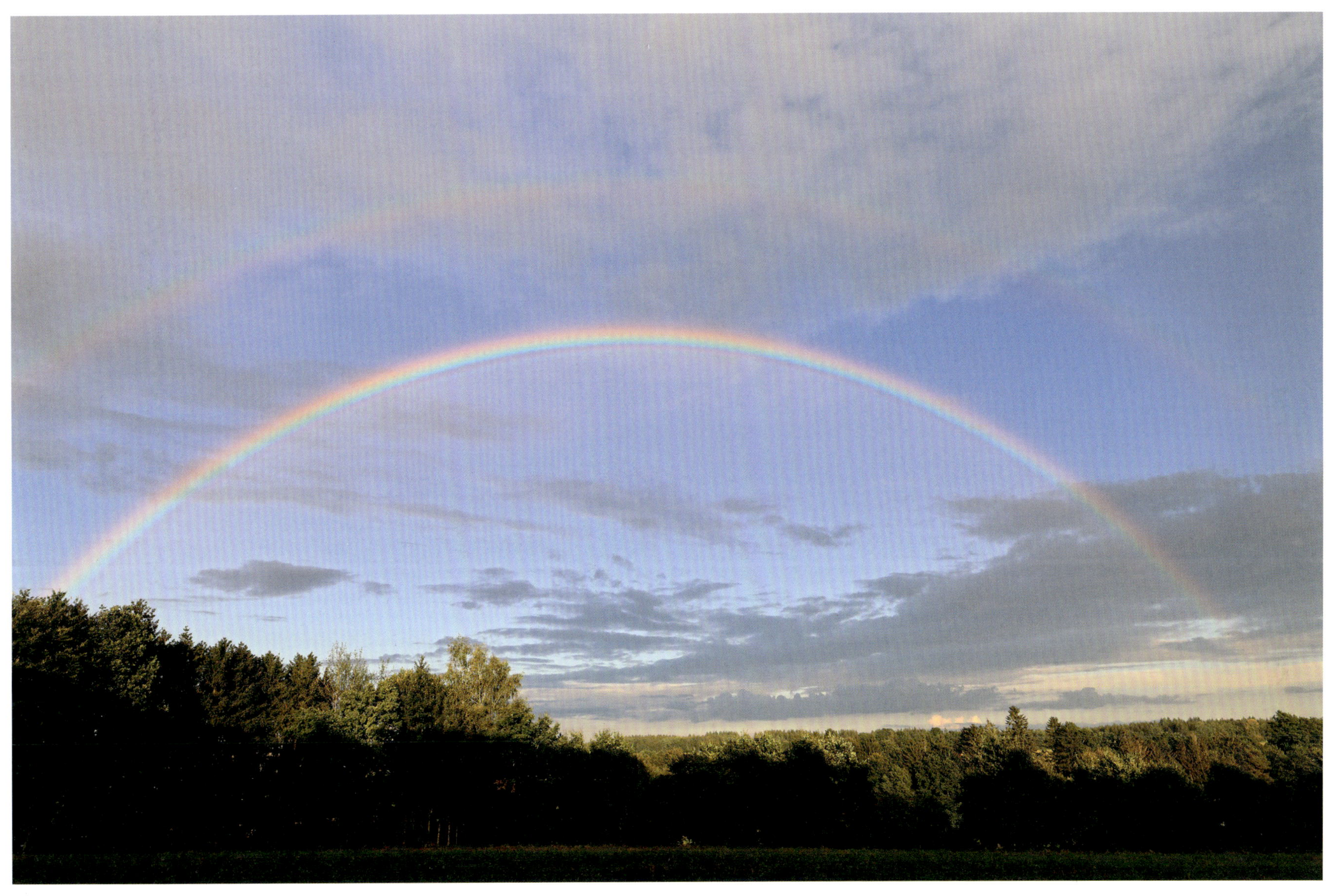

Regenbogen über Nadelwald, Göggingen

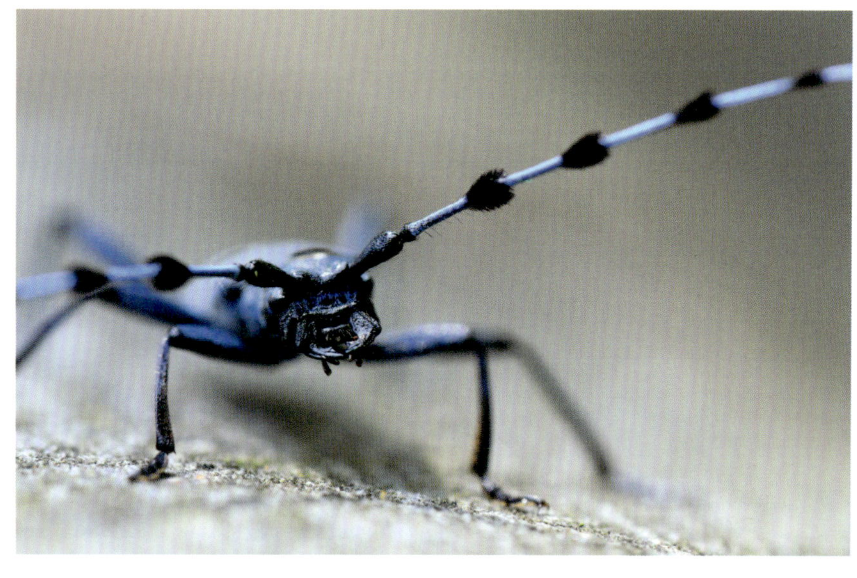
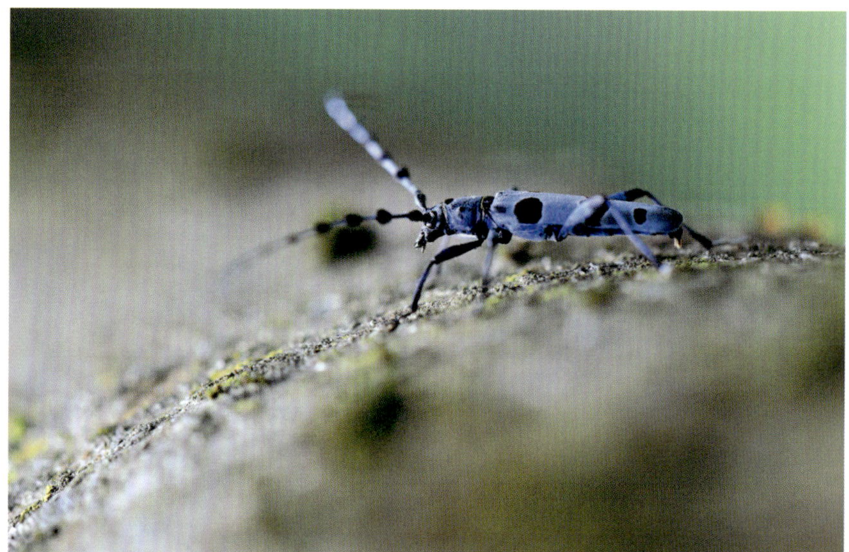
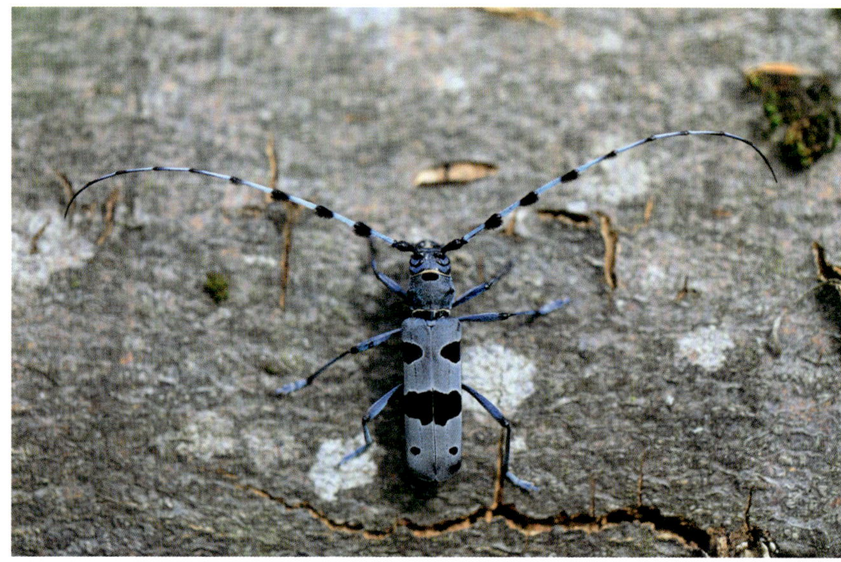
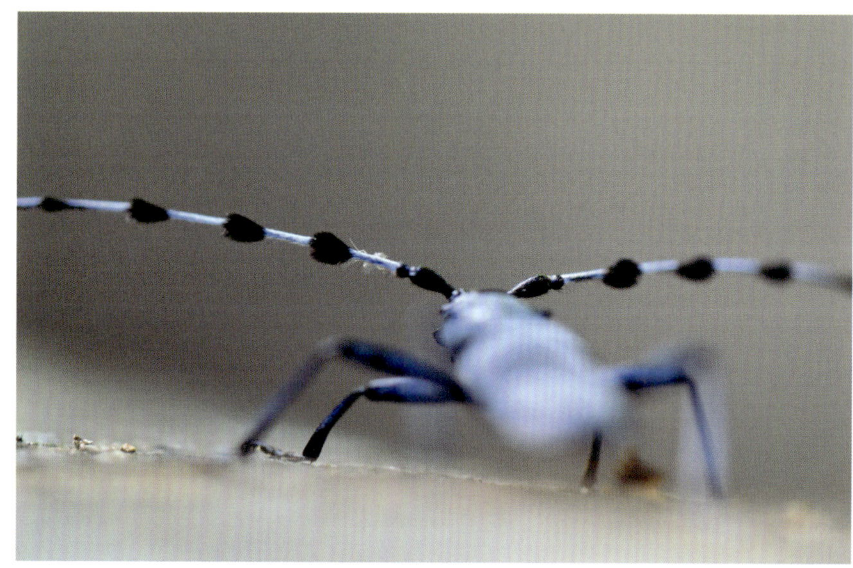

Alpenbock 1–4

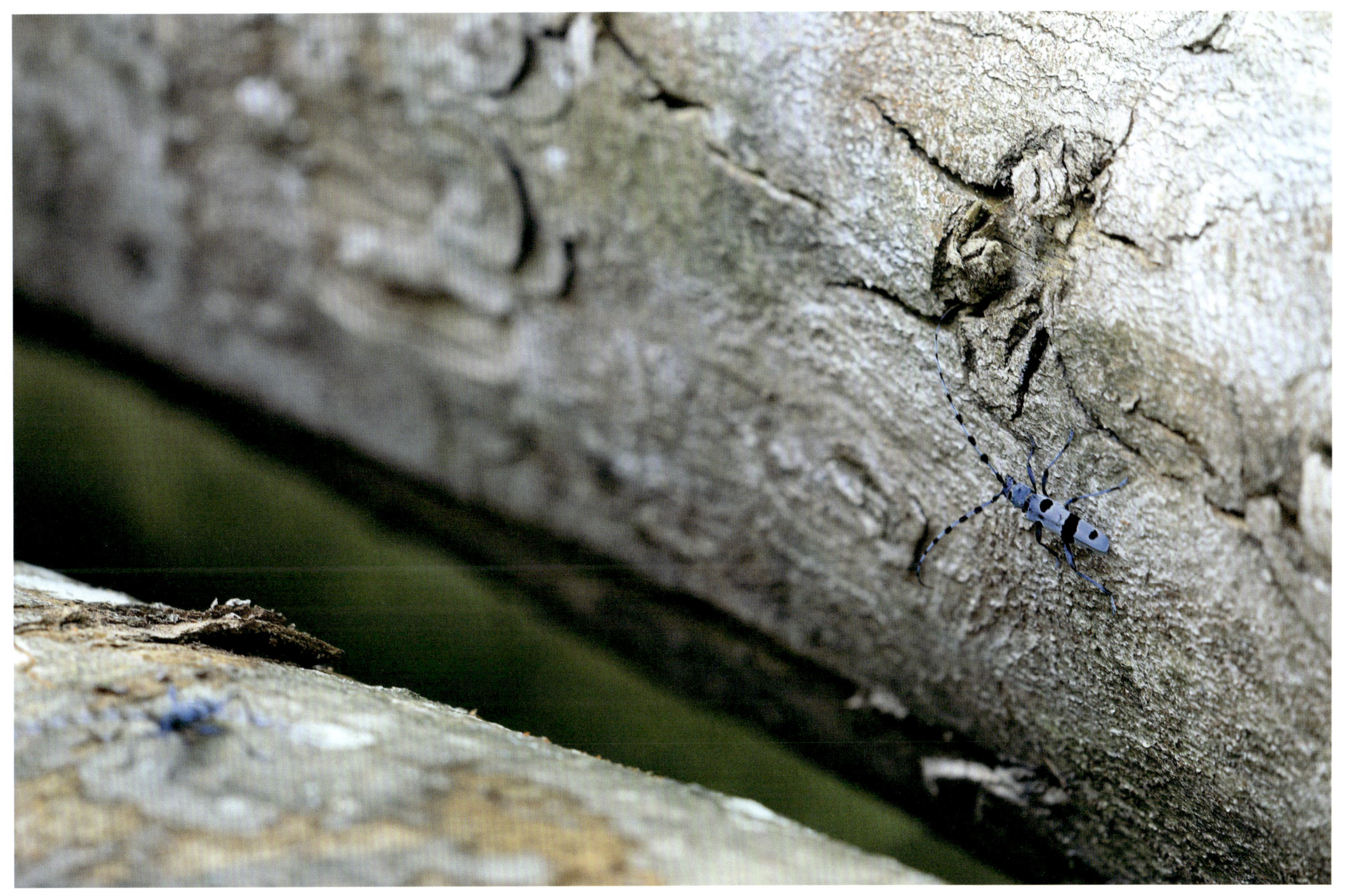

Alpenbock auf geschlagenem Buchenholz

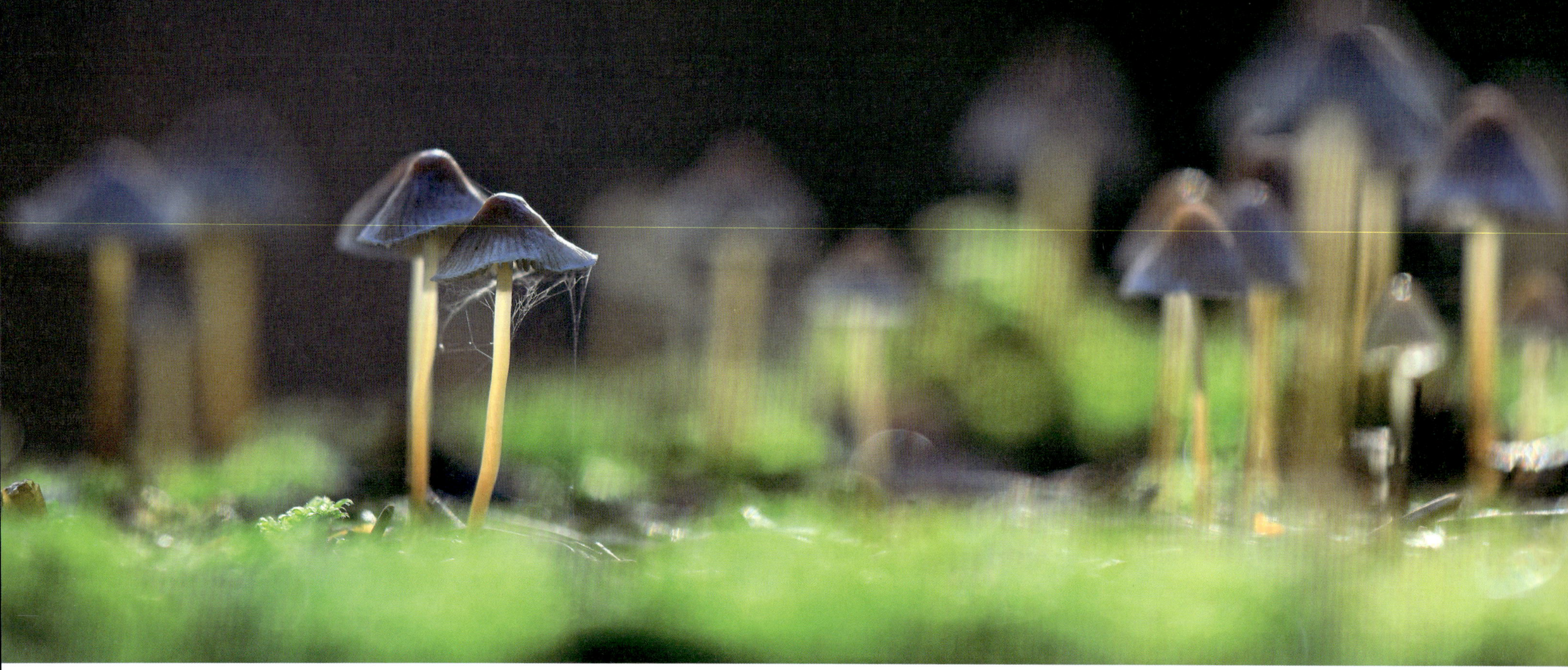

Buntstielige Helmlinge auf einem Totholzstamm

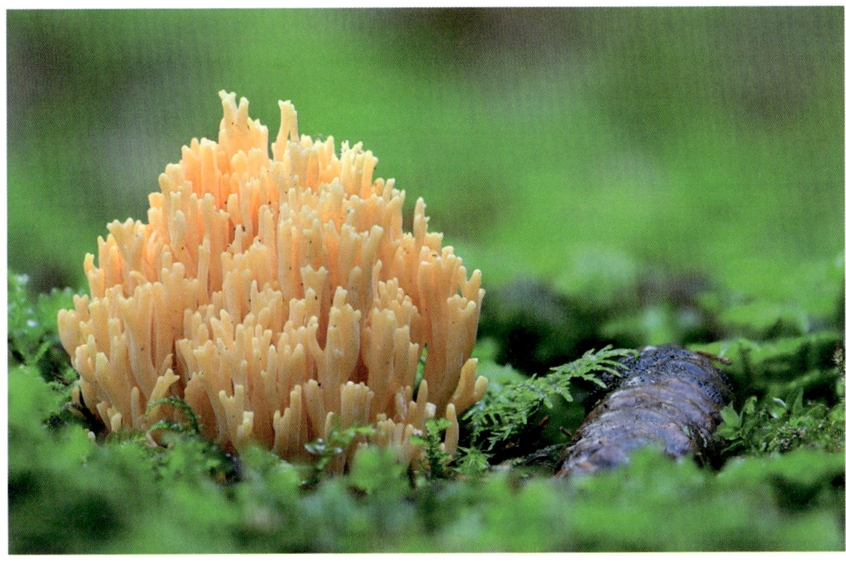

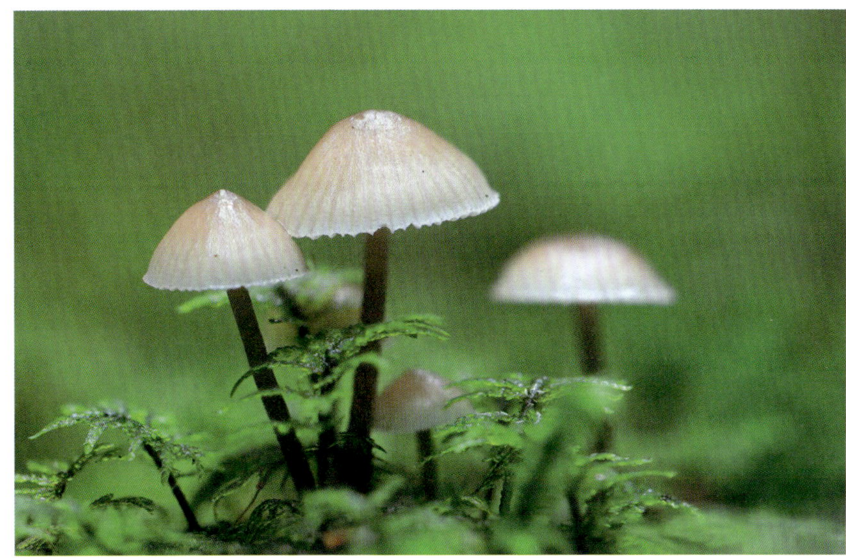

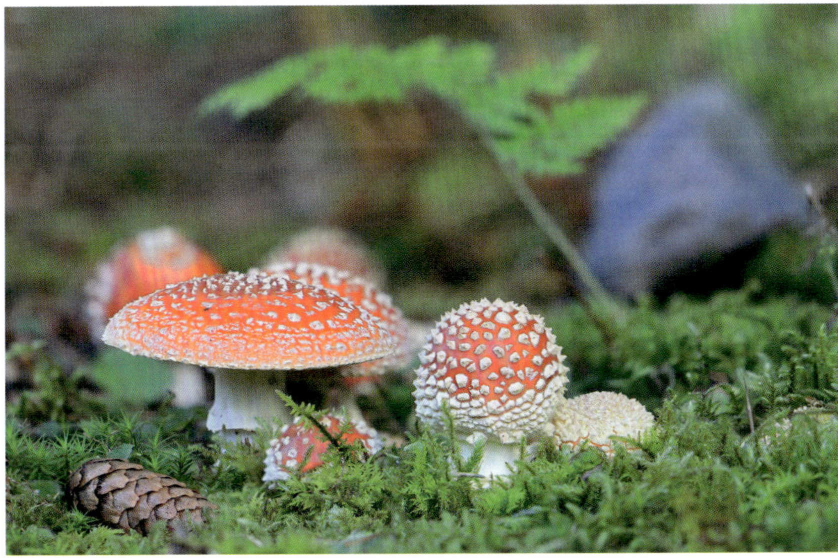

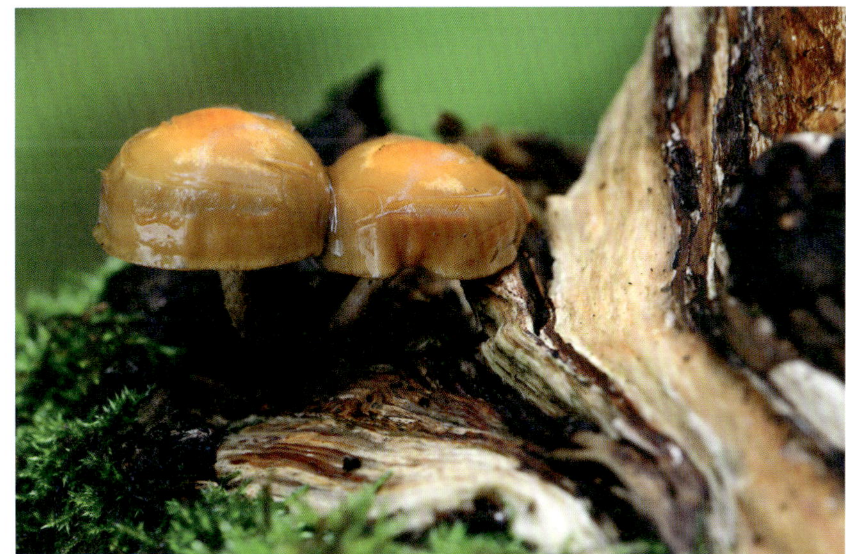

1 Orangefarbene Gebrigskoralle
2 Weißmilchender Helmling
3 Fliegenpilz
4 Natternstieliger Schwefelkopf

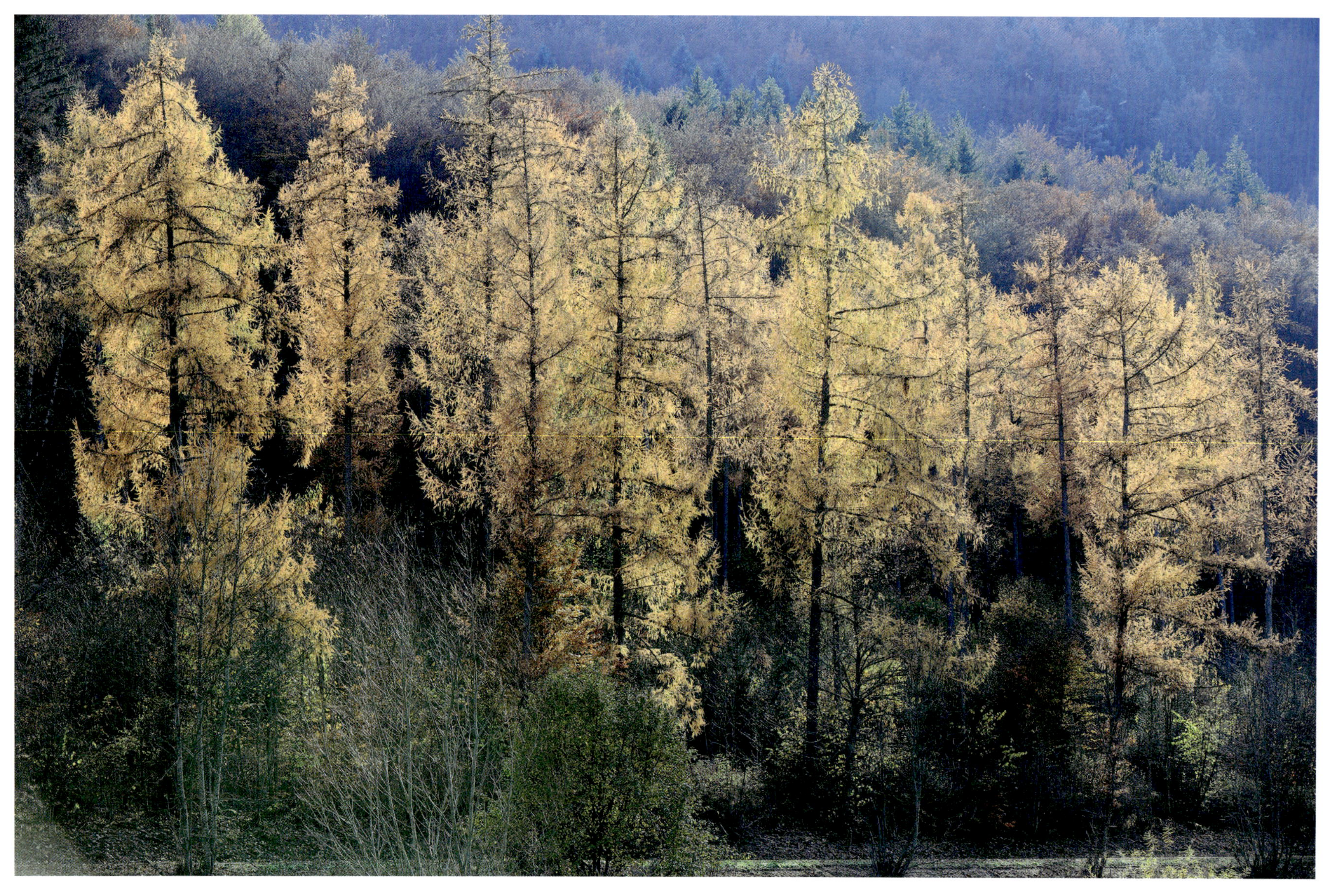

Lärchen im Herbstkleid, Thiergarten

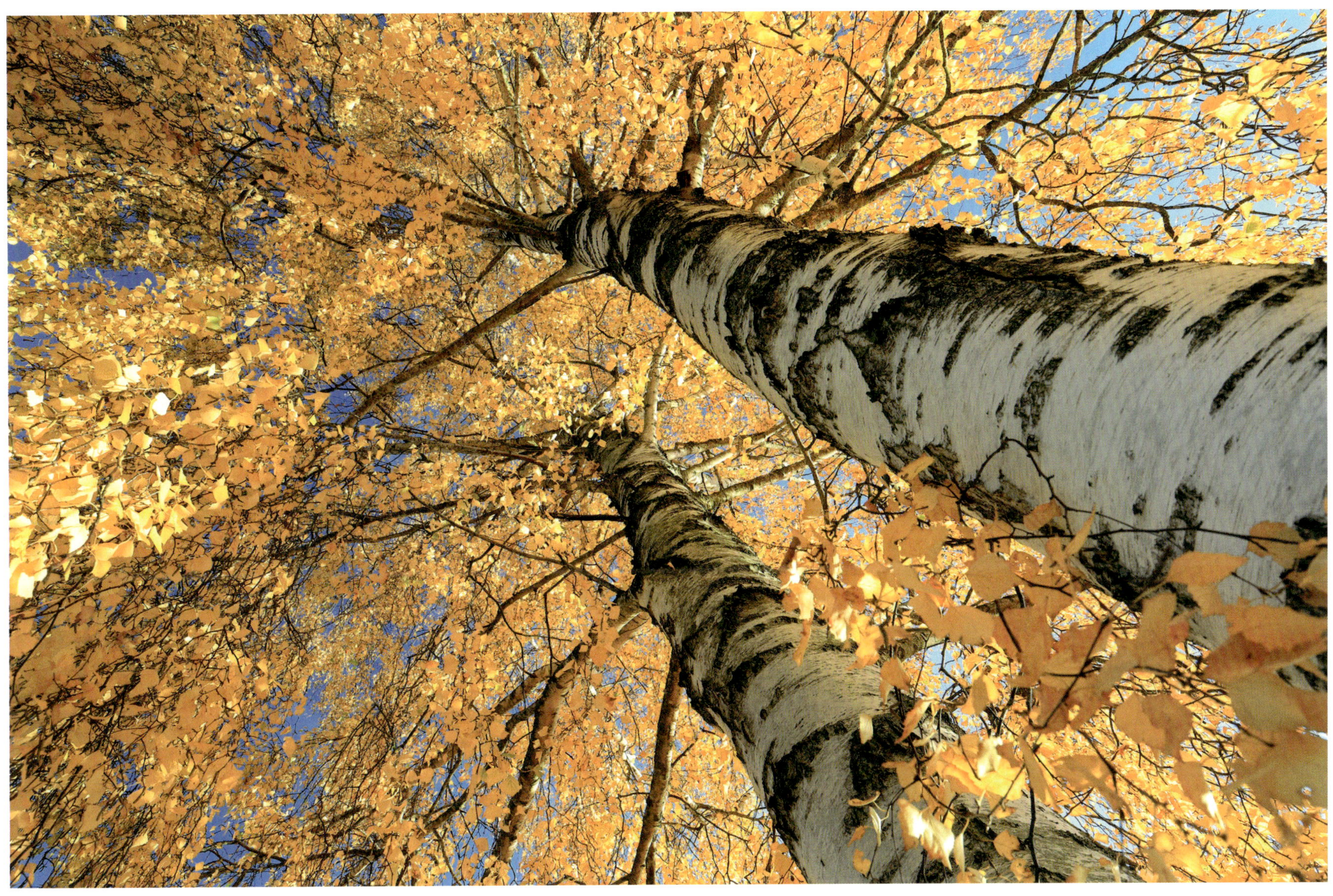

Birken im Herbst

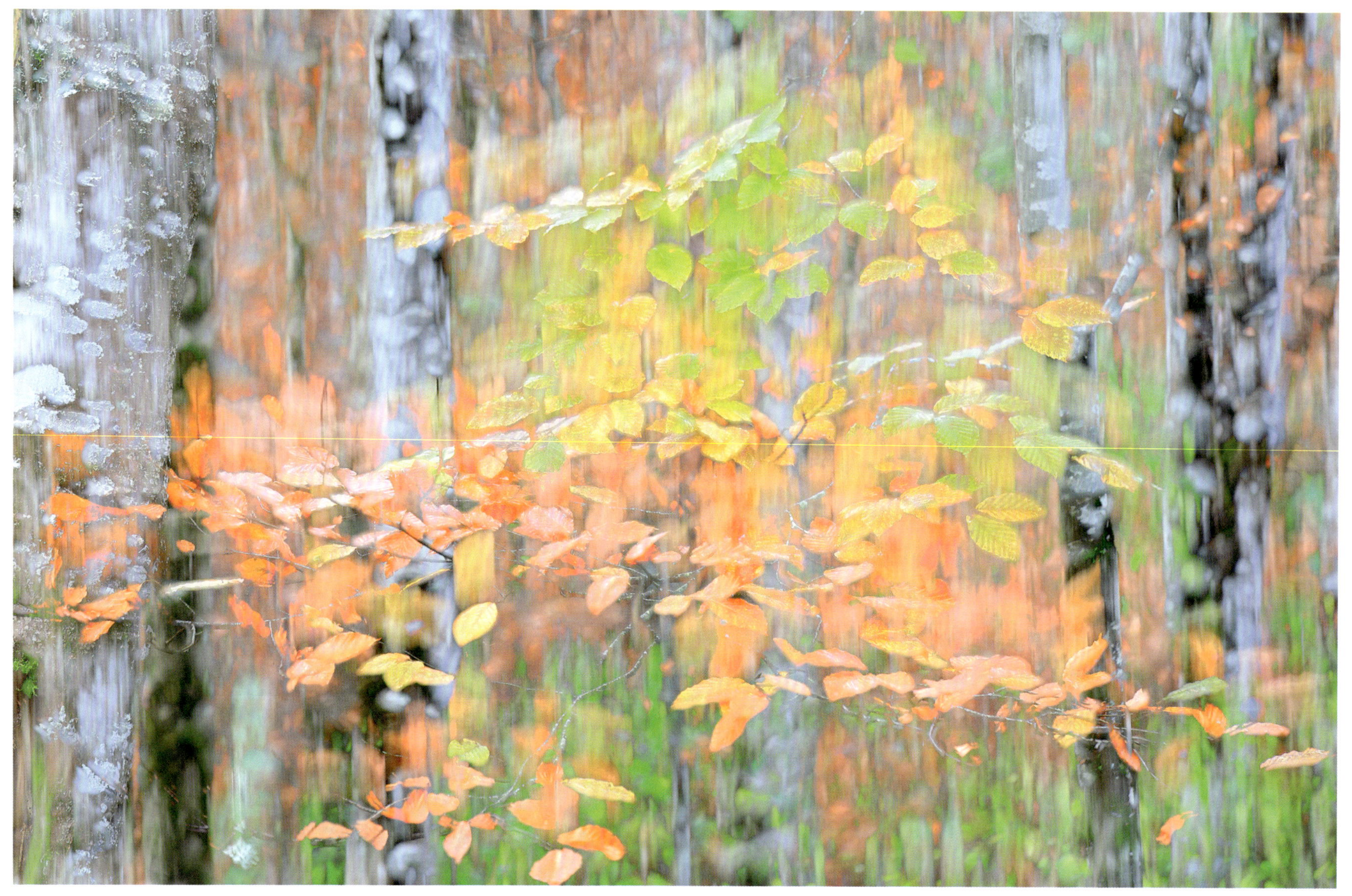

Buche

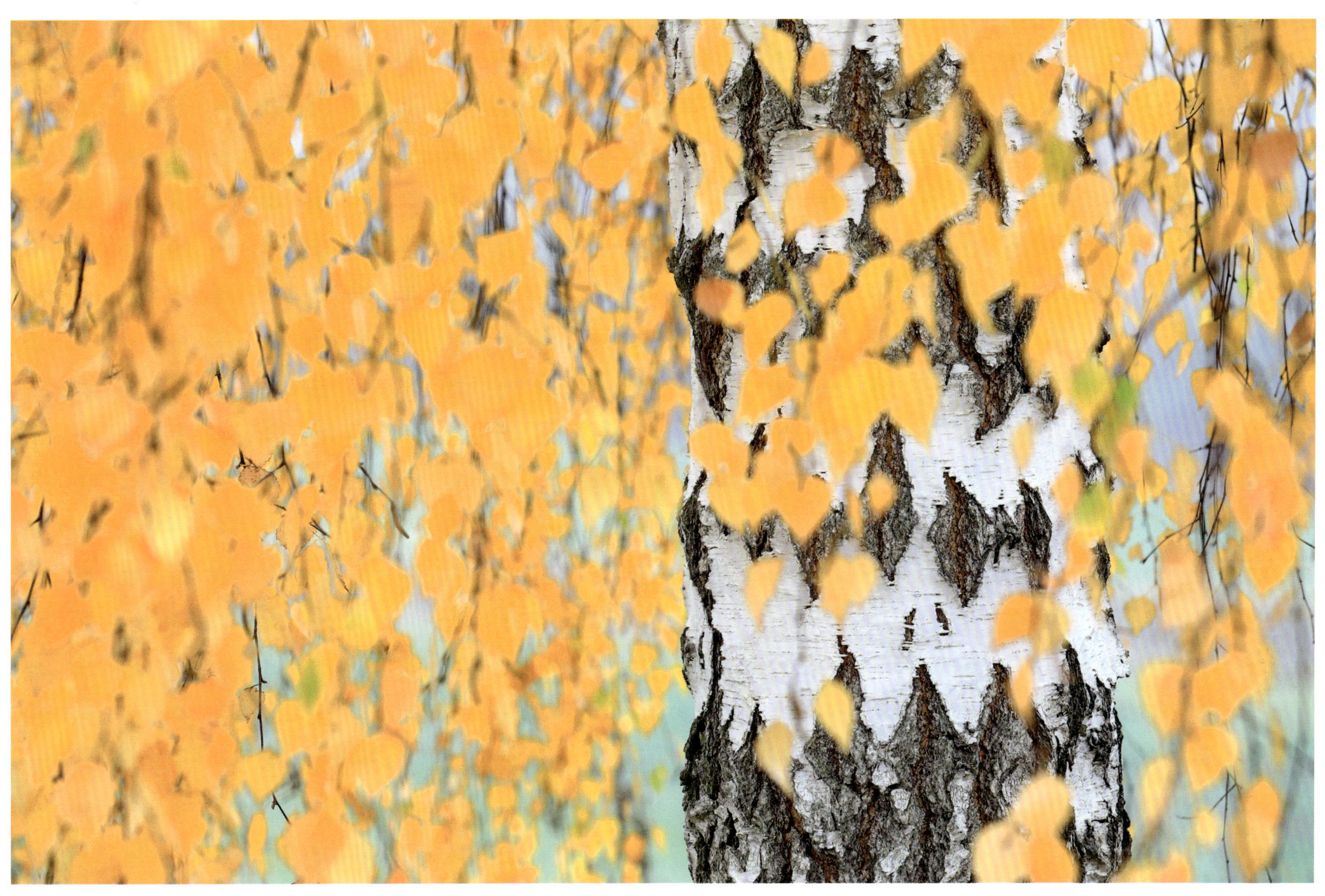

Birke

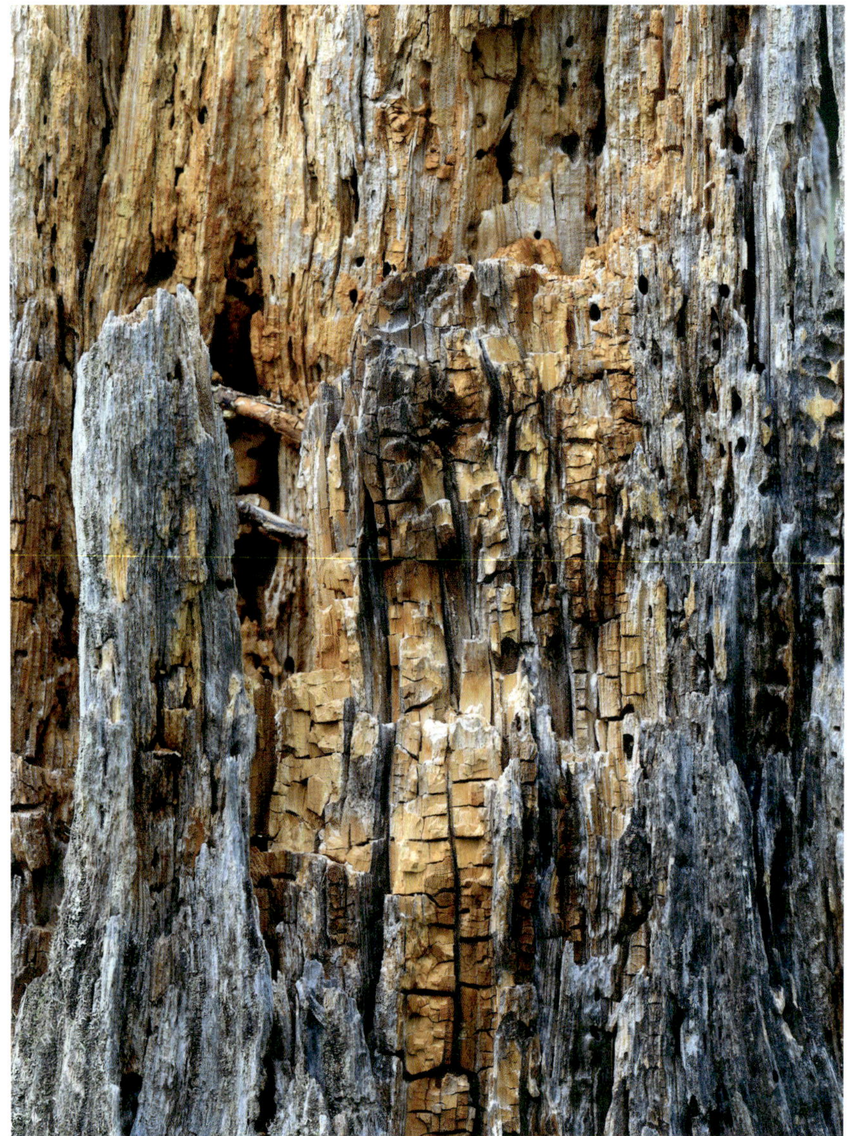

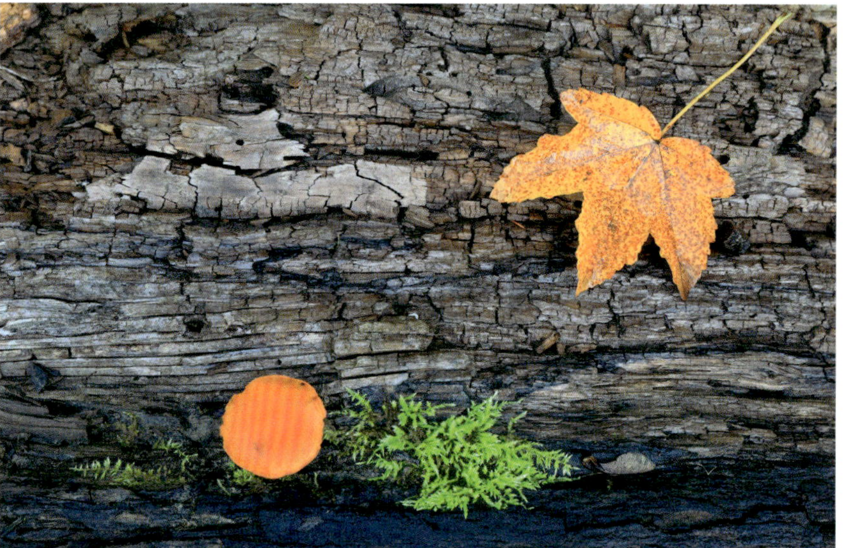

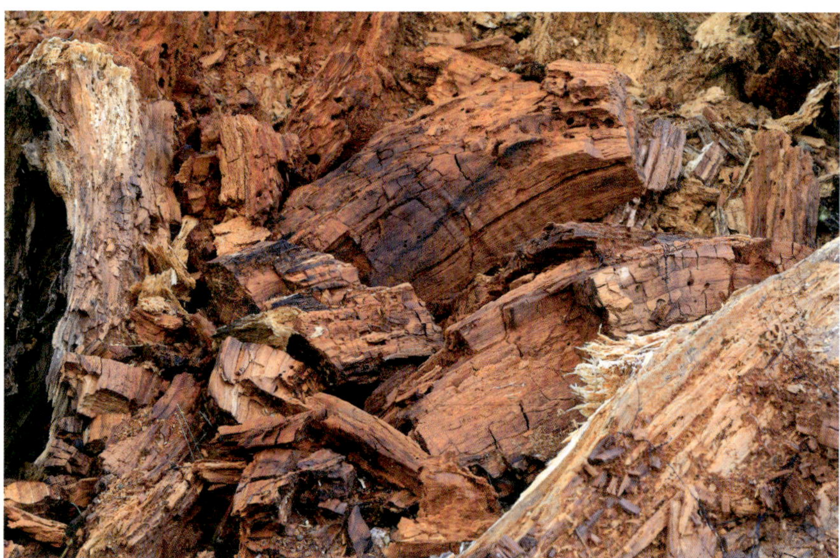

Totholz 1–3

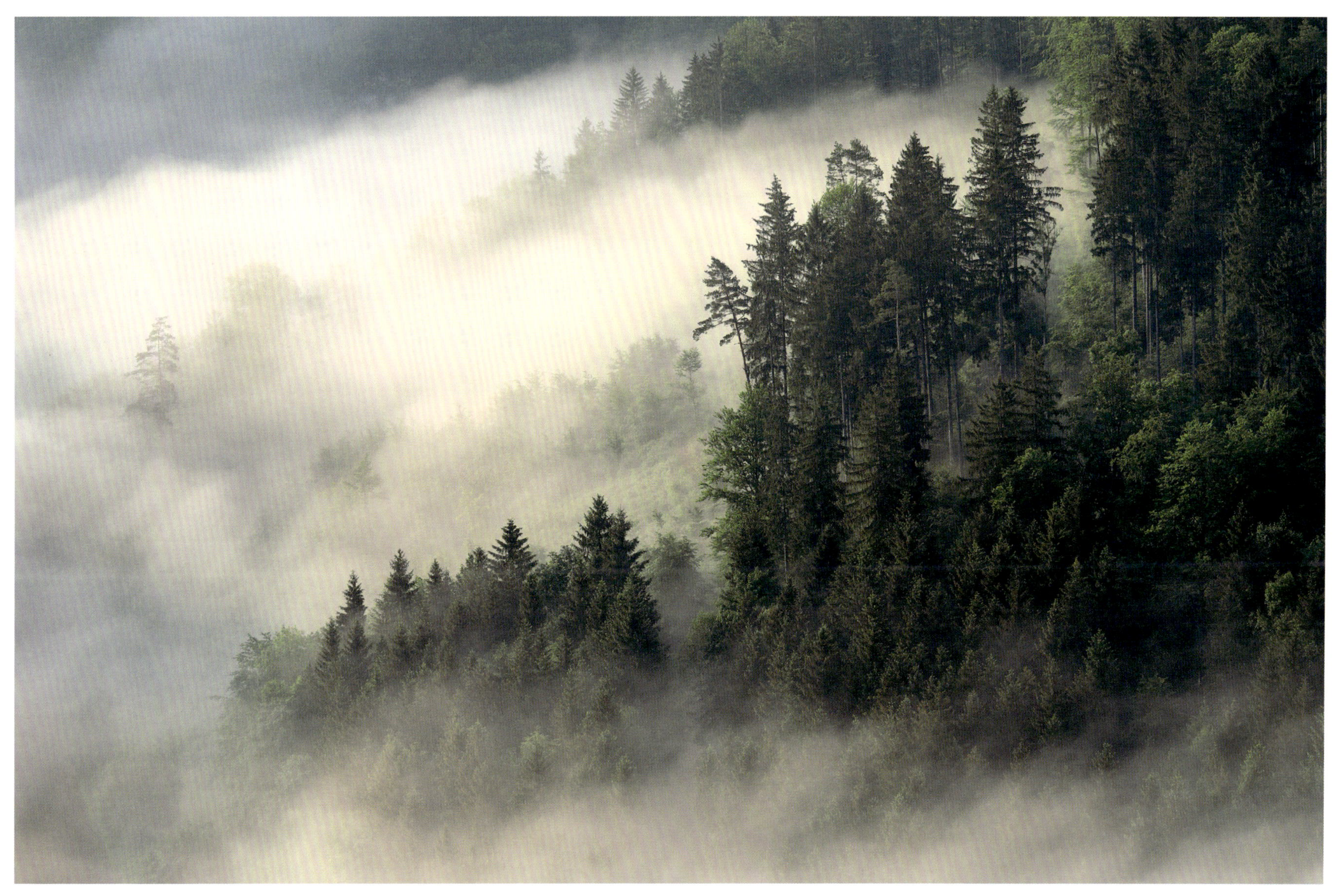

Blick vom Rauhen Stein, Irndorf

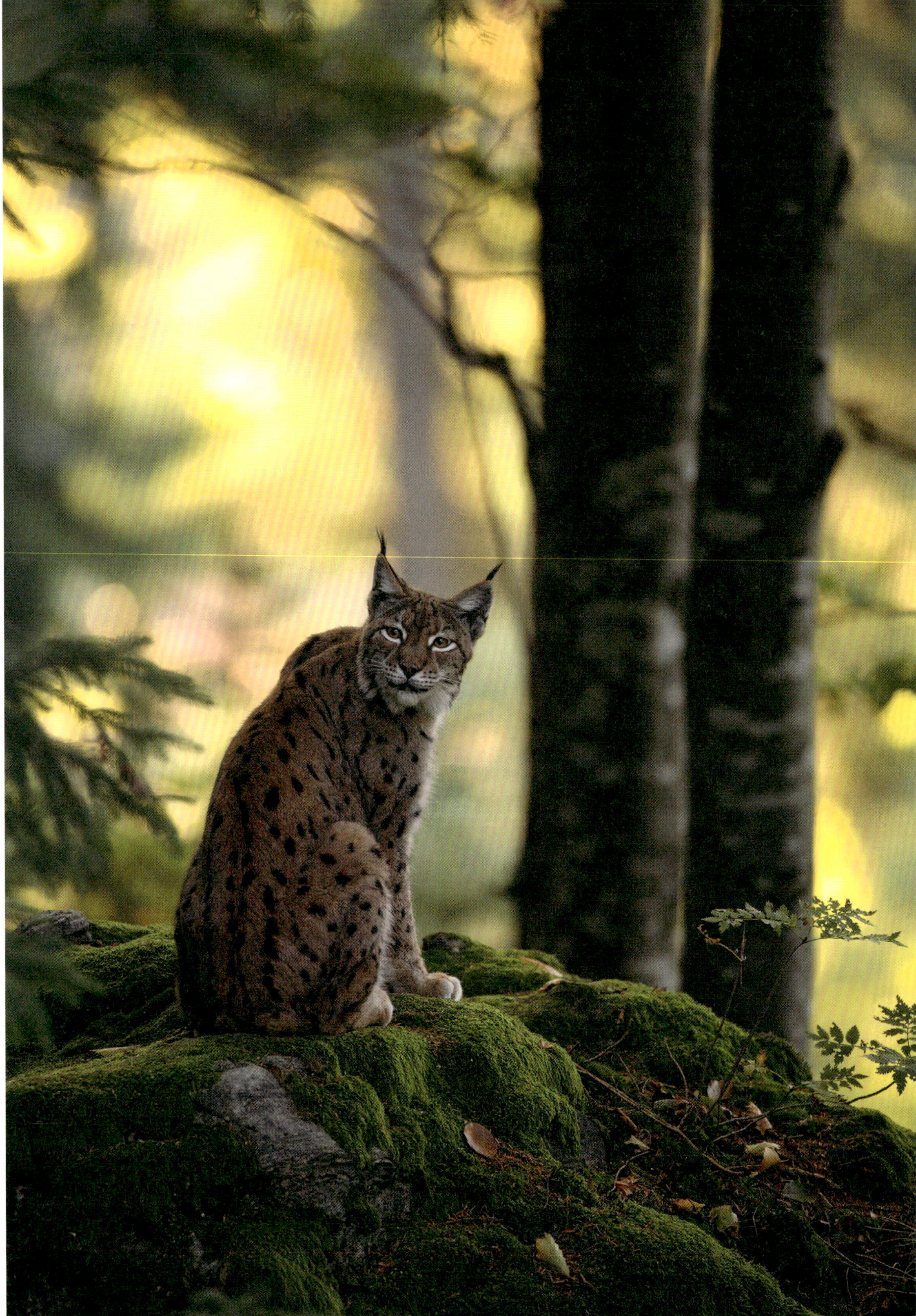

Luchs

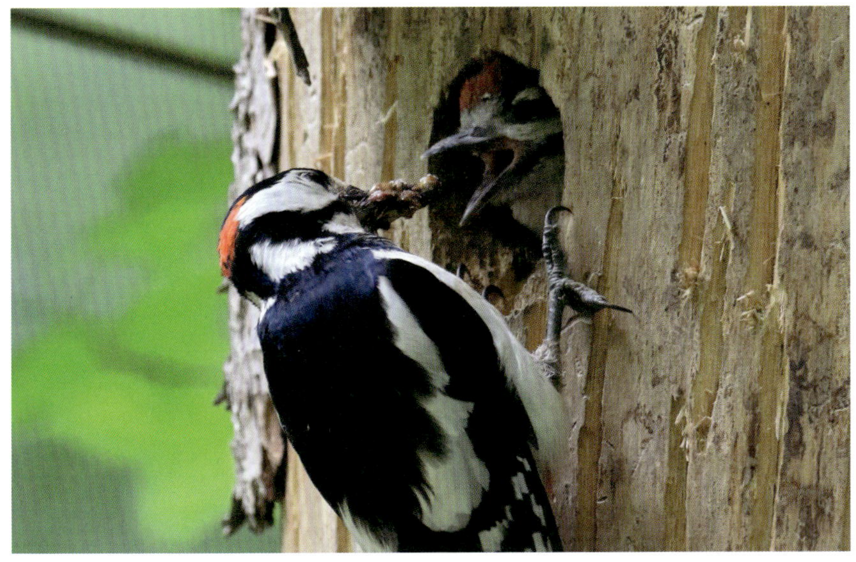

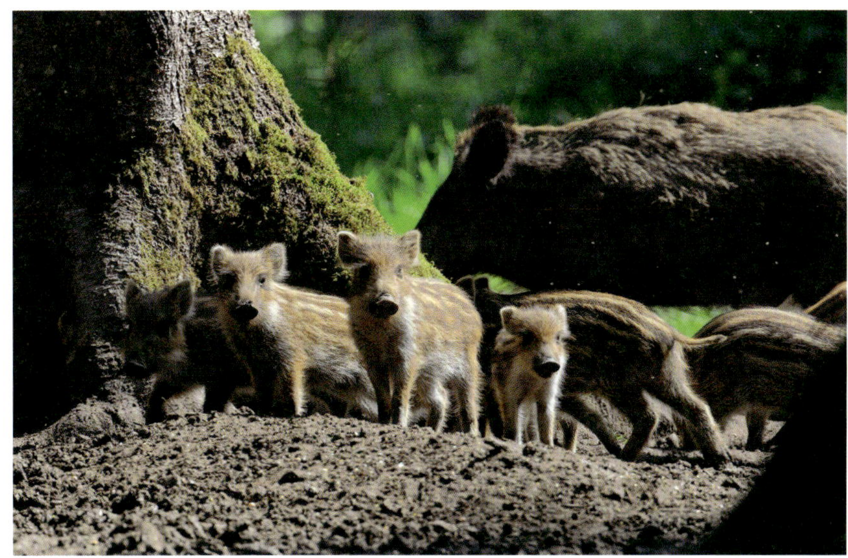

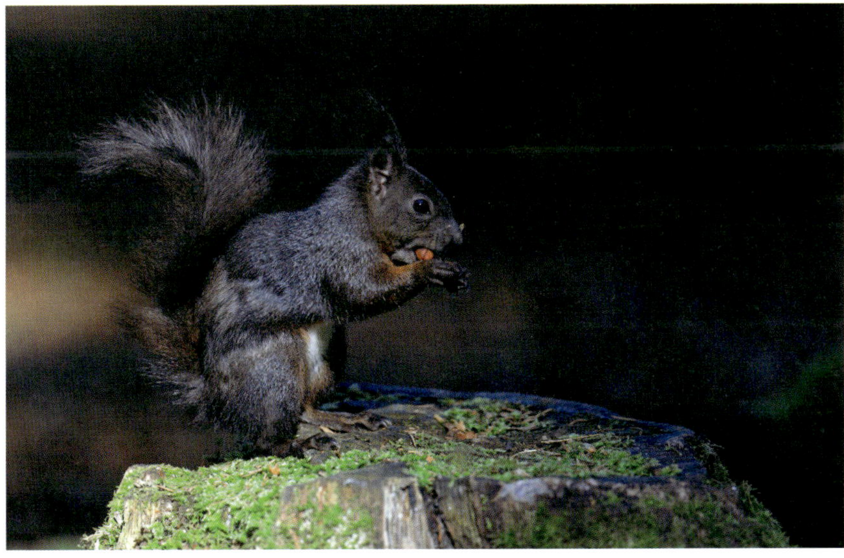

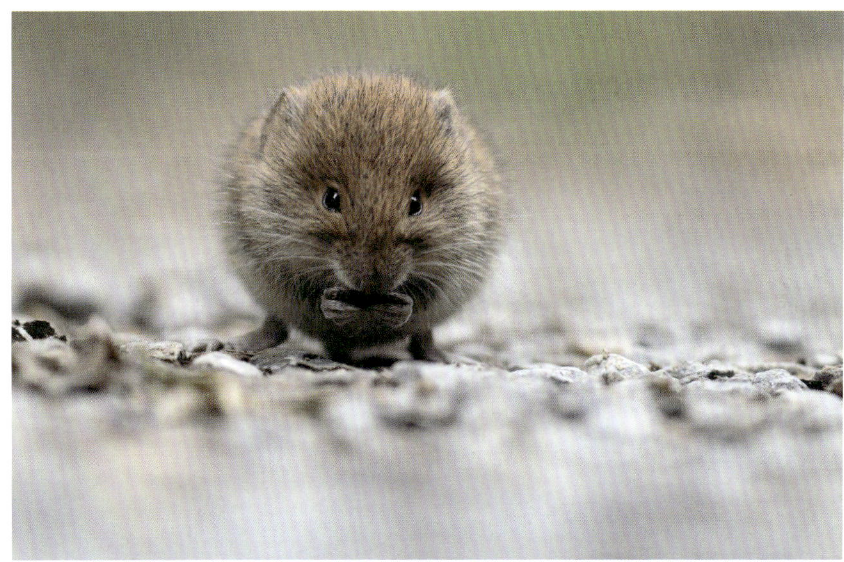

1 Buntspecht
2 Wildschwein-Frischlinge
3 Eichhörnchen
4 Feldmaus

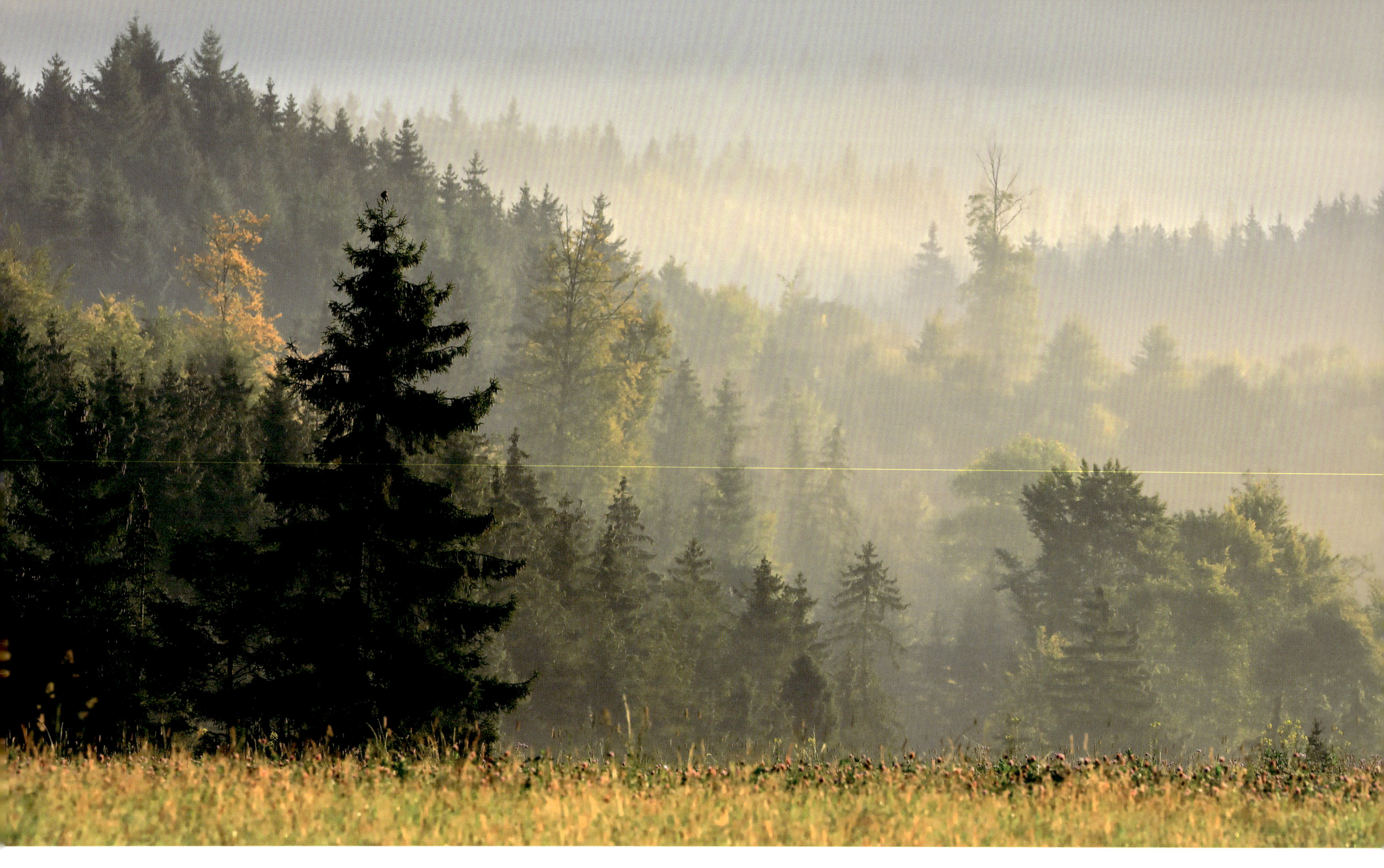

Mischwald im Morgenlicht, Kreenheinstetten

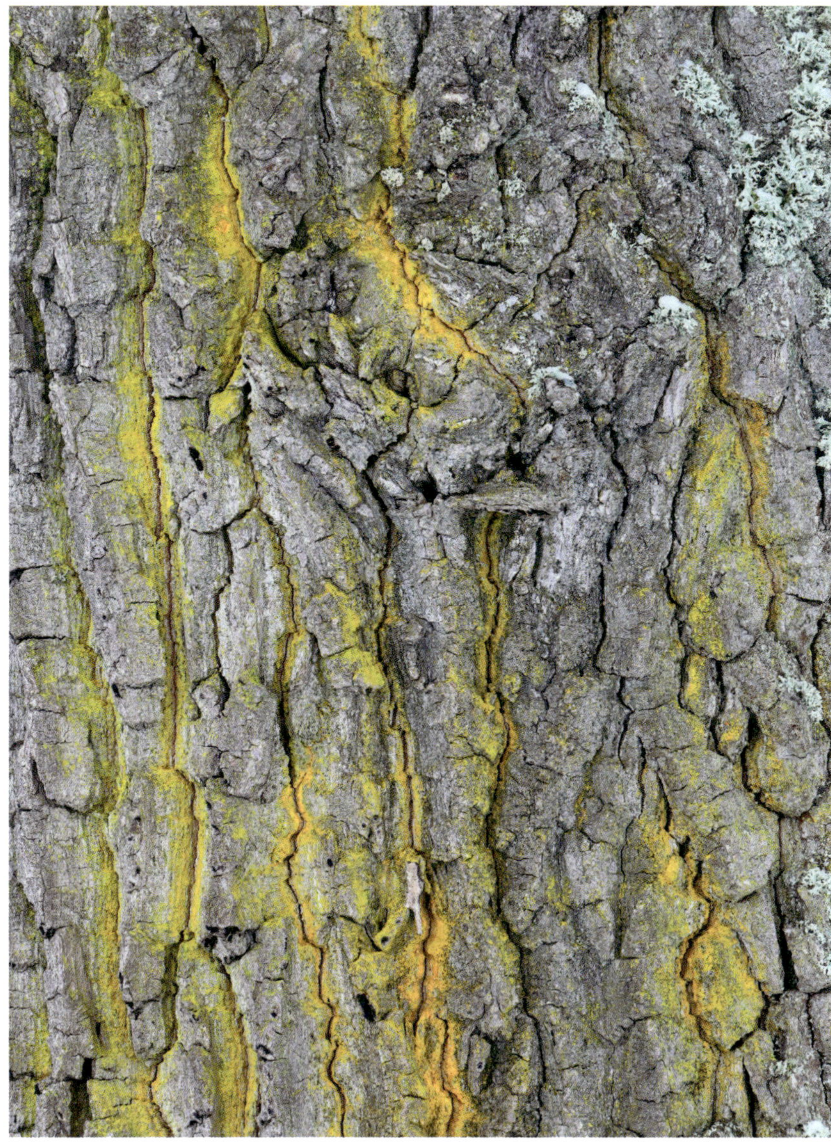

1 Lindenstamm mit Flechte
2 Eichenstamm mit Flechte

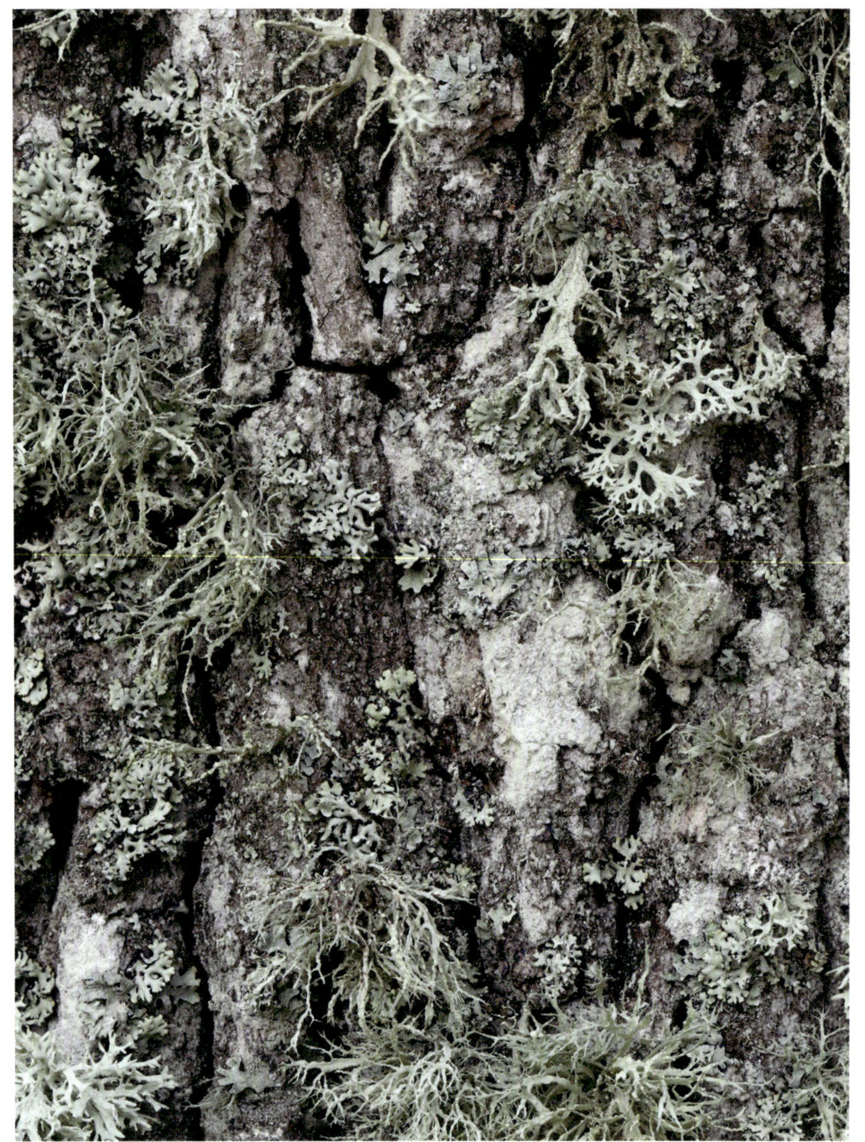

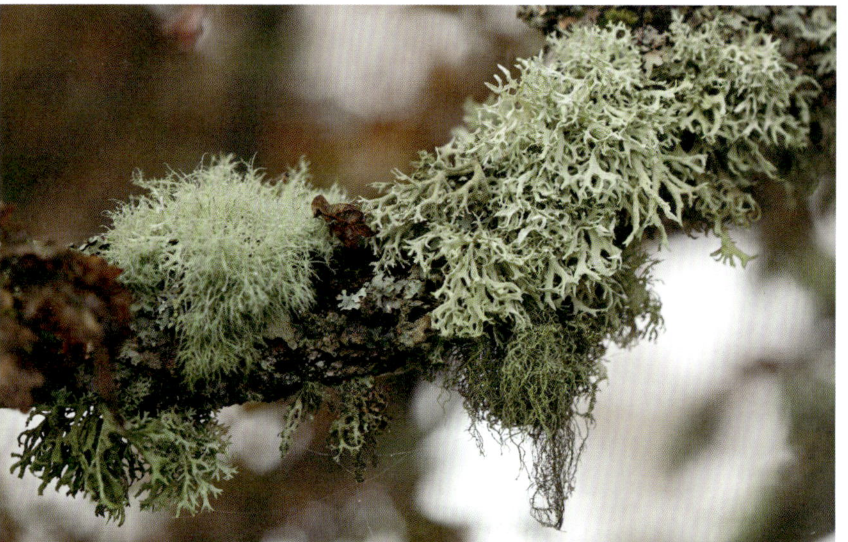

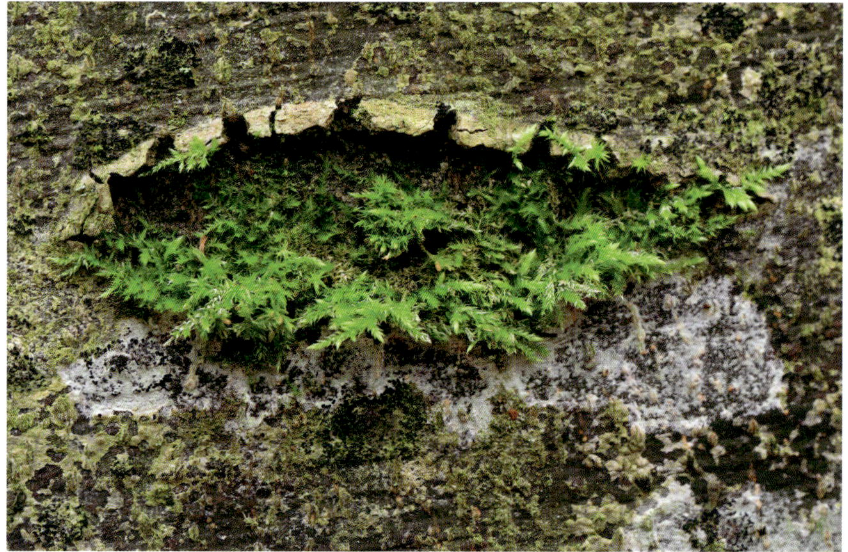

Flechten an Stamm 1
Flechten an Ast 2
Moos an Stamm 3

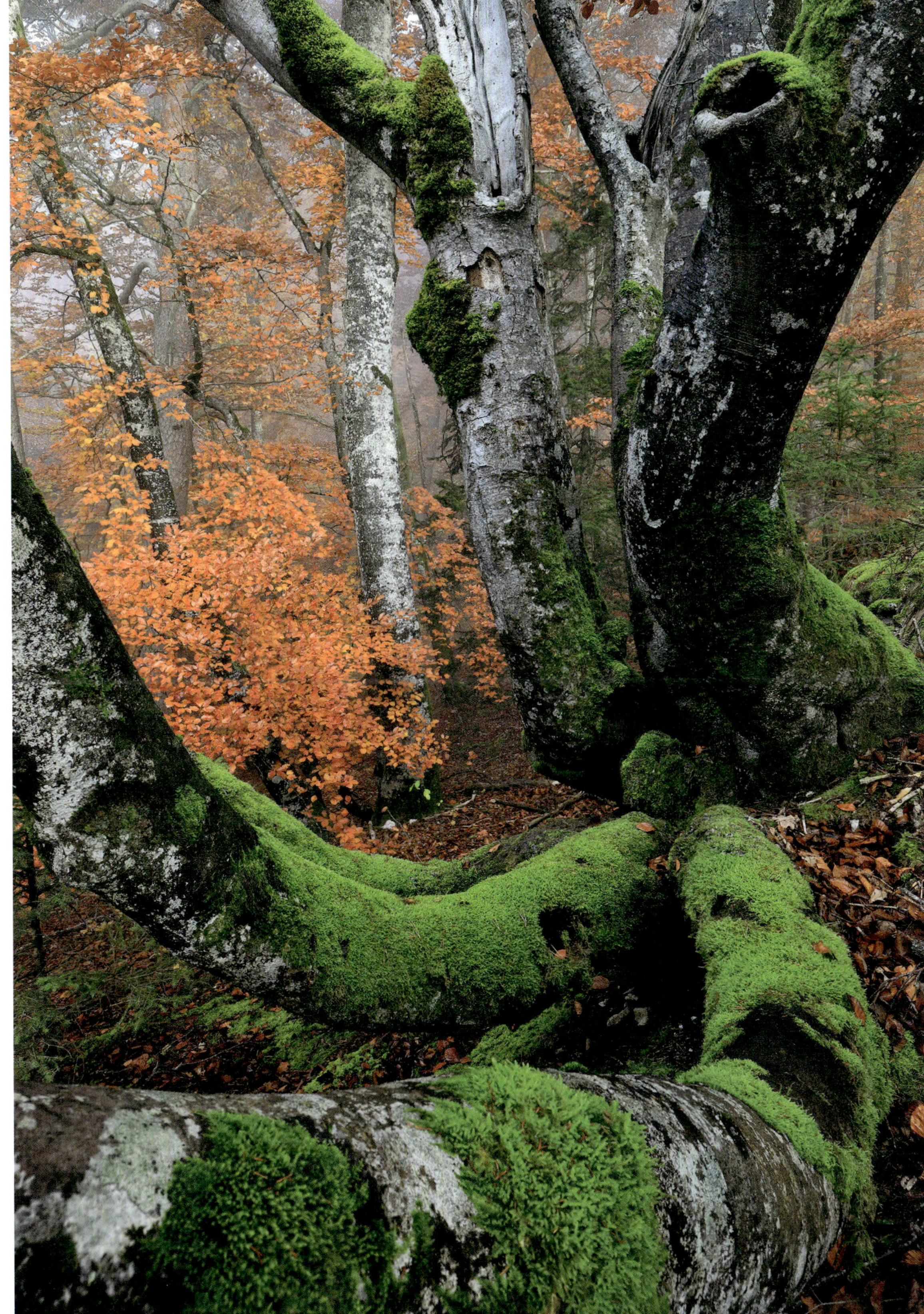

Buche am Teufelslochfelsen,
Hausen im Tal

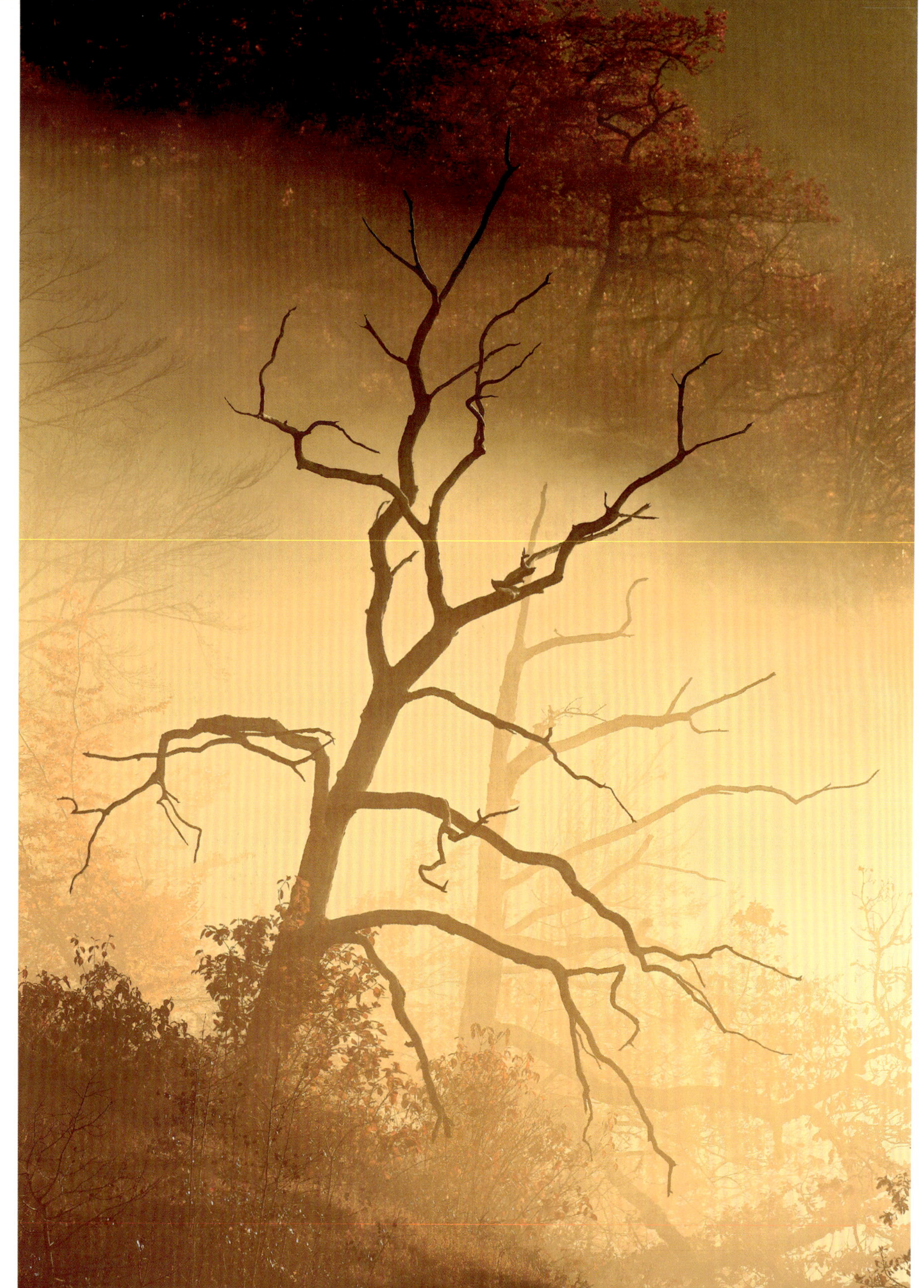

Morgensonne am Teufelslochfelsen,
Hausen im Tal

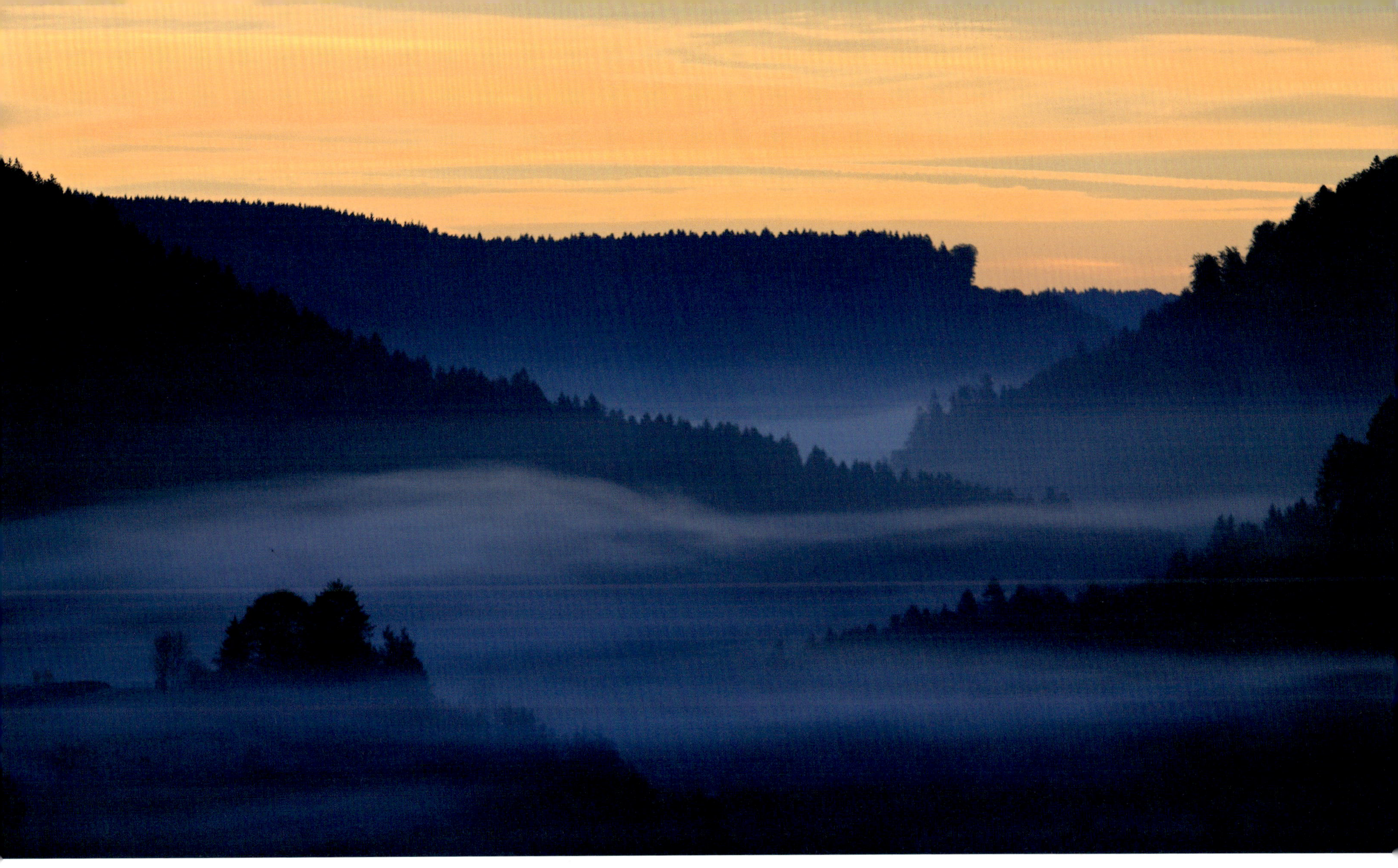

Blick von oberhalb Egesheim in Richtung Galgenwiesen

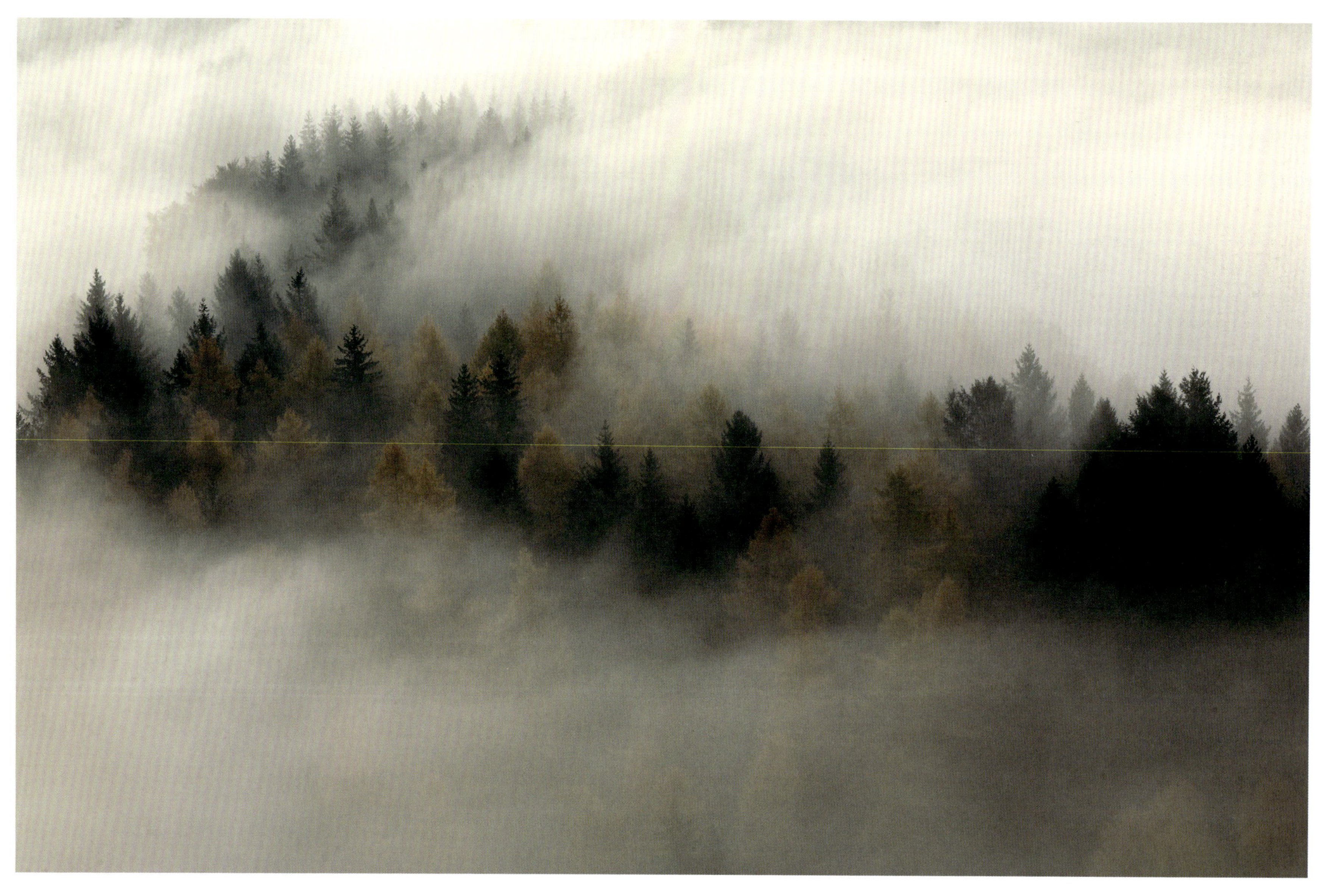

Blick vom Teufelslochfelsen in Richtung Süden

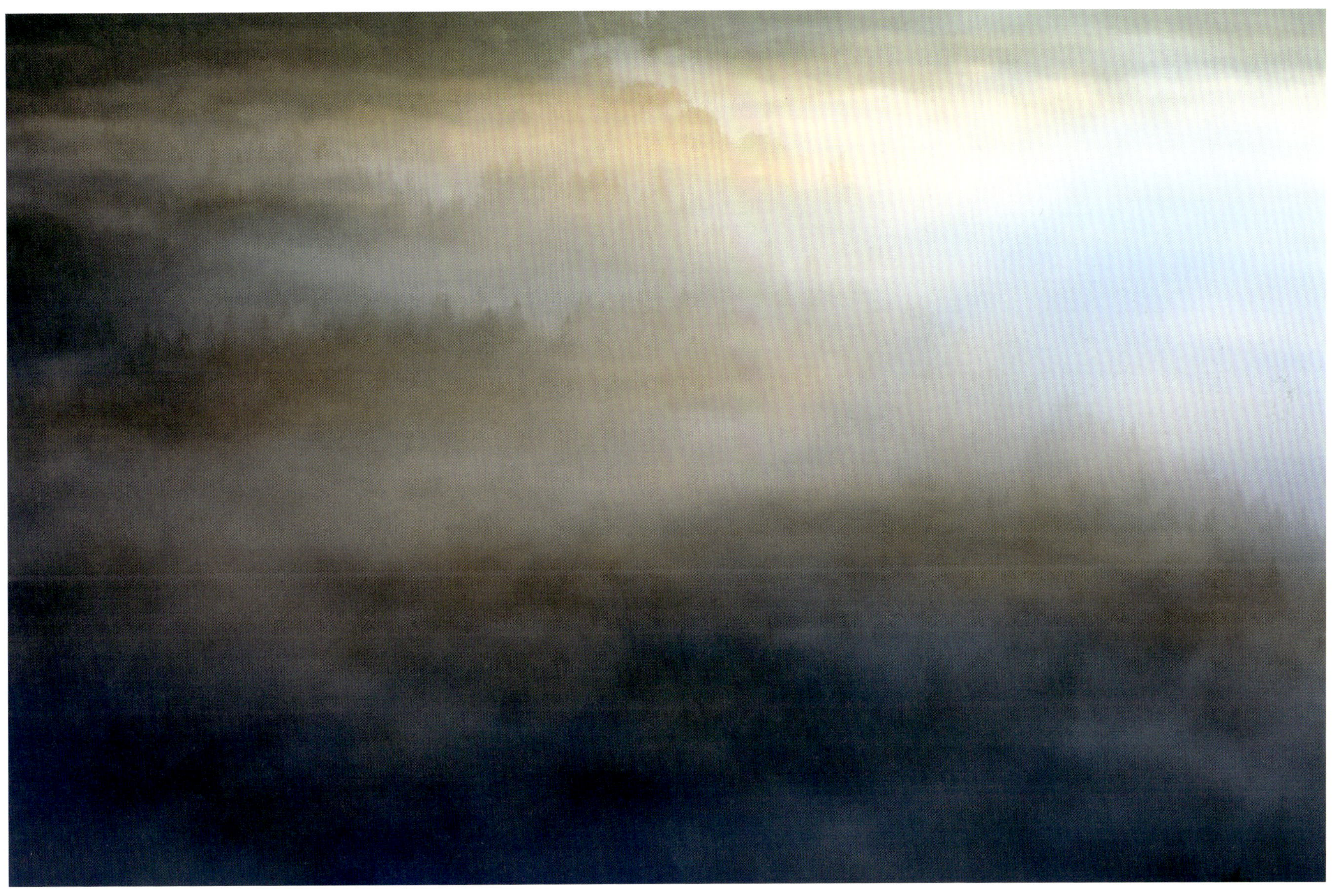

Blick vom Knopfmacherfelsen in Richtung Süden

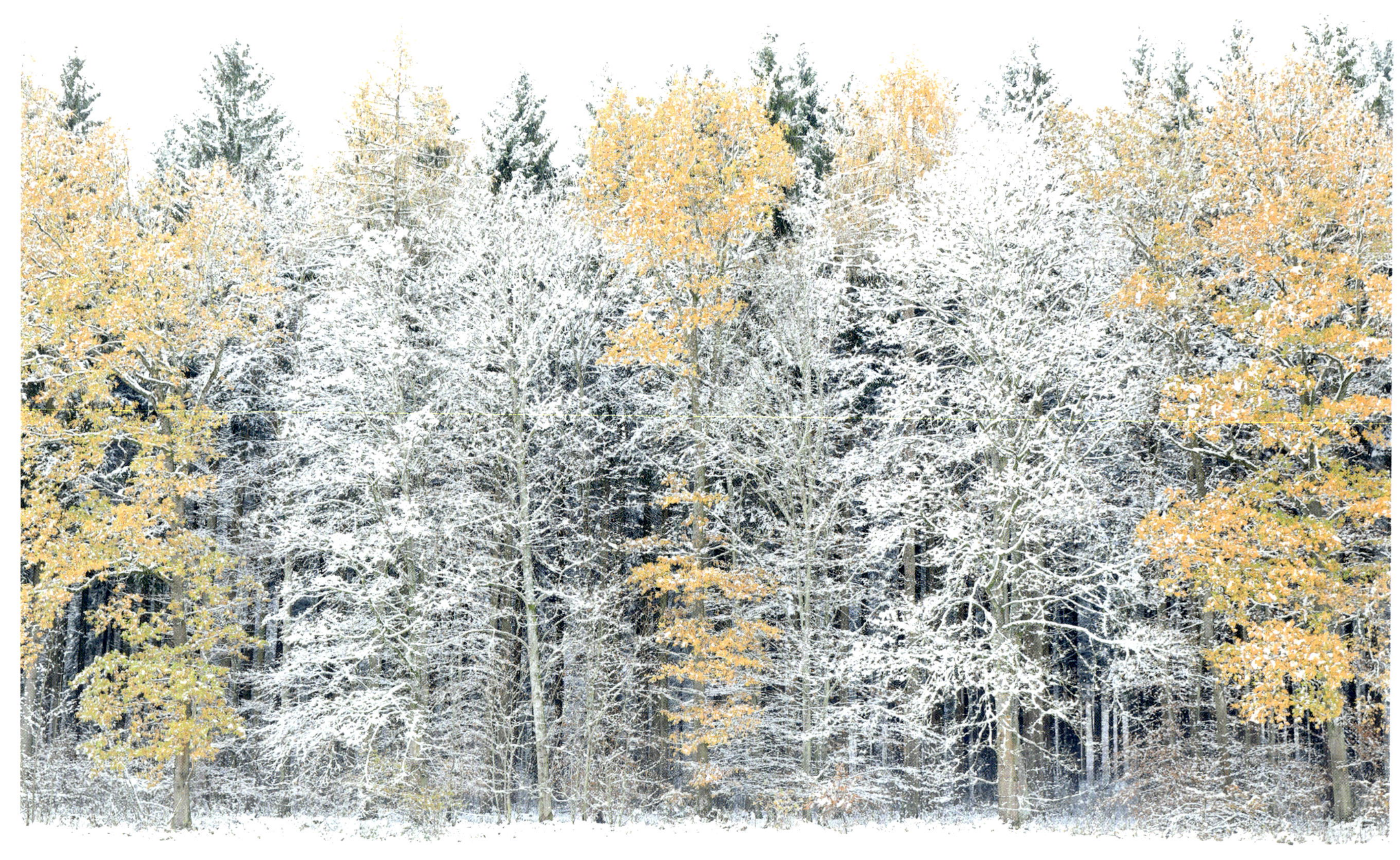

Mischwald im Winterschlaf

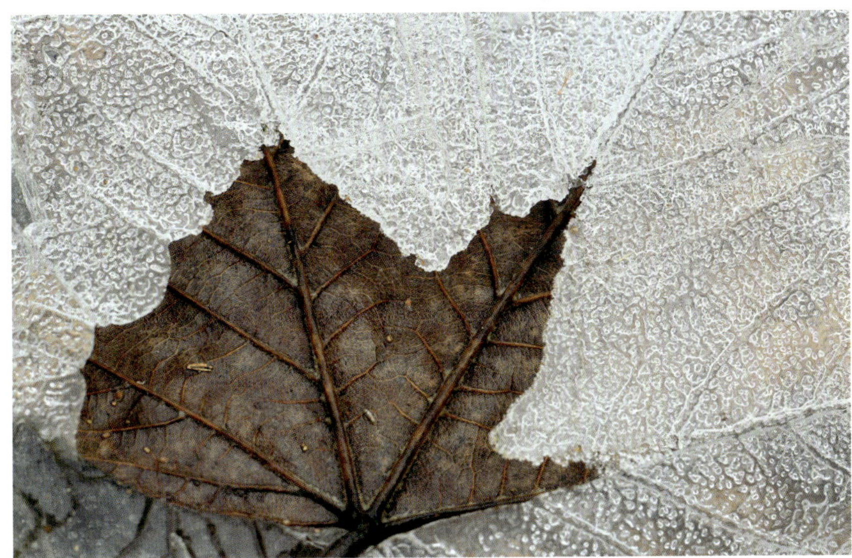

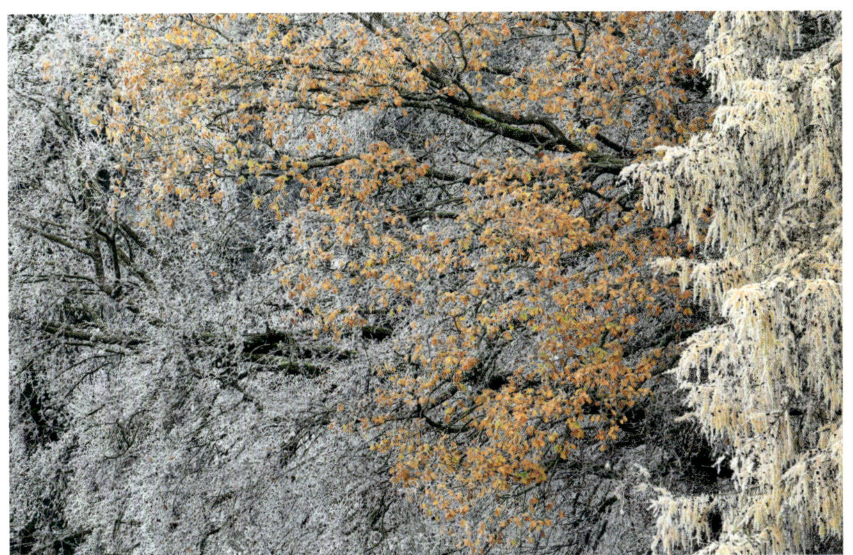

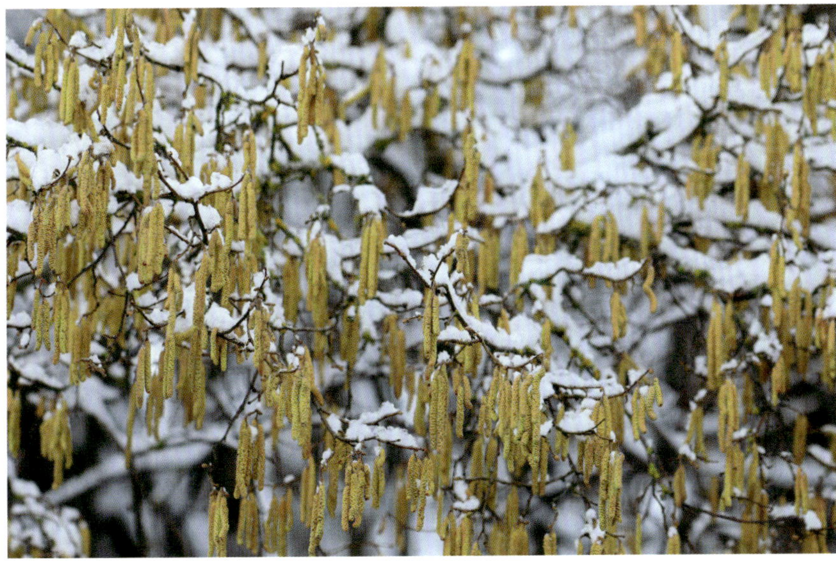

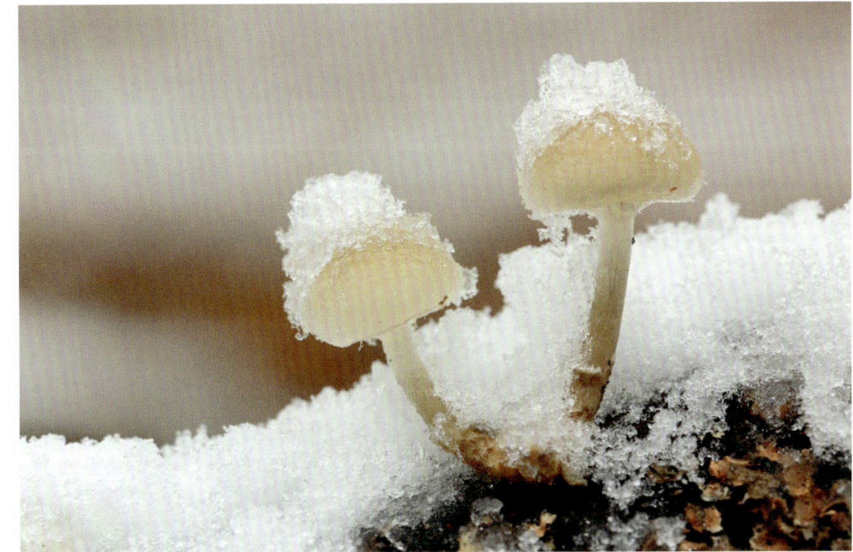

1 Blatt, teilwiese mit Reif überzogen
2 Mischwald im Reifmantel
3 Haselblüte im Schnee
4 Rauchblättriger Schwefelkopf

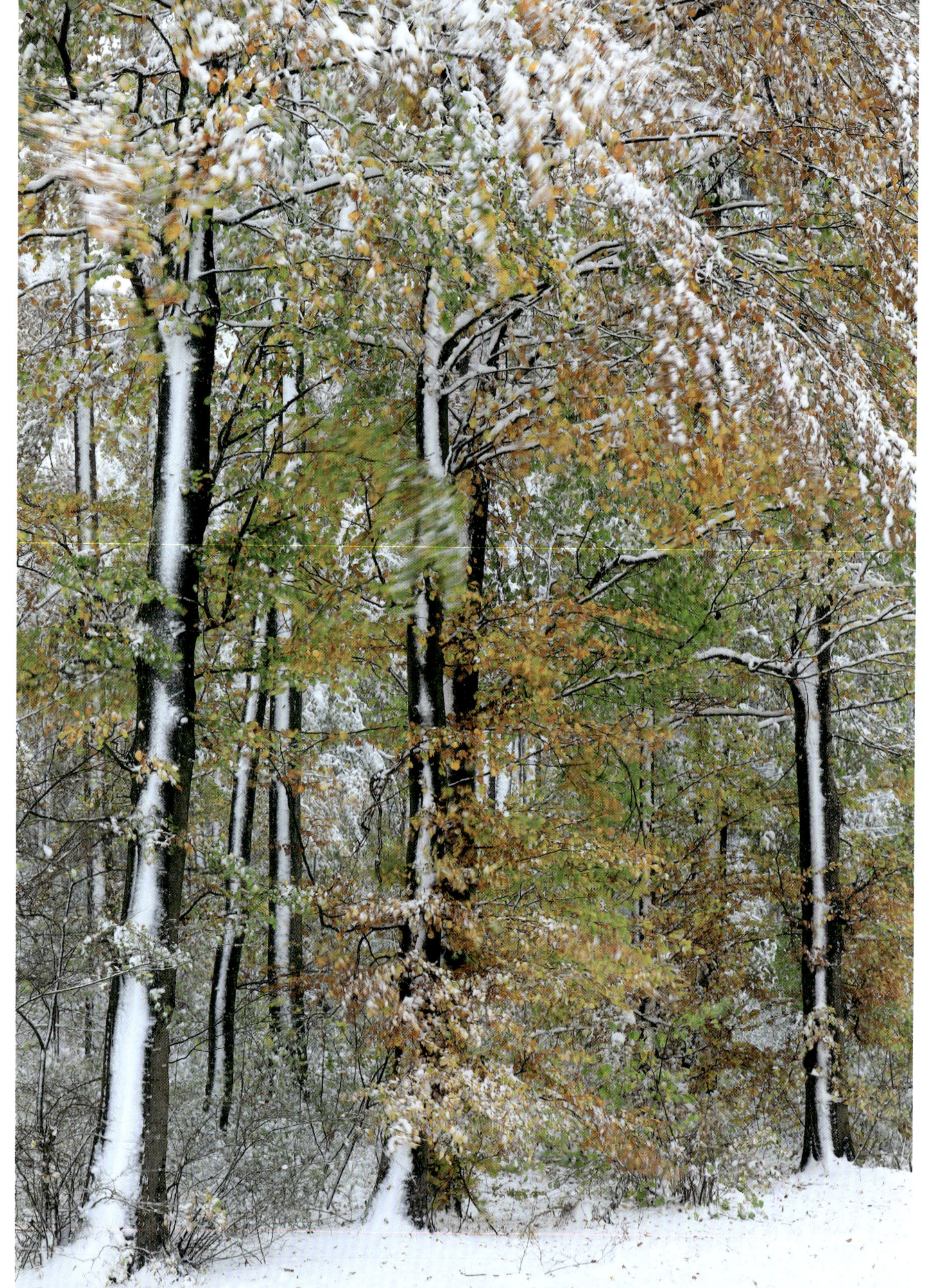

Herbstlicher Buchwald im ersten Schnee

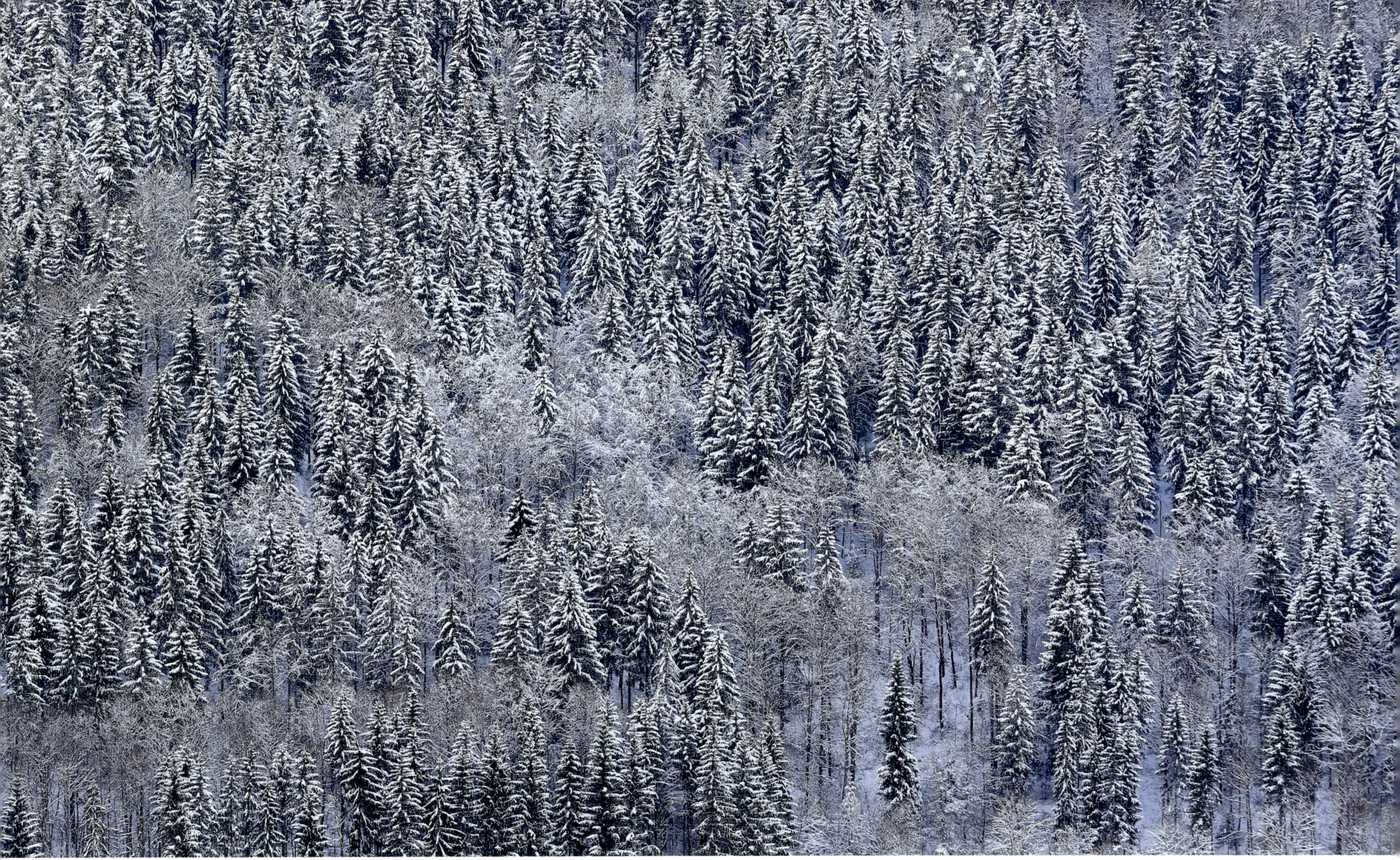

Nadelwald im Winterkleid

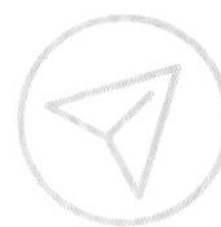

Schwierigkeit	∠	schwer
Länge	↔	13 km
Dauer	🕓	ca. 4:15 h
Aufstieg	↗	400 m
Abstieg	↘	400 m
Höchster Punkt	↑	980 m. ü. M.
Niedrigster Punkt	↓	754 m. ü. M.

5 ALTER SCHÄFERWEG

MIT EINEM DER SCHÖNSTEN AUSSICHTSPUNKTE DER WESTLICHEN SCHWÄBISCHEN ALB

Auf den ersten Blick scheint die Tour eher weniger spektakulär, aber sie hat es durchaus in sich.

Auf einer Strecke durch das Schäfertal, zum Schäferbrunnen sowie zum ehemaligen Schafstall beim Allenspacher Hof und zu den Schafweiden am Alten Berg führt diese Rundtour. Schäferei und Heuberglandschaft gehören seit den letzten Jahrhunderten praktisch untrennbar zusammen. War die Schafhaltung früher in nahezu allen Albdörfern eine notwendige Ergänzung zur Viehwirtschaft auf den kargen Heubergböden, so ist die Schafbeweidung heute vor allem für den Erhalt der typischen Alblandschaft und deren Offenhaltung unerlässlich.

Vom Parkplatz Mühlsteige führt der Weg zunächst Richtung Schäfertal hinauf zur Grauentalquelle und zum Schäferbrunnen. Dort, am Kreuzungspunkt der »Acht«, zweigt ein kleiner Pfad Richtung Böttingen ab. Über das Gewann Kreuzen und durch die Ortsmitte gelangt man auf den Alten Berg.

Vom Alten Berg verläuft der Weg zunächst Richtung Storchentäle und dann in Richtung Schäfertal. Beim Schäferbrunnen kommt man wieder auf den Kreuzungspunkt der Acht und steigt hinauf zum Allenspacher Hof. Immer oben am Rand des Schäfertales entlang geht es auf schmalen Pfaden über den Aussichtspunkt Glatter Fels bis hinunter zur Lippachmühle. Der Schlussanstieg zum Ausgangspunkt erfolgt über den ehemaligen Skihang.

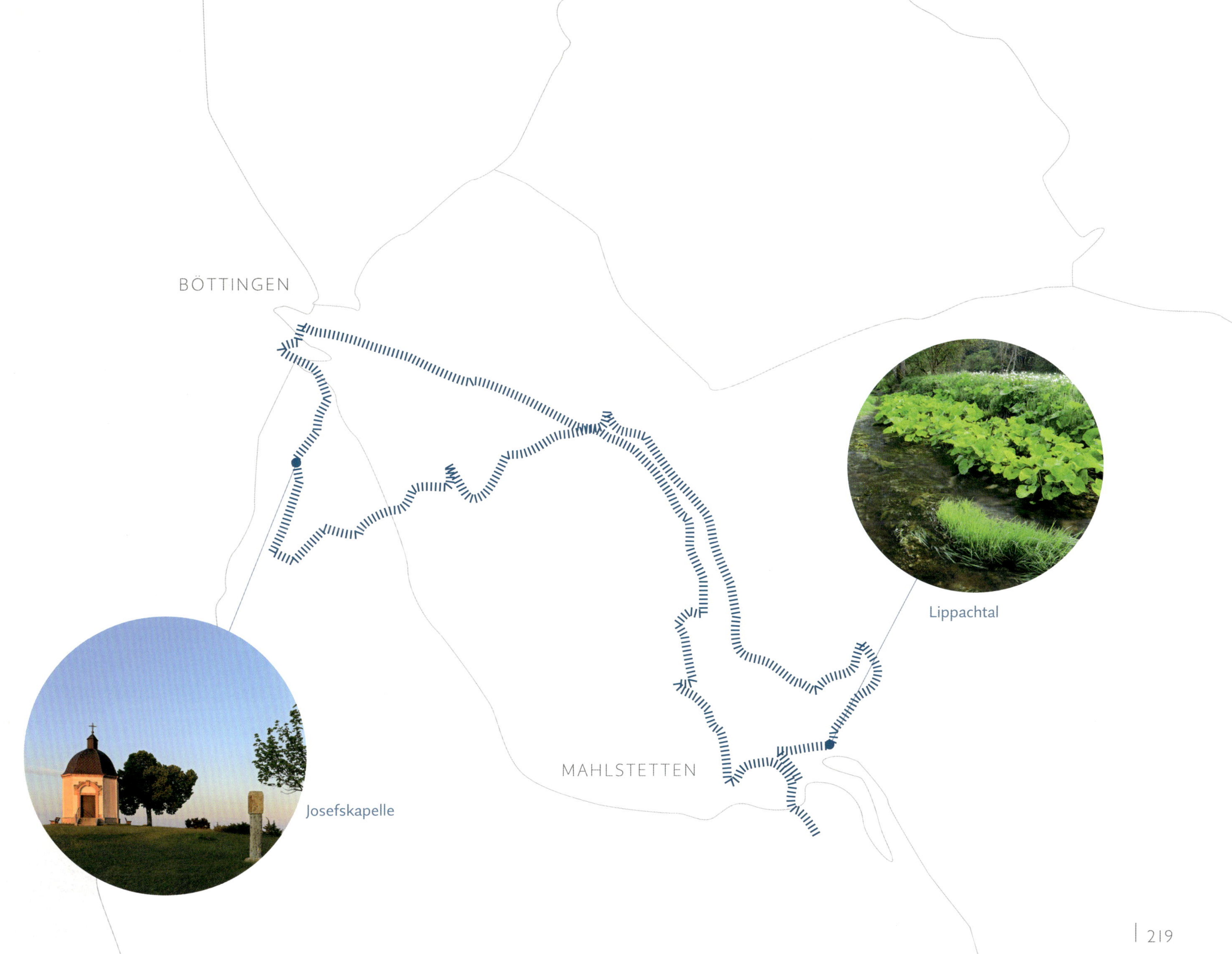
BÖTTINGEN
MAHLSTETTEN
Lippachtal
Josefskapelle

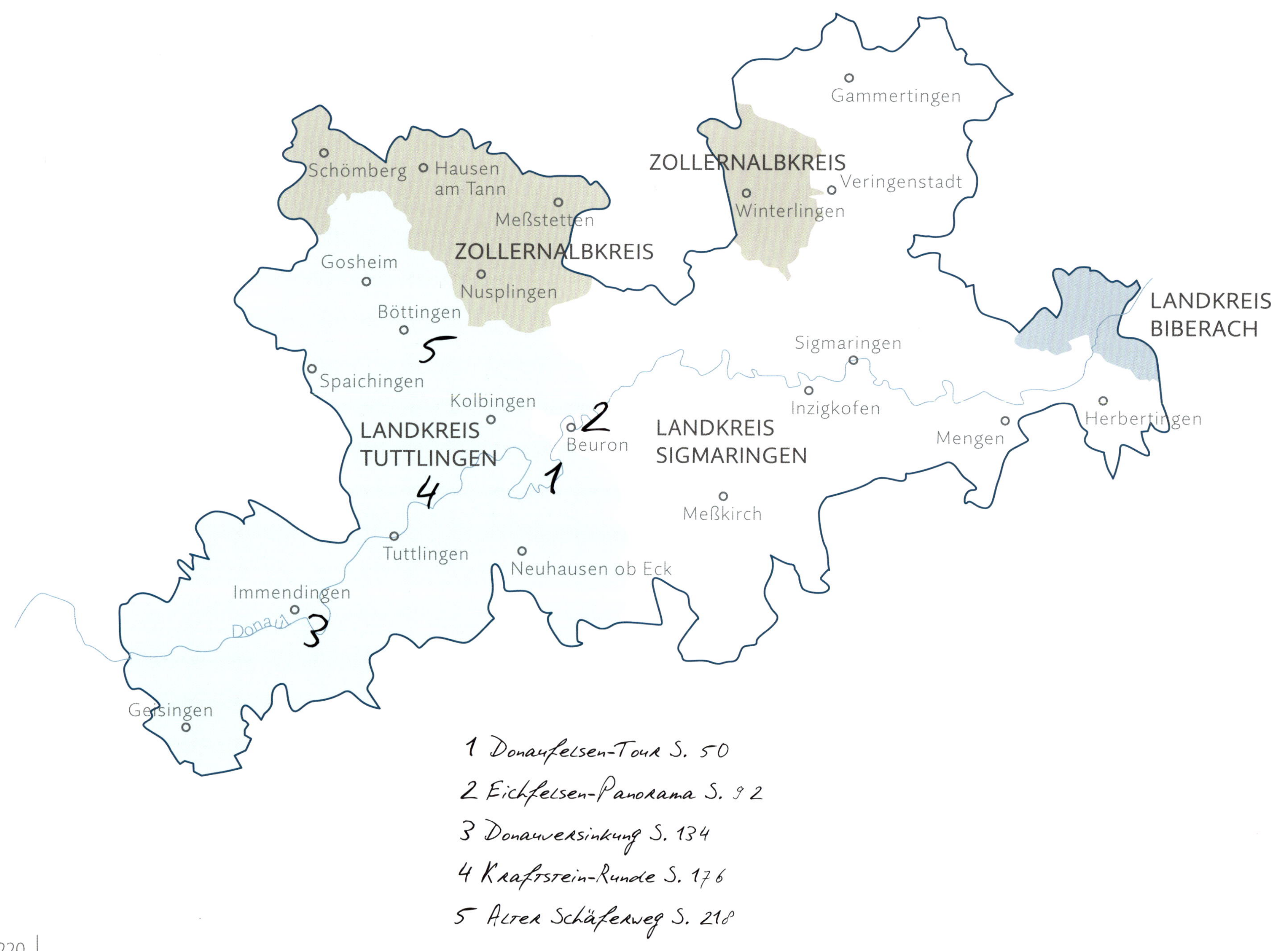

Gammertingen
ZOLLERNALBKREIS
Veringenstadt
Winterlingen
Schömberg
Hausen am Tann
Meßstetten
ZOLLERNALBKREIS
Gosheim
Nusplingen
Böttingen
5
LANDKREIS BIBERACH
Sigmaringen
Spaichingen
Inzigkofen
Kolbingen
2
Beuron
LANDKREIS SIGMARINGEN
Herbertingen
Mengen
LANDKREIS TUTTLINGEN
1
4
Meßkirch
Tuttlingen
Neuhausen ob Eck
Immendingen
Donau
3
Geisingen
1 Donaufelsen-Tour S. 50
2 Eichfelsen-Panorama S. 92
3 Donauversinkung S. 134
4 Kraftstein-Runde S. 176
5 Alter Schäferweg S. 218

DANK

Nach vielen Jahren im Naturpark Obere Donau mit vielen inspirierenden Eindrücken, berührenden Stimmungen und kreativen Momenten ist es mit der Publikation des Buches nun auch Zeit, Danke zu sagen. Obwohl ich den Inhalt des Bildbandes im Alleingang geplant und fotografiert habe, durfte ich während der langen Zeit immer Hilfe von lieben Menschen auf unterschiedliche Art und Weise in Anspruch nehmen.

Mein erster ganz großer Dank gilt meiner lieben Frau Christine, die mich oft entbehren musste, weil ich im Naturpark unterwegs war. Die mich bei manch einer Wanderung begleitet hat, um neue Standorte und Motive zu suchen, oder mir von ihren Rad- oder Joggingstrecken von interessanten Details berichtet hat, die als Fotomotive geeignet wären.

Großen Dank gilt Herrn Bernd Schneck vom Naturpark Obere Donau, der mir viele wertvolle Motivtipps gab und bei der Gliederung des Buches und der Erstellung der Texte hilfreich zur Seite stand. Auch der Naturpark-Ranger, Luchsbeauftragte und Falkner im Naturpark, Armin Hafner, war ein hilfreicher Tippgeber. Siegfried Franz danke ich für seine Expertise zu Pilzen und Pflanzen. Die Mitarbeiter der Donaubergland Marketing und Tourismus GmbH Tuttlingen, namentlich Anita Schmidt und Walter Knittel, haben mir bei der Auswahl der Wandervorschläge sehr geholfen. Ohne das Beisein meiner begeisterten Naturfotokollegen Klaus Vorndran, An Lim und Patrick Szilagyi, die mich immer wieder bei Touren begleitet haben, hätte ich eventuell manches Mal nicht so lange geduldig auf das richtige Licht gewartet. Die Bereitschaft von Menschen in Gebäudeanlagen, Höhlen usw., mir zur gewünschten Zeit die Türen zu öffnen oder gar den Schlüssel zu überlassen, weiß ich sehr zu schätzen. Hinzu kommen viele hier nicht genannte liebe Menschen, die mir bei Treffen oder vor Ort mit Tipps hilfreich waren.

Abschließend sei der Gmeiner-Verlag genannt, hier im besonderen Armin Gmeiner und seine Mitarbeiterin Anja Sandmann, die den Mut hatten, meine vorgestellte Idee zu einem Bildband aufzugreifen, umzusetzen und mir dabei viel Freiraum für eigene Ideen und Vorstellungen ließen. Auch danke ich Frau Laura Müller für die tollen Layoutvorschläge und für die Hilfe bei der Bildauswahl und -anordnung. Ihrer Bereitschaft zur Zusammenarbeit ist es zu verdanken, dass Sie diesen Bildband nun in Händen halten können.

Im Januar 2022
Wolfgang Veeser

QUELLENVERZEICHNIS

Siegfried Franz, Dozent zum Thema Pilze.

Notburg Geibel, Die Spuren der Mönche. Geschichten rund um die Benediktiner-Erzabtei Beuron. Gmeiner-Verlag, Meßkirch 2021.

Armin Hafner, Fachberater für Wolf und Luchs im Wildtiermanagement.

https://de.wikipedia.org/wiki/Naturpark_Obere_Donau

Walter Knittel, Geschäftsführer der Donaubergland Marketing und Tourismus GmbH Tuttlingen.

Anita Schmidt, Donaubergland Marketing und Tourismus GmbH Tuttlingen.

Bernd Schneck, Geschäftsführer des Naturparks Obere Donau e. V.

www.donaubergland.de/donaubergland/naturpark-obere-donau/

www.naturpark-obere-donau.de/

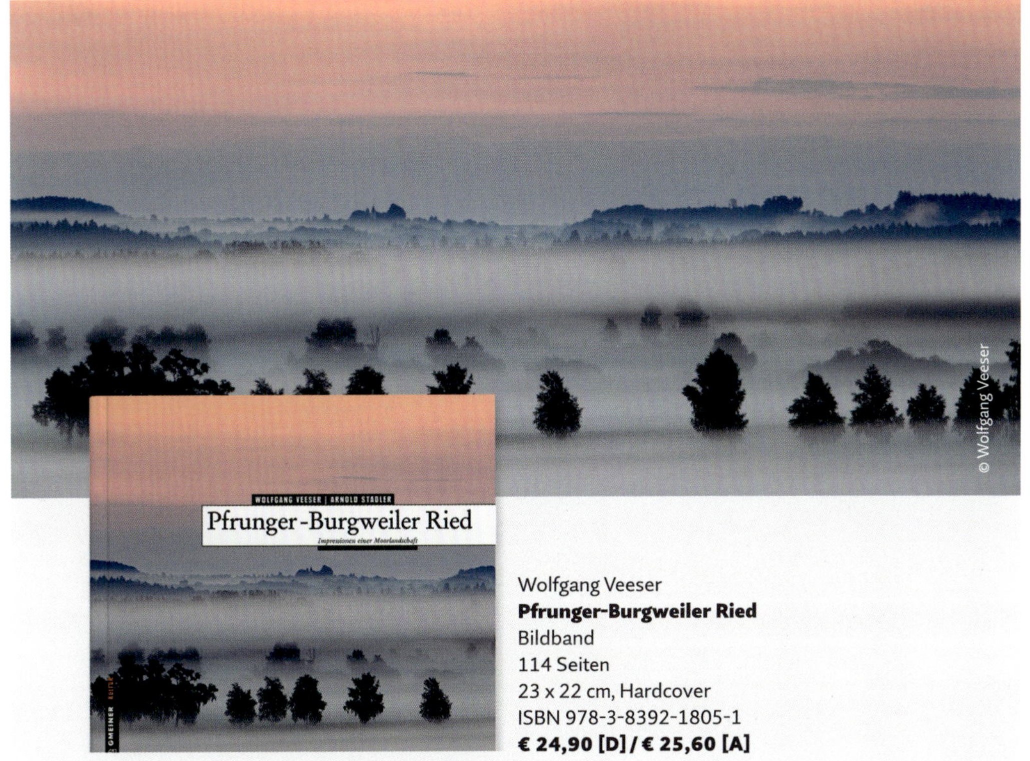
© Wolfgang Veeser
Wolfgang Veeser | Arnold Stadler
Pfrunger-Burgweiler Ried
Gmeiner

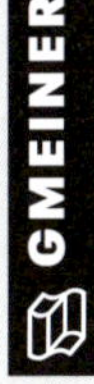
GMEINER

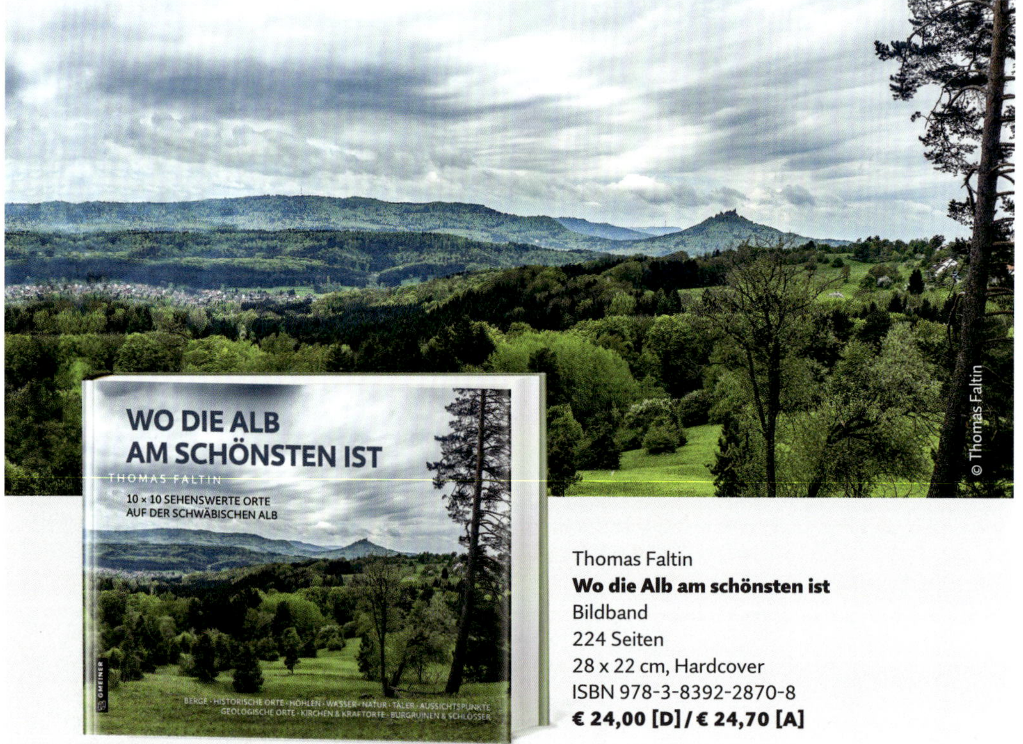

Thomas Faltin
Wo die Alb am schönsten ist
Bildband
224 Seiten
28 x 22 cm, Hardcover
ISBN 978-3-8392-2870-8
€ 24,00 [D] / € 24,70 [A]

So haben Sie die Schwäbische Alb noch nie gesehen: Dieser Band präsentiert mit stimmungsvollen Bildern und inspirierenden Texten die zehn schönsten Alb-Orte aus zehn Kategorien. Faszinierende Natur- und Kultur-Highlights, die oft abgeschieden liegen, von beeindruckender Ursprünglichkeit sind und voller Magie stecken.
Der bekannte Autor und Fotograf Thomas Faltin – er schreibt für die Stuttgarter Zeitung und die Stuttgarter Nachrichten – ist seit Jahrzehnten auf der Schwäbischen Alb unterwegs. Nach Tausenden von Wanderkilometern hat er erstmals diejenigen Plätze ausgewählt, die ihn am meisten berührt haben. Mit den beigefügten Wandervorschlägen können Sie auf seinen Spuren wandeln und sich selbst ein Bild von den 100 schönsten Orten der Schwäbischen Alb machen.

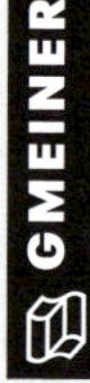